ABDELLATIF RAJI

LE PARADIS EST SOUS LES PIEDS DES GOUVERNEMENTS

PILOTER LES NATIONS AVEC MAQASID

www.yarnak.com

Ce livre est dédié à deux piliers de ma vie : mon père, El Houssine Raji, dont la sagesse et l'amour ont été mon phare, et mon fils, Elias Raji, qui continue de m'inspirer chaque jour. À mon père, qui m'a montré la profondeur de l'intégrité et les hauteurs de l'aspiration ; et à mon fils, qui incarne l'avenir que je m'efforce d'améliorer à travers mon travail. Vous êtes tous les deux la boussole et l'horizon de mon voyage. Cet hommage célèbre vos leçons et votre amour partagé.

"La recherche scientifique, plus qu'écrire sur le connu, est un acte de pionnier visant la découverte, comme trouver de l'eau dans un désert, plutôt que de répéter ce qui est déjà su. Elle vise à révéler l'inconnu, enrichir la connaissance humaine, et proposer des solutions. Écrire devrait toujours offrir de nouvelles perspectives, marquant le chemin du progrès académique vers l'illumination."

— Dr. Farid Al-Ansari

Contents

Avant-propos

Un prélude poétique au parcours de la gouvernance

Dans ces pages, nous trouvons la lumière, un voyage de l'esprit éclairé.
Pas des conseils issus de domaines définis, mais des étincelles pour
enflammer les pensées entrelacées.
Je ne suis ni avocat ni conseiller, mes histoires visent plus haut, inspirer.
Des idées à méditer, des rêves auxquels aspirer, dans le vaste empire de la
gouvernance.

Le monde est en constante évolution, ses vérités se réorganisent,
Mais ensemble, nous nous engageons, nous échangeons de la sagesse.
Recherchez les dernières nouveautés, restez intrépide dans les décisions,
ne soyez pas hanté,
Avec des experts consultés et du courage affiché.

Alors que nous nous penchons sur la gouvernance, laissons la curiosité
tracer notre chemin.
N'oubliez pas que je ne suis qu'un guide dans cet espace, pas un
professionnel à remplacer.
Ce qui est actuel peut disparaître, alors recherchez de la fraîcheur dans
votre influence.
Des conseils nouveaux éclaireront la journée et guideront vos choix
quoi qu'il arrive.

Vos questions et pensées, trésors incalculables,
Dans notre voyage commun, ils se dévoilent avec audace.

Illuminer l'obscur, avec des idées pures,
Ensemble nous explorons, ensemble nous endurons.

Le monde est en constante évolution, ses vérités se réorganisent,
Mais ensemble, nous nous engageons, nous échangeons de la sagesse.
Recherchez les dernières nouveautés, restez intrépide dans les décisions,
ne soyez pas hanté,
Avec des experts consultés et du courage affiché.

Alors lançons-nous dans cette quête, le cœur ouvert et l'esprit possédé.
Armé de sagesse, cherchant le sommet de la compréhension,
Et grâce aux conseils d'experts, trouvez notre repos.
Ensemble dans la découverte, impressionnés à jamais.

Préface

Bienvenue, cher lecteur, dans une exploration qui s'aventure au-delà des limites conventionnelles de la gouvernance, révélant son profond impact sur le tissu social. « Le paradis est sous les pieds des gouvernements » – une expression qui fait allusion à l'immense potentiel et à la responsabilité qui repose entre les mains de nos décideurs politiques – n'est pas seulement un livre mais un témoignage de la conviction que pour vraiment comprendre les complexités de la gouvernance, nous devons engagent non seulement notre intellect mais aussi notre imagination et un profond sens de l'humanité.

En choisissant d'introduire ce livre avec une préface poétique, mon objectif est de relier les domaines de la pensée analytique et de l'expression créative. Cette approche est ancrée dans la conviction que les défis et les solutions inhérents à la gouvernance ne peuvent être pleinement compris par la seule logique ; ils doivent être ressentis, imaginés et compris avec le cœur autant qu'avec l'esprit. Par exemple, considérons la manière dont les politiques publiques en matière de santé façonnent non seulement les paysages économiques, mais touchent également à l'essence même du bien-être humain, illustrant ainsi la danse complexe entre la gouvernance et le pouls de la société.

Les pages qui suivent sont plus qu'un effort intellectuel ; ils sont une invitation à percevoir la gouvernance non seulement comme un système de règles et de réglementations, mais comme une entité vivante et respirante qui façonne profondément nos vies. Ce voyage est conçu pour attiser votre curiosité, attiser vos émotions et allumer un feu d'enquête, éclairant votre chemin à travers l'exploration à venir.

Ainsi, alors que nous entreprenons ce voyage ensemble, je vous encourage à ouvrir votre esprit au rythme de la pensée, à la mélodie de la critique et à l'harmonie des idées qui vous attendent. Puisse cette fusion de l'analyse et de la littérature enrichir votre compréhension de la gouvernance et vous inspirer à imaginer un monde où le leadership et l'élaboration des politiques sont imprégnés de sagesse, de compassion et de bien collectif.

En gardant un œil sur les défis tels que l'élaboration des politiques environnementales ou l'éthique de la gouvernance en période de crise mondiale, ainsi que sur les solutions ancrées dans l'innovation et l'action collective, entrons dans le récit qui se déroule dans « Le paradis est sous les pieds des gouvernements ». Nous relèverons à la fois les défis et la beauté de la gouvernance dans notre quête d'un monde meilleur, découvrant en cours de route que le potentiel de création du paradis sur terre réside véritablement aux pieds de nos gouvernements.

Reconnaissance

Ce voyage a été une riche tapisserie, tissée à partir d'innombrables fils de soutien, d'orientation et d'inspiration. À tous ceux qui ont contribué à cette tapisserie, cette reconnaissance est pour vous.

À ma famille, dont l'amour et les encouragements inébranlables ont été le fondement de ma force, votre croyance en ma vision m'a propulsé vers l'avant.

J'exprime ma plus profonde gratitude aux érudits, penseurs et visionnaires du domaine Maqasid. Votre travail novateur en matière de gouvernance éthique m'a non seulement guidé mais aussi inspiré.

Aux éducateurs et aux institutions dédiées à la démocratisation du savoir, votre engagement en faveur de l'illumination a illuminé mon chemin.

Un hommage sincère aux décideurs politiques et aux innovateurs qui luttent pour un monde meilleur. Votre dévouement à la gouvernance éthique brille comme une lueur d'espoir et de motivation.

Aux lecteurs et chercheurs de connaissances qui se sont lancés dans ce voyage avec un esprit ouvert, votre engagement a ajouté une profondeur inestimable à ce travail.

Et aux innombrables contributeurs anonymes, votre soutien a été crucial pour donner vie à cette vision.

Ensemble, nous sommes à l'aube d'un changement transformateur, un changement qui transcende la gouvernance et touche l'âme même de l'humanité. Ce livre témoigne de notre engagement collectif envers l'éthique, la compassion et la justice.

Merci à tous de faire partie de cet effort significatif. Puisse notre parcours commun vers une gouvernance éthique continuer à inspirer et à apporter des changements dans notre monde en constante évolution.

I

Introduction

« Le paradis est sous les pieds des gouvernements » promeut un équilibre entre spiritualité et gouvernance laïque, visant la justice, la compassion et le bien-être via le modèle Maqasid. Il souligne que la gouvernance éthique mène à l'harmonie sociétale et au développement durable, prônant pour une vision holistique qui valorise tant les dimensions matérielles que spirituelles de l'existence. L'ambition est de motiver les dirigeants à créer une société inclusive respectant la dignité de tous.

1

L'impératif D'un Nouveau Paradigme De Gouvernance

La Gouvernance Comme Pierre Angulaire D'une Société Prospère

Dans le paysage complexe des sociétés mondiales, la gouvernance apparaît comme la pierre angulaire qui façonne le destin des nations. Elle détient le pouvoir de transformer les paysages en havres de prospérité ou de les plonger dans le désespoir. Imaginez deux pays voisins avec des ressources et des opportunités identiques. L'un prospère, l'autre patauge. Le différenciateur critique ? Gouvernance.

Gouvernance : Au-Delà De L'administration

La gouvernance transcende les tâches administratives de routine consistant à délivrer des pièces d'identité ou à construire des infrastructures. Il s'agit d'une force omniprésente qui façonne les systèmes éducatifs, les politiques de santé et les cadres juridiques. C'est la main invisible qui peut soit développer le potentiel d'une nation, soit le restreindre.

3

Par exemple, pensez à l'éducation. Une nation bien gouvernée donne la priorité à une éducation accessible et de qualité, jetant ainsi les bases des futurs dirigeants et innovateurs. Dans le domaine des soins de santé, une gouvernance efficace garantit des soins complets, mettant l'accent à la fois sur le traitement et la prévention, en luttant pour le bien-être universel.

L'état de droit est un autre aspect essentiel. Un système juridique juste défend l'égalité, garantissant que tous, quel que soit leur statut, soient traités équitablement.

Présentation De Maqasid : Un Modèle De Gouvernance Holistique

En explorant « Le paradis est sous les pieds des gouvernements : diriger les nations avec Maqasid », nous explorons un modèle qui transcende la gouvernance conventionnelle. Maqasid prône une approche holistique, abordant non seulement les besoins matériels mais aussi l'épanouissement spirituel et le bien-être collectif.

Imaginons une société dans laquelle la répartition des richesses est équitable, les systèmes juridiques sont impartiaux et l'éducation est un droit universel. Imaginez une gouvernance qui nourrisse non seulement la croissance économique mais aussi l'esprit humain. Ce n'est pas un rêve utopique mais un modèle pratique – Maqasid.

Application Du Monde Réel

Des exemples concrets de Maqasid en action incluent l'application des principes du Maqasid dans le secteur de la finance islamique en Malaisie pour créer des produits financiers plus éthiques et socialement responsables. Ces exemples mettent en évidence le potentiel du modèle à relever efficacement des défis sociétaux complexes.

Un Appel A L'action

Alors que vous vous engagez dans ce voyage de découverte, je vous encourage à réfléchir à la façon dont la gouvernance, guidée par les principes Maqasid, peut transformer nos sociétés. Il ne s'agit pas seulement d'une théorie académique ; c'est un appel à une gouvernance pragmatique, éthique et efficace. Aspirons à une gouvernance qui reflète véritablement les idéaux les plus élevés de l'humanité.

Présentation De Maqasid : Le Cadre Multidimensionnel Pour Une Gouvernance Holistique

Imaginez un cadre de gouvernance qui transcende les mesures économiques et sécuritaires et touche profondément au cœur du bien-être humain. Il s'agit du Maqasid, un modèle qui reconnaît notre essence spirituelle, notre potentiel intellectuel et nos aspirations collectives, s'alignant parfaitement sur les aspects fondamentaux de la vie humaine.

Maqasid est plus qu'un modèle de gouvernance ; c'est une approche globale reconnaissant les humains comme des êtres aux multiples facettes. Dans le monde d'aujourd'hui, où la gouvernance conventionnelle ne parvient souvent pas à répondre pleinement aux besoins sociétaux, Maqasid apparaît comme une alternative pleine d'espoir, privilégiant la justice, la compassion et le bien-être inclusif.

L'approche Unique De Maqasid

Considérez à quel point les modèles de gouvernance répondent rarement véritablement à l'épanouissement spirituel ou favorisent activement la croissance intellectuelle. Maqasid change cela, en mettant ces aspects critiques de l'existence humaine au premier plan. Ce cadre multidimen-sionnel promet des sociétés dans lesquelles la justice et la prospérité ne sont pas de simples slogans mais des réalités.

Application Du Monde Réel

Un exemple de Maqasid en action est la mise en œuvre de politiques de conservation de l'environnement en Jordanie, guidées par les principes de Maqasid en matière de sauvegarde de l'environnement et de la santé publique. Cela démontre son potentiel à créer des sociétés bien équilibrées. Les principes de ce modèle – comme la justice, la compassion et le bien-être – trouvent un écho dans toutes les cultures et tous les systèmes de croyance, transcendant ses origines jurisprudentielles islamiques.

Défis Et Adaptabilité

L'adoption du Maqasid n'est pas sans difficultés, en particulier dans des sociétés diversifiées. Cela nécessite une adaptation minutieuse et une sensibilité à divers contextes culturels. Cependant, sa flexibilité et ses valeurs universelles en font une option viable pour les États laïcs et religieux.

Un Appel Pour Une Gouvernance Inclusive

Alors que nous explorons les principes de Maqasid dans les chapitres à venir, nous vous invitons à imaginer un monde où la gouvernance nourrit tous les aspects de la vie humaine. Il ne s'agit pas d'imposer un système de croyances mais de défendre des valeurs qui favorisent le bien-être universel.

Adopter Maqasid : Un Voyage Transformateur

Maqasid n'est pas seulement un modèle de gouvernance alternatif ; c'est une voie pour élever la condition humaine. Il prône un développement holistique, une prospérité inclusive, l'harmonie communautaire, la croissance intellectuelle et le bien-être mondial. En nous penchant sur Maqasid, nous ne démantelons pas les structures existantes mais les renforçons avec une fondation plus inclusive et compatissante.

Rejoignez-nous dans ce voyage transformateur, où la gouvernance transcende l'ordinaire et aspire à l'extraordinaire. Grâce à Maqasid, redéfinissons la gouvernance comme une force qui enrichit, responsabilise et élève les sociétés vers la grandeur.

L'impératif D'intégrer Les Principes Spirituels Dans La Gouvernance Laïque : Créer Une Société Pour Le Bien Commun

Dans notre monde laïc contemporain, persiste une idée fausse selon laquelle les principes spirituels se limitent aux croyances personnelles, détachés des politiques publiques et de la gouvernance. Ce malentendu critique doit être résolu. La spiritualité, transcendant l'illumination personnelle, favorise des vertus telles que la compassion, la justice et l'altruisme, éléments clés de l'unité et de l'harmonie sociétales.

La séparation entre spiritualité et gouvernance est une fausse dichotomie. Ils sont profondément interconnectés et peuvent se renforcer mutuellement. L'intégration de principes spirituels dans une gouvernance laïque peut apporter des avantages sociétaux extraordinaires.

Prenons, par exemple, l'approche néo-zélandaise de la politique environnementale, profondément influencée par le concept indigène maori de « Kaitiakitanga », reflétant la tutelle et la protection. Cette perspective spirituelle a façonné des politiques axées sur la durabilité et le respect de la nature, démontrant comment les valeurs spirituelles peuvent éclairer et enrichir la gouvernance laïque.

Cette intégration ne consiste pas à imposer des doctrines religieuses. Au lieu de cela, il reconnaît que les valeurs fondamentales communes à toutes les confessions – l'empathie, l'équité, le respect de la dignité humaine – sont universelles. Ces valeurs peuvent agir comme une force unificatrice dans des sociétés diverses.

Pour répondre aux préoccupations potentielles, il est crucial de faire la distinction entre l'utilisation de principes spirituels comme lignes directrices éthiques et l'application de pratiques religieuses spécifiques. La première renforce la gouvernance sur des fondements moraux universellement acceptés, tandis que la seconde pourrait porter atteinte aux libertés individuelles et à la diversité.

La mise en œuvre pratique nécessite une approche nuancée. Les gouvernements peuvent créer des comités consultatifs représentant diverses traditions spirituelles pour se consulter sur des questions politiques. Une telle inclusivité garantit que diverses perspectives contribuent au bien commun.

De plus, il est vital de reconnaître la diversité au sein des traditions spirituelles. Une approche universelle est inefficace dans une société pluraliste. La gouvernance doit donc être flexible, s'adapter à des expressions spirituelles variées tout en respectant les principes laïques.

En adoptant une approche holistique de la gouvernance qui reconnaît le rôle de la spiritualité dans notre bien-être collectif, nous pouvons créer une société qui défend la justice, la compassion et l'altruisme. Ce changement n'est pas simplement moral mais constitue une voie pragmatique vers un avenir harmonieux et prospère pour tous.

Pourquoi La Spiritualité Dans La Gouvernance N'est Pas Négociable

Intégrer la spiritualité dans la gouvernance n'est pas un simple luxe ; c'est une nécessité essentielle. Son importance réside dans :

1. Ancrage éthique : La gouvernance sans boussole morale ressemble à un navire perdu en mer. Les principes spirituels fournissent cet ancrage éthique, garantissant que les décisions sont fondées sur la justice, l'équité et la compassion. Sans ce fondement, la gouvernance risque de devenir un exercice d'efficacité, détaché des valeurs et du bien-être des citoyens.

2. Harmonie sociétale : La spiritualité favorise des valeurs universelles comme la compassion et l'égalité, cruciales pour une société harmonieuse. L'intégration de ces valeurs dans la gouvernance favorise la cohésion sociale et le bien-être des citoyens. Une société ancrée dans de tels principes est plus résiliente, marquée par un sentiment d'appartenance et de responsabilité partagée.

3. Développement durable : Face aux défis environnementaux, les principes spirituels tels que l'intendance et l'interconnectivité gagnent en importance. Ils orientent les politiques vers un développement durable, en se concentrant sur l'équilibre écologique à long terme plutôt que sur les gains à court terme.

Cependant, intégrer la spiritualité dans la gouvernance nécessite également une approche pratique et sensible :

1. Équilibrer idéalisme et pragmatisme : l'application doit être pragmatique, garantissant que les valeurs spirituelles éclairent la politique sans imposer de croyances religieuses spécifiques. Par exemple, l'indice de bonheur national brut du Bhoutan intègre les valeurs spirituelles bouddhistes dans les objectifs de développement tout en maintenant une structure de gouvernance laïque.

2. Éliminer les interprétations erronées : des distinctions claires doivent être établies pour éviter la perception d'une ingérence religieuse dans les affaires de l'État. Cela implique une communication transparente et une élaboration de politiques inclusives qui respectent diverses expressions spirituelles dans un cadre laïc.

3. Gérer des valeurs contradictoires : en cas d'interprétations spirituelles contradictoires, en particulier dans les sociétés pluralistes, la gouvernance devrait viser un consensus qui défend le bien commun sans compromettre les libertés et les droits fondamentaux.

Incorporer la spiritualité dans la gouvernance n'est pas une question d'imposition religieuse ; il s'agit d'exploiter les valeurs humaines partagées pour le bien commun. Dans un monde confronté à des crises éthiques, sociales et environnementales, cette approche est non seulement souhaitable mais impérative. Il ouvre la voie à un avenir juste, compatissant et durable, en redéfinissant la gouvernance comme une force pour une véritable amélioration de la société.

Surmonter Le Fossé Laïc-Spirituel

Le fossé de longue date entre gouvernance laïque et spirituelle présente un défi unique : comment la spiritualité peut-elle être intégrée dans les systèmes laïcs sans violer le principe de séparation de la religion et de l'État ? Le Maqasid, une approche ancrée dans la jurisprudence islamique mais universellement applicable, offre une solution élégante.

L'appel Universel De Maqasid

Bien que le Maqasid soit issu d'une tradition religieuse spécifique, ses principes – Din (religion), Nafs (vie), Aql (intellect), Nasl (lignée et famille), Mal (richesse), Watan (patrie) et Oumma (communauté) – résonnent universellement. Ces concepts ne sont exclusifs à aucune religion ; ils s'alignent sur les valeurs fondamentales de l'humanité à travers les cultures.

Application Pratique Et Exemples

Prenons l'exemple de la Malaisie, où l'approche Maqasid a été utilisée pour équilibrer croissance économique et bien-être sociétal, sans approuver aucune doctrine religieuse spécifique. Ce modèle a éclairé les politiques qui donnent la priorité à la fois à la prospérité matérielle et au développement holistique de la communauté, démontrant ainsi l'adaptabilité de Maqasid dans une société pluraliste.

Relever Les Défis

La mise en œuvre de Maqasid ne se fait pas sans difficultés. Diverses interprétations de ses principes peuvent conduire à des applications variées, ce qui nécessite une approche prudente et contextuelle. En outre, des résistances pourraient surgir à la fois de la part des laïcs et des groupes religieux, qui pourraient considérer l'intégration de Maqasid comme un dépassement potentiel. Pour atténuer ces défis, un dialogue et une consultation continus avec toutes les parties prenantes sont essentiels.

L'inclusivité Du Maqasid

Ce qui rend Maqasid particulièrement efficace, c'est son caractère inclusif. Il ne cherche pas à imposer une doctrine religieuse spécifique mais propose des lignes directrices éthiques et morales adaptables à divers contextes culturels et religieux. Cette inclusivité est essentielle dans les sociétés où coexistent diverses croyances.

Gouvernance Éthique A Travers Maqasid

Maqasid encourage une gouvernance éthique, mettant l'accent sur la justice, l'égalité et le bien-être de tous les citoyens. Cette dimension éthique agit comme une force unificatrice, comblant le fossé laïc-spirituel. Sa flexibilité lui permet de s'adapter aux différents besoins sociétaux tout en conservant les valeurs spirituelles fondamentales.

Un Appel A L'action

Maqasid représente un terrain d'entente, offrant un moyen d'insuffler à la gouvernance des valeurs éthiques et spirituelles sans compromettre les principes laïcs. Il s'agit d'un cadre qui respecte les croyances individuelles tout en luttant pour le bien commun fondé sur des valeurs partagées. Dans un monde marqué par la diversité et le pluralisme, Maqasid ouvre la voie.

Les décideurs politiques, les dirigeants communautaires et les citoyens sont encouragés à explorer les principes de Maqasid. Ce faisant, ils peuvent contribuer à façonner une société qui valorise à la fois une gouvernance efficace et un engagement éthique profond, transcendant les divisions et jetant des ponts vers une gouvernance inclusive.

L'impact Révolutionnaire

L'intégration de principes spirituels dans la gouvernance peut révolutionner nos structures sociétales, transcendant la simple fonctionnalité pour devenir véritablement humaines et justes. Cette vision transformatrice, bien qu'ambitieuse, est ancrée dans des réalités pratiques et réalisable grâce à un effort collectif. Explorons son impact potentiel :

1. Justice réparatrice : Imaginez un système juridique dans lequel l'accent passe de la punition à la réparation, à la guérison de la communauté et à la réhabilitation des délinquants. Cette approche prend déjà racine dans des initiatives telles que les conférences de groupes familiaux maoris en Nouvelle-Zélande, qui mettent l'accent sur la réconciliation et la guérison.

2. Une économie centrée sur l'humain : au-delà de la croissance du PIB, les politiques économiques peuvent donner la priorité à une répartition équitable des richesses. Citons par exemple les pays scandinaves, où les systèmes économiques sont conçus pour garantir le bien-être social, reflétant un engagement en faveur de la dignité humaine.

3. Éducation éclairée : les systèmes éducatifs devraient viser à former des citoyens non seulement compétents sur le plan académique, mais également dotés de fondements éthiques et empathiques. Le système éducatif finlandais, réputé pour son approche holistique, témoigne du succès de ce modèle.

4. Bien-être compatissant : Les programmes de bien-être social, caractérisés par la compassion et la justice sociale, peuvent aider

les personnes marginalisées. L'approche canadienne en matière de protection sociale, axée sur l'inclusion et le soutien aux personnes vulnérables, illustre ce principe.

5. Gouvernance éthique : la gouvernance doit incarner la justice, l'équité et l'intégrité. Le modèle bhoutanais de bonheur national brut donne la priorité au bien-être de ses citoyens plutôt qu'aux mesures économiques, établissant ainsi une référence en matière de gouvernance éthique.

6. Gestion de l'environnement : Reconnaissant notre interconnexion avec la nature, les politiques doivent mettre l'accent sur la durabilité. L'engagement du Costa Rica en faveur de la conservation de l'environnement et son objectif de devenir neutre en carbone montrent comment la gouvernance peut s'aligner sur la gestion de l'environnement.

7. Harmonie sociale : En adoptant des valeurs telles que la compassion et l'empathie, les sociétés peuvent devenir plus harmonieuses et inclusives. L'harmonie multiraciale et multi-religieuse de Singapour est un modèle de la manière dont la diversité peut être célébrée et adoptée dans la gouvernance.

Reconnaître Les Défis Et Agir

Même si cette vision est inspirante, sa réalisation n'est pas sans défis. Cela nécessite de naviguer dans diverses interprétations des valeurs spirituelles, de garantir l'inclusivité et de surmonter la résistance au changement. Les décideurs politiques et les dirigeants communautaires doivent engager un dialogue ouvert, apprendre des modèles existants et innover pour adapter ces principes à leurs contextes uniques.

Un Appel A L'action Collective

Cette vision d'intégration de principes spirituels dans la gouvernance n'est pas utopique ; c'est un objectif pratique et réalisable. Cela appelle un changement de perspective et un engagement envers notre humanité commune. Nous invitons les décideurs politiques, les dirigeants communautaires et les individus à s'inspirer de modèles réussis et à travailler à la mise en œuvre de ces principes dans leurs sphères d'influence.

Ensemble, nous pouvons forger une société qui prospère non seulement matériellement mais aussi par la richesse de ses valeurs et la profondeur de son humanité. Ce voyage transformateur est à notre portée, et le moment est venu d'agir.

Avantages Tangibles

L'intégration de la spiritualité dans la gouvernance offre des avantages profonds et multiformes qui s'étendent à l'ensemble de la société. Bien que cette vision soit ambitieuse, il est important d'équilibrer idéalisme et considérations pratiques. Voici une exploration des principaux avantages, associée à des exemples concrets et à une reconnaissance des défis potentiels :

1. Inégalités sociales réduites : les principes spirituels mettent l'accent sur la valeur intrinsèque de chaque individu. Appliquée à la gouvernance, cette perspective inspire des politiques qui s'attaquent aux inégalités systémiques. Par exemple, dans les pays nordiques, une philosophie similaire a conduit à des politiques garantissant une répartition équitable des ressources et des services sociaux complets. Ces initiatives ont considérablement réduit les disparités en matière de revenus, d'éducation et de soins de santé, créant ainsi des sociétés plus justes. Cependant, la mise en œuvre de telles politiques à l'échelle mondiale nécessite un examen attentif des divers contextes économiques et nuances culturelles.

2. Qualité de vie améliorée : Une approche spirituelle de la gouvernance peut déplacer l'attention de la croissance du PIB vers des mesures plus larges de la qualité de vie. L'indice de bonheur national brut du Bhoutan, qui inclut la santé mentale et la satisfaction de vivre ainsi que des indicateurs économiques, est un exemple pionnier. Pourtant, reproduire ce modèle nécessite de trouver un équilibre entre les impératifs économiques et le bien-être sociétal, une tâche complexe dans des paysages politiques diversifiés.

3. Des communautés plus fortes et unies : La spiritualité favorise l'empathie et la coopération, conduisant à des communautés résilientes. Des initiatives comme les programmes d'engagement communautaire du Canada illustrent comment les politiques peuvent renforcer les liens sociaux et favoriser un sentiment de responsabilité partagée. Cependant, favoriser un tel esprit communautaire au sein de populations plus nombreuses et plus diversifiées peut s'avérer difficile et nécessite des stratégies adaptables et inclusives.

4. Leadership éthique et responsable : La gouvernance spirituelle encourage les dirigeants à donner la priorité à l'intégrité et à la transparence. L'approche néo-zélandaise en matière de leadership, notamment en matière de gestion des crises, reflète ces valeurs. Néanmoins, le maintien de normes éthiques élevées constitue un défi permanent, en particulier dans les systèmes politiques où la corruption est profondément enracinée.

5. Développement durable : Les principes spirituels de la gestion de l'environnement sont cruciaux à l'ère du changement climatique. Les politiques environnementales du Costa Rica démontrent comment un respect spirituel pour la nature peut se traduire par une conservation écologique efficace. Pourtant, aligner la croissance économique sur la durabilité environnementale reste un défi important pour de nombreux pays.

6. Santé mentale et bien-être : Reconnaissant l'importance de la santé mentale, les modèles de gouvernance comme ceux des pays scandinaves ont investi massivement dans les services de santé

mentale. La mise en œuvre universelle de politiques similaires nécessite non seulement un investissement financier, mais également un changement culturel dans la façon dont la santé mentale est perçue.

Un Appel A Une Action Pragmatique

Bien que ces avantages illustrent le potentiel transformateur de la spiritualité dans la gouvernance, leur réalisation nécessite une approche pragmatique. Cela implique le respect des diverses croyances, le maintien des principes laïcs et la compréhension des défis uniques de chaque société.

En tant que lecteurs, décideurs politiques ou citoyens engagés, nous sommes encouragés à plaider en faveur de l'intégration des principes spirituels dans la gouvernance, en nous inspirant de modèles réussis tout en les adaptant à nos contextes spécifiques. L'adoption de ce modèle global ouvre la voie à une société qui prospère non seulement grâce à la richesse matérielle, mais également à la richesse éthique et au bien-être collectif.

Saisissons cette opportunité pour révolutionner la gouvernance, en mélangeant les forces spirituelles et laïques pour créer une société juste, compatissante et prospère. Le cheminement vers cet objectif commence par une ouverture d'esprit et un engagement en faveur d'un changement positif, ancré dans des réalités pratiques.

II

Les Fondamentaux Du Maqasid

Explorez Maqasid, un modèle de gouvernance pour le développement et la justice holistiques. Nous aborderons ses principes, les mettrons en œuvre dans des situations concrètes et encouragerons le changement. Cette section est un guide pour appliquer la théorie, promouvant une gouvernance qui soutient la croissance économique et spirituelle ainsi que la justice. Rejoignez-nous dans la quête d'une gouvernance excellente et transformatrice.

2

L'essence Du Din (Religion)

Pourquoi Les Considérations Spirituelles Ne Peuvent Être Dissociées De La Gouvernance

Pourquoi Les Considérations Spirituelles Font Partie Intégrante De La Gouvernance

À une époque de plus en plus marquée par la laïcité et la séparation de la religion et de l'État, intégrer des principes spirituels dans la gouvernance peut sembler contre-intuitif. Ce chapitre vise à analyser cette question complexe et à répondre aux idées fausses et aux scepticismes courants. Loin de porter atteinte aux cadres laïques, l'intégration spirituelle peut les enrichir, contribuant ainsi à une société plus harmonieuse et plus équitable. Ici, la spiritualité ne concerne pas les pratiques religieuses mais plutôt les valeurs universelles partagées par diverses confessions et croyances humanistes – des valeurs comme la compassion, la justice, l'empathie et le bien commun.

Équilibrer Spiritualité Et Laïcité

Notre principe fondamental n'est pas de plaider en faveur d'une théocratie, ni d'imposer des croyances religieuses à la société. Il s'agit plutôt d'adopter les principes universels qui sous-tendent toutes les grandes traditions spirituelles et éthiques. Pour être plus clair, la « spiritualité » dans ce contexte fait référence à un ensemble de valeurs et de principes éthiques qui transcendent les frontières religieuses et trouvent un écho aussi bien auprès des personnes de diverses confessions que des humanistes laïcs.

Aborder Les Contre-Arguments Potentiels

De manière critique, nous devons considérer les contre-arguments potentiels. Comment pouvons-nous garantir que l'intégration de la spiritualité dans la gouvernance ne mène pas au favoritisme ou à l'exclusion religieuse ? Une approche consiste à élaborer des politiques inclusives qui respectent toutes les croyances tout en appliquant des principes éthiques universels. Par exemple, l'approche néo-zélandaise des droits autochtones et de la politique environnementale, éclairée par les valeurs spirituelles maories, améliore la gouvernance sans compromettre sa nature laïque.

Intégration Pratique Des Principes Spirituels

La boussole morale que fournit la spiritualité offre une base éthique pour l'évaluation des politiques. Nous examinons comment les politiques peuvent être examinées sous l'angle de la compassion et de la justice, en veillant à ce qu'elles donnent la priorité au bien-être et à la dignité de tous les citoyens. L'indice de bonheur national brut du Bhoutan en est un bon exemple, où les valeurs spirituelles façonnent les priorités nationales aux côtés des considérations économiques.

En termes de transparence et de responsabilité, les principes spirituels prônant l'intégrité morale peuvent réduire considérablement la corruption. Nous explorons comment des modèles comme ceux des pays scandinaves, qui intègrent des normes éthiques élevées en matière de gouvernance, conduisent à une confiance accrue du public.

En outre, le rôle de la spiritualité dans la réponse aux défis mondiaux tels que le changement climatique et les inégalités est essentiel. Cela nous pousse à considérer ces questions non seulement comme des défis politiques, mais aussi comme des impératifs moraux, appelant à une gestion responsable de notre planète et à un traitement équitable de toutes les communautés.

Créer Des Sociétés Cohésives Et Inclusives

L'intégration de la spiritualité dans la gouvernance favorise également la cohésion sociale. En reconnaissant diverses perspectives spirituelles et éthiques, nous créons un espace où toutes les voix sont entendues et valorisées. Dans un monde marqué par la division, cette approche est essentielle pour construire une société qui se nourrit de valeurs partagées.

La Spiritualité Comme Pilier De La Gouvernance Moderne

En conclusion, intégrer la spiritualité dans la gouvernance ne consiste pas à diminuer les libertés individuelles ou à promouvoir une doctrine religieuse particulière. Il s'agit d'exploiter les principes universels qui unissent l'humanité dans sa quête d'une société juste, compatissante et équitable. Ces principes ne font pas obstacle à une gouvernance moderne ; ils lui sont indispensables, enrichissant sa boussole éthique, renforçant la transparence et nous obligeant à relever les défis mondiaux. Ce chapitre vous invite à réfléchir à la façon dont la spiritualité et la gouvernance peuvent coexister, chacune se renforçant l'une l'autre, pour créer non seulement une société économiquement prospère, mais aussi une société profondément éthique et inclusive.

Le Noyau Éthique De La Gouvernance

Au cœur de la gouvernance se trouve une série de décisions éthiques qui façonnent profondément le destin de la société. Ces décisions, allant de l'allocation des ressources au maintien de la justice, peuvent être profondément améliorées par l'intégration de principes spirituels. À une époque où prévaut la laïcité, cela peut sembler contre-intuitif. Cependant, la spiritualité, comprise ici comme un sens large de moralité et d'éthique universelles, offre des conseils intemporels qui transcendent les divisions religieuses et enrichissent le noyau éthique de la gouvernance.

Spiritualité Au-Delà Des Frontières Religieuses

La spiritualité dans la gouvernance transcende la religion organisée, englobant des principes moraux universels comme la compassion, l'empathie, l'altruisme et la reconnaissance de la valeur intrinsèque de chaque individu. Ces valeurs trouvent un écho dans différentes confessions et dans l'humanisme laïc, fournissant une boussole morale commune pour une société juste et équitable.

Applications Pratiques Et Exemples Mondiaux

Considérons la question de la répartition des richesses. La spiritualité prône une allocation équitable des ressources, nous exhortant à considérer la richesse matérielle comme un moyen pour le bien commun. Par exemple, le modèle de gouvernance scandinave, inspiré par un sens de responsabilité sociale et d'équité, a conduit à des politiques garantissant une répartition plus équitable des richesses, réduisant ainsi les disparités de revenus.

Lorsqu'il s'agit de justice, la spiritualité éclaire le concept au-delà des définitions juridiques. Cela appelle à la dignité et à l'équité pour chaque individu. La Commission Vérité et Réconciliation post-apartheid de l'Afrique du Sud en est un bon exemple, où les principes spirituels du pardon et de la réconciliation ont guidé une nation vers la guérison des injustices historiques.

Relever Les Défis Modernes Avec L'éthique Spirituelle

En outre, la spiritualité incite à des politiques qui donnent la priorité au bien commun, favorisant l'interconnectivité et le bien-être collectif. Cette perspective est cruciale pour faire face aux problèmes mondiaux tels que le changement climatique et les pandémies. Par exemple, les politiques environnementales de la Nouvelle-Zélande, qui intègrent les valeurs spirituelles autochtones maories, démontrent un engagement à sauvegarder la planète pour les générations futures.

Relever Les Défis Et Maintenir L'inclusivité

L'intégration de la spiritualité dans la gouvernance n'est pas sans défis. Cela nécessite un équilibre minutieux pour maintenir la neutralité religieuse et garantir l'inclusion de tous les systèmes de croyance. Les décideurs politiques doivent s'engager dans des dialogues ouverts, en considérant diverses perspectives pour créer des politiques qui reflètent les principes éthiques universels sans favoriser une idéologie religieuse particulière.

Élever La Gouvernance Grâce A La Sagesse Éthique

En conclusion, intégrer la spiritualité dans la gouvernance, c'est enrichir son fondement éthique. Cela implique de considérer la gouvernance non seulement comme une fonction bureaucratique mais comme un devoir sacré de servir tous les membres de la société. Cette approche n'entrave pas la gouvernance moderne ; au contraire, cela l'élève vers de nouveaux sommets d'équité et de justice, en phase avec les aspirations morales les plus profondes de l'humanité. En adoptant cette approche, nous pouvons transformer la gouvernance d'un simple exercice administratif en une noble entreprise qui sert véritablement le bien-être de chaque membre de la communauté.

Développement Humain Holistique : Le Cœur De La Gouvernance Éthique

Dans le monde actuel en évolution rapide, le concept de gouvernance s'est souvent étroitement concentré sur des indicateurs économiques tels que la croissance du PIB, ce qui conduit à une perception biaisée de la prospérité. Cependant, un examen plus approfondi souligne que la véritable prospérité est bien plus globale et implique non seulement la réussite financière, mais également la santé émotionnelle, le développement moral et l'épanouissement spirituel des individus. C'est là qu'un modèle de gouvernance fondé sur la spiritualité devient crucial, offrant une perspective plus large et plus inclusive du bien-être humain.

La Nature Multidimensionnelle Du Développement Humain

Le développement humain holistique reconnaît les individus comme des entités complexes dotées de dimensions physiques, émotionnelles et spirituelles. Si la croissance économique est cruciale pour réduire la pauvreté et créer des opportunités, elle n'est qu'une facette d'un tableau plus vaste. La véritable prospérité implique également de nourrir les aspects sociaux et psychologiques de la vie humaine.

1. Bien-être émotionnel : En mettant l'accent sur la santé émotionnelle, les modèles de gouvernance spirituellement informés investissent dans les services de santé mentale et créent des environnements favorables. La Finlande, par exemple, a intégré le bien-être émotionnel dans son système éducatif, ce qui a donné naissance à une population non seulement compétente sur le plan académique, mais également résiliente sur le plan émotionnel.

2. Développement moral : Au-delà des mesures économiques, le tissu

moral de la société est vital. La spiritualité favorise des vertus telles que l'honnêteté et l'empathie, influençant les interactions personnelles et communautaires. Un exemple en est l'accent mis par le Canada sur les valeurs éthiques dans la vie publique, ce qui a contribué à sa réputation comme l'un des pays les plus transparents au monde.

3. Accomplissement spirituel : Un modèle de gouvernance spirituellement informé facilite un environnement dans lequel les individus peuvent librement explorer et nourrir leurs croyances spirituelles. Ce respect pour la diversité des chemins spirituels est évident dans l'approche pluraliste de l'Inde, qui s'adapte à une myriade de pratiques religieuses tout en maintenant un cadre de gouvernance laïque.

Relever Les Défis Et Promouvoir La Justice Sociale

La mise en œuvre d'une approche holistique du développement humain n'est pas sans défis. Cela nécessite de maintenir la neutralité religieuse et de répondre aux divers besoins spirituels de la population. De plus, un tel modèle doit reconnaître et s'efforcer de combler les disparités en matière de revenus, d'éducation et de soins de santé, car celles-ci peuvent entraver la croissance émotionnelle et morale.

Redéfinir La Prospérité Grâce A Une Gouvernance Holistique

Le développement humain holistique, tel que préconisé par un modèle de gouvernance spirituellement informé, redéfinit la prospérité. Cela va au-delà de la simple croissance économique pour inclure le bien-être émotionnel, le développement moral et l'épanouissement spirituel, reconnaissant la nature complexe de l'existence humaine. En plaçant le bien-être global des individus au cœur de l'élaboration des politiques, la gouvernance peut créer des sociétés dans lesquelles chaque personne a la possibilité de s'épanouir, non seulement matériellement mais dans tous les aspects de la vie. Cette approche enrichit non seulement l'expérience humaine, mais jette également les bases d'un monde plus juste, compatissant et équitable.

Cohésion Communautaire Et Capital Social : Le Ciment Qui Lie Les Sociétés Prospères

Dans la tapisserie complexe de la civilisation humaine, les communautés représentent les fils vibrants qui s'entrelacent pour former le tissu social. Ces communautés prospèrent non seulement grâce à la proximité, mais aussi grâce à un sentiment plus profond de cohésion, d'empathie et de responsabilité partagée, où la spiritualité agit comme une force de liaison invisible mais puissante. Ici, la spiritualité transcende la religion organisée, incarnant les principes universels de moralité et d'éthique qui favorisent un sentiment d'interdépendance.

Le Rôle Multiforme De La Cohésion Communautaire Et Du Capital Social

La cohésion communautaire et le capital social, la richesse collective des relations et de la confiance au sein d'une société, sont essentiels à son épanouissement. Ils constituent l'infrastructure sociale qui sous-tend les sociétés prospères de diverses manières :

1. Résilience en temps de crise : Les communautés dotées d'un fort capital social font preuve d'une résilience remarquable en temps de crise. Par exemple, la réponse communautaire au tremblement de terre de 2011 à Christchurch, en Nouvelle-Zélande, où les réseaux locaux ont joué un rôle clé dans les efforts de relèvement, illustre cette résilience.

2. Prévention du crime : Il existe une corrélation notable entre un capital social élevé et des taux de criminalité plus faibles. Les communautés où règnent la confiance et la vigilance, comme dans certains quartiers scandinaves, ont tendance à connaître moins de

délinquance.

3. Opportunités économiques : Des réseaux sociaux solides peuvent générer des avantages économiques. Dans la Silicon Valley, par exemple, la culture du réseautage et de l'échange d'informations a joué un rôle essentiel dans l'innovation et la réussite économique.

4. Santé et bien-être : La recherche montre que les communautés ayant des liens sociaux solides ont souvent de meilleurs résultats en matière de santé. Le concept japonais de « Moai », un système de groupe de soutien social à Okinawa, contribue à la longévité réputée des habitants.

5. Engagement civique : Les communautés engagées affichent souvent des niveaux plus élevés de participation politique. Le modèle de gouvernance participative du Kerala, en Inde, illustre comment l'engagement civique peut conduire à une prise de décision efficace et au développement communautaire.

6. Éducation et apprentissage : L'apprentissage dans des communautés cohésives transcende l'éducation formelle. La philosophie tradition-nelle « Ubuntu » des communautés africaines, qui met l'accent sur l'apprentissage communautaire et le partage des connaissances, met en évidence cet aspect.

7. Prospérité inclusive : Les communautés inclusives garantissent une prospérité équitable. Le tissu multiculturel des villes canadiennes, où divers groupes coexistent et contribuent à la richesse communautaire, met en valeur cette inclusivité.

Relever Les Défis Et Cultiver Le Capital Social

Cultiver un tel capital social n'est pas sans difficultés, en particulier dans les sociétés individualistes où les liens communautaires peuvent être plus faibles. Les stratégies visant à renforcer le capital social comprennent la promotion d'initiatives d'engagement communautaire, la création d'espaces de dialogue inclusifs et l'encouragement d'événements de réseautage local.

Adopter La Cohésion Communautaire Pour La Prospérité Sociétale

La cohésion communautaire et le capital social, dynamisés par les orientations éthiques et morales de la spiritualité, sont inestimables pour les sociétés prospères. Ces éléments ne concernent pas seulement la coexistence, mais aussi l'épanouissement ensemble, unis par des valeurs partagées et un soutien mutuel. Reconnaître et cultiver activement ces actifs immatériels nous permet d'ouvrir la voie à des sociétés où la prospérité n'est pas seulement économique mais aussi sociale et spirituelle, enrichissant l'expérience humaine dans son intégralité.

Résilience En Temps De Crise : Développer La Force Nécessaire Pour Surmonter L'adversité

Tout au long de l'histoire de l'humanité, les sociétés ont été confrontées à plusieurs reprises à des crises : catastrophes naturelles, ralentissements économiques, conflits sociaux et politiques. Ces défis mettent à l'épreuve la résilience des communautés, leur capacité à se relever et à en sortir plus fortes. La résilience, façonnée non seulement par les ressources matérielles mais également par des principes spirituels et éthiques, constitue une lueur d'espoir et de détermination dans ces moments-là.

La Nature Multidimensionnelle De La Résilience

La résilience transcende la simple récupération physique ; elle est profondément enracinée dans l'esprit collectif d'une communauté, souvent inspirée par un mélange de valeurs spirituelles et laïques :

1. L'espoir au milieu du désespoir : lors de crises comme le tremblement de terre de 2011 au Japon, c'est l'éthos spirituel et culturel partagé de persévérance et de soutien mutuel qui a uni les communautés dans les efforts de reconstruction. Un tel espoir, qui découle souvent

de croyances spirituelles, maintient les communautés ensemble, favorisant ainsi la résilience face à l'adversité.

2. Persévérance contre toute attente : Les principes spirituels peuvent imprégner un sentiment de ténacité dans les communautés. Les exemples historiques incluent la résilience démontrée lors du mouvement américain pour les droits civiques, où chefs spirituels et humanistes laïcs se sont unis dans la lutte contre l'injustice, faisant preuve d'une détermination sans faille.

3. Solidarité et soutien : Les conséquences des crises sont souvent témoins d'actes de solidarité remarquables. Par exemple, la réponse communautaire pendant la pandémie de COVID-19, où des personnes de croyances diverses se sont rassemblées pour soutenir les personnes vulnérables, illustre comment des valeurs humaines partagées peuvent créer des liens solides de soutien mutuel.

4. Destin partagé et cohésion : Les crises mettent en évidence notre interdépendance. Cela est évident dans les sociétés multiculturelles comme l'Afrique du Sud, où diverses communautés, guidées par les principes d'« Ubuntu » – une philosophie mettant l'accent sur l'humanité commune – se réunissent, renforçant la cohésion sociale.

5. Apprentissage et adaptation : Les crises sont des expériences d'apprentissage profondes. La sagesse issue de sources spirituelles et laïques peut conduire à des améliorations de la préparation et des structures sociétales. L'approche scandinave de la protection sociale, intégrant des considérations à la fois pratiques et éthiques, illustre cet apprentissage.

6. Guérison et bien-être émotionnel : les principes spirituels apportent réconfort et réconfort, contribuant ainsi à la guérison émotionnelle après une crise. Le rôle des organisations confessionnelles dans la fourniture d'un soutien psychologique lors de catastrophes en témoigne.

7. Innovation et renouveau : Les périodes post-crise stimulent souvent l'innovation. La reconstruction de sociétés déchirées par la guerre, par exemple, a parfois conduit à des structures de gouvernance

plus inclusives et à des initiatives de développement pilotées par les communautés.

Relever Les Défis Liés A La Culture De La Résilience

Renforcer la résilience dans diverses communautés nécessite de relever divers défis. Cela implique de veiller à ce que les efforts de renforcement de la résilience soient inclusifs, respectent les points de vue spirituels et laïques et répondent aux besoins des différents segments de la communauté.

Adopter Une Résilience Globale

La résilience en temps de crise n'est pas seulement un concept théorique mais une force tangible qui émerge de l'esprit collectif des communautés, nourrie par un amalgame de principes spirituels et laïques. C'est la force qui permet aux sociétés de relever les défis avec courage, de s'unir dans la solidarité et de se reconstruire avec une vigueur et une sagesse renouvelées. En reconnaissant et en cultivant cette résilience aux multiples facettes, les sociétés investissent non seulement dans leur survie mais aussi dans leur capacité à prospérer et à évoluer, quels que soient les défis que l'avenir pourrait leur apporter.

Vers Une Gouvernance Durable : Adopter La Sagesse De La Gestion

À une époque où les défis environnementaux sont plus évidents que jamais, l'impératif d'une gouvernance durable ancrée dans la sagesse de la gestion est indéniable. L'urgence posée par le changement climatique, l'épuisement des ressources et la pollution de l'environnement nécessite un changement dans la manière dont nous gouvernons et interagissons avec notre planète. L'intendance, un principe profondément ancré dans diverses traditions spirituelles et éthiques, offre une approche vitale à ce changement.

L'intendance En Action : Une Approche A Multiples Facettes

L'intendance consiste à gérer et à prendre soin de manière responsable des ressources de la Terre, en reconnaissant notre devoir envers les générations futures. C'est un principe qui nous pousse à considérer l'impact à long terme de nos actions et à gouverner avec prévoyance et responsabilité.

1. Vision politique à long terme : en adoptant la gestion responsable, les décideurs politiques sont encouragés à penser au-delà des gains immédiats. Par exemple, l'approche des pays nordiques en matière de politique environnementale et de protection sociale, qui donne la priorité à la durabilité à long terme, montre comment la gestion responsable peut façonner la gouvernance.
2. Conservation de l'environnement : L'intendance impose une utilisation durable des ressources naturelles. Les politiques qui reflètent cela, comme celles des efforts du Costa Rica en matière de conservation des forêts et d'énergies renouvelables, démontrent comment la gouvernance peut efficacement équilibrer le développement et la préservation de l'environnement.
3. Reconnaître l'interdépendance : Le concept d'interdépendance, central dans de nombreuses traditions spirituelles, est crucial pour comprendre notre impact sur la planète. Cela a été illustré par la reconnaissance juridique par la Nouvelle-Zélande du fleuve Whanganui en tant qu'entité vivante, une décision influencée par la vision du monde autochtone maorie.
4. Prise de décision éthique : L'intégration de la gestion dans la gouvernance fournit un cadre éthique pour les décisions politiques. La philosophie bhoutanaise du bonheur national brut, qui inclut la conservation de l'environnement comme pilier clé, illustre cette approche éthique.

5. Résilience et adaptation : l'intendance implique la planification du changement et de la résilience. Les stratégies de gestion de l'eau de Singapour, qui incluent des solutions innovantes pour lutter contre la pénurie d'eau, illustrent comment la gestion responsable peut conduire à des politiques environnementales adaptables et résilientes.

6. Responsabilité mondiale : Les questions environnementales ne connaissent pas de frontières. La gestion responsable de la gouvernance favorise la coopération internationale, comme le montrent les accords mondiaux sur le climat comme l'Accord de Paris, où la responsabilité collective envers la planète est un thème central.

7. Héritage pour les générations futures : La gestion responsable nous oblige à réfléchir à notre héritage. L'évolution mondiale vers les énergies renouvelables et les villes durables reflète une reconnaissance croissante de notre responsabilité de léguer une planète prospère aux générations futures.

Défis Et Applications Plus Larges

La mise en œuvre de la gestion responsable dans la gouvernance se heurte à des défis, notamment des contraintes économiques et des résistances politiques. Pour y remédier, il faut des approches collaboratives et un engagement avec diverses parties prenantes, y compris des groupes laïcs. De plus, les principes de gestion responsable peuvent s'étendre au-delà des questions environnementales jusqu'au bien-être social, à l'éducation et aux soins de santé, offrant ainsi un modèle holistique de développement durable.

L'impératif De La Gestion Responsable De La Gouvernance

Adopter la gestion responsable dans la gouvernance n'est pas seulement une nécessité environnementale mais aussi un impératif moral. Il s'aligne sur les cadres éthiques spirituels et laïques, offrant une approche universelle pour relever les défis urgents de notre planète. Une gouvernance durable, guidée par la gestion responsable, est un investissement dans un avenir où la planète et tous ses habitants peuvent prospérer. Il s'agit d'une vision de gouvernance qui ne sert pas seulement le présent, mais qui garantit un monde prospère et harmonieux pour les générations à venir.

Conclusion : Une Invitation A Une Forme De Gouvernance Plus Riche

Alors que nous atteignons le point culminant de notre exploration d'une gouvernance enrichie, il devient évident qu'exclure la spiritualité des politiques et de la gouvernance représente une opportunité manquée. Cette conclusion ne consiste pas à défendre un dogme religieux en matière de gouvernance, mais à adopter la sagesse universelle que la spiritualité, dans son sens le plus large, offre à l'humanité. Il s'agit de reconnaître la gouvernance non seulement comme une tâche administrative mais aussi comme une profonde responsabilité morale.

Gouvernance Enrichie : Un Impératif Pratique Et Moral

Intégrer la spiritualité dans la gouvernance nous invite à façonner une société qui dépasse les limites matérialistes, en puisant dans la richesse de l'esprit humain. Cela ouvre les portes à des politiques imprégnées de nos valeurs éthiques les plus élevées : compassion, justice, équité et empathie. Nous envisageons des sociétés où chaque individu, issu de divers horizons, peut vivre une existence plus complète et plus significative.

Considérez les possibilités de transformation :

1. Citoyens responsabilisés : Une gouvernance enrichie implique de donner aux citoyens les moyens de participer activement à leurs communautés, en valorisant leurs contributions au bien commun. Cette approche a été mise en œuvre avec succès dans les modèles

de budgétisation participative au Brésil, où les membres de la communauté ont directement leur mot à dire dans les décisions politiques.

2. Clarté morale dans l'élaboration des politiques : L'intégration de la spiritualité comme boussole morale dans la gouvernance apporte de la clarté. Les politiques sont évaluées pour leur solidité éthique, garantissant le bien-être de tous. Le modèle nordique de protection sociale témoigne de cette approche, donnant la priorité au bien-être sociétal aux côtés de la croissance économique.

3. Construire des sociétés équitables : une gouvernance enrichie vise à réduire les disparités, tout comme les politiques néo-zélandaises, qui intègrent les perspectives et les valeurs maories pour garantir des opportunités équitables à toutes les communautés.

4. Richesse et diversité culturelles : La reconnaissance de la diversité des origines spirituelles et culturelles enrichit la gouvernance. La politique multiculturelle du Canada est un exemple de célébration de la diversité culturelle tout en promouvant l'harmonie sociale.

5. Avenir durable : L'intégration des principes spirituels d'intendance et d'interconnectivité conduit à des décisions politiques durables, comme le montrent les efforts de conservation de l'environnement du Costa Rica.

6. Communautés résilientes : les valeurs spirituelles comme l'espoir et le destin partagé fournissent de la force en cas de crise. La réponse communautaire japonaise après le tremblement de terre de 2011, enracinée dans une philosophie culturelle de résilience et de soutien mutuel, en est un bon exemple.

7. Coopération mondiale : une gouvernance enrichie favorise la collaboration internationale, comme en témoignent les accords environnementaux mondiaux comme l'Accord de Paris.

Relever Les Défis Et Adopter L'inclusivité

Le chemin vers l'intégration de la spiritualité dans la gouvernance n'est pas sans défis. Cela nécessite une navigation prudente pour maintenir la laïcité et l'inclusion des diverses croyances. L'objectif est de trouver un terrain d'entente où les valeurs spirituelles universelles peuvent coexister avec des principes laïcs, enrichissant la gouvernance sans imposer de vues religieuses spécifiques.

Un Appel A L'action Transformatrice

Cette forme enrichie de gouvernance n'est pas un idéal lointain mais une réalité pratique qui attend d'être réalisée. Cela fait appel à des visionnaires moraux capables de voir au-delà du statu quo, envisageant une société où la spiritualité et la gouvernance travaillent en tandem pour le bien commun.

C'est une invitation à construire des sociétés où la compassion guide les politiques, où la justice constitue le fondement de la gouvernance et où chaque individu peut s'épanouir. Cette approche transcende les limites traditionnelles, offrant un modèle holistique qui répond à la fois aux besoins matériels et au désir inné de l'être humain de trouver un but et de se connecter.

En adoptant cette forme de gouvernance plus riche et plus éthique, nous ouvrons la porte à un monde qui reflète le meilleur de l'humanité – un monde où la gouvernance répond à la totalité des besoins humains. Le cheminement vers cet objectif n'est pas seulement visionnaire ; c'est pratique, inclusif et profondément nécessaire. Le moment est venu d'agir, et le potentiel de changement positif est immense.

Essentiellement, il ne s'agit pas simplement d'une invitation mais d'un appel à l'action en faveur d'un modèle de gouvernance qui nourrit véritablement l'esprit humain dans toutes ses dimensions. L'opportunité de participer à ce voyage transformateur est devant nous. Participerez-vous à façonner un avenir qui honore et élève l'expérience humaine dans son intégralité ?

Exemples Concrets : Les Conséquences De La Négligence Des Principes Moraux En Matière De Gouvernance

La négligence des directives morales et spirituelles dans la gouvernance n'est pas une simple préoccupation théorique ; cela a entraîné des conséquences tangibles et préjudiciables à l'échelle mondiale. Cependant, la compréhension de ces questions ouvre également la voie à l'intégration de principes moraux dans la gouvernance en vue d'un changement positif. Examinons des cas concrets qui mettent en évidence la nécessité d'une gouvernance éthique et explorons les remèdes potentiels.

1. Corruption et érosion de la confiance : les cas de corruption dans divers pays illustrent de manière frappante les conséquences de la négligence morale en matière de gouvernance. Non seulement cela épuise les ressources, mais cela érode la confiance du public. À l'inverse, des pays comme le Danemark, qui se classent régulièrement en termes de transparence et de corruption, démontrent l'impact positif des pratiques de gouvernance éthique qui donnent la priorité à la responsabilité et à l'intégrité.

2. Inégalités économiques : les politiques qui négligent les considérations éthiques exacerbent souvent les écarts de richesse, conduisant à des troubles sociaux. Cependant, des modèles tels que l'économie sociale de marché en Allemagne montrent comment des politiques éthiques peuvent équilibrer croissance économique et protection sociale, réduisant ainsi les inégalités.

3. Dégradation de l'environnement : La poursuite de la croissance économique sans considération environnementale a conduit à des crises écologiques. En revanche, l'engagement du Bhoutan à maintenir une partie importante de ses terres sous couvert forestier, guidé par le respect spirituel de la nature, illustre une gouvernance durable.

4. Violations des droits de l'homme : les régimes autoritaires donnent souvent la priorité au pouvoir plutôt qu'à l'éthique, ce qui conduit à des violations des droits de l'homme. Cela met en évidence la nécessité de modèles de gouvernance qui soutiennent les droits de la personne comme principe éthique fondamental, comme en témoignent les politiques de pays comme le Canada.

5. Fragmentation sociale : Un manque de fondement moral en matière de gouvernance peut entraîner des divisions sociétales. Les politiques inclusives de sociétés multiculturelles comme Singapour illustrent comment une gouvernance éthique peut promouvoir la cohésion sociale et l'inclusion.

6. Crises de santé publique : La pandémie de COVID-19 a montré à quel point les manquements éthiques en matière de gouvernance peuvent exacerber les crises de santé publique. Des pays comme la Nouvelle-Zélande, qui ont géré la pandémie avec un cadre éthique clair donnant la priorité à la santé publique et à une communication transparente, ont obtenu de meilleurs résultats.

Ces exemples soulignent que l'absence de considérations morales et spirituelles dans la gouvernance peut conduire à de profonds problèmes sociétaux. Ils soulignent également qu'une gouvernance éthique, éclairée par des principes moraux, peut conduire à des sociétés plus équitables, plus justes et plus durables.

Plaidoyer Pour Une Gouvernance Éthique

Cette exploration sert d'appel à l'action, soulignant que la gouvernance doit être ancrée dans des principes moraux et spirituels pour garantir le bien-être et la prospérité de tous. En examinant à la fois les conséquences négatives et les exemples positifs de gouvernance éthique, nous voyons clairement la voie à suivre. Les modèles de gouvernance à travers le monde qui intègrent avec succès les principes moraux démontrent que cela est non seulement possible mais essentiel pour créer des sociétés où l'équité, l'intégrité et la durabilité sont la norme.

Le moment est venu de défendre un modèle de gouvernance qui place la moralité et la spiritualité au centre, enrichissant ainsi notre avenir collectif. En adoptant ces principes, nous pouvons construire un monde qui reflète le meilleur de l'humanité – un monde où la gouvernance sert non seulement les indicateurs économiques mais aussi les besoins holistiques de chaque individu. Engageons-nous dans ce voyage transformateur vers une forme de gouvernance plus éthique, inclusive et spirituellement enrichie.

La Crise Financière De 2008

La crise financière de 2008 nous rappelle cruellement les conséquences catastrophiques d'une gouvernance dépourvue de contrôle éthique. Plus qu'une simple catastrophe financière, elle constitue une leçon cruciale dans le contexte plus large de la gouvernance dans tous les secteurs.

L'effondrement De La Gouvernance Éthique

La crise trouve son origine dans des pratiques financières irresponsables, motivées par le profit au détriment de la responsabilité éthique. Voici un aperçu plus détaillé des facteurs clés :

1. Pratiques de prêt irresponsables : les banques ont proposé des prêts hypothécaires à risque aux personnes ayant un crédit médiocre, sans tenir compte de leur capacité à rembourser les prêts, les exposant ainsi à des défauts de paiement inévitables.
2. Titrisation des prêts hypothécaires à risque : ces prêts à risque ont ensuite été regroupés en titres complexes adossés à des créances hypothécaires, masquant ainsi les risques inhérents.
3. Manque de transparence : La complexité de ces instruments financiers masquait leur véritable risque, conduisant à une dangereuse sous-estimation de leurs retombées potentielles.

4. Échecs des agences de notation : Les notes élevées trompeuses accordées par les agences de crédit ont perpétué davantage l'illusion de sécurité.

5. Défaillance systémique : Les banques surendettées se sont retrouvées au bord de l'effondrement lorsque les défauts de paiement ont commencé, déclenchant un effondrement financier mondial.

6. Plans de sauvetage du gouvernement : La crise a nécessité des interventions gouvernementales sans précédent, notamment des plans de sauvetage massifs, pour éviter un effondrement total du système financier.

Implications Et Solutions Plus Larges

Les répercussions de la crise ont été considérables, touchant non seulement le secteur financier mais aussi les citoyens ordinaires qui ont perdu leur emploi, leur logement et leurs économies. Cela a démontré la nécessité d'un modèle de gouvernance qui va au-delà des mesures financières pour inclure des considérations éthiques dans tous les secteurs.

En réponse, des réformes comme la loi Dodd-Frank aux États-Unis ont été introduites pour renforcer la réglementation et la surveillance financières. Cependant, le cheminement vers une gouvernance pleinement éthique nécessite des efforts continus. Ceci comprend:

- Mettre en œuvre des cadres réglementaires stricts pour prévenir de telles crises.
- Cultiver une culture de prise de décision éthique dans tous les secteurs.
- Assurer la transparence et la responsabilité dans les pratiques de l'entreprise.
- Encourager le leadership éthique et la responsabilité d'entreprise.

Réflexion Sur Les Réformes En Cours Et Diverses Perspectives

Depuis la crise, des progrès ont été réalisés en matière de réglementation financière, mais des défis subsistent, ce qui indique la nécessité d'une vigilance constante. Les points de vue des différentes parties prenantes touchées par la crise – des propriétaires individuels aux propriétaires de petites entreprises – mettent en évidence l'impact généralisé des décisions de gouvernance et l'importance de prendre en compte divers points de vue dans l'élaboration des politiques.

Un Appel A Une Gouvernance Éthique

La crise financière de 2008 souligne l'impératif d'une gouvernance éthique. C'est une leçon puissante : négliger les principes moraux peut entraîner des dommages généralisés. Cette crise devrait continuer à nous rappeler notre responsabilité collective de défendre des modèles de gouvernance qui donnent la priorité à l'éthique, à la responsabilité et au bien-être de tous les citoyens. Que la crise ne soit pas seulement un souvenir, mais un catalyseur d'un changement durable vers une gouvernance plus responsable et éthique dans tous les secteurs.

La Crise De Flint Water

La crise de l'eau de Flint, un épisode tragique de l'histoire récente, constitue un exemple flagrant des conséquences catastrophiques lorsque la gouvernance manque à ses responsabilités morales. Cette crise a fait plus que révéler les dangers des mesures de réduction des coûts ; il a mis en lumière des problèmes systémiques tels que les disparités raciales et socio-économiques, et comment ils peuvent conduire à de graves injustices.

Le Déroulement De La Crise

La crise a commencé avec une décision d'économie de changer l'approvisionnement en eau de Flint en avril 2014, mais elle a rapidement dégénéré en un désastre de santé publique :

1. Changement d'approvisionnement en eau : Flint, dans le Michigan, a changé sa source d'eau pour la rivière Flint, déclenchant ainsi la crise.

2. Contamination par le plomb : L'eau corrosive de la rivière a provoqué le lessivage du plomb provenant de vieux tuyaux dans l'eau potable, exposant la communauté à des niveaux dangereux d'une neurotoxine.

3. Impact disproportionné sur la santé : La crise a touché de manière disproportionnée la communauté à prédominance afro-américaine et économiquement défavorisée de Flint, les enfants souffrant le plus en raison des effets néfastes du plomb sur le développement.

4. Négligence du gouvernement : Les enquêtes ont révélé que les fonctionnaires étaient au courant des problèmes de qualité de l'eau mais n'ont pas agi, mettant en évidence une grave négligence de leur devoir.

5. Tollé public et attention nationale : La crise a attiré l'attention nationale grâce aux efforts des habitants et des militants, mettant en lumière la gravité de la situation.

6. Relèvement à long terme : Des efforts visant à revenir à l'ancienne source d'eau et à réparer les dégâts ont été lancés, mais la confiance et la santé de la communauté ont été profondément affectées.

Au-Delà De La Crise : Enjeux Systémiques Et Changements Positifs

La crise de Flint met en lumière des défis systémiques plus vastes, tels que la nécessité d'une plus grande surveillance réglementaire et de la lutte contre les inégalités qui mettent les communautés vulnérables en danger. En réponse à la crise, Flint a déployé des efforts pour remplacer les canalisations en plomb et améliorer la surveillance de la qualité de l'eau, créant ainsi un précédent pour que d'autres villes s'attaquent de manière proactive à des vulnérabilités similaires.

Mesures Préventives Et Gouvernance Éthique

Pour éviter de telles tragédies, il est crucial de mettre en œuvre des cadres réglementaires et des mécanismes de surveillance stricts. Cela comprend des tests réguliers de la qualité de l'eau, des rapports transparents et la participation de la communauté aux processus décisionnels. La gouvernance doit être éclairée par des principes éthiques qui donnent la priorité à la santé et à la dignité humaines, en particulier dans les décisions affectant les communautés marginalisées.

L'impératif D'une Gouvernance Morale Et Éthique

La crise de l'eau de Flint est un puissant rappel de la nécessité d'une gouvernance qui respecte les normes éthiques et morales. Cette crise devrait servir d'appel à l'action pour que tous les décideurs politiques intègrent des lignes directrices morales dans leur prise de décision, garantissant ainsi la protection et le bien-être de tous les citoyens. Il souligne l'importance de lutter contre les inégalités systémiques et renforce la nécessité d'une gouvernance transparente, responsable et motivée par le bien commun.

Les leçons de Flint trouvent un écho à l'échelle mondiale, soulignant la nécessité universelle d'une gouvernance éthique dans tous les secteurs et dans toutes les régions. En tirant les leçons de cette crise et en nous engageant en faveur d'une gouvernance éthique, nous pouvons œuvrer pour un avenir où de telles tragédies évitables seront évitées et où les droits et le bien-être de chaque membre de la communauté seront sauvegardés.

Pratiques De Travail Exploitantes

Les pratiques de travail exploitantes au sein du système commercial mondial illustrent clairement les graves conséquences d'une gouvernance et d'une philosophie d'entreprise dépourvues de considérations éthiques. Cette question, où la maximisation du profit éclipse les droits humains fondamentaux et la dignité, met en évidence le besoin urgent d'une réorientation morale de la gouvernance et des pratiques commerciales.

Comprendre Les Pratiques D'exploitation

Les pratiques de travail exploitantes se manifestent sous diverses formes, affectant les populations les plus vulnérables :

1. Ateliers clandestins : ils impliquent des conditions de travail in-humaines, des salaires dérisoires et souvent le travail des enfants. Les travailleurs passent de longues heures dans des environnements dangereux pour une rémunération minime, résultat des entreprises qui font des économies pour réduire les coûts de production.
2. Travail des enfants : Répandu dans les secteurs allant de l'agriculture à l'industrie manufacturière, le travail des enfants prive les enfants de l'éducation et d'une enfance normale, les soumettant à une exploitation à des fins lucratives.
3. Chaînes d'approvisionnement exploitantes : Certaines sociétés multinationales négligent les pratiques d'exploitation dans leurs chaînes d'approvisionnement, privilégiant la rentabilité plutôt que le bien-être des travailleurs.
4. Faibles protections du travail : dans les régions où la législation du

travail est laxiste, l'exploitation prospère en raison du manque de mesures de dissuasion légales.

5. Traite des êtres humains : Dans les cas extrêmes, l'exploitation du travail dégénère en traite des êtres humains, où les individus sont contraints de travailler contre leur gré.

Problèmes Systémiques Et Modèles Positifs

Ces pratiques sont étayées par des problèmes systémiques plus larges, notamment les disparités économiques mondiales et les politiques commerciales qui favorisent souvent les pays les plus riches. Il existe cependant des contre-exemples positifs. Par exemple, des entreprises comme Patagonia et Ben & Jerry's sont saluées pour leur engagement en faveur de pratiques de travail éthiques et servent de modèles pour intégrer la responsabilité sociale dans la réussite commerciale.

Voies Vers Des Pratiques De Travail Éthiques

Pour lutter contre ces pratiques d'exploitation, une approche multiforme est nécessaire :

- Mise en œuvre de cadres réglementaires solides pour protéger les droits des travailleurs à l'échelle mondiale.
- Encouragement de la responsabilité d'entreprise, où les entreprises s'engagent à adopter des pratiques éthiques tout au long de leurs chaînes d'approvisionnement.
- Sensibilisation des consommateurs et défense de produits fabriqués dans des conditions de travail équitables.
- Coopération internationale pour lutter contre les inégalités économiques mondiales et établir des pratiques commerciales équitables.

Relever Les Défis

Même si la transition vers des pratiques de travail éthiques présente des défis tels que le maintien de la compétitivité économique et l'ajustement des prix à la consommation, ces défis peuvent être surmontés grâce à des modèles commerciaux et des incitations politiques innovants. Les gouvernements peuvent jouer un rôle crucial en encourageant des pratiques commerciales éthiques et en concluant des accords commerciaux qui font respecter les normes du travail.

La Gouvernance Éthique Comme Chemin Vers Un Monde Juste

L'exploitation du travail n'est pas un sous-produit inévitable du commerce mondial mais le résultat de décisions de gouvernance et d'affaires dépourvues de fondement moral. En défendant la gouvernance éthique et la responsabilité des entreprises, nous pouvons évoluer vers une société mondiale plus équitable et plus humaine. Ce changement nécessite non seulement des changements politiques, mais aussi un engagement collectif à valoriser la dignité et les droits humains dans tous les aspects de la gouvernance et du commerce. Il s'agit d'un appel à l'action lancé à toutes les parties prenantes pour favoriser un monde où les pratiques de travail sont non seulement rentables mais aussi justes et humaines.

Dégradation De L'environnement

La crise climatique en cours nous rappelle brutalement les dangers d'une gouvernance qui néglige ses responsabilités morales et éthiques. Cette urgence environnementale, motivée par des ambitions économiques à court terme, constitue une grave menace non seulement pour notre génération actuelle mais aussi pour l'avenir de notre planète. Cela souligne la nécessité d'une gouvernance imprégnée d'une gestion éthique.

Examiner Les Conséquences

Les impacts dévastateurs de cet échec de gouvernance sont multiples :

1. Hausse des températures : Les activités humaines ont entraîné une augmentation constante des températures mondiales, entraînant des anomalies météorologiques fréquentes et intenses.
2. Fonte des calottes glaciaires : La fonte accélérée des glaces contribue à l'élévation du niveau de la mer, mettant en danger les régions côtières et de basse altitude.
3. Perte de biodiversité : La destruction généralisée des habitats et la pollution ont déclenché un déclin alarmant de la biodiversité, déstabilisant les écosystèmes.
4. Épuisement des ressources : la surconsommation et l'extraction non durable des ressources menacent la disponibilité des ressources, entraînant des conflits potentiels et des défis économiques.
5. Iniquités sociales : La dégradation de l'environnement affecte de manière disproportionnée les populations vulnérables, exacerbant les disparités sociales et sanitaires.
6. Sécurité alimentaire : Le changement climatique présente des risques importants pour l'agriculture mondiale, menaçant la disponibilité et la stabilité alimentaires.

Intégrer Des Solutions Et Des Modèles Positifs

Relever ces défis nécessite une approche à multiples facettes :

- Mettre en œuvre des politiques qui réduisent les émissions de carbone et encouragent l'utilisation des énergies renouvelables.
- Soutenir des pratiques agricoles et de gestion des ressources durables.
- Appliquer des réglementations strictes contre les activités qui nuisent à l'environnement.
- Promouvoir la sensibilisation des consommateurs et des modes de

vie durables.

Des exemples de changements positifs incluent des pays comme le Danemark et le Costa Rica, qui ont fait des progrès significatifs dans l'adoption des énergies renouvelables et dans leurs efforts de conservation. Ces modèles démontrent que l'intégration de considérations éthiques dans la gouvernance peut conduire à des résultats environnementaux positifs.

Comprendre Les Facteurs Systémiques

La crise trouve son origine dans des problèmes systémiques plus larges, tels que les structures économiques mondiales et les comportements des consommateurs. La lutte contre la dégradation de l'environnement nécessite une approche holistique qui prend en compte ces facteurs sous-jacents et encourage les efforts de collaboration entre les disciplines et les secteurs.

L'impératif Éthique

La crise climatique est en effet une crise morale. Cela exige que nous insufflions à la gouvernance des principes d'intendance, de responsabilité et d'interdépendance. Reconnaissant notre devoir moral de protéger l'environnement et les communautés vulnérables, nous devons nous efforcer d'adopter des politiques qui équilibrent la durabilité écologique et le développement économique.

Un Appel Au Réveil Pour Une Action Éthique

Cette crise est un signal d'alarme pour intégrer de toute urgence la moralité et l'éthique dans la gouvernance. Nos actions d'aujourd'hui détermineront la santé de notre planète et l'héritage que nous laisserons aux générations futures. Il est temps d'opérer un changement de paradigme vers une gouvernance qui valorise non seulement la prospérité économique mais aussi la durabilité et le bien-être de toute vie sur Terre. Que ce soit le moment d'agir de manière décisive et éthique, pour façonner un avenir où notre planète et ses habitants pourront prospérer en harmonie.

Inégalités Sociales Et Discrimination Systémique

Les inégalités sociales et la discrimination systémique représentent bien plus que de simples défis politiques ; ce sont de profondes défaillances éthiques des systèmes de gouvernance. Ces problèmes découlent d'un manque d'engagement moral à reconnaître et à maintenir la dignité et la valeur égales de chaque individu. Examinons la nature multiforme de ces problèmes et explorons des solutions transformatrices :

1. Injustice raciale : La discrimination raciale reste profondément ancrée dans de nombreuses sociétés. Les communautés BIPOC sont souvent confrontées à des obstacles systémiques en matière d'éducation, d'emploi et de soins de santé. Par exemple, des politiques d'action positive, bien que parfois controversées, ont été mises en œuvre dans divers secteurs comme moyen de remédier à ces disparités et de promouvoir la diversité.

2. Écarts salariaux entre les sexes : L'écart salarial persistant entre les sexes n'est pas seulement un problème économique mais aussi moral, reflétant un échec à faire respecter le principe d'un salaire égal pour un travail égal. Des initiatives telles que la norme islandaise d'égalité de rémunération démontrent comment la législation peut être utilisée efficacement pour combler cet écart.

3. Mauvais traitements envers les communautés marginalisées : Les peuples autochtones et les immigrants sont souvent victimes de discrimination et de mauvais traitements. Des pays comme le Canada ont commencé à reconnaître et à remédier à ces injustices, quoique progressivement, grâce à des initiatives de vérité et de réconciliation et à des politiques plus inclusives.

4. Iniquités en matière de justice pénale : Les disparités au sein du système de justice pénale, telles que le profilage racial et les condamnations biaisées, sapent la confiance et l'équité. Dans des pays comme la Norvège, les réformes axées sur la réhabilitation plutôt que sur la punition se sont révélées prometteuses pour créer un système judiciaire plus équitable.

5. Disparités éducatives : L'accès inégal à une éducation de qualité perpétue les inégalités sociales. Les initiatives visant à accroître le financement des districts scolaires à faible revenu et les politiques promouvant l'égalité d'accès à l'éducation, comme on le voit dans certains pays scandinaves, constituent des mesures visant à atténuer ce problème.

6. Disparités en matière de soins de santé : les inégalités en matière d'accès aux soins de santé et de résultats nécessitent une attention urgente. Des modèles tels que le National Health Service du Royaume-Uni, qui vise à fournir des soins de santé basés sur les besoins plutôt que sur la capacité de payer, illustrent les tentatives visant à créer un système de santé plus équitable.

La Voie A Suivre

Aborder ces questions morales nécessite une approche de gouvernance qui s'engage en faveur de la justice, de l'équité et de la reconnaissance de la valeur inhérente de chaque individu. Cela implique non seulement de reconnaître ces lacunes éthiques, mais aussi de travailler activement en faveur d'un changement systémique.

Des progrès sont réalisés, même s'ils sont inégaux. L'attention mondiale croissante accordée à la justice sociale, à la diversité et à l'inclusion est encourageante, mais il reste encore beaucoup à faire. La gouvernance doit donner la priorité aux politiques qui démantèlent la discrimination systémique, favorisent l'inclusion et garantissent des opportunités équitables.

La Gouvernance Éthique Comme Fondement De L'équité

Les questions d'inégalité sociale et de discrimination systémique rappellent l'impératif moral au cœur de la gouvernance. En intégrant des principes éthiques dans les processus décisionnels, nous pouvons construire des systèmes qui répondent aux besoins et aux aspirations de tous les individus, quels que soient leur race, leur sexe ou leur origine. Cette évolution vers une gouvernance morale et éthique n'est pas seulement un changement de politique ; c'est une transformation fondamentale vers un monde plus juste, équitable et humain. C'est un appel à l'action pour que nous puissions tous contribuer et défendre une gouvernance qui incarne ces valeurs.

Conclusion : L'impératif De La Gouvernance Morale

Les dures réalités de la crise financière de 2008, de la crise de l'eau de Flint et des problèmes persistants liés aux pratiques de travail abusives, à la dégradation de l'environnement et aux inégalités sociales soulignent le besoin profond d'une gouvernance morale. Ces exemples ne sont pas de simples incidents isolés mais sont symptomatiques d'un problème plus vaste : les conséquences de la mise à l'écart des principes éthiques dans la gouvernance.

Leçons Et Solutions Systémiques

1. Aperçu de la crise financière : La crise financière de 2008 nous a appris que négliger les considérations éthiques à long terme au profit des profits à court terme peut entraîner des dommages économiques et sociaux généralisés. Une solution systémique réside dans la mise en œuvre de réglementations financières et de mécanismes de surveillance plus robustes, garantissant la responsabilité et la transparence au sein des institutions financières.

2. Apprendre de Flint : La crise de l'eau de Flint a mis en évidence les

résultats désastreux du mépris du bien-être public, en particulier parmi les communautés marginalisées. Cela nécessite des politiques qui donnent la priorité à la santé publique et à la sécurité environnementale, renforcées par des contrôles rigoureux et un engagement communautaire dans la prise de décision.

3. Lutter contre l'exploitation du travail : L'échec moral évident dans les pratiques de travail exploitantes exige un engagement mondial en faveur de normes de travail équitables. Cela inclut l'application des lois internationales du travail et l'encouragement de pratiques éthiques en matière de chaîne d'approvisionnement au sein des sociétés multinationales.

4. Relever les défis environnementaux : La dégradation de l'environnement doit être combattue par des politiques durables qui équilibrent le développement économique et la préservation écologique, comme on le voit dans des pays comme le Danemark et la Nouvelle-Zélande, qui ont fait des progrès significatifs en matière de gouvernance verte.

5. Combattre les inégalités sociales : La lutte contre la discrimination systémique nécessite une approche inclusive de l'élaboration des politiques, une approche qui s'efforce activement de démanteler les barrières et de promouvoir l'équité, comme en témoignent divers programmes d'égalité des chances dans le monde.

Défis Et Pertinence Mondiale

La mise en œuvre d'une gouvernance morale n'est pas sans défis. Cela nécessite de naviguer dans des paysages politiques, économiques et sociaux complexes. Cependant, l'urgence de ces questions transcende les frontières, faisant de la gouvernance morale un impératif mondial. Les pays du monde entier, chacun avec ses défis uniques, doivent s'engager collectivement à intégrer des principes éthiques dans leurs structures de gouvernance.

Exemples Positifs De Gouvernance Morale

Il existe des cas encourageants où la gouvernance éthique a conduit à des changements positifs. Par exemple, l'accent mis par le Bhoutan sur le bonheur national brut en tant qu'indicateur de développement donne la priorité au bien-être de ses citoyens plutôt qu'à la simple croissance économique. De même, le modèle nordique, qui met l'accent sur le bien-être social et l'égalité, démontre le succès des modèles de gouvernance ancrés dans des principes éthiques.

Un Appel A Une Action Éthique

Ces questions mettent en évidence la nécessité d'un changement fondamental vers une gouvernance morale. Cela signifie défendre des politiques et des systèmes qui soutiennent la justice, l'équité et le bien-être de tous les membres de la société, non pas après coup mais comme objectif principal.

À mesure que nous avançons, tirons les leçons des erreurs passées et des exemples positifs, en relevant le défi de la mise en œuvre d'une gouvernance morale. Il est temps de donner la priorité aux considérations éthiques, non seulement pour rectifier les torts du passé, mais aussi pour ouvrir la voie à un avenir plus juste, équitable et durable. Ce voyage nécessite un effort et un engagement collectifs, et le moment est venu d'agir. Saisissons cette opportunité pour redéfinir la gouvernance et créer un monde qui reflète nos plus hautes aspirations morales.

3

Le Caractère Sacré De Nafs (Vie)

Le Rôle Du Gouvernement Dans La Préservation Et L'amélioration De La Qualité De Vie

Souvent perçu comme un monolithe bureaucratique, le gouvernement devrait plutôt être considéré comme le gardien de notre bien-être collectif. Imaginez une société qui non seulement respecte mais considère comme sacré le don de la vie, où chaque citoyen ne se contente pas de survivre, mais s'épanouit. Cette vision n'est pas un rêve lointain, mais un objectif tangible, exigeant une implication proactive du gouvernement dans l'amélioration de la qualité de vie de chacun.

Considérez ceci : les gouvernements, disposant de ressources et d'une autorité considérables, sont particulièrement bien placés pour influer sur le changement. Leur contrôle sur les budgets, les infrastructures et les politiques touche directement notre vie quotidienne – soins de santé, éducation, logement et services sociaux. Lorsque la Norvège, par exemple, a concentré ses ressources sur la santé publique et l'éducation, elle a constaté une amélioration spectaculaire de la qualité de vie de ses citoyens. De tels efforts ciblés peuvent jeter les bases d'une existence digne pour tous.

La justice et l'État de droit sont plus que des concepts juridiques ; ils sont l'élément vital d'une société juste. Les gouvernements, dans ce rôle, constituent un bouclier contre l'exploitation, la discrimination et la violence. En démantelant activement les inégalités systémiques, comme en témoignent les progrès du Canada vers l'égalité des sexes, un gouvernement peut créer une société où chaque vie est non seulement reconnue mais chérie.

Les politiques de santé et de sécurité publiques sont le moyen utilisé par le gouvernement pour étendre son bras protecteur à ses citoyens. Qu'il s'agisse de réglementations environnementales, de normes de sécurité alimentaire ou de campagnes sanitaires, ces mesures sont vitales. Prenons l'exemple des normes rigoureuses de sécurité alimentaire du Japon, qui ont considérablement réduit les maladies d'origine alimentaire, illustrant comment de telles politiques peuvent améliorer la qualité de vie.

La stabilité économique, favorisée par les politiques gouvernementales, a une incidence directe sur nos vies. Les initiatives favorisant la création d'emplois, des salaires équitables et des filets de sécurité sociale sont cruciales. La réussite de l'économie sociale de marché en Allemagne témoigne de la manière dont de telles mesures peuvent réduire les disparités économiques et préserver le caractère sacré de la vie.

Essentiellement, le rôle du gouvernement dans l'entretien et la protection de la vie est plus qu'une tâche administrative ; c'est une obligation morale profonde. Cela implique de reconnaître la dignité inhérente à chaque individu et de prendre des mesures concrètes pour garantir que sa vie soit non seulement protégée mais également enrichie.

En tant que citoyens, il nous incombe d'exiger de nos gouvernements des politiques qui placent la vie et le bien-être au premier plan. En participant au processus démocratique, nous pouvons faire en sorte que nos gouvernements ne soient plus de simples organes administratifs et deviennent de véritables gardiens du caractère sacré de la vie. Il est en notre pouvoir collectif de construire des sociétés où le potentiel de chaque individu est non seulement reconnu mais encouragé, transformant ainsi l'idéal du caractère sacré de la vie en une réalité vivante.

La Santé Pour Tous : Un Droit Fondamental

La santé pour tous transcende une noble aspiration ; c'est un droit fondamental que chaque individu mérite, quel que soit son contexte économique. Des pays comme le Canada et les pays nordiques en sont l'exemple, offrant des systèmes de santé universels qui excellent en termes de qualité et d'accessibilité. Pourtant, à l'échelle mondiale, les gouvernements doivent comprendre que les soins de santé transcendent un poste budgétaire ; c'est un investissement vital dans leur atout le plus précieux : leur personnel.

L'histoire de Maria, une mère célibataire issue d'une communauté marginalisée dans un pays sans soins de santé universels, souligne ce point. Luttant pour gérer son diabète en raison du coût élevé des médicaments, le sort de Maria reflète la dure réalité à laquelle sont confrontées des millions de personnes, soulignant pourquoi les soins de santé ne consistent pas seulement à accéder aux médecins et aux hôpitaux, mais à une approche globale englobant les soins préventifs, les services de santé mentale et les médicaments essentiels.

Les soins de santé universels sont la pierre angulaire du respect du caractère sacré de la vie, tel que le résume le principe de Nafs, et devraient être une priorité non négociable pour chaque gouvernement. Voici pourquoi:

1. Dignité humaine : Valorisant chaque vie, les soins de santé en tant que droit promeuvent la dignité inhérente de chaque individu. C'est une déclaration sociétale selon laquelle le bien-être de chacun est une priorité.

2. Orientation préventive : en mettant l'accent sur les soins préventifs, les systèmes universels, comme en Suède, donnent la priorité à l'intervention précoce, réduisant ainsi les complications de santé coûteuses et améliorant la santé globale de la communauté.

3. Productivité économique : Des citoyens en bonne santé contribuent plus efficacement à l'économie. Par exemple, des études ont montré

que dans les pays où les soins de santé sont accessibles, la productivité de la main-d'œuvre augmente à mesure que moins de jours sont perdus pour cause de maladie.

4. Réduction des disparités en matière de santé : dans un système où tout le monde reçoit des soins égaux, les disparités en matière de santé, en particulier parmi les groupes défavorisés, sont considérablement réduites, comme on le voit dans des pays comme la Nouvelle-Zélande.

5. Qualité de vie : Sans le fardeau de la dette médicale, les gens peuvent poursuivre leurs objectifs de vie sans entrave, une liberté essentielle pour une vie épanouie.

6. Cohésion sociale : Fournir des soins de santé pour tous favorise un sentiment plus fort de communauté et de responsabilité partagée, renforçant les liens sociaux et le respect mutuel.

Cependant, l'adoption de soins de santé universels n'est pas sans défis. Des questions telles que le financement, l'allocation efficace des ressources et le maintien de normes de soins élevées sont de véritables préoccupations. Les experts affirment qu'avec une planification stratégique et un engagement communautaire, ces défis peuvent être gérés efficacement.

Contrairement à certaines croyances, les pays dotés de soins de santé universels se classent souvent en bonne position en termes de résultats en matière de soins de santé et de satisfaction des patients. Par exemple, selon l'Organisation mondiale de la santé, le Danemark obtient régulièrement des résultats élevés dans ces deux domaines.

En conclusion, les soins de santé pour tous sont plus qu'une simple politique ; c'est un impératif moral. Respecter le principe de Nafs signifie reconnaître que fournir des soins de santé universels est non seulement possible mais essentiel pour une société juste, humaine et prospère. Il est temps pour les gouvernements du monde entier de donner la priorité au bien-être de leurs citoyens en reconnaissant les soins de santé comme un droit fondamental et non comme un privilège.

Assurer La Sécurité Économique : Au-Delà Des Simples Emplois

La sécurité économique va au-delà du simple emploi ; il s'agit de créer un environnement dans lequel chaque citoyen peut s'épanouir dans la dignité et poursuivre ses aspirations. Le rôle du gouvernement à cet égard est crucial, et voici pourquoi c'est non seulement possible mais fondamentalement essentiel :

1. Salaire vital : Prenons l'exemple du Danemark, où le concept de salaire vital est profondément enraciné. Ici, le gouvernement veille à ce que le salaire minimum permette aux individus et aux familles de répondre confortablement à leurs besoins fondamentaux, favorisant ainsi la stabilité financière et atténuant le stress de l'incertitude économique.

2. Conditions de travail raisonnables : La sécurité économique englobe également des conditions de travail sûres et raisonnables. Par exemple, en Allemagne, des réglementations strictes en matière de sécurité sur le lieu de travail et des protections contre la discrimination rendent les emplois plus sûrs et moins préjudiciables à la santé physique et mentale.

3. Dignité au travail : l'engagement du Japon en faveur du respect des employés et d'un traitement équitable démontre à quel point la dignité peut être au cœur de chaque emploi. Les politiques promouvant la non-discrimination et le respect de la voix des salariés sont essentielles pour favoriser un environnement de travail digne.

4. Filets de sécurité sociale : Des filets de sécurité sociale solides sont essentiels. Au Canada, les allocations de chômage et les régimes de retraite complets se sont révélés efficaces pour empêcher les individus de sombrer dans la pauvreté pendant les crises. Ces mesures soulignent l'importance d'un filet de sécurité en matière de sécurité économique.

5. Mobilité économique : La sécurité économique devrait permettre une mobilité ascendante. L'investissement dans l'éducation et la formation, comme en Finlande, garantit aux citoyens des opportunités d'évolution de carrière, améliorant ainsi leur vie et celle de leur famille.

6. Qualité de vie : Le but ultime de la sécurité économique est d'améliorer la qualité de vie. Lorsque les gens peuvent planifier leur avenir, investir dans l'éducation et la santé et poursuivre leurs rêves sans craindre l'instabilité financière, la société dans son ensemble en profite.

7. Réduire les inégalités : Il est également crucial de lutter contre les inégalités de revenus. Une fiscalité progressive et des politiques visant à réduire l'écart de richesse, similaires à celles mises en œuvre en Suède, sont essentielles à la création d'une société juste et équitable, préservant le caractère sacré de la vie.

Les défis tels que les contraintes budgétaires et l'impact sur les entreprises sont de réelles préoccupations dans la mise en œuvre de ces mesures. Toutefois, comme le soulignent les économistes, une planification stratégique et une approche équilibrée peuvent atténuer ces défis, ouvrant ainsi la voie à une sécurité économique durable.

En conclusion, le rôle du gouvernement pour assurer la sécurité économique ne consiste pas seulement à créer des emplois ; il s'agit de favoriser un environnement dans lequel les individus et les familles peuvent mener une vie épanouissante dans la dignité, sans pauvreté ni détresse économique. Des pays comme le Danemark, l'Allemagne et le Canada illustrent cette approche, montrant qu'il est non seulement possible mais impératif pour les gouvernements de donner la priorité aux politiques qui favorisent la sécurité économique. Cette approche s'aligne sur le principe de Nafs, qui défend le caractère sacré de la vie, faisant de la sécurité économique un investissement dans le bien-être de la population.

Autonomisation Éducative : Le Cadeau De Toute Une Vie

L'autonomisation éducative va au-delà de la simple préparation à l'emploi ; il s'agit d'un processus crucial qui façonne des citoyens informés, responsables et compatissants. Conformément au principe de Nafs, les gouvernements doivent reconnaître l'éducation comme un pouvoir de transformation, crucial pour un développement holistique. L'autonomisation éducative n'est pas seulement une option mais une nécessité fondamentale, pour les raisons suivantes :

1. Développement holistique : l'éducation doit transcender les connaissances académiques et englober l'intelligence émotionnelle, la pensée critique, la créativité et les valeurs morales. Le système éducatif finlandais, connu pour l'importance qu'il accorde au bien-être des élèves et à l'apprentissage généralisé, illustre cette approche, préparant les individus non seulement à une carrière, mais aussi aux divers défis et opportunités de la vie.

2. Responsabilité civique : des systèmes éducatifs solides, comme ceux des Pays-Bas, favorisent la responsabilité civique, encourageant la participation active à la démocratie et à la justice sociale. Ces systèmes inculquent l'importance de l'empathie et du respect de la diversité, cruciaux pour le bien commun.

3. Cohésion sociale : L'éducation brise les barrières entre les divers groupes, favorisant la compréhension et l'harmonie. La politique éducative de Singapour, axée sur le multiculturalisme et l'intégration sociale, démontre comment l'éducation peut favoriser des sociétés inclusives où le potentiel de chacun est réalisé.

4. Mobilité économique : L'éducation est une voie clé vers la mobilité économique. En fournissant aux individus les compétences et les connaissances nécessaires, l'éducation réduit les inégalités de revenus et contribue au bien-être de la société, comme en témoignent les taux de mobilité ascendante dans des pays comme le Canada.

5. Innovation et progrès : Une main-d'œuvre bien formée stimule

l'innovation. Les investissements de la Corée du Sud dans l'éducation ont conduit à des progrès significatifs dans la technologie et dans d'autres domaines, démontrant le lien entre l'investissement éducatif et le progrès national.

6. Compétitivité mondiale : Dans le monde interconnecté d'aujourd'hui, des pays comme l'Allemagne, avec leurs systèmes éducatifs solides, démontrent à quel point l'éducation est vitale pour la compétitivité mondiale et l'adaptation économique.

7. Apprentissage tout au long de la vie : les gouvernements engagés en faveur de l'autonomisation éducative, comme la Nouvelle-Zélande, offrent des opportunités d'apprentissage continu pour tous les âges, encourageant ainsi la croissance personnelle et professionnelle continue.

8. Préservation du patrimoine culturel : L'éducation joue un rôle clé dans la préservation du patrimoine culturel. L'approche du Japon consistant à intégrer les connaissances et coutumes traditionnelles dans son programme éducatif enrichit son identité culturelle.

Cependant, des défis tels que les contraintes budgétaires et l'équilibre entre les méthodes éducatives traditionnelles et innovantes doivent être relevés. Comme le soulignent les experts en éducation, les investissements stratégiques et les politiques inclusives sont essentiels pour surmonter ces obstacles.

En conclusion, l'autonomisation éducative n'est pas un luxe mais une nécessité pour les gouvernements qui accordent de l'importance au caractère sacré de la vie et au bien-être de leurs citoyens. Il s'agit d'un investissement dans la création d'individus informés, responsables et compatissants qui contribuent à une société juste, prospère et progressiste. L'éducation est le don permanent d'une vie, et son pouvoir de transformation devrait être une priorité absolue pour chaque nation.

Santé Mentale : La Priorité Silencieuse

La santé mentale, souvent une priorité silencieuse, est cruciale dans les discussions sur la qualité de vie. Un gouvernement aligné sur le principe de Nafs reconnaît l'impératif du bien-être mental. Voici pourquoi la santé mentale devrait être au premier plan de tout modèle de gouvernance qui valorise le caractère sacré de la vie :

1. Bien-être global : La qualité de vie comprend à la fois le bien-être physique et mental. Des études montrent que négliger la santé mentale peut entraîner une diminution de la productivité et une augmentation des problèmes de santé physique, comme en témoigne un rapport de l'Organisation mondiale de la santé établissant un lien entre la santé mentale et les maladies chroniques.

2. Approche préventive : Les programmes de santé mentale se concentrent sur la prévention ainsi que sur le traitement. Le succès des stratégies d'intervention précoce de la Norvège, par exemple, illustre comment de telles approches peuvent alléger le fardeau du système de santé et améliorer la qualité de vie.

3. Productivité et innovation : Il existe une corrélation directe entre le bien-être mental et la productivité nationale. Par exemple, les entreprises australiennes mettant en œuvre des programmes de santé mentale ont fait état d'une innovation et d'une efficacité accrues.

4. Réduire les coûts sociaux : La résolution des problèmes de santé mentale peut réduire les coûts sociaux comme la criminalité et l'itinérance. Aux États-Unis, les réformes de la santé mentale ont été associées à une baisse du sans-abrisme et de la toxicomanie dans plusieurs grandes villes.

5. Améliorer les résultats scolaires : La mise en œuvre de programmes de santé mentale dans les écoles, similaires à ceux du Japon, conduit à de meilleurs résultats scolaires et au bien-être des élèves.

6. Favoriser la cohésion sociale : Les initiatives communautaires en matière de santé mentale, comme celles du Canada, ont réussi à

favoriser des liens sociaux et un engagement communautaire plus solides.

7. Compétitivité mondiale : Une main-d'œuvre mentalement saine améliore la compétitivité mondiale d'une nation. L'accent mis par la Corée du Sud sur la santé mentale au travail a amélioré sa position sur le marché mondial.

8. Réduire la stigmatisation : Les gouvernements peuvent jouer un rôle central dans la lutte contre la stigmatisation en matière de santé mentale. Les campagnes de sensibilisation du public au Royaume-Uni ont considérablement modifié la perception du public à l'égard de la maladie mentale.

9. Qualité de vie améliorée : En fin de compte, la santé mentale est essentielle à l'amélioration de la qualité de vie globale. Une enquête menée en Nouvelle-Zélande a révélé une satisfaction de vie plus élevée chez les populations ayant accès aux services de santé mentale.

Les défis liés à la priorisation de la santé mentale comprennent les contraintes budgétaires et l'intégration de la santé mentale avec d'autres priorités en matière de soins de santé. Cependant, comme l'ont souligné les experts en santé mentale, des solutions innovantes et des collaborations intersectorielles peuvent surmonter ces obstacles, rendant ainsi les soins de santé mentale accessibles et efficaces.

En conclusion, la santé mentale est un impératif sociétal et non seulement une question de soins de santé. Les gouvernements visionnaires comprennent que le bien-être mental est essentiel au caractère sacré de la vie. En intégrant des programmes de santé mentale dans l'éducation, les lieux de travail et les services publics, les gouvernements peuvent améliorer la qualité de vie des citoyens, réduire les coûts sociaux et préparer leurs nations à une plus grande prospérité et un plus grand bien-être. Donner la priorité à la santé mentale comme elle le mérite est essentiel pour une approche de gouvernance holistique et compatissante.

Gestion De L'environnement : Un Monde Vivable Pour Tous

La gestion environnementale n'est pas simplement une option ; c'est un impératif moral et éthique pour tout gouvernement qui valorise le caractère sacré de la vie. Cette responsabilité s'étend au-delà du domaine de l'activisme environnemental pour devenir une pierre angulaire de la gouvernance, cruciale pour améliorer la qualité de vie de tous les citoyens :

1. Survie de base : L'air pur et l'eau propre sont essentiels à la survie humaine. Par exemple, en Nouvelle-Zélande, les politiques gouvernementales axées sur la conservation de l'eau et le contrôle de la pollution ont nettement amélioré les résultats en matière de santé publique.

2. Santé et bien-être : Le lien entre les polluants environnementaux et les problèmes de santé, tels que les maladies respiratoires et le cancer, est bien documenté. Les réglementations strictes du Japon en matière de qualité de l'air ont considérablement réduit les problèmes de santé liés à la pollution, démontrant le rôle du gouvernement dans la protection de la santé de ses citoyens.

3. Mode de vie durable : Les pratiques durables sont essentielles au bien-être à long terme de la planète. L'engagement de l'Allemagne en faveur des énergies renouvelables et de la gestion responsable des ressources sert de modèle de mode de vie durable, bénéficiant aux générations actuelles et futures.

4. Stabilité économique : Les catastrophes environnementales peuvent dévaster les économies. L'investissement des Pays-Bas dans les infrastructures de protection contre les inondations est un exemple de la manière dont la protection de l'environnement garantit également la stabilité économique d'un pays.

5. Responsabilité mondiale : Le changement climatique nécessite une action mondiale. Le leadership de la Suède dans la défense des accords internationaux sur le climat montre l'importance du rôle du

gouvernement sur la scène mondiale.

6. Équité en matière de ressources : La dégradation de l'environnement a souvent un impact disproportionné sur les communautés marginalisées. Les initiatives du Canada pour lutter contre les injustices environnementales dans les territoires autochtones mettent en évidence la nécessité d'une répartition équitable des ressources.

7. Innovation et création d'emplois : La protection de l'environnement peut stimuler la croissance économique. La croissance du secteur des technologies vertes aux États-Unis, par exemple, a créé de nombreux emplois tout en contribuant à la durabilité environnementale.

8. Résilience face aux catastrophes : se préparer aux catastrophes naturelles est de plus en plus vital. Les programmes avancés de préparation aux tremblements de terre du Japon illustrent les mesures efficaces de réponse du gouvernement pour protéger les citoyens et les biens.

9. Préserver la biodiversité : La biodiversité est cruciale pour la stabilité des écosystèmes. Les efforts du Brésil dans la forêt amazonienne démontrent l'importance des actions gouvernementales visant à préserver la biodiversité pour les générations futures.

10. Responsabilité éthique : En fin de compte, la gestion de l'environnement est un devoir éthique qui transcende la politique. Chaque gouvernement a la responsabilité de protéger la planète pour les générations actuelles et futures, comme le montre les vastes politiques de conservation du Costa Rica.

Même si les défis tels que les impacts économiques et les problèmes de faisabilité sont réels, les experts soulignent que des solutions politiques innovantes et une collaboration internationale peuvent surmonter ces obstacles, ouvrant ainsi la voie à une gestion durable de l'environnement.

En conclusion, la gestion de l'environnement est une question d'obligation morale et éthique et non un débat politique. Les gouvernements doivent donner la priorité à la protection de l'environnement et aux pratiques durables, comme l'illustrent des pays comme la Nouvelle-

Zélande, le Japon, l'Allemagne et d'autres. En prenant des mesures audacieuses pour protéger l'environnement, les gouvernements peuvent garantir un avenir meilleur, plus sain et plus prospère à tous les citoyens. L'air pur, l'eau et un monde vivable sont des éléments indispensables d'une vie de qualité et doivent être sauvegardés grâce à une gestion engagée.

Inclusion Sociale : Le Tissu D'une Société Forte

L'inclusion sociale est plus qu'un mot à la mode contemporain ; c'est la pierre angulaire d'une société juste et harmonieuse. Il est impératif que les gouvernements prennent des mesures proactives et convaincantes pour promouvoir l'inclusion sociale, l'égalité des sexes et l'équité raciale afin d'assurer une qualité de vie élevée à tous les citoyens :

1. Dignité humaine : La discrimination, qu'elle soit fondée sur la race, le sexe, l'origine ethnique ou tout autre facteur, constitue un affront direct à la dignité humaine. Par exemple, le modèle scandinave, axé sur l'égalité des droits, montre comment les politiques gouvernementales peuvent préserver la dignité de chaque citoyen.
2. Cohésion sociale : Les sociétés inclusives, illustrées par la politique de multiculturalisme du Canada, améliorent la confiance, la coopération et la solidarité entre les citoyens d'origines diverses, renforçant ainsi les liens sociaux.
3. Prospérité économique : L'exclusion et les préjugés étouffent les talents et la croissance économique. La politique d'autonomisation économique des Noirs (BEE) de l'Afrique du Sud illustre comment les pratiques inclusives créent des opportunités pour tous les citoyens de contribuer à l'économie.
4. Égalité devant la loi : Le cadre juridique de la Nouvelle-Zélande, qui garantit l'égalité des droits pour tous les groupes, illustre le principe de l'égalité devant la loi en action.
5. Éducation et sensibilisation : L'éducation est essentielle pour favoriser l'inclusion. Des pays comme l'Allemagne ont mis en œuvre

des programmes éducatifs qui promeuvent la diversité et la tolérance, remettant ainsi en question les stéréotypes.

6. Égalité des sexes : La discrimination fondée sur le sexe limite le progrès sociétal. Les politiques suédoises promouvant l'égalité des sexes dans tous les secteurs constituent un modèle à suivre.

7. Équité raciale : Il est essentiel de lutter contre le racisme systémique. Les politiques d'action positive des États-Unis constituent une étape vers la rectification des injustices historiques et le démantèlement des structures discriminatoires.

8. Équité en matière de santé : l'égalité d'accès à des services de santé de qualité, comme le montre le National Health Service du Royaume-Uni, garantit que tous les citoyens, quelle que soit leur origine, reçoivent des soins adéquats.

9. Services sociaux : La fourniture de services sociaux complets, comme en France, soutient les populations vulnérables et favorise l'équité.

10. Enrichissement culturel : La diversité enrichit les sociétés. Le soutien de l'Australie aux cultures et langues autochtones démontre la valeur de la diversité culturelle.

11. Représentation politique : une représentation diversifiée dans la gouvernance, comme en témoigne le système parlementaire indien, garantit que diverses voix sont entendues dans les processus de prise de décision.

12. Combattre la haine et l'extrémisme : des positions fermes contre les discours de haine et la discrimination, comme celles adoptées en Norvège, sont essentielles au maintien de l'harmonie sociétale.

13. Campagnes de sensibilisation du public : des campagnes de sensibilisation du public convaincantes, similaires à celles menées au Brésil, remettent en question les stéréotypes et favorisent l'inclusion sociale.

14. Collecte et suivi des données : le suivi des progrès en matière d'inclusion sociale, tels que pratiqués aux Pays-Bas, éclaire les interventions ciblées.

15. Engagement communautaire : L'engagement direct auprès des communautés marginalisées, une pratique au Japon, aide à comprendre

et à relever leurs défis uniques.

Les défis tels que les contraintes budgétaires et l'équilibre entre les divers besoins sociétaux sont réels mais pas insurmontables. Comme l'ont souligné les experts en politique sociale, une conception politique innovante et la participation communautaire peuvent relever efficacement ces défis.

En conclusion, l'inclusion sociale, l'égalité des sexes et l'équité raciale sont essentielles à une société forte et prospère. Les gouvernements doivent jouer un rôle de premier plan en favorisant une culture de respect et d'égalité et en adoptant des politiques qui favorisent le bien-être de tous les citoyens. Comme le démontrent les pratiques partout dans le monde, il est temps que les gouvernements reconnaissent et exploitent le pouvoir de l'inclusion pour construire un avenir meilleur pour tous.

Conclusion : La Vision A Laquelle Nous Devons Tendre

La vision à laquelle nous devons aspirer transcende le rôle traditionnel des gouvernements en tant que simples gestionnaires. Cela les élève au rang d'architectes du bien-être sociétal, où l'amélioration de la qualité de vie n'est pas un idéal noble mais une obligation impérieuse. Cette vision considère le gouvernement non pas comme un appareil bureaucratique, mais comme le gardien du bien-être du public, dont les actions façonnent la vie des citoyens et l'avenir de la nation. Voici en quoi cette vision peut être convaincante et essentielle :

1. Gouvernance centrée sur l'humain : les politiques et les décisions doivent donner la priorité au bien-être, à la dignité et aux droits de chaque individu, à l'instar des approches observées dans les pays nordiques, où les systèmes de protection sociale complets reflètent un engagement profond en faveur d'une gouvernance centrée sur l'humain.

2. Résolution proactive des problèmes : à l'instar de la planification

urbaine avant-gardiste de Singapour, les gouvernements devraient anticiper les défis sociétaux dans les domaines de la santé, de l'économie et de l'éducation, en développant des solutions proactives et innovantes.

3. Justice sociale : Un engagement envers la justice sociale, semblable aux efforts de réconciliation du Canada avec les communautés autochtones, garantit une lutte active contre les inégalités et la marginalisation.

4. Prospérité durable : les politiques économiques devraient se traduire par une vie meilleure pour les gens, comme le montre le budget de bien-être de la Nouvelle-Zélande, qui donne la priorité au bien-être des citoyens plutôt qu'à la croissance du PIB.

5. Unité et cohésion : les gouvernements devraient combler les fossés, en veillant à ce que personne ne soit laissé pour compte, à l'instar des efforts déployés par l'Allemagne pour intégrer les immigrants et les réfugiés dans la société.

6. Autonomisation et inclusion : En garantissant l'égalité d'accès aux opportunités, comme en témoigne l'égalité des sexes au Rwanda dans la représentation politique, les gouvernements peuvent donner aux individus les moyens de mener une vie épanouissante.

7. Réactivité : à l'instar des assemblées publiques en Suisse, les gouvernements devraient s'engager activement auprès du public, solliciter ses commentaires et ajuster ses politiques en conséquence.

8. Leadership mondial : les gouvernements peuvent montrer l'exemple sur la scène mondiale, en plaidant pour la paix et la durabilité, tout comme le rôle de leadership joué par l'Union européenne dans les négociations sur le changement climatique.

9. Responsabilité collective : Le rôle des citoyens est également vital. Tout comme les initiatives communautaires au Danemark contribuent au bien-être de la société, les individus doivent être engagés et informés, participant activement à façonner leur société.

10. Action immédiate : L'urgence de cette vision est illustrée par la réponse rapide de la Corée du Sud à la pandémie de COVID-19,

montrant qu'une gouvernance immédiate et compatissante est non seulement possible mais nécessaire.

Même si les défis tels que la faisabilité politique et les contraintes budgétaires sont réels, les analystes politiques notent qu'avec une gouvernance innovante et la participation citoyenne, ces obstacles peuvent être surmontés efficacement.

En conclusion, cette vision n'est pas un rêve inaccessible mais un objectif essentiel. Le pouvoir de persuasion du changement réside entre les mains des individus qui exigent un gouvernement qui sert réellement son peuple. En examinant des exemples dans le monde entier, nous pouvons constater que cette vision est non seulement convaincante, mais réalisable. Votre engagement actif, votre plaidoyer et votre soutien à une telle vision peuvent la transformer en réalité. Rejoignez le mouvement pour un gouvernement qui donne la priorité au bien-être de ses citoyens. C'est maintenant.

Pourquoi Les Soins De Santé, La Sécurité Et Le Respect De La Vie Sont Des Éléments Non Négociables En Matière De Gouvernance

Les soins de santé, la sécurité et le respect de la vie ne sont pas seulement des choix politiques en matière de gouvernance ; ce sont ses pierres angulaires. Tout compromis sur ces aspects sape fondamentalement l'essence de la gouvernance. Voici un argument convaincant expliquant pourquoi ces principes ne sont pas négociables :

1. La valeur de la vie : L'atout le plus précieux que possède un individu est la vie. C'est la source d'où émanent tous les autres droits. Par exemple, le modèle de soins de santé universels dans des pays comme le Canada démontre un engagement à préserver et à améliorer la vie, remplissant ainsi un devoir fondamental de gouvernance.

2. Confiance du public : La gouvernance est un contrat social fondé sur la confiance. L'incapacité d'un gouvernement à garantir la sécurité de ses citoyens, à l'instar des lacunes constatées dans les réponses d'urgence aux catastrophes naturelles dans certains pays, érode la confiance et déstabilise la société.

3. Impératif moral : Donner la priorité aux soins de santé et à la sécurité reflète les normes éthiques de la société. Un gouvernement qui néglige ces domaines, tout comme ceux critiqués par les organisations internationales de défense des droits de l'homme, trahit les principes sur lesquels sont bâties les sociétés civilisées.

4. Stabilité économique et sociale : Une population en bonne santé et en sécurité est essentielle à la stabilité. La crise économique résultant de systèmes de santé inadéquats, comme on l'observe dans les pays en développement, souligne cette réalité.

5. Dignité humaine : Fournir des soins de santé et assurer la sécurité sont des moyens essentiels de préserver la dignité. Le modèle de protection sociale scandinave, qui met l'accent sur l'égalité d'accès

aux soins de santé et à la sécurité, met en évidence la façon dont chaque vie est valorisée, quel que soit son statut social.

6. Préparation aux crises : Des infrastructures de santé et de sécurité robustes sont cruciales en cas de crise, comme l'a montré la pandémie de COVID-19. Les pays dotés de systèmes de santé solides, comme la Corée du Sud, ont réagi plus efficacement, démontrant l'importance de la préparation.

7. Réputation mondiale : la manière dont une nation traite ses citoyens a un impact sur sa position mondiale. La réponse acclamée de la Nouvelle-Zélande aux problèmes de sécurité publique a renforcé sa réputation internationale, tandis que ses échecs dans ce domaine ont terni l'image des autres pays.

8. Cohésion sociale : Des politiques inclusives en matière de soins de santé et de sécurité, comme celles de l'Allemagne, favorisent la cohésion sociale, réduisent les inégalités et favorisent un sentiment d'unité.

9. Durabilité à long terme : Assurer le bien-être des citoyens contribue à la stabilité à long terme. Par exemple, l'investissement de la Norvège dans la santé et la sécurité publiques a conduit à une société plus saine et plus durable.

10. Droits de l'homme : Les soins de santé, la sécurité et le respect de la vie sont ancrés dans les conventions internationales relatives aux droits de l'homme. La Déclaration universelle des droits de l'homme, dont la plupart des pays sont signataires, oblige les gouvernements à faire respecter ces droits.

En conclusion, les soins de santé, la sécurité et le respect de la vie ne sont pas des options facultatives en matière de gouvernance ; ils sont son essence même. En examinant des exemples dans le monde entier, il apparaît clairement que ces éléments guident les décisions politiques et reflètent les valeurs d'une société juste et compatissante. Ils devraient donc être à l'avant-garde de tout modèle de gouvernance, étant entendu que tout compromis dans ces domaines non seulement érode la confiance du public, mais menace également la dignité et le bien-être des citoyens.

Les Soins De Santé : Une Question De Dignité Humaine Fondamentale

L'accès à des soins de santé de qualité est un droit fondamental et une question de dignité humaine fondamentale, et non un luxe. Voici un argument convaincant expliquant pourquoi les soins de santé sont un aspect indispensable de la gouvernance :

1. Valeur inhérente de la vie : Le droit de chaque individu à une vie saine et épanouissante est sacro-saint. Des pays comme le Japon, avec leur système de santé universel, démontrent comment les soins de santé préservent et protègent cet atout inestimable, incarnant le principe selon lequel chaque vie humaine a de la valeur.

2. Prévenir les souffrances excessives : Dans les pays en développement où l'accès aux soins de santé est limité, les conséquences tragiques des maladies évitables sont criantes. Garantir l'accès aux soins de santé est une déclaration selon laquelle un gouvernement valorise le bien-être et la dignité de ses citoyens, et pas seulement leur productivité économique.

3. Égalité et équité : Le modèle de soins de santé scandinave illustre comment des soins de qualité pour tous, quel que soit le statut socio-économique, soutiennent la justice et l'équité, égalisant ainsi les règles du jeu sociétales.

4. Société productive : Des citoyens en bonne santé sont essentiels à une société prospère. En Allemagne, l'accès généralisé aux soins de santé est corrélé à une productivité et un dynamisme économique élevés, démontrant les avantages sociétaux d'une population en bonne santé.

5. Bien-être familial : L'impact des soins de santé accessibles sur la stabilité familiale est profond. Au Canada, les soins de santé universels réduisent le fardeau émotionnel et financier des familles, garantissant ainsi le bien-être de communautés entières.

6. Soins préventifs : les mesures préventives, comme celles du système de santé australien, sauvent des vies et réduisent les coûts à long terme, illustrant ainsi un investissement prudent dans la santé de la population.

7. Réputation mondiale : des pays comme les Pays-Bas, connus pour leurs excellents systèmes de santé, sont respectés dans le monde entier, renforçant leur position diplomatique et favorisant des relations internationales positives.

8. Obligation morale et éthique : la gouvernance éthique, telle qu'elle apparaît dans les politiques de santé de la Nouvelle-Zélande, reflète un engagement envers la justice, la compassion et le caractère sacré de la vie, en résonance avec les valeurs sociétales.

9. Préparation aux crises : La pandémie de COVID-19 a mis en évidence l'importance de systèmes de santé solides, comme en témoigne la réponse efficace de la Corée du Sud, soulignant l'importance des infrastructures de santé dans la gestion des crises.

10. Prospérité à long terme : Une étude de l'Organisation mondiale de la santé montre que les pays qui investissent dans les soins de santé sont plus susceptibles de connaître une croissance économique à long terme, faisant écho au concept selon lequel une population en bonne santé est prospère.

En conclusion, les soins de santé ne sont pas un aspect négociable de la gouvernance ; c'est une affirmation de la valeur intrinsèque de chaque vie humaine. Comme en témoignent les pratiques de pays comme le Japon, l'Allemagne et les Pays-Bas, c'est le reflet d'une société juste et compatissante qui reconnaît le droit humain fondamental de vivre sans souffrance excessive. Les gouvernements doivent donc donner la priorité aux soins de santé en tant que pilier fondamental de leur responsabilité envers leurs citoyens, en veillant à ce qu'ils soient accessibles à tous dans le cadre de la dignité humaine fondamentale.

Sécurité : Le Rôle Fondamental Du Gouvernement

La sécurité ne se résume pas à un simple idéal ou à un résultat souhaitable ; c'est la pierre angulaire sur laquelle repose une gouvernance efficace. Ce passage explique pourquoi la sécurité est un aspect indispensable de la gouvernance et une priorité non négociable :

1. Fondement de la société : La sécurité constitue le fondement de toutes les sociétés, comme le démontre la transformation observée dans les sociétés post-conflit comme le Rwanda, où la reconstruction d'un sentiment de sécurité était essentielle à la cohésion sociale et à la reconstruction communautaire.

2. Besoin humain fondamental : Instinctivement recherchée, la sécurité est essentielle pour une population prospère. Cela est évident dans les pays dotés d'un niveau de sécurité élevé, comme le Danemark, où les citoyens s'engagent plus activement dans les activités sociales et économiques.

3. Confiance dans le gouvernement : La corrélation entre la sécurité et la confiance du public est évidente dans des endroits comme Singapour, où des normes de sécurité élevées ont favorisé une profonde confiance dans les institutions gouvernementales.

4. Prospérité économique : les pays économiquement prospères, comme le Japon, considèrent la sécurité comme une condition préalable à la croissance économique, favorisant ainsi le développement des entreprises et du tourisme.

5. Qualité de vie : Un environnement sûr, comme au Canada, améliore le bien-être général, permettant aux gens de profiter sans crainte de l'éducation, des soins de santé et des loisirs.

6. Droits de l'homme : La sécurité en tant que droit de l'homme est incarnée par les pays adhérant aux normes internationales en matière de droits de l'homme, dans lesquels les gouvernements protègent légalement et éthiquement la sécurité de leurs citoyens.

7. Prévenir les dommages : L'approche proactive en matière de sécurité

dans des pays comme l'Australie, avec des normes strictes en matière d'environnement et de sécurité des produits, démontre l'importance des mesures préventives dans la gouvernance.

8. Ordre public : Le rôle de la sécurité dans le maintien de l'ordre public est illustré dans les pays dotés de systèmes juridiques solides, où la coexistence pacifique et le règlement des différends par des moyens juridiques sont la norme.

9. Liberté et expression : Dans les pays dotés de normes de sécurité élevées, comme la Norvège, les citoyens bénéficient d'une plus grande liberté d'expression, contribuant ainsi à une société dynamique et ouverte.

10. Bien-être psychologique : le lien entre la sécurité et la santé mentale est évident dans les sociétés à faible taux de criminalité, où des niveaux de stress et d'anxiété plus faibles contribuent au bonheur général.

11. Réputation mondiale : les pays reconnus pour leur sécurité, comme la Suisse, attirent des partenariats et des investissements internationaux, soulignant l'importance mondiale d'un environnement sûr.

12. Résolution des conflits : Les stratégies efficaces de résolution des conflits, comme en témoignent les efforts de consolidation de la paix dans des pays comme la Colombie, illustrent le rôle de la sécurité dans l'atténuation des tensions et la promotion de l'harmonie.

En conclusion, la sécurité est une responsabilité essentielle de la gouvernance, et non un luxe. C'est fondamental pour créer une société juste et fonctionnelle. Des exemples venus du monde entier, depuis la reconstruction post-conflit du Rwanda jusqu'à l'engagement social florissant du Danemark, démontrent que la sécurité est essentielle à la prospérité de tous les autres aspects de la vie. Les gouvernements doivent donner la priorité à la sécurité, en la équilibrant avec les libertés individuelles et les contraintes budgétaires, pour garantir le bien-être et la stabilité à long terme de leurs sociétés. La sécurité devrait donc être une priorité inébranlable pour les gouvernements du monde entier, faisant partie intégrante de la vision d'un monde juste, prospère et harmonieux.

Respect De La Vie : L'impératif Éthique

Le respect de la vie est plus qu'une ligne directrice morale ; c'est le fondement éthique qui devrait sous-tendre toutes les facettes de la gouvernance. Ce principe n'est pas négociable et devrait guider tout gouvernement responsable. Voici une perspective améliorée :

1. Dignité inhérente : Chaque être humain possède une dignité inhérente. L'accent mis par le gouvernement rwandais après le génocide sur la dignité humaine et la réconciliation met en pratique ce principe, reconnaissant la valeur intrinsèque de chaque individu.

2. Égalité et justice : la gouvernance éthique, comme celle observée dans les pays nordiques, cherche à démanteler les inégalités systémiques, en garantissant la justice et l'égalité de traitement pour tous les citoyens, illustrant la conviction que chaque vie a une valeur égale.

3. Compassion et empathie : l'approche néo-zélandaise en matière de protection sociale, notamment en matière de lutte contre la pauvreté des enfants, reflète la manière dont les gouvernements peuvent incarner la compassion et l'empathie dans leurs politiques, en soutenant ceux qui sont en difficulté.

4. Responsabilité environnementale : La gestion du gouvernement du Costa Rica dans la protection de la biodiversité illustre le respect de toutes les formes de vie, en mettant l'accent sur la durabilité environnementale et l'interconnexion des écosystèmes.

5. Relations internationales : la diplomatie de paix de la Norvège fait preuve d'une gouvernance éthique sur la scène mondiale, en s'engageant dans des politiques étrangères justes et pacifiques qui respectent la souveraineté et les droits des autres nations.

6. Transparence et responsabilité : La transparence et la participation des citoyens dans les modèles de gouvernance tels que le système de gouvernance électronique de l'Estonie illustrent comment un

contrôle ouvert et la responsabilité peuvent aligner les actions gouvernementales sur le principe du respect de la vie.

7. Prévenir les dommages : les stratégies japonaises de préparation et de réponse aux catastrophes, en particulier en matière de technologie sismique, montrent comment les gouvernements peuvent protéger de manière proactive les citoyens contre les dommages.

8. Réflexion à long terme : L'accent mis par le Bhoutan sur le bonheur national brut plutôt que sur le PIB est un modèle de gouvernance éthique à long terme, donnant la priorité au bien-être des générations futures et reconnaissant la nature multiforme de la vie humaine.

9. Droits de l'homme : La Constitution post-apartheid de l'Afrique du Sud, qui place les droits de l'homme au centre, démontre un engagement en faveur du droit fondamental à la vie, en évitant les pratiques qui portent atteinte à ces droits.

10. Confiance du public : Le niveau élevé de confiance du public dans des gouvernements comme celui de Singapour, où la sécurité et le bien-être des citoyens sont une priorité, souligne à quel point le respect de la vie peut renforcer la confiance dans la gouvernance et encourager l'engagement civique.

En conclusion, le respect de la vie devrait être l'étoile polaire éthique guidant les actions gouvernementales. Comme le montrent les exemples du Rwanda au Bhoutan, ce principe n'est pas seulement un impératif moral mais le fondement d'une société juste, humaine et durable. Les gouvernements qui accordent la priorité au respect de la vie dans leurs politiques et actions établissent une norme de gouvernance éthique. Les citoyens, à leur tour, devraient tenir leurs gouvernements responsables du respect de ce principe, en veillant à ce que le respect de la vie reste au premier plan de l'élaboration des politiques et de la gouvernance. Cet engagement en faveur d'une gouvernance éthique, étayée par le respect de la vie, est essentiel pour construire un monde qui valorise chaque individu et préserve la dignité et l'égalité de tous.

La Conséquence Du Compromis : Une Société En Danger

Tout compromis en matière de soins de santé, de sécurité ou de respect de la vie entraîne des conséquences profondes et de grande portée qui se répercutent sur tous les aspects de la société. Voici un aperçu approfondi des dommages que de tels compromis peuvent infliger :

1. Pertes de vies humaines : Les conséquences tragiques des compromissions en matière de soins de santé sont criantes dans des cas comme la crise du COVID-19 en Inde, où le manque de préparation a conduit à des pertes de vies dévastatrices. Les maladies et les blessures évitables peuvent dégénérer en tragédies généralisées, laissant de profondes cicatrices dans les communautés.

2. Souffrance accrue : Dans les pays où les infrastructures de santé sont inadéquates, comme certaines zones rurales d'Afrique, les individus endurent des souffrances inutiles dues à des maladies traitables. Cela affecte non seulement la personne, mais impose également un lourd fardeau émotionnel et financier aux familles.

3. Impact économique : Les répercussions économiques sont clairement visibles au lendemain des urgences de santé publique. L'épidémie de SRAS, par exemple, a coûté des milliards à l'économie mondiale, démontrant à quel point investir dans les soins de santé est bien plus rentable que gérer les crises a posteriori.

4. Érosion de la sécurité : un déclin de la sécurité publique, comme on l'observe dans les pays confrontés à des troubles politiques, conduit à l'isolement social et à une réduction de l'engagement communautaire, affectant négativement la santé mentale et la cohésion sociétale.

5. Méfiance à l'égard du gouvernement : La crise de l'eau de Flint dans le Michigan, aux États-Unis, est un excellent exemple de la manière dont les compromissions en matière de sécurité érodent la confiance dans le gouvernement, conduisant à un cynisme et à un désengagement à long terme parmi les citoyens.

6. Réputation diminuée : Au niveau international, les pays qui ne

respectent pas le respect fondamental de la vie, comme ceux qui ont un mauvais bilan en matière de droits de l'homme, souffrent d'une crédibilité réduite, ce qui a un impact sur leurs relations diplomatiques et commerciales.

7. Division sociale : les disparités dans l'accès aux soins de santé peuvent conduire à des troubles sociaux, comme en témoigne le Printemps arabe, où l'un des griefs était l'accès inégal aux ressources, y compris aux soins de santé.

8. Fuite des cerveaux : Les pays où les soins de santé et la sécurité sont compromis, comme le Venezuela, sont souvent témoins d'une « fuite des cerveaux » alors que les professionnels recherchent de meilleures opportunités à l'étranger, ce qui entrave la croissance nationale à long terme.

9. Crises de santé publique : Le manque de préparation face à l'épidémie d'Ebola en Afrique de l'Ouest a montré à quel point un système de santé compromis peut conduire à des crises de santé publique catastrophiques.

10. Érosion des droits de l'homme : Négliger le respect de la vie conduit à des violations des droits de l'homme, comme le montre le traitement des réfugiés dans divers contextes mondiaux, où le manque d'accès aux produits de première nécessité et à des conditions de vie sûres est une sombre réalité.

11. Confiance du public : une gestion réussie de crises comme la réponse de la Nouvelle-Zélande au tremblement de terre de Christchurch démontre à quel point le maintien de la sécurité et des soins de santé peut renforcer la confiance du public dans le gouvernement.

En conclusion, le coût des compromis sur les soins de santé, la sécurité ou le respect de la vie est trop élevé pour n'importe quelle société. Il ne s'agit pas de simples options politiques mais de responsabilités fondamentales de gouvernance. Les gouvernements doivent donner la priorité à ces domaines, en tirant les leçons des exemples mondiaux et en mettant en œuvre des stratégies pour atténuer les risques. Le bien-être des citoyens, la stabilité de l'économie et l'intégrité d'une nation en dépendent. Une société prête à faire des compromis sur ces principes fondamentaux risque non seulement son bien-être actuel mais aussi sa prospérité future et sa position mondiale.

Conclusion : Les Principes Que Nous Devons Respecter

Les principes de santé, de sécurité et de respect de la vie ne sont pas de simples idéaux de gouvernance ; ils constituent le fondement sur lequel repose une société juste et compatissante. En réfléchissant à leur importance indéniable, réitérons leur importance cruciale :

1. Les soins de santé en tant que droit humain : L'histoire du modèle de soins de santé universels dans des pays comme le Canada illustre que l'accès à des soins de santé de qualité est un droit humain fondamental et non un privilège. C'est une reconnaissance de la valeur inhérente de chaque individu et un engagement à garantir que personne ne souffre inutilement en raison d'un manque de soins médicaux.

2. La sécurité comme élément fondamental : Les conséquences de la négligence de la sécurité publique sont évidentes dans des cas tels que l'augmentation de la violence et de l'insécurité dans les villes où l'application de la loi et les mesures de sécurité publique ont été compromises. La sécurité est fondamentale pour que les individus puissent mener une vie épanouie, sans peur ni danger, leur permettant ainsi de contribuer de manière significative à leur communauté.

3. Le respect de la vie comme impératif moral : Le respect de la vie va au-delà de la politique ou de l'économie ; c'est une responsabilité éthique. L'impact des politiques valorisant la vie est visible dans les pays qui ont adopté des positions fermes contre la peine capitale ou les pratiques inhumaines, démontrant ainsi leur engagement en faveur de la dignité humaine.

Ces principes doivent non seulement être inscrits dans des documents, mais également se manifester dans des actions et des politiques concrètes. En tant que citoyens, nous devons tenir nos gouvernements responsables du respect de ces valeurs, en exigeant transparence, équité et compassion dans la gouvernance.

Dans notre quête collective d'une société florissante, ces principes doivent être plus que des slogans ; ils devraient être des réalités vécues. Il est impératif de plaider en faveur de politiques qui donnent la priorité au bien-être de tous. Par exemple, la réponse mondiale à la pandémie de COVID-19 a mis en évidence la nécessité de systèmes de santé solides et l'importance de l'action gouvernementale pour garantir la sécurité publique et le respect de la vie.

Alors que nous sommes confrontés à des défis tels que les contraintes économiques et les divisions politiques, nous ne devons pas perdre de vue ces valeurs fondamentales. Le coût des compromissions en matière de soins de santé, de sécurité ou de respect de la vie – comme le montrent les cas d'inéquité en matière de soins de santé et de négligence de la sécurité publique – peut conduire à des discordes sociétales et à une érosion de la confiance dans la gouvernance.

Soyons inébranlables dans notre engagement en faveur d'une société qui donne la priorité aux soins de santé, à la sécurité et au respect sans équivoque de la vie. En exigeant des comptes de nos dirigeants et en travaillant collectivement pour des politiques justes, nous pouvons construire un monde dans lequel ces principes ne sont pas négociables mais sont fondamentaux pour notre gouvernance et notre structure sociétale.

Le temps d'agir est maintenant. Nous devons nous lever pour garantir que les soins de santé, la sécurité et le respect de la vie soient plus que des mots ; ils doivent être l'essence de notre gouvernance et de notre société. Participerez-vous à cet effort crucial ?

4

Autonomiser l'Aql (Intellect)

Le Rôle De L'éducation Et De La Sagesse Pour Façonner L'avenir

L'éducation : Le Catalyseur Du Succès Futur

Pensez à construire un gratte-ciel imposant. Sans une base solide, c'est voué à l'échec. De même, un avenir prospère sans le fondement d'un système éducatif solide est un rêve vain. L'éducation n'est pas seulement une étape de la vie ; c'est la pierre angulaire du développement sociétal. Pourtant, il est essentiel de se rappeler que l'éducation n'est pas simplement une usine produisant des travailleurs. Ce devrait être un voyage transformateur qui favorise la sagesse, l'éthique et les vertus civiques. Ce n'est pas seulement un idéal ; c'est une nécessité pour notre société.

Voyons pourquoi l'éducation est si cruciale :

1. Autonomiser les esprits : Considérez l'éducation comme une clé. Cela libère le potentiel humain et favorise la pensée critique. Armés de connaissances et de compétences, les individus peuvent contribuer de manière significative à la société et relever les défis modernes

complexes.

2. Favoriser l'innovation : Une éducation complète stimule la créativité. Cela nourrit le courage de remettre en question, d'imaginer, de repousser les limites. L'avenir prospère grâce à l'innovation, née dans les salles de classe où les idées prennent leur envol.

3. Fondement éthique : L'éducation va au-delà des manuels scolaires. Cela forge le caractère et inculque des valeurs telles que l'intégrité et l'empathie. Ces valeurs sont vitales pour une société juste et compatissante.

4. Engagement civique : les individus instruits participent souvent davantage aux devoirs civiques, du vote au service communautaire. L'éducation engendre une attitude proactive pour façonner un avenir meilleur.

5. Prospérité économique : Une main-d'œuvre instruite attire les investissements et stimule l'innovation. C'est la clé de la compétitivité mondiale d'une nation.

6. Sagesse et bien-être : L'éducation transcende les années. Il s'agit de sagesse, d'apprendre à mener une vie pleine de sens, à prendre des décisions éthiques et à trouver un but.

Mais n'oublions pas les défis. Tous les systèmes éducatifs ne répondent pas à ces idéaux. Il existe des lacunes et des insuffisances qui doivent être reconnues et corrigées. En intégrant des exemples concrets, comme l'approche finlandaise d'un apprentissage flexible et centré sur l'étudiant, nous pouvons illustrer à quoi ressemble une éducation efficace.

L'investissement dans l'éducation ne se résume pas à un simple financement ; il s'agit d'organiser des programmes qui mettent l'accent sur la sagesse, l'éthique et les vertus civiques. Il s'agit de soutenir les enseignants qui suscitent la passion et la curiosité des élèves. Notre engagement en faveur de l'éducation est un engagement envers l'avenir de notre société, de nos nations et de notre monde.

Alors que nous réfléchissons au rôle futur de l'éducation, n'oubliez pas : nous ne nous contentons pas de construire des structures, mais de nourrir les esprits. Nous allumons la flamme de la sagesse et posons les bases d'un avenir non seulement prospère, mais également moralement sain et éclairé sur le plan éthique. L'avenir commence dans les salles de classe d'aujourd'hui.

Dans une réflexion personnelle, je me souviens d'un enseignant qui a transformé ma vision de l'histoire, la transformant de simples dates et faits en histoires de personnes réelles et de leurs luttes. Cette expérience a façonné ma compréhension du pouvoir de l'éducation. Efforçons-nous de créer de telles expériences transformatrices pour chaque élève. Le parcours éducatif ne dépend pas seulement de l'endroit où il nous mène, mais aussi de la façon dont il nous façonne tout au long du chemin.

La Sagesse : L'étoile Du Nord Qui Nous Guide

Si l'éducation est le fondement, la sagesse est notre étoile polaire qui éclaire le chemin alors que les sociétés font face à des défis complexes et à des dilemmes éthiques. La sagesse transcende la simple accumulation de faits et de connaissances. Il incarne une compréhension approfondie du contexte, une prise en compte des nuances et la capacité de prendre des décisions équilibrées et de grande envergure. La sagesse est la cheville ouvrière de notre réseau complexe d'existence humaine, cruciale dans tout, de la justice sociale à la durabilité environnementale. Sans sagesse, l'histoire nous le montre, même les sociétés les plus instruites peuvent dévier de leur cap.

Voici pourquoi la sagesse est indispensable :

1. Naviguer dans la complexité : Notre monde moderne est un labyrinthe de défis, présentant rarement des solutions simples. La sagesse nous permet de voir au-delà de la surface, de comprendre les dynamiques plus profondes en jeu. C'est comme avoir une boussole dans une forêt dense, qui nous guide pour réfléchir aux conséquences à long terme et à l'interdépendance de nos actions.

2. Favoriser la compassion : La sagesse est la racine de l'empathie et de

la compassion. C'est ce qui a permis à des dirigeants comme Nelson Mandela de prôner la réconciliation plutôt que la vengeance. Ce type de sagesse enrichit notre compréhension des diverses expériences humaines, nous poussant à agir avec gentillesse et équité.

3. Prise de décision éthique : La sagesse est essentielle pour faire des choix éthiques. C'est la voix intérieure qui défend l'équité, la justice et l'intégrité. Pensez aux dilemmes éthiques auxquels sont confrontés les lanceurs d'alerte : c'est la sagesse qui les guide dans la défense de la vérité, souvent à leurs dépens.

4. Gestion de l'environnement : La santé de notre planète dépend d'une gestion judicieuse. La sagesse nous oblige à penser comme les communautés autochtones qui se considèrent comme les gardiens de la Terre, faisant des choix qui privilégient la santé écologique à long terme plutôt que les gains immédiats.

5. Atténuation des conflits : La sagesse est un outil puissant pour résoudre les conflits. Il favorise le dialogue et le compromis, en recherchant un terrain d'entente. Les négociations de paix dans les zones de conflit, où la sagesse triomphe de l'hostilité, témoignent de sa capacité à résoudre les conflits.

6. Vision à long terme : Les sociétés sages investissent dans l'avenir. Ils considèrent l'impact sur les générations à venir, tout comme les anciens constructeurs d'aqueducs romains, qui construisaient pour les âges, et pas seulement pour leur époque.

La sagesse n'est pas un simple sous-produit de l'éducation ; c'est une quête permanente qui nécessite une introspection, une conscience de soi et un engagement éthique. Alors que nous nous aventurons dans un avenir de plus en plus complexe et interconnecté, faisons en sorte que la sagesse soit notre étoile polaire. Nos systèmes éducatifs, nos dirigeants et nos choix quotidiens devraient donner la priorité à sa culture. La sagesse n'est pas un luxe mais une nécessité pour relever les formidables défis de notre époque et construire un monde juste, compatissant et durable.

Au cours de mon propre parcours, un moment de sagesse est venu d'un voisin âgé qui m'a appris la valeur de l'écoute – pas seulement de l'audition. Depuis, ce simple acte de sagesse a éclairé d'innombrables décisions et interactions. Recherchons tous de tels moments de sagesse dans nos vies, en reconnaissant qu'il ne s'agit pas seulement d'acquérir des connaissances, mais de comprendre comment utiliser ces connaissances pour le bien commun.

La Synergie De L'éducation Et De La Sagesse Dans La Gouvernance

Dans un modèle de gouvernance qui valorise véritablement l'autonomisation intellectuelle, incarné par le concept de l'Aql, l'éducation et la sagesse forment un partenariat harmonieux. Cette synergie n'est pas simplement philosophique mais constitue une nécessité pragmatique pour une gouvernance efficace. L'éducation sert de terreau à la sagesse, qui à son tour affine et oriente les objectifs de l'éducation.

Voici un aperçu plus ciblé de cette interaction dynamique :

1. L'éducation comme creuset de la sagesse : L'éducation constitue la base à travers laquelle se développent la pensée critique et le discernement éthique – le fondement de la sagesse. Prenons l'exemple de la Finlande, où les systèmes éducatifs mettent l'accent sur la pensée critique et la compréhension éthique, jetant ainsi les bases d'une prise de décision judicieuse.

2. La sagesse comme boussole morale dans l'éducation : La sagesse garantit que l'éducation n'est pas seulement un moyen pour parvenir à une fin, mais un voyage vers une société vertueuse. Il oriente les politiques éducatives vers des valeurs éthiques, le bien-être sociétal et la durabilité.

3. Sagesse dans le leadership : des personnages historiques comme Nelson Mandela illustrent la sagesse en matière de gouvernance. Ces dirigeants donnent la priorité au bien commun et prennent des décisions éclairées et éthiques qui reflètent une profonde compréhension

de leur impact sociétal.

4. Sagesse dans le discours public : Un discours public avisé encourage une écoute empathique et des perspectives diverses. Il s'agit d'utiliser l'éducation non seulement pour acquérir des connaissances, mais aussi pour engager un dialogue respectueux et significatif.

5. Une gouvernance éthique façonnée par la sagesse : La gouvernance éthique, guidée par la sagesse, donne la priorité à la transparence et à la justice. Les politiques reflètent ces valeurs et se concentrent sur le bien commun, comme le montrent les modèles de gouvernance transparents de pays comme le Danemark.

6. Apprentissage tout au long de la vie et sagesse : La recherche de la sagesse s'étend au-delà de l'éducation formelle. Les systèmes éducatifs devraient favoriser un amour permanent pour l'apprentissage et le perfectionnement personnel, en reconnaissant que la sagesse est un voyage continu.

7. Relever des défis complexes avec sagesse : La sagesse permet aux gouvernements d'aborder des questions complexes avec prévoyance et jugement éthique. Une gouvernance avisée implique de considérer les impacts à long terme et les solutions durables, tout comme l'approche adoptée dans l'Accord de Paris sur le changement climatique.

8. La résilience par la sagesse : Les sociétés guidées par la sagesse font preuve de résilience face aux crises. Ils réagissent avec adaptabilité et unité, en donnant la priorité au bien-être des citoyens et à la préservation des valeurs fondamentales.

En résumé, l'éducation et la sagesse sont étroitement liées dans la quête d'une société prospère. L'un fournit les outils, tandis que l'autre offre le cadre moral nécessaire pour utiliser ces outils de manière responsable. Il est donc crucial de favoriser cette synergie. Nous devons investir dans des systèmes éducatifs qui mettent l'accent sur le développement holistique et entretiennent une culture où la sagesse est considérée comme un atout clé dans la gouvernance. Ce faisant, nous ouvrons la voie à une société non seulement bien informée, mais également fondée sur l'éthique, résiliente et juste – une société où l'éducation et la sagesse travaillent ensemble, ouvrant la voie à un avenir meilleur pour tous.

Comment L'éducation Façonne L'innovation Future

Considérez les progrès technologiques extraordinaires de ces dernières décennies : l'essor d'Internet, la prolifération des smartphones, les percées de l'intelligence artificielle et les innovations en matière d'énergie propre. Ces réalisations transformatrices ont remodelé notre monde, le rendant plus interconnecté et plus efficace. Le fondement de ces innovations ? Éducation.

L'éducation est le terrain fertile qui nourrit les germes de l'innovation. Il donne aux gens les connaissances, les compétences et la créativité nécessaires pour explorer de nouvelles frontières. Cependant, l'aspect critique ne réside pas seulement dans la manière dont l'éducation façonne l'innovation, mais aussi dans la manière d'orienter ces avancées pour qu'elles soient à la fois révolutionnaires et éthiquement alignées sur le bien commun.

Dans ce contexte, la sagesse joue un rôle central. Cela garantit que l'innovation n'est pas seulement une course à la domination technologique, mais un voyage conscient vers des progrès humains bénéfiques. Voici un aperçu plus précis des raisons pour lesquelles cette synergie entre l'éducation et la sagesse est cruciale :

1. Innovation éthique : alors que l'éducation transmet un savoir-faire technique, la sagesse intègre une boussole morale. Il incite les innovateurs à considérer l'impact plus large de leur travail sur la société et l'environnement. Par exemple, le développement de l'éthique de l'IA est une réponse directe à ce besoin d'orientation éthique en matière d'innovation.

2. Progrès équilibré : La sagesse encourage un équilibre entre le progrès technologique et la responsabilité. Cette approche est évidente dans les projets d'énergie durable, où l'innovation va de pair avec la gestion

88

de l'environnement.

3. Innovation axée sur les besoins sociétaux : La véritable innovation répond aux défis sociétaux. La sagesse oriente les efforts vers des solutions qui améliorent le bien-être collectif, tout comme l'invention de systèmes de purification d'eau abordables dans les pays en développement.

4. Innovation inclusive : La sagesse défend l'inclusivité dans l'innovation. Cela garantit que les progrès prennent en compte la diversité des besoins et n'aggravent pas les inégalités existantes, comme le montre la promotion d'une conception technologique universelle.

5. Objectif durable : Alors que l'éducation nous permet de créer, la sagesse nous oriente vers l'innovation durable. Cela se reflète dans l'importance croissante accordée aux technologies vertes qui donnent la priorité à la santé écologique à long terme.

6. Collaboration interdisciplinaire : L'intersection de différents domaines, facilitée par la sagesse, conduit à des solutions holistiques. La collaboration entre la science médicale et l'ingénierie dans la création de prothèses avancées en est un excellent exemple.

7. Anticiper et atténuer les conséquences imprévues : La sagesse permet aux innovateurs de prévoir et de gérer les impacts négatifs potentiels. Cette prévoyance est cruciale dans des domaines comme le génie génétique, où les implications s'étendent bien au-delà du laboratoire.

8. Donner la priorité au bien public : L'éducation peut favoriser la réussite personnelle, mais la sagesse garantit que l'innovation sert l'intérêt public. Ce principe est au cœur des mouvements open source, où les connaissances et l'innovation sont partagées librement pour le bénéfice de tous.

En conclusion, l'éducation jette les bases de l'innovation, mais la sagesse oriente ces progrès vers des voies éthiques, responsables et durables. Alors que nous nous tournons vers un avenir rempli de potentiel technologique, rappelons-nous le rôle crucial de la sagesse pour garantir que nos innovations repoussent non seulement les limites des capacités humaines, mais améliorent également la qualité de vie de chacun. Cette puissante combinaison d'éducation et de sagesse peut nous conduire vers un avenir où l'innovation est non seulement avancée mais aussi altruiste et alignée sur le bien commun.

Comment La Sagesse Façonne Le Développement Éthique Et Durable

Imaginez une société où les décisions en matière de gouvernance, d'affaires et de vie quotidienne sont guidées par la sagesse, non seulement en théorie mais aussi en pratique. Ce n'est pas un fantasme utopique ; c'est une vision tangible réalisable grâce au pouvoir transformateur de la sagesse. La sagesse ne se contente pas de demander : « Pouvons-nous ? » mais surtout : « Devrions-nous ? » Il s'agit d'un frein crucial dans un monde en pleine course vers la croissance technologique et économique, nous rappelant notre responsabilité de prendre en compte les impacts plus larges de nos actions.

Voici une exploration plus ciblée de la façon dont la sagesse façonne le développement éthique et durable :

1. Croissance économique équilibrée : la sagesse oriente les politiques économiques vers l'inclusion et l'équité. Prenons l'exemple du modèle nordique, qui combine une croissance économique robuste avec de solides filets de sécurité sociale, illustrant comment la sagesse peut équilibrer la création de richesse et l'équité sociale.
2. Gestion de l'environnement : La sagesse nous oblige à être des gardiens responsables de notre planète. Le mouvement mondial en faveur des sources d'énergie renouvelables, inspiré par une compréhension judicieuse de notre interconnexion avec la nature, illustre cette gestion.
3. Vision à long terme en matière de gouvernance : La sagesse décourage les gains à court terme au détriment des générations futures. Prenons l'exemple de l'accent mis par le Bhoutan sur le bonheur

national brut plutôt que sur le produit intérieur brut, un choix politique mettant l'accent sur le bien-être sociétal à long terme.

4. Technologie éthique : À mesure que nous progressons sur le plan technologique, la sagesse appelle des considérations éthiques. L'élaboration de lignes directrices pour une utilisation éthique de l'IA est un exemple de sagesse qui guide le progrès technologique.

5. Responsabilité mondiale : La sagesse appelle à une citoyenneté mondiale responsable. L'Accord de Paris sur le changement climatique représente cette responsabilité mondiale, préconisant une action coopérative pour relever un défi universel.

6. Communauté et bien-être : La sagesse valorise les communautés fortes. Des initiatives telles que les espaces verts urbains, qui améliorent le bien-être collectif et la santé mentale, sont le résultat de cette approche fondée sur la sagesse.

7. Préservation culturelle et éducation : La sagesse reconnaît l'importance de préserver les diverses cultures et connaissances. La liste du patrimoine culturel immatériel de l'UNESCO sauvegarde la sagesse traditionnelle pour les générations futures.

8. Pratiques commerciales éthiques : En affaires, la sagesse conduit à des pratiques qui donnent la priorité au bien collectif. La montée de l'entrepreneuriat social et des initiatives de responsabilité sociale des entreprises témoigne de cette tendance.

Essentiellement, un modèle de gouvernance ancré dans la sagesse est durable, éthique et équitable. Ces qualités sont cruciales pour toute société aspirant à un avenir meilleur. En adoptant la sagesse comme principe directeur, nous ouvrons la voie à un monde non seulement prospère, mais aussi juste, compatissant et durable. La sagesse nous rappelle que nos décisions d'aujourd'hui façonnent le monde de demain, nous exhortant à bâtir un héritage de prospérité éthique et de santé environnementale.

Le Rôle Des Citoyens : De Récepteurs Passifs A Façonneurs Actifs

Dans une société qui valorise l'autonomisation intellectuelle et la sagesse, les citoyens sont plus que de simples récepteurs passifs d'informations et de politiques ; ils sont les façonneurs actifs de leur présent et les architectes de leur avenir. Assumer ce rôle n'est pas un simple choix mais un impératif pour nourrir une société meilleure. Voici comment les citoyens peuvent contribuer activement à cette vision transformatrice :

Soutenez L'éducation Holistique

- Plaider en faveur de réformes éducatives : les citoyens peuvent défendre des réformes éducatives qui vont au-delà de l'apprentissage par cœur et des tests standardisés. Nous devrions plaider en faveur d'une approche holistique qui favorise la pensée critique, le discernement éthique et l'éducation civique, en nous inspirant de modèles réussis comme le système éducatif finlandais.
- Engagez-vous auprès des établissements d'enseignement : impliquez-vous auprès des écoles, collèges et universités locaux. Encouragez-les à intégrer l'éthique et les compétences de vie dans leurs programmes et à soutenir les programmes d'éducation du caractère qui forment des individus épanouis.

S'engager Dans La Sagesse Publique

- Participez aux discussions communautaires : l'engagement civique est crucial pour une gouvernance avisée. Participez à des forums communautaires, des débats publics et des assemblées publiques pour exprimer vos préoccupations et partager des idées. Ces plateformes sont essentielles pour responsabiliser les décideurs politiques et garantir que les décisions reflètent les besoins de la communauté.
- Plaider pour une prise de décision judicieuse : Exigez de la trans-

parence, une conduite éthique et une réflexion à long terme de la part des élus. Soutenir les politiques qui donnent la priorité au bien-être sociétal, en s'inspirant d'exemples tels que le budget bien-être de la Nouvelle-Zélande, qui se concentre sur la santé sociétale au sens large plutôt que sur la simple croissance économique.

Mentorat Et Service Communautaire

- Devenez un mentor : encadrez les jeunes, en leur transmettant non seulement des connaissances, mais aussi de la sagesse. Des programmes comme Grands Frères Grandes Sœurs démontrent l'impact profond que le mentorat peut avoir sur le développement éthique et intellectuel de la jeune génération.
- Participez au service communautaire : faites du bénévolat pour des causes qui comptent. Qu'il s'agisse d'œuvrer en faveur de la justice sociale, de la durabilité environnementale ou de soutenir les communautés marginalisées, la participation active peut faire une différence significative.

En adoptant ces rôles, les citoyens passent de spectateurs passifs à participants actifs dans le façonnement de leur société. Ce changement est essentiel pour une transformation culturelle vers la sagesse et l'autonomisation intellectuelle. Il s'agit d'un engagement profond à bâtir une société qui valorise la connaissance, l'éthique et la compassion.

Cependant, il est important de reconnaître les défis de cette entreprise. Les barrières politiques, sociales ou économiques peuvent entraver la citoyenneté active. Pour surmonter ces obstacles, il faut de la persévérance, de la créativité et une volonté de tirer parti des plateformes numériques pour accroître la portée et l'impact.

En conclusion, en tant que façonneurs actifs, les citoyens ont un rôle crucial à jouer pour garantir que les principes de l'Aql ne soient pas seulement théoriques mais soient activement mis en pratique, conduisant à un avenir meilleur et plus prospère pour tous. N'envisageons pas simplement cet avenir ; créons-le activement.

Conclusion : L'avenir Que Nous Nous Devons A Nous-Mêmes Et A Nos Enfants

Dans l'histoire du progrès humain, l'éducation et la sagesse constituent les piliers fondamentaux de la construction d'un avenir non seulement prospère, mais également équitable, durable et guidé par la sagesse. Alors que nous regardons vers l'horizon de ce qui nous attend, nous devons reconnaître la nature essentielle de ces éléments dans notre tissu sociétal. Ce ne sont pas de simples luxes mais des nécessités, cruciales pour l'héritage que nous laissons aux générations futures.

L'avenir auquel nous aspirons est intrinsèquement lié à nos choix actuels en matière d'éducation et de sagesse. Ces décisions façonnent non seulement notre croissance personnelle, mais aussi la trajectoire de nos communautés et de nos nations. La qualité de notre avenir est directement liée à la valeur que nous accordons aujourd'hui à ces éléments essentiels.

Personnellement, cela signifie assumer le rôle d'apprenant tout au long de la vie, élargir continuellement nos connaissances et aiguiser notre discernement. Il s'agit de cultiver la sagesse par la réflexion, l'empathie et un engagement ferme envers une vie éthique. Ce voyage, bien qu'inspirant, n'est pas sans défis. Équilibrer les exigences de la vie quotidienne avec l'apprentissage continu nécessite du dévouement et souvent des solutions innovantes.

Dans nos communautés, l'engagement actif est essentiel. Cela implique de soutenir des initiatives éducatives, de participer à des dialogues communautaires et de favoriser des environnements qui valorisent la pensée critique et la compassion. Cependant, pour atteindre cet idéal, il faut surmonter les barrières sociales et économiques qui peuvent limiter l'accès et la participation. Il s'agit de créer des espaces inclusifs où les voix diverses sont entendues et respectées, et où la prise de décision éthique est primordiale.

Les modèles de gouvernance doivent également évoluer. Nous devons plaider en faveur de systèmes éducatifs qui considèrent l'apprentissage comme un parcours transformateur et en faveur de politiques où la sagesse est une force directrice. Nos dirigeants doivent donner la priorité au développement d'individus qui sont non seulement bien informés, mais également capables d'une pensée éthique et critique. Cette réinvention, bien que semée d'embûches politiques et bureaucratiques, est essentielle pour un avenir où les politiques sont conçues non seulement pour des gains à court terme mais aussi pour le bien-être sociétal à long terme.

L'avenir est une accumulation de nos efforts présents. En investissant dès maintenant dans l'éducation et la sagesse, nous assurons un avenir dont nous pouvons être fiers ; une société où l'innovation est au service de l'humanité, où les considérations éthiques stimulent le progrès et où la sagesse permet de naviguer dans les complexités de notre monde.

Choisissons judicieusement, non seulement pour notre bénéfice immédiat mais aussi pour les générations à venir. Donner la priorité à l'éducation et à la sagesse est plus qu'un investissement dans notre avenir ; c'est une obligation envers nous-mêmes, nos enfants et le monde dans lequel nous vivons. Il s'agit de construire un avenir qui ne soit pas seulement prospère, mais aussi juste, durable et sage – un avenir qui appartient véritablement à tous.

Des Changements Politiques Sont Nécessaires Pour Soutenir La Croissance Intellectuelle Et L'innovation

Croissance Intellectuelle Et Innovation : Les Deux Moteurs Du Progrès

Visualisez la société comme une grande locomotive tournée vers l'avenir. Cette locomotive, symbole de progrès, est portée par la croissance intellectuelle et l'innovation. Sans entretenir ces deux moteurs, la locomotive risque de stagner, incapable de naviguer dans le paysage dynamique de notre époque.

Ces moteurs ne fonctionnent cependant pas en vase clos. Ils sont alimentés par des politiques soigneusement conçues qui reconnaissent le rôle essentiel de la croissance intellectuelle et de l'innovation dans la prospérité et la résilience d'une nation. Voici des changements de politique ciblés qui peuvent permettre à ces moteurs de fonctionner à plein régime :

1. Investir dans l'éducation tout au long de la vie : L'éducation doit être un parcours continu et non une phase finie. Les politiques doivent faciliter l'apprentissage tout au long de la vie, en promouvant l'éducation des adultes, les plateformes en ligne et la formation professionnelle. Regardez l'initiative SkillsFuture de Singapour, qui offre aux citoyens des crédits pour des cours d'apprentissage tout au long de la vie, établissant ainsi une référence mondiale.

2. Cultiver une culture de la curiosité : les politiques éducatives devraient favoriser la curiosité et la pensée critique dès le plus jeune âge. Cela signifie remodeler les programmes scolaires pour mettre l'accent sur la résolution de problèmes, la créativité et l'éthique, à l'instar du système éducatif finlandais, qui a réussi à intégrer ces éléments.

3. Un soutien solide à la R&D : un écosystème de R&D prospère est crucial. Les politiques devraient prévoir des ressources suffisantes et des incitations pour la recherche scientifique et les efforts créatifs. Le programme Horizon 2020 de l'Union européenne, avec ses financements importants pour la recherche, est un modèle à suivre.

4. Sauvegarde de la propriété intellectuelle : Une protection efficace des droits de propriété intellectuelle est essentielle pour encourager l'innovation. Un cadre juridique qui évolue avec le rythme rapide des progrès technologiques est essentiel, comme le démontrent les lois rigoureuses de la Corée du Sud en matière de propriété intellectuelle.

5. Autonomiser les entrepreneurs et les startups : les politiques doivent favoriser un environnement propice à l'entrepreneuriat. La rationalisation des processus bureaucratiques, l'accès au capital et l'offre de programmes de mentorat, similaires au programme de visa de démarrage du Canada, peuvent galvaniser les écosystèmes de startups.

6. Innovation éthique et durable : l'innovation doit s'aligner sur les normes éthiques et la durabilité. Des réglementations visant à lutter contre les pratiques néfastes et à promouvoir les technologies vertes, comme la politique allemande Energiewende (transition énergétique), sont impératives.

7. Encourager la collaboration internationale : La croissance intellectuelle et l'innovation transcendent les frontières. Les politiques facilitant les partenariats de recherche mondiaux et l'échange de talents peuvent enrichir le paysage de l'innovation, comme le montrent les efforts de collaboration du CERN.

8. Valoriser les arts et les sciences humaines : Les arts et les sciences humaines sont essentiels pour favoriser la créativité et l'empathie. Une politique éducative holistique incluant ces domaines, à l'instar du modèle d'enseignement des arts libéraux aux États-Unis, peut contribuer de manière significative au développement intellectuel.

9. Pratiques gouvernementales innovantes : les gouvernements peuvent montrer l'exemple en adoptant l'innovation. La numérisation des services publics et l'adoption de politiques innovantes peuvent inspirer le secteur privé, comme le démontre le modèle de gouvernance électronique de l'Estonie.

10. Inclusivité dans l'élaboration des politiques : Il est crucial de garantir que les politiques soient inclusives et équitables. La croissance

intellectuelle et l'innovation devraient être accessibles à tous, à l'image d'initiatives telles que le programme indien Digital India, qui vise à démocratiser l'accès à la technologie.

En conclusion, pour que la locomotive de la société continue de progresser avec vigueur, nous avons besoin de politiques qui alimentent la croissance intellectuelle et l'innovation. Ces politiques ne doivent pas seulement être des aspirations mais aussi des plans d'action réalisables capables de s'adapter à l'évolution des paysages mondiaux. Ils font la différence entre une société qui prospère face au changement et une société qui est à la traîne. Alors que nous faisons face à l'avenir, engageons-nous en faveur de politiques qui responsabilisent, innovent et incluent, garantissant ainsi une voie plus lumineuse pour tous.

Repenser Le Financement De L'éducation : Des Investissements, Pas Des Dépenses

L'éducation va au-delà du simple poste budgétaire ; il représente un investissement fondamental dans la prospérité, l'innovation et la résilience d'une nation. Reconnaître l'éducation comme un investissement stratégique recadre la façon dont nous abordons son financement. Ce n'est pas seulement une dépense mais un catalyseur de progrès collectif. Voici comment nous pouvons reconceptualiser le financement de l'éducation :

Augmenter Le Financement Public De L'éducation

L'éducation doit être universellement accessible et non un privilège réservé à quelques privilégiés. Les gouvernements doivent donner la priorité et augmenter le financement de l'éducation, en le considérant comme un investissement avec des retours substantiels. Cet investissement donne aux individus des connaissances et des compétences, améliorant ainsi leur productivité et leur contribution à la société. Il stimule la croissance économique en créant une main-d'œuvre qualifiée, capable d'innover et de rivaliser à l'échelle mondiale. Il favorise également le bien-être sociétal en cultivant la pensée critique, l'empathie et la responsabilité civique.

Par exemple, des pays comme la Norvège et le Danemark investissent massivement dans l'éducation, ce qui se traduit par des niveaux élevés d'alphabétisation, d'innovation et de stabilité économique. Ces nations démontrent les avantages à long terme de tels investissements dans la promotion de sociétés équitables et prospères.

Expansion Des Bourses Et Des Subventions

L'enseignement supérieur devrait être accessible quelle que soit la situation financière. Il est crucial d'élargir les bourses et les subventions, en particulier dans les domaines d'avenir comme la technologie, les soins de santé et les énergies renouvelables. Ces aides financières démocratisent l'éducation, permettant aux talents de s'épanouir quel que soit le statut socio-économique.

Les bourses et les subventions allègent non seulement le fardeau financier des étudiants, mais les incitent également à poursuivre des disciplines essentielles. Ils ont un effet d'entraînement sur l'économie en produisant une main-d'œuvre hautement qualifiée qui stimule l'innovation et la croissance économique. Le programme Gates Millennium Scholars, par exemple, a fait des progrès significatifs en offrant des opportunités à des étudiants exceptionnels issus de divers horizons, favorisant ainsi une nouvelle génération de leaders et d'innovateurs.

En conclusion, il est impératif de repenser le financement de l'éducation comme un investissement plutôt que comme une dépense. Ce changement de perspective est essentiel pour responsabiliser les individus et propulser les sociétés vers un avenir marqué par le progrès et l'innovation. En augmentant le financement public et en élargissant les opportunités de bourses, nous faisons un choix décisif : investir dans notre avenir collectif. Il ne s'agit pas seulement d'un impératif économique, mais aussi d'un impératif moral, garantissant que nous ne nous contentons pas de grandir, mais que nous grandissons ensemble, ouvrant ainsi la voie à une société plus inclusive, plus instruite et plus prospère.

Révision Des Programmes Scolaires : Se Préparer Au 21e Siècle

À l'ère des changements technologiques rapides, des problèmes mondiaux complexes et des paysages professionnels en évolution, il est impératif que notre système éducatif subisse une refonte transformatrice. Nos programmes doivent être recalibrés pour doter les étudiants des compétences, des connaissances et de l'adaptabilité nécessaires pour prospérer au 21e siècle. Pour y parvenir, nous proposons deux étapes fondamentales :

1. Adopter des études interdisciplinaires : Les défis actuels, tels que le changement climatique, les inégalités sociales et les perturbations technologiques, exigent une approche intégrée. Il est crucial que nos systèmes éducatifs favorisent les études interdisciplinaires, mêlant des domaines tels que les sciences, l'économie et les sciences humaines pour offrir une compréhension globale des problèmes mondiaux complexes. Par exemple, des programmes tels que les programmes intégrés (IP) de Singapour ont fait leurs preuves en proposant un programme d'études holistique et interdisciplinaire qui encourage la curiosité intellectuelle et la pensée critique dans toutes les matières.

2. Donner la priorité à la pensée critique et à la créativité : l'accent traditionnel mis sur l'apprentissage par cœur est inadéquat pour développer des compétences essentielles telles que la pensée critique, la créativité et la résolution de problèmes. Ces compétences devraient être au premier plan de nos objectifs éducatifs. La pensée critique permet aux étudiants d'analyser les informations de manière critique, de remettre en question les hypothèses et de prendre des décisions éclairées. La créativité suscite l'innovation et la pensée entrepreneuriale. Des écoles comme le système éducatif complet de Finlande, réputé pour l'importance qu'il accorde à l'apprentissage

centré sur l'élève et à la résolution créative de problèmes, servent de modèle pour favoriser ces compétences.

En plus de ces domaines fondamentaux, la refonte de notre programme doit également mettre l'accent sur la culture numérique, la collaboration et l'intelligence émotionnelle, dotant ainsi les étudiants d'un ensemble plus large de compétences pour l'ère numérique. Toutefois, le succès de ces réformes dépend d'une formation efficace des enseignants. Les éducateurs doivent être équipés des outils et des connaissances nécessaires pour dispenser ce programme moderne. Les programmes de développement professionnel et les opportunités de formation continue pour les enseignants sont des éléments essentiels de ce changement.

De plus, il est essentiel de relever les défis potentiels tels que les contraintes budgétaires, la résistance au changement et de garantir un accès équitable à ces expériences éducatives enrichies. La collaboration entre les éducateurs, les décideurs politiques et les communautés est nécessaire pour surmonter ces obstacles.

En conclusion, repenser notre curriculum n'est pas seulement une nécessité mais une priorité urgente. En intégrant des études interdisciplinaires et en mettant l'accent sur la pensée critique et la créativité, ainsi que sur d'autres compétences vitales du 21e siècle, nous pouvons préparer nos étudiants aux complexités du monde moderne. Cette refonte est un investissement dans notre avenir, créant une société non seulement informée, mais également adaptable, innovante et équipée pour relever les défis et les opportunités de notre époque.

Favoriser Une Culture De Recherche Et De Développement

À une époque caractérisée par des changements technologiques rapides et une concurrence mondiale intense, il est essentiel de favoriser une culture de recherche et de développement (R&D). Loin d'être un luxe, c'est une condition fondamentale pour l'innovation, la croissance économique et la réponse aux défis sociétaux. Cultiver cette culture exige un effort concerté de la part des gouvernements, des entreprises et des établissements d'enseignement. Voici deux étapes cruciales pour soutenir efficacement la R&D :

Renforcer Les Partenariats Public-Privé

Les gouvernements devraient poursuivre activement leurs collaborations avec le secteur privé pour financer et soutenir les initiatives de R&D. De tels partenariats, combinant les intérêts publics et l'efficacité du secteur privé, peuvent conduire à une innovation significative. Par exemple, la collaboration entre les agences gouvernementales et les entreprises privées de l'industrie spatiale, comme en témoignent les partenariats de la NASA avec SpaceX, démontre le potentiel de ces coentreprises dans des domaines avancés comme l'aérospatiale, les énergies renouvelables et la santé.

En favorisant les partenariats public-privé, nous accélérons l'innovation et veillons à ce que la R&D s'aligne sur les besoins sociétaux. Les gouvernements peuvent fournir le soutien nécessaire sous forme de subventions, d'incitations et de cadres réglementaires, encourageant de telles collaborations. Ces partenariats offrent une expérience pratique aux étudiants et aux chercheurs, reliant le monde universitaire et l'industrie et équipant les futurs innovateurs.

Mettre En Œuvre Des Incitations Fiscales Globales Pour La R&D

Pour encourager une culture valorisant l'innovation dans le monde des entreprises, les gouvernements devraient offrir des incitations fiscales aux entreprises qui investissent dans la R&D. Ceux-ci pourraient inclure des crédits d'impôt, des déductions ou des avantages pour les dépenses liées à la R&D. De telles incitations encouragent les entreprises à investir dans des projets innovants et à prendre des risques.

Ces incitations fiscales ne sont pas seulement des catalyseurs de l'innovation des entreprises ; ils stimulent une croissance économique plus large et la compétitivité mondiale. Ils devraient être conçus pour soutenir divers secteurs, notamment les petites entreprises et les startups, garantissant ainsi un écosystème d'innovation diversifié et dynamique. Des pays comme le Canada, avec son programme d'incitatifs fiscaux pour la recherche scientifique et le développement expérimental (RS&DE), fournissent d'excellents modèles de la façon dont de telles politiques peuvent propulser la R&D à différentes échelles d'entreprise.

Il est également crucial d'intégrer le rôle des établissements d'enseignement. Les universités et les collèges devraient aligner leurs programmes et leurs orientations de recherche pour soutenir et compléter ces efforts de R&D, en offrant aux étudiants des compétences et des opportunités de recherche pertinentes.

Cependant, favoriser cette culture n'est pas sans défis. Cela nécessite de naviguer dans les complexités du financement, d'assurer une collaboration efficace entre diverses entités et de maintenir un équilibre entre les objectifs des secteurs public et privé.

En conclusion, en promouvant les partenariats public-privé et en offrant des incitations fiscales complètes, nous pouvons créer un environnement propice à l'épanouissement de la R&D. Cette approche ne concerne pas seulement l'innovation immédiate ; c'est un investissement dans notre avenir, générateur de percées technologiques, de résilience économique et d'une société mieux équipée pour relever les défis émergents. Il est temps de s'engager dans ces stratégies et de cultiver une culture florissante de recherche et de développement.

Créer Des Écosystèmes Entrepreneuriaux

Dans le contexte d'une économie mondiale en évolution rapide, la promotion des écosystèmes entrepreneuriaux est essentielle au progrès et à la croissance économique. Ces écosystèmes sont des pépinières où les idées innovantes sont cultivées, les startups fleurissent et la vitalité économique est nourrie. Pour créer des environnements aussi fertiles, des politiques stratégiques qui responsabilisent les entrepreneurs et rationalisent les processus commerciaux sont essentielles. Voici les étapes clés pour favoriser ces écosystèmes dynamiques :

1. Création d'incubateurs de startups : les gouvernements devraient être le fer de lance de la création d'incubateurs de startups financés par l'État, offrant un environnement favorable aux entrepreneurs émergents. Ces incubateurs peuvent fournir des ressources telles que des espaces de travail collaboratifs, des programmes de mentorat, un accès aux investisseurs et un financement de démarrage. Un exemple réussi est le modèle d'incubateur de la Silicon Valley, qui a favorisé une scène de startups technologiques florissante. Ces incubateurs réduisent les barrières à l'entrée, offrant une plate-forme où les innovateurs peuvent affiner leurs idées, bénéficier des conseils de mentors expérimentés et accéder à des ressources essentielles. Concentrer ces incubateurs sur des industries d'avenir comme les énergies propres ou la biotechnologie peut stimuler l'innovation sectorielle, plaçant les pays à l'avant-garde de ces domaines.

2. Rationalisation des réglementations : une bureaucratie excessive peut étouffer l'esprit d'entreprise. Les gouvernements doivent rationaliser les procédures liées aux entreprises telles que l'enregistrement, l'octroi de licences et la conformité. La simplification de ces processus facilite le démarrage et l'exploitation de nouvelles entreprises, encourageant ainsi davantage de personnes à se lancer dans des activités entrepreneuriales. Des pays comme la Nouvelle-Zélande et Singapour, réputés pour leur environnement réglementaire favorable aux entreprises, servent de modèles exemplaires à cet égard. De plus, la mise en œuvre de plateformes numériques pour les services aux entreprises simplifie ces processus, améliorant ainsi l'accessibilité et l'efficacité. Cette numérisation soutient non seulement les entrepreneurs à l'ère numérique, mais démontre également un engagement à favoriser un environnement favorable aux entreprises.

Bien que ces étapes soient cruciales, la création d'un écosystème entrepreneurial prospère implique également un engagement plus large des parties prenantes. Les universités, les entités du secteur privé et les organisations à but non lucratif jouent un rôle important dans le développement de l'entrepreneuriat. Les collaborations entre ces secteurs peuvent fournir un soutien complet, depuis l'éducation et la formation jusqu'au financement et à l'accès au marché.

Cependant, favoriser ces écosystèmes n'est pas sans défis. Aborder des questions telles que le financement des incubateurs, l'adaptation aux besoins changeants du marché et garantir un accès équitable aux ressources est essentiel au succès de ces initiatives.

En conclusion, la création d'écosystèmes entrepreneuriaux est vitale pour la croissance économique et l'innovation. En créant des incubateurs de startups et en rationalisant les réglementations, les gouvernements peuvent catalyser l'activité entrepreneuriale. Cette approche alimente non seulement la croissance économique immédiate, mais cultive également un paysage commercial résilient et innovant pour l'avenir. Il s'agit d'un investissement stratégique qui rapporte des bénéfices à long terme en matière de création d'emplois, de progrès technologique et d'une solide culture entrepreneuriale.

Droits De Propriété Intellectuelle : Protéger Les Innovateurs

Dans notre monde en évolution rapide, où l'innovation est moteur du progrès, la protection des droits de propriété intellectuelle (PI) est cruciale. Ces droits ne sont pas de simples mécanismes juridiques ; ce sont les bouées de sauvetage qui soutiennent la créativité et l'ingéniosité des inventeurs. Pour favoriser une culture où l'innovation prospère, il est impératif de protéger vigoureusement les droits de ceux qui donnent vie à de nouvelles idées. Voici les étapes essentielles pour améliorer la protection de la propriété intellectuelle :

1. Renforcer les lois sur la propriété intellectuelle : les gouvernements

doivent continuellement mettre à jour et renforcer leurs lois sur la propriété intellectuelle, en veillant à ce qu'elles suivent le rythme de l'innovation en constante évolution. Cela implique de sauvegarder les formes traditionnelles de propriété intellectuelle, comme les brevets et les droits d'auteur, et également de s'adapter aux domaines émergents tels que le contenu numérique et la biotechnologie. Par exemple, l'approche du Japon en matière de droit de la propriété intellectuelle, qui comprend une protection rigoureuse des brevets et des procédures juridiques rapides, a fait du Japon un leader mondial en matière de technologie et d'innovation. De plus, l'introduction d'incitations telles que des allègements fiscaux pour les entreprises qui donnent la priorité à l'enregistrement de la propriété intellectuelle peut encourager davantage d'inventeurs à protéger leurs actifs intellectuels. Ces mesures garantissent non seulement une protection juridique, mais témoignent également de l'engagement d'un gouvernement à favoriser l'innovation.

2. Promouvoir la collaboration internationale : Dans le village mondial de l'innovation, la protection de la propriété intellectuelle doit transcender les frontières nationales. Les gouvernements devraient s'engager dans des partenariats internationaux pour garantir une protection complète de la propriété intellectuelle dans le monde entier. La participation à des traités comme l'OMPI et l'Accord sur les ADPIC contribue à normaliser les lois sur la propriété intellectuelle dans tous les pays, offrant ainsi un niveau uniforme de protection aux inventeurs, quel que soit l'endroit où ils se trouvent. Des pays comme les États-Unis, qui participent activement à des accords internationaux en matière de propriété intellectuelle, contribuent à créer un précédent en matière de coopération mondiale. La création d'agences ou de départements dédiés au traitement des litiges internationaux en matière de propriété intellectuelle est également cruciale. Ces organismes peuvent collaborer avec des organisations mondiales pour résoudre les conflits et faire respecter les droits de propriété intellectuelle, protégeant ainsi les intérêts des

innovateurs à l'échelle mondiale.

L'intégration de ces stratégies nécessite une approche multidimension-nelle impliquant diverses parties prenantes. Au-delà de l'action gou-vernementale, les entreprises privées, les instituts de recherche et les établissements d'enseignement jouent un rôle essentiel. Ils peuvent plaider en faveur de protections plus strictes de la propriété intellectuelle, contribuer à l'élaboration des politiques et contribuer à sensibiliser à l'importance des droits de propriété intellectuelle.

De plus, il est essentiel de relever les défis potentiels. L'harmonisation des lois sur la propriété intellectuelle dans divers systèmes juridiques peut s'avérer complexe, et des résistances peuvent se manifester de la part des secteurs qui bénéficient d'un régime de propriété intellectuelle moins strict. Relever ces défis nécessite le dialogue, la négociation et un engagement en faveur du bénéfice collectif de la protection de l'innovation.

En conclusion, le renforcement des droits de propriété intellectuelle est fondamental pour une culture de l'innovation florissante. En mettant à jour les lois sur la propriété intellectuelle et en renforçant la collaboration internationale, nous pouvons créer un environnement qui non seulement protège les inventeurs, mais encourage également un flux continu d'inno-vation. Un tel engagement en faveur des droits de propriété intellectuelle ne consiste pas seulement à sauvegarder les idées ; il s'agit d'alimenter le moteur du progrès et de la croissance économique au 21e siècle.

Assurer Notre Avenir Numérique : Améliorer L'alphabétisation Et La Cybersécurité

À notre époque dominée par le numérique, la culture numérique et la cybersécurité sont essentielles pour garantir une société sûre et prospère. Ces domaines ne sont plus facultatifs mais sont fondamentaux pour notre progrès et notre sécurité. Voici comment nous pouvons améliorer ces aspects essentiels :

Intégrer La Culture Numérique Dans L'éducation

L'avenir a besoin de citoyens non seulement alphabétisés au sens traditionnel du terme, mais également capables de naviguer dans le monde numérique. Cela commence par l'éducation. La culture numérique devrait être intégrée dans les systèmes éducatifs à tous les niveaux, dotant les générations futures de compétences allant des opérations informatiques de base à la résolution avancée de problèmes numériques et à l'éthique.

Les modèles réussis comme les initiatives d'éducation numérique de l'Estonie offrent une feuille de route. En Estonie, la culture numérique est une composante essentielle du programme scolaire dès le plus jeune âge, garantissant que les élèves sont bien préparés à un avenir numérique. Les programmes de formation des enseignants et les salles de classe infusées de technologie sont essentiels à cette intégration. En outre, des programmes d'éducation des adultes et des programmes communautaires devraient être mis en œuvre pour étendre la culture numérique au-delà des écoles, atteindre la société au sens large et réduire les fractures numériques.

Stratégies Nationales De Cybersécurité

À mesure que notre dépendance à l'égard des technologies numériques augmente, l'importance de protéger nos données et nos systèmes augmente également. Les stratégies nationales de cybersécurité doivent être robustes et proactives.

Par exemple, l'approche de Singapour en matière de cybersécurité, qui implique des lois strictes, une agence dédiée à la cybersécurité et des collaborations internationales, établit une norme élevée. Les gouvernements devraient investir dans la protection des infrastructures critiques et promulguer des lois garantissant des normes en matière de protection des données et de cybersécurité. Les campagnes de sensibilisation du public sont également cruciales, car elles informent les citoyens sur les pratiques en ligne sûres et les menaces potentielles.

La collaboration internationale, comme en témoignent des accords tels que la Convention de Budapest sur la cybercriminalité, est essentielle pour un front uni contre les cybermenaces mondiales. Ces collaborations facilitent le partage de renseignements et les efforts conjoints en matière de prévention de la cybercriminalité. En outre, il est essentiel d'investir dans le développement d'une main-d'œuvre qualifiée en cybersécurité, notamment dans le cadre de programmes de formation spécialisés et de parcours de carrière dans le domaine de la cybersécurité.

Les partenariats public-privé dans le domaine de la cybersécurité peuvent conduire à des solutions innovantes et à un partage d'expertise. Ces collaborations, illustrées par des initiatives telles que le Cybersecurity Tech Accord, rassemblent les gouvernements et les entreprises technologiques pour renforcer les défenses en matière de cybersécurité.

En conclusion, à l'ère du numérique, doter les citoyens d'une culture numérique et protéger nos infrastructures numériques ne sont pas seulement des besoins individuels mais aussi des responsabilités collectives. En favorisant la culture numérique dans l'éducation et en mettant en œuvre des mesures nationales globales de cybersécurité, nous pouvons non seulement protéger nos informations et nos actifs, mais également libérer tout le potentiel de notre avenir numérique. Cet engagement en faveur de la culture numérique et de la cybersécurité est un investissement dans la résilience et la prospérité de notre société.

Conclusion : L'urgence Du Moment Présent

Alors que le temps passe sans relâche, l'impératif d'une action immédiate et décisive pour remodeler notre système éducatif et notre marché du travail devient de plus en plus pressant. Nous ne pouvons pas nous permettre de tarder à équiper une autre génération pour qu'elle puisse affronter les subtilités du 21e siècle. La nécessité de donner la priorité à la croissance intellectuelle et à l'innovation transcende les barrières politiques et économiques : c'est une nécessité universelle.

1. Compétitivité mondiale : Dans un monde où la connaissance et l'innovation sont des facteurs de compétitivité clés, les nations qui investissent dans ces domaines seront en tête. Ceux qui ne risquent pas de prendre du retard. Par exemple, les investissements massifs de la Corée du Sud dans l'éducation et la technologie l'ont propulsée à l'avant-garde de l'innovation mondiale.

2. Résilience économique : La croissance intellectuelle et l'innovation ne concernent pas seulement les progrès technologiques ; il s'agit de créer des économies capables de résister au changement et de s'y adapter. Les économies diversifiées et fondées sur la connaissance, comme dans des pays comme la Suisse, font preuve d'une plus grande résilience face aux fluctuations économiques.

3. Équité sociale : Il est crucial de garantir que les fruits de la croissance intellectuelle et de l'innovation soient accessibles à tous. Des politiques telles que la stratégie canadienne d'accès aux opportunités visent à réduire les inégalités en matière d'éducation et de technologie, offrant ainsi un avenir plus équitable à tous les citoyens.

4. Durabilité environnementale : Relever les défis contemporains tels que le changement climatique nécessite une réflexion innovante. La croissance intellectuelle alimente le développement de technologies et de pratiques durables, comme en témoigne l'engagement de l'Allemagne en faveur des énergies renouvelables et de la recherche environnementale.

5. Leadership éthique : les sociétés qui valorisent la croissance intellectuelle sont plus susceptibles de produire des dirigeants qui donnent la priorité aux avantages sociétaux à long terme. Cette évolution vers un leadership éthique est cruciale pour le bien-être de notre communauté mondiale.

La mise en œuvre de ces politiques transformatrices n'est pas une option mais un impératif né de nos réalités actuelles. Ils exigent un engagement, une collaboration et des efforts soutenus. Ils nécessitent de donner la priorité à l'éducation, à la culture numérique, à la recherche, à l'entrepreneuriat et à la cybersécurité en tant que piliers essentiels de notre avenir.

Le coût de l'inaction est élevé : diminution de la compétitivité mondiale, inégalités sociales profondément ancrées, dégradation de l'environnement et déficit de leadership éthique. Nous devons à nous-mêmes, à nos enfants et aux générations futures de relever ces défis de front.

Alors que nous allons de l'avant, embrassons un avenir où la croissance intellectuelle et l'innovation sont au cœur de nos aspirations collectives. Il ne s'agit pas d'un rêve inaccessible mais d'une réalité tangible à notre portée. En responsabilisant les individus, en favorisant l'innovation, en renforçant la société et en assurant notre avenir, nous pouvons relever efficacement les défis du XXIe siècle.

Cet appel à l'action est une invitation à saisir les opportunités d'aujourd'hui et à façonner le destin de demain. C'est une invitation à exploiter l'intellect humain pour le bien commun. Répondons avec l'urgence que requiert le moment présent, en élaborant des politiques qui nous responsabilisent, nous inspirent et nous propulsent vers un avenir rempli de potentiel inexploité. Le moment est venu d'agir : saisissons ce moment pour créer une société qui prospère grâce à l'innovation, à l'adaptabilité et à la vigueur intellectuelle.

5

Nourrir Le Nasl (Lignée Et Famille)

Le Tissu Sociétal : Renforcer La Cellule Familiale

Sauvegarder La Famille : Tisser La Tapisserie D'une Société Prospère

Dans le tissu complexe de la société, la cellule familiale est un fil conducteur vital. C'est plus qu'un point ; c'est ce qui nous lie ensemble. Réfléchissez à l'adage « Un point à temps en sauve neuf ». Cela sonne vrai pour les familles, le fondement de nos communautés. Le renforcement de la famille est un impératif qui se répercute dans toutes les facettes de la société. Les institutions avancées, les économies florissantes et les technologies de pointe ne signifient rien sans des familles solides. Sans eux, le tissu social risque de s'effilocher.

Le Rôle Crucial De La Famille

Les familles sont plus que des entités isolées ; ce sont les éléments constitutifs de la société. Ils nourrissent les générations futures, inculquent des valeurs, cultivent l'amour et perfectionnent la résilience. Ici, notre sentiment d'appartenance et d'identité prend racine, nous guidant à travers les complexités de la vie.

Pensez aux familles palestiniennes de Gaza, qui ont transformé leurs maisons en centres communautaires pendant la crise, illustrant ainsi la force familiale et l'impact sociétal.

Prospérité économique

Les familles stables sont des piliers économiques. Ils favorisent une main-d'œuvre solide et contribuent aux marchés du travail. La sécurité économique des familles conduit à investir dans l'éducation et les soins de santé, ce qui profite à la société.

Santé Mentale Et Bien-Être

Les liens familiaux sont cruciaux pour le soutien émotionnel. Ils atténuent le stress de la vie et soutiennent la santé mentale. Un environnement familial stimulant favorise le bien-être mental, réduisant ainsi le fardeau de la santé mentale au sein de la société.

Le Lien Éducatif

Les familles sont les premiers enseignants. Leur implication dans l'éducation améliore les résultats scolaires et prépare une génération à des contributions sociétales.

Cohésion Communautaire

L'influence des familles s'étend aux communautés. La participation active de la famille aux activités communautaires favorise l'appartenance et la cohésion sociale.

Fortifier La Pierre Angulaire

Renforcer la cellule familiale signifie renforcer les fondements de la société. Cela transcende la politique et l'économie. Voici comment:

1. Soutien complet : mettre en œuvre des programmes de soutien aux familles répondant aux besoins économiques, éducatifs et de santé, y compris un logement abordable et des soins de santé accessibles.
2. Autonomisation parentale : fournir aux parents des outils pour élever des enfants prospères, comme l'éducation et les réseaux de soutien.
3. Services de santé mentale : Mettre l'accent sur les services de santé mentale centrés sur la famille, en donnant la priorité au bien-être émotionnel de tous les membres de la famille.
4. Engagement communautaire : Encourager l'engagement des familles dans les communautés par le biais du travail bénévole et des activités sociales.

La cellule familiale est le fil conducteur durable de la tapisserie de la société. En prenant soin des familles, nous garantissons un avenir meilleur pour tous. C'est un engagement envers notre humanité commune. Renforçons cette pierre angulaire, car c'est dans les familles fortes que nos communautés et nos nations trouvent leur véritable force.

Santé Mentale Et Bien-Être Émotionnel

Dans notre quête incessante de progrès sociétal, nous négligeons souvent le rôle crucial de la santé mentale et du bien-être émotionnel dans le façonnement de nos communautés, en particulier au sein du tissu diversifié de nos familles. Il est temps d'élargir notre perspective : la santé mentale n'est pas seulement une préoccupation individuelle ; c'est intimement lié à la dynamique familiale et a un impact sur la société dans son ensemble. Alors que nous plaidons en faveur du changement, il est essentiel de mettre l'accent sur le soutien institutionnel et les stratégies parentales proactives pour permettre aux familles de relever les défis de la vie avec résilience.

Soutien Institutionnel

Les services publics de santé mentale doivent élargir leur champ d'action. La thérapie individuelle est cruciale, mais l'intégration du conseil familial est tout aussi essentielle. Une étude réalisée en 2018 par l'American Psychological Association a souligné que la thérapie familiale pourrait réduire considérablement les cas de toxicomanie et de comportement criminel au sein des communautés. En abordant la dynamique familiale et en offrant des conseils impliquant tous les membres de la famille, nous n'améliorons pas seulement la santé mentale individuelle ; nous évitons une multitude de problèmes sociétaux.

Imaginez un monde où les familles en crise ont accès à un soutien professionnel, où les parents et les enfants peuvent ouvertement aborder leurs difficultés et collaborer à la guérison. Dans ce monde, nous constatons une diminution tangible des taux de criminalité et de toxicomanie, conduisant à des communautés prospères. Cette vision est réalisable grâce à des services de santé mentale complets qui donnent la priorité au bien-être de la famille.

Ateliers Parentaux

La parentalité est une compétence acquise, impliquant la compréhension de l'intelligence émotionnelle, la communication et la résolution des conflits. Les institutions devraient proposer des ateliers permettant aux parents d'acquérir ces compétences, adaptés à diverses structures familiales, notamment les parents célibataires, les familles immigrées et les ménages multigénérationnels. Par exemple, le programme « Family Connections » en Oregon a connu un succès remarquable en améliorant les relations familiales et la santé mentale individuelle grâce à de tels ateliers.

Ces ateliers vont au-delà des stratégies parentales traditionnelles ; ils se concentrent sur la création d'un environnement de confiance, d'empathie et de lien émotionnel au sein de la famille. Lorsque les parents sont équipés de ces outils, l'impact est profond. Les enfants grandissent dans des environnements émotionnellement nourrissants, favorisant la résilience et le bien-être. À mesure que ces enfants grandissent, ils transmettent des expériences familiales positives dans leurs propres relations, générant ainsi des communautés plus saines et plus harmonieuses.

Nous nous trouvons à un moment où donner la priorité à la santé mentale et au bien-être émotionnel au sein de la cellule familiale n'est pas seulement une opportunité mais une obligation. En élargissant les services de santé mentale pour inclure le conseil familial et en proposant des ateliers complets sur le rôle parental, nous pouvons permettre aux familles non seulement de survivre, mais aussi de s'épanouir. Notre vision est un avenir où la force des liens familiaux crée une société compatissante et résiliente pour toutes les générations.

Stabilité Économique : Libérer Le Potentiel Des Familles Et De La Société

Alors que nous nous efforçons de faire progresser la société, nous devons reconnaître le rôle essentiel de la stabilité économique dans la santé et le bien-être des familles. Parvenir à la stabilité économique va au-delà du simple équilibre financier ; il s'agit de garantir que chaque famille, quelle que soit sa structure, dispose des ressources nécessaires pour offrir à ses enfants des opportunités essentielles. Plaider en faveur de politiques favorisant un salaire décent, offrant des avantages fiscaux et fournissant des ressources de planification financière peut créer un effet d'entraînement transformateur dans les communautés.

1. Politiques de salaires décents : De nombreuses familles, y compris les ménages monoparentaux et les familles multigénérationnelles, peinent à répondre à leurs besoins fondamentaux malgré un travail

acharné. Un salaire décent n'est pas seulement un chiffre fiscal mais une voie vers une vie digne. Prenons par exemple la famille Johnson. Après la mise en œuvre d'une politique de salaire décent, ils ont pu s'offrir des repas nutritifs, un foyer sûr et une éducation de qualité pour leurs enfants. Les recherches suggèrent que les enfants issus de ménages financièrement stables connaissent un meilleur développement physique et émotionnel, ce qui conduit à une génération plus autonome et plus active.

2. Avantages fiscaux et planification financière : Les pressions économiques peuvent mettre à rude épreuve la dynamique familiale. Les incitations fiscales conçues pour soutenir les familles, en particulier celles avec enfants, peuvent atténuer ce stress. Une étude réalisée en 2020 par l'Institut national de recherche économique a montré que les familles bénéficiant de telles politiques fiscales ont connu une réduction de leur anxiété financière et un bien-être général amélioré. De plus, proposer des séminaires publics sur la budgétisation et la planification financière peut permettre aux familles de prendre des décisions éclairées, d'investir dans l'éducation de leurs enfants et de s'assurer un avenir stable.

3. Relever les défis : tout en plaidant en faveur de ces politiques, nous devons également considérer les défis potentiels, tels que les impacts sur les petites entreprises et les budgets gouvernementaux. Une approche équilibrée, incluant éventuellement une mise en œuvre échelonnée ou des subventions aux petites entreprises, pourrait atténuer ces défis.

4. Perspective mondiale : À l'échelle mondiale, l'efficacité de ces politiques économiques varie en fonction des contextes culturels et économiques. Les enseignements tirés de pays comme le Danemark, qui a mis en œuvre avec succès des initiatives en matière de salaire vital, peuvent guider l'élaboration de politiques dans d'autres pays.

En conclusion, la stabilité économique ne se limite pas aux salaires et aux soldes bancaires ; il s'agit de libérer le potentiel des familles et, par extension, de la société. En faisant pression en faveur de politiques de salaires décents, d'avantages fiscaux et de ressources de planification financière, nous permettons à chaque famille d'offrir à ses enfants les opportunités qu'ils méritent. Cette approche ne permet pas seulement de bâtir des familles plus fortes ; il jette les bases d'une société prospère et prospère.

Éducation : Une Responsabilité Collective Pour Un Avenir Meilleur

L'éducation doit être considérée comme une responsabilité collective, transcendant les frontières des foyers, des écoles et des lieux de travail. Nos enfants, l'avenir de notre société, dépendent d'un engagement partagé envers leur parcours éducatif. Cela nécessite la participation active de tous, y compris des parents, des éducateurs, des employeurs et de la communauté au sens large. En favorisant la participation des parents, en offrant des horaires de travail flexibles et en impliquant la communauté au sens large, nous ouvrons la voie à un avenir meilleur où l'éducation est véritablement un effort communautaire.

1. Implication parentale : La recherche a constamment démontré que l'implication parentale est cruciale pour la réussite scolaire d'un enfant. Lorsque les parents s'engagent dans le processus éducatif, ils deviennent des alliés dans l'apprentissage de leurs enfants, renforçant les liens familiaux et renforçant l'importance de l'éducation. Les écoles de diverses communautés, des centres urbains aux zones rurales, devraient créer des environnements accueillants pour les parents, offrant diverses possibilités de participation, telles que des réunions parents-enseignants, des événements scolaires et des ateliers éducatifs. Cette approche doit être adaptable pour s'adapter à différents milieux socio-économiques et systèmes éducatifs, garantissant ainsi l'inclusivité.

2. Horaires flexibles pour les parents : Concilier travail et responsabil-

ités familiales est un défi de taille pour de nombreux parents. Les employeurs peuvent jouer un rôle crucial en proposant des horaires de travail flexibles ou des options de travail à distance. De telles politiques permettent aux parents de participer plus activement à l'éducation de leurs enfants, en assistant à des événements scolaires et en soutenant les devoirs sans sacrifier leur rôle professionnel. Il est toutefois important de s'attaquer aux obstacles potentiels, tels que les défis opérationnels dans certains secteurs. Des solutions collaboratives, telles que des horaires de travail échelonnés et des options à temps partiel, peuvent être explorées pour en faire une option viable pour davantage d'employeurs.

3. Implication communautaire plus large : La responsabilité de l'éducation s'étend au-delà des parents et des écoles. Les entreprises locales, les organismes communautaires et les bénévoles peuvent contribuer à enrichir l'expérience éducative. Par exemple, en Norvège, les programmes éducatifs communautaires ont complété avec succès l'école formelle, offrant aux enfants des expériences d'apprentissage diverses.

4. Perspective mondiale : des exemples venus du monde entier, comme l'engagement communautaire dans l'éducation observé au Japon, où les entreprises locales collaborent souvent avec les écoles, peuvent fournir des informations et des modèles précieux pour améliorer les résultats éducatifs grâce à la responsabilité collective.

En conclusion, la voie vers un avenir éducatif meilleur est pavée par les efforts non seulement des parents et des écoles, mais aussi de la communauté tout entière. En assumant cette responsabilité collective, nous pouvons créer un environnement dans lequel les enfants sont soutenus, nourris et préparés à devenir des individus épanouis qui dirigeront notre société vers l'avenir. Unissons-nous pour faire de cette vision une réalité, en veillant à ce que chaque enfant ait la possibilité de réaliser son plein potentiel.

Développement Communautaire : Familles Fortes, Communautés Fortes

Alors que nous nous efforçons de bâtir des communautés plus fortes, nous devons reconnaître que le fondement d'une telle force réside dans la santé et la cohésion de nos familles. Les avantages d'un environnement familial stimulant s'étendent au-delà du foyer et imprègnent l'ensemble de la communauté. Pour véritablement fortifier nos communautés, il est crucial d'investir dans des initiatives qui renforcent ces unités familiales. En nous concentrant sur des centres communautaires polyvalents, des programmes répondant à des besoins divers et en créant des espaces publics adaptés aux familles, nous posons les bases d'une société dynamique et interconnectée.

Centres Et Programmes Communautaires

Les centres communautaires sont bien plus que des bâtiments ; ils sont l'élément vital des quartiers, favorisant les liens et apportant un soutien. Investir dans ces centres, en particulier dans des contextes socio-économiques et culturels diversifiés, peut répondre à des besoins communautaires spécifiques. Par exemple, dans une zone urbaine multiculturelle, un centre communautaire pourrait proposer des cours de langue et des programmes d'échange culturel, tandis que dans les régions rurales, des ateliers de développement agricole pourraient être plus bénéfiques.

En proposant des programmes axés sur la famille tels que des services de garde d'enfants de qualité, des soins aux personnes âgées et une formation professionnelle, ces centres peuvent combler le fossé générationnel et améliorer la dynamique familiale. Une étude de l'Urban Institute a souligné que les communautés dotées de centres robustes connaissaient des taux de criminalité plus faibles et de meilleurs résultats scolaires.

Espaces Publics

Le rôle des espaces publics bien conçus comme les parcs, les bibliothèques et les centres récréatifs est essentiel dans le développement communautaire. Ces espaces doivent s'adresser à des familles diverses, offrant des expériences sûres, accessibles et enrichissantes. Par exemple, un parc situé dans une ville densément peuplée peut comporter des aires de jeux et des jardins communautaires, tandis qu'une zone suburbaine peut se concentrer sur des installations sportives et des théâtres en plein air.

Parmi les exemples de réussite, citons des villes comme Copenhague, où les espaces publics sont intentionnellement conçus pour être favorables à la famille, favorisant les interactions communautaires et les modes de vie actifs.

1. Relever les défis : La mise en œuvre de ces initiatives nécessite de relever des défis tels que le financement, la maintenance et l'engagement communautaire. Les partenariats entre les gouvernements locaux, les entreprises et les ONG peuvent apporter des solutions durables. Par exemple, un modèle de partenariat public-privé peut être utilisé pour financer et entretenir des centres communautaires et des parcs.

2. Implication plus large des parties prenantes : Bâtir des communautés fortes est un effort de collaboration. Les gouvernements locaux peuvent lancer des initiatives, les entreprises peuvent fournir des financements et des ressources, et les ONG peuvent proposer des services spécialisés et des activités de plaidoyer.

En conclusion, en nourrissant des familles solides grâce à des centres communautaires, des programmes et des espaces publics solidaires, nous n'améliorons pas seulement la vie des individus ; nous tissons le tissu de communautés résilientes et prospères. Ces efforts nécessitent une approche collaborative et inclusive, reconnaissant les besoins uniques de différents domaines. Engageons-nous à bâtir un avenir où chaque communauté est un bastion de soutien, d'opportunités et de croissance pour ses familles.

Le Rôle Des Médias Et De La Technologie

À une époque où les médias et la technologie sont omniprésents, leur profond impact sur les familles et la société ne peut être ignoré. Il est essentiel d'exploiter ces outils non seulement pour renforcer les liens familiaux, mais également pour relever les défis qu'ils posent. Voici comment nous pouvons tirer parti des médias et de la technologie comme catalyseurs pour créer des familles plus fortes et plus connectées, tout en étant conscients des risques encourus.

Éducation Aux Médias Dans Tous Les Groupes D'âge

Les défis du monde numérique, tels que la désinformation, la cyberintimidation et le temps d'écran excessif, affectent de diverses manières différentes tranches d'âge au sein des familles. Il est crucial d'intégrer l'éducation aux médias dans les programmes scolaires et les programmes d'éducation familiale. Par exemple, les adolescents sont confrontés à des risques en ligne différents de ceux des enfants plus jeunes, et l'éducation doit être adaptée pour relever ces défis spécifiques.

Imaginez un avenir où les enfants et les parents apprendront à évaluer de manière critique les sources d'information, à discerner les contenus crédibles et à comprendre l'impact des médias sur les perceptions et les comportements. Cette approche prépare les familles à interagir de manière réfléchie avec les médias, en favorisant une culture de prise de décision éclairée et de consommation responsable. Des études de cas, comme le succès des programmes d'éducation aux médias dans les écoles scandinaves, peuvent servir de modèles de mise en œuvre.

Contenu Adapté Aux Familles Et Rôles Diversifiés Des Parties Prenantes

Les médias et le divertissement façonnent considérablement la dynamique et les valeurs familiales. Il est crucial de promouvoir un contenu familial qui divertit, éduque et favorise les liens. Les créateurs de contenu, en collaboration avec les décideurs politiques et les organisations communautaires, devraient élaborer des récits qui reflètent diverses structures familiales et promeuvent les valeurs d'amour, d'empathie et de coopération.

Imaginez un paysage médiatique dans lequel les familles peuvent consommer en toute confiance du contenu qui renforce les liens familiaux. Cet environnement favorise un terrain d'entente, des conversations significatives et des expériences partagées. Le rôle des entreprises technologiques dans la modération et la promotion de ces contenus est également primordial, garantissant que les familles ont accès à des options médiatiques appropriées et enrichissantes.

1. Reconnaître les risques et les défis : tout en soulignant les avantages des médias et de la technologie, il est important de reconnaître et d'aborder les risques associés, tels que les problèmes de dépendance et de confidentialité. Des initiatives telles que les programmes de bien-être numérique et le contrôle parental peuvent aider les familles à relever efficacement ces défis.

2. Perspective mondiale sur l'interaction avec les médias : Reconnaître les diverses manières dont les différentes cultures interagissent avec les médias et la technologie peut offrir des informations précieuses. Par exemple, la façon dont les sociétés orientales intègrent souvent la technologie dans la vie familiale peut fournir des leçons sur la façon d'équilibrer le temps passé devant un écran et le temps passé en famille.

En conclusion, les médias et la technologie, bien que formidables, offrent un immense potentiel positif lorsqu'ils sont utilisés de manière responsable. Donner la priorité à l'éducation aux médias, plaider en faveur de contenus adaptés aux familles, lutter contre les risques potentiels et adopter une perspective mondiale sont essentiels pour autonomiser les familles à l'ère numérique. Ce faisant, nous transformons la technologie en un pont vers des relations familiales plus fortes et plus connectées : une vision dans laquelle les médias et la technologie sont des alliés pour nourrir des familles plus saines, plus heureuses et plus unies. Travaillons collectivement pour faire de cette vision une réalité.

La Vérité Inévitable

Dans la mosaïque complexe de la civilisation humaine, la cellule familiale reste un fil essentiel, intimement tissé dans notre existence collective. Loin d'être une relique obsolète, la famille est une pierre angulaire dynamique et évolutive essentielle à la prospérité des sociétés. Nous devons reconnaître son importance irréfutable, en reconnaissant la diversité des structures familiales qui enrichissent notre monde moderne.

Alors que nous naviguons dans les complexités de notre société en évolution rapide, nous sommes confrontés à une vérité fondamentale : la famille transcende une simple construction sociétale ; il incarne une nécessité humaine fondamentale. Au sein de la famille, qu'elle soit de forme traditionnelle ou moderne, nous forgeons nos premiers liens d'amour et apprenons des leçons vitales de coopération et de responsabilité. La famille est l'endroit où nous nourrissons nos rêves et façonnons nos valeurs, trouvons un soutien émotionnel et cherchons refuge pendant les moments turbulents de la vie.

Considérer la famille comme une relique, c'est négliger sa profonde influence sur notre bien-être personnel et collectif. Cet oubli annule des recherches approfondies mettant en évidence le rôle crucial de la famille dans le développement de la petite enfance et dans la promotion de la résilience émotionnelle à l'âge adulte. Il ignore les expériences vécues par d'innombrables individus qui tirent leur force et leur identité de leurs liens familiaux, quelle que soit la configuration de la famille.

Le bien-être familial n'est pas seulement sentimental ; c'est un impératif sociétal. Les familles prospères jettent les bases de la croissance économique, de la cohésion sociale et d'un avenir plein d'espoir pour les générations à venir. Alors que nous élaborons des politiques et des programmes communautaires et engageons un dialogue public, donner la priorité au bien-être de la famille n'est pas une option mais une responsabilité fondamentale. Cet engagement doit être inclusif, englobant diverses structures familiales et reconnaissant leurs contributions uniques au tissu sociétal.

Dans notre contexte mondial, les familles prennent de nombreuses formes et sont influencées par diverses normes culturelles. Reconnaître ces variations enrichit notre compréhension du rôle de la famille dans différentes sociétés. Par exemple, dans de nombreuses cultures asiatiques, les familles élargies jouent un rôle central dans le soutien et l'éducation communautaires, tandis que les sociétés occidentales mettent souvent l'accent sur les structures familiales nucléaires et l'individualisme. Il est essentiel d'équilibrer ces perspectives pour formuler des politiques qui soutiennent les familles de manière universelle.

En conclusion, la cellule familiale, sous toutes ses formes, est une vérité intemporelle, une pierre angulaire indéfectible de la société humaine. Alors que nous allons de l'avant, embrassons cette vérité à bras ouverts, en reconnaissant les diverses manifestations de la famille. Cela ouvre la voie à une société non seulement plus forte et plus résiliente, mais aussi plus inclusive et compatissante. C'est là que réside notre engagement en faveur d'un avenir où chaque famille, quelle que soit sa structure, s'épanouit et porte la promesse d'un avenir meilleur.

Conclusion : Investir Dans Les Familles : Une Voie Vers Une Société Plus Forte

Dans le domaine complexe de la gouvernance, une vérité profonde émerge, transcendant la politique et les idéologies : investir dans les familles équivaut à investir dans le fondement de notre société. La cellule familiale, construction fondamentale de la civilisation humaine, joue un rôle central dans la construction de communautés résilientes et prospères.

Considérez les faits : les études montrent systématiquement que lorsque les familles sont soutenues, les sociétés font preuve d'une résilience remarquable. Ils traversent les crises avec courage et s'adaptent au changement avec agilité. La stabilité émanant des unités familiales s'étend au-delà des foyers individuels, soutenant des communautés et des nations robustes. C'est le pouls vital qui soutient le bien-être de la société.

De plus, l'impact du bien-être familial se répercute sur les économies, leur insufflant vigueur et dynamisme. Par exemple, un rapport de 2021 de l'Economic Policy Institute a révélé que des structures familiales solides contribuent à une main-d'œuvre résiliente, améliorant la productivité et stimulant l'innovation. Ces familles allègent le fardeau des filets de sécurité sociale, ce qui se traduit par des dépenses publiques plus efficaces. Lorsque les familles prospèrent, les économies emboîtent le pas.

C'est la gouvernance dans sa forme la plus perspicace. Nourrir les familles constitue non seulement une base de force mais aussi de durabilité. Reconnaître l'importance du bien-être familial le fait passer du statut de luxe à celui d'un impératif moral et social : un engagement envers le bien-être de chaque membre de la communauté.

Pour améliorer la gouvernance, il est essentiel de donner la priorité à la cellule familiale. Les diverses structures familiales, qu'il s'agisse de ménages traditionnels, monoparentaux ou multigénérationnels, sont des creusets de valeurs et des refuges pour nourrir l'empathie et la résilience. En investissant dans les familles, nous investissons dans notre avenir collectif.

Ainsi, nous devons nous unir pour défendre des politiques de soutien à la famille, des programmes communautaires et un discours public qui reconnaît la nature diversifiée des familles modernes. Une telle action collective honore notre passé et ouvre la voie à un avenir meilleur – un avenir où les familles non seulement survivent mais s'épanouissent.

En conclusion, investir dans les familles va au-delà des simples avantages individuels ; cela renforce le tissu même de notre société. Cette approche de la gouvernance est non seulement intelligente et durable, mais également éthiquement saine. Nous nous devons, envers nous-mêmes et envers les générations futures, de donner la priorité au bien-être familial sous toutes ses formes. En agissant maintenant, nous veillons à ce que les familles – les unités sociales fondamentales – reçoivent la reconnaissance et le soutien qu'elles méritent.

Programmes Et Initiatives Qui Soutiennent La Structure Familiale

Pourquoi Les Programmes Et Les Initiatives Sont Cruciaux

Dans le tissu complexe de la gouvernance, une vérité essentielle ressort : la prospérité des sociétés est profondément liée au bien-être des familles. Plus qu'une simple rhétorique, cette compréhension doit se traduire par des programmes et des initiatives tangibles et efficaces à l'échelle mondiale, soutenant et renforçant la structure familiale de diverses manières.

1. Congé parental et soutien : Le fondement du soutien familial consiste à garantir que les parents peuvent créer des liens avec leurs enfants, en particulier au cours des premières années cruciales. Les politiques de congé parental prolongé, qui ont fait leurs preuves dans des pays comme la Suède, offrent non seulement du temps mais aussi de la sécurité aux parents. De telles politiques ne sont pas des dépenses mais des investissements, conduisant au développement de futurs citoyens émotionnellement sûrs et productifs. Les services de garde subventionnés, un autre aspect clé, soulagent les parents des coûts

écrasants liés à l'éducation des enfants, comme le montre le modèle de garderie québécois à succès.

2. Logement abordable : Un logement stable est la pierre angulaire du bien-être familial. Les programmes axés sur le logement abordable, comme ceux mis en œuvre à Singapour, non seulement atténuent le stress financier, mais favorisent également les communautés où les familles peuvent s'épanouir. Le logement abordable est plus qu'une mesure de réduction des coûts ; il s'agit de créer un environnement sûr et stimulant pour que les familles puissent s'agrandir.

3. Équilibre entre vie professionnelle et vie privée : en réponse au mode de vie moderne et trépidant, les gouvernements devraient plaider en faveur d'horaires de travail équilibrés et de modalités de travail flexibles. Des pays comme les Pays-Bas ont réussi à intégrer des politiques de travail favorables à la famille, notamment des horaires flexibles et des options de travail à distance, permettant aux parents de maintenir un équilibre sain entre travail et famille.

4. Services de soutien communautaire : les gouvernements locaux jouent un rôle crucial en offrant des services tels que des conseils et des services de garde d'enfants. Ces systèmes de soutien agissent comme des filets de sécurité, comme en témoignent les solides services communautaires dans des villes comme Melbourne, en Australie. Des services accessibles et adaptés peuvent grandement aider les familles confrontées à divers défis, en leur garantissant les ressources nécessaires pour les surmonter.

5. Soutien financier : Des allégements fiscaux sur mesure peuvent apporter un allègement substantiel, en particulier pour les familles avec plusieurs enfants ou les parents seuls. De telles initiatives financières, semblables à celles du Canada, aident les familles à gérer leurs dépenses d'éducation et de santé, contribuant ainsi à un environnement familial stable.

En résumé, l'interdépendance du bien-être familial et de la santé sociétale ne peut être surestimée. Les gouvernements du monde entier doivent le reconnaître et agir de manière décisive. Les programmes et initiatives présentés ici, s'appuyant sur des exemples mondiaux, ne sont pas de simples dépenses mais des investissements essentiels à la prospérité sociétale. En élevant des familles solides, nous ouvrons la voie à des sociétés prospères et résilientes. Adopter cette approche dans les modèles de gouvernance n'est pas seulement bénéfique ; c'est impératif pour un avenir prospère. Il est temps de déployer un effort unifié pour donner la priorité et renforcer la cellule familiale, en favorisant un monde dans lequel les familles ne se contentent pas de survivre mais s'épanouissent.

Initiatives De Soutien Parental

Dans le grand paysage de la gouvernance, la cellule familiale constitue la pierre angulaire, essentielle au tissu de nos sociétés. Pour véritablement fortifier les familles, nous devons reconnaître et prioriser les initiatives de soutien parental. Nous explorons ici deux aspects essentiels, soutenus par des recherches et des connaissances mondiales, qui peuvent nourrir et renforcer considérablement les familles.

Congé Parental Payé Universel

La naissance ou l'adoption d'un enfant est un moment charnière dans la vie d'une famille, qui mérite à la fois une célébration et des soins dévoués. Le congé parental payé universel n'est pas simplement une politique ; c'est un engagement essentiel envers les familles. Des recherches, notamment une étude de 2019 de l'Université d'Oxford, montrent que le congé parental contribue de manière significative au bien-être émotionnel et psychologique des enfants.

Les deux parents devraient avoir droit à des congés payés, garantissant ainsi leur emploi et leurs revenus. Cette politique, mise en œuvre avec succès dans des pays comme la Norvège, n'est pas un luxe mais un besoin fondamental. Il favorise des liens solides et une sécurité émotionnelle chez les enfants, jetant ainsi les bases d'une société future saine.

De plus, le congé parental payé universel renforce la valeur sociétale de la parentalité, reconnaissant que le rôle de la famille s'étend au-delà de la sphère privée. Lorsque les parents sont ainsi soutenus, les familles, et par conséquent les sociétés, prospèrent.

Ateliers Parentaux Gratuits

Être parent est une compétence acquise, essentielle pour façonner les générations futures. Il est crucial d'offrir des ateliers gratuits sur la parentalité efficace, y compris la gestion du stress et l'intelligence émotionnelle. Ces ateliers peuvent couvrir une gamme de sujets adaptés à différentes structures familiales, reconnaissant qu'il n'existe pas d'approche unique en matière de parentalité.

De telles initiatives, observées dans diverses cultures du Canada au Japon, fournissent aux parents les outils nécessaires pour entretenir un foyer stable et aimant. Ils aident à relever divers défis, de la garde des nourrissons à l'adolescence, en améliorant la communication et la résolution des conflits au sein de la famille. Ces compétences transcendent la cellule familiale et contribuent à une société plus empathique et responsable.

La mise en œuvre de ces initiatives se heurte toutefois à des défis tels que l'obtention de financements et la lutte contre la résistance sociétale. Une approche collaborative impliquant le gouvernement, le secteur privé et les organismes communautaires peut être efficace. Adapter ces initiatives pour répondre aux diverses formes de familles modernes garantit l'inclusivité et un impact plus large.

En conclusion, les initiatives de soutien parental telles que le congé parental payé universel et les ateliers parentaux gratuits ne sont pas de simples politiques ; ce sont des investissements dans l'avenir de notre société. En adoptant ces initiatives, nous affirmons que le bien-être familial fait partie intégrante du bien-être sociétal. Défendre ces causes signifie que nous soutenons non seulement les parents, mais que nous entretenons les fondations sur lesquelles nos communautés et nos nations sont bâties.

Programmes De Soutien Économique

Dans la quête du soutien aux familles, l'importance des programmes de soutien économique est primordiale. Ces initiatives vont au-delà de la simple politique budgétaire ; ils font partie intégrante du bien-être des familles et, par conséquent, de la prospérité des nations. Explorons deux aspects critiques dans lesquels de tels programmes se sont révélés efficaces, en nous appuyant sur des exemples mondiaux et des résultats de recherche.

Garde D'enfants Universelle

Des services de garde de qualité ne sont pas un luxe mais une nécessité, qui sous-tend le système de soutien qui permet aux parents de contribuer efficacement à l'économie tout en assurant le bien-être de leurs enfants. La garde d'enfants universelle transcende les politiques ; c'est une bouée de sauvetage pour les familles.

Des pays comme la Finlande et le Canada démontrent les avantages de services de garde accessibles et de haute qualité. Ce devrait être un droit pour toutes les familles, permettant aux parents, en particulier aux mères, de participer pleinement au marché du travail. Cette approche stimule non seulement l'économie, mais favorise également le développement crucial de l'enfant. Des études, telles que celles de l'Institut national de la santé infantile et du développement humain, montrent que l'éducation de la petite enfance joue un rôle essentiel dans le développement cognitif et les compétences sociales, réduisant ainsi les écarts de réussite.

Investir dans des services de garde universels, c'est investir dans notre avenir. Cela crée un environnement permettant aux enfants de s'épanouir et aux parents de travailler sans stress, ce qui profite à la main-d'œuvre et à la société dans son ensemble.

Crédits D'impôt Pour Les Familles

Avec l'augmentation des coûts liés à l'éducation des enfants, les crédits d'impôt familiaux deviennent une nécessité financière, en particulier pour les familles à revenu faible ou moyen. La mise en œuvre de ces crédits, comme dans des pays comme l'Allemagne et le Royaume-Uni, peut alléger le fardeau financier de la parentalité.

Les crédits d'impôt destinés aux familles soutiennent directement ceux qui en ont besoin, les aidant à couvrir les dépenses essentielles et à créer un environnement stable et stimulant pour les enfants. Au-delà d'une aide financière immédiate, ces crédits affirment la valeur sociétale accordée aux familles. Sur le plan économique, lorsque les familles dépensent ces crédits, ils stimulent les entreprises locales et la croissance économique globale, comme le prouvent des études telles que celles publiées par la Brookings Institution.

Cependant, la mise en œuvre de ces programmes comporte des défis, notamment des contraintes budgétaires et la nécessité de garantir un accès équitable à tous les types de familles. Une approche nuancée, tenant compte des diverses structures et besoins des familles modernes, est cruciale pour le succès de ces programmes.

En conclusion, les programmes de soutien économique comme les services de garde d'enfants universels et les crédits d'impôt pour les familles sont essentiels à la santé de notre société. Ce ne sont pas de simples mécanismes financiers ; ils reflètent notre engagement envers le bien-être de la famille. En défendant et en mettant en œuvre ces programmes, nous renforçons les familles et construisons une société plus prospère et plus équitable. C'est un investissement qui rapporte des dividendes en matière de bien-être sociétal et de stabilité économique.

Programmes De Santé Et De Bien-Être

Dans le tissu du développement sociétal, le rôle des programmes de santé et de bien-être pour soutenir les familles est essentiel. Loin de simples considérations budgétaires, ces initiatives représentent des investissements cruciaux dans la santé physique et mentale des familles, qui à leur tour renforcent les communautés et les économies.

Soins De Santé Familiaux Universels

Les soins de santé familiaux devraient être un droit universellement accessible et non un privilège. Cette approche, mise en œuvre avec succès dans des pays comme le Danemark et le Canada, garantit que toutes les familles, quel que soit leur statut socio-économique, ont accès aux services médicaux essentiels.

Des études, telles que celles menées par l'Organisation mondiale de la santé, ont montré que la pression financière liée aux coûts des soins de santé a un impact significatif sur le bien-être des familles. Les soins de santé familiaux universels suppriment le fardeau des factures médicales exorbitantes, permettant aux familles de rechercher des soins préventifs en temps opportun. Ce système garantit non seulement de meilleurs résultats en matière de santé, mais contribue également à la stabilité économique en réduisant l'absentéisme dû à la maladie et en favorisant une main-d'œuvre plus productive.

En outre, les soins de santé préventifs, notamment des contrôles réguliers et une intervention précoce, sont essentiels pour la santé à long terme. En rendant les soins de santé accessibles à toutes les familles, nous facilitons une approche proactive de la santé, réduisant potentiellement le besoin de traitements plus coûteux à l'avenir.

Services De Santé Mentale Accessibles

La santé mentale fait partie intégrante du bien-être général. Les services de santé mentale accessibles répondent au besoin croissant de soutien psychologique des familles, confrontées aux complexités de la vie moderne. L'introduction de tels services dans des pays comme l'Australie a montré des améliorations significatives en matière de santé mentale et de bien-être communautaire.

Ces services fournissent un soutien crucial pour gérer le stress, les conflits familiaux et les problèmes de santé mentale plus graves. Pour les enfants et les adolescents, un accès précoce aux soins de santé mentale est essentiel au développement émotionnel. En fournissant ces services, nous pouvons intervenir tôt, en offrant un soutien et un traitement qui peuvent ouvrir la voie à une vie adulte plus saine.

Cependant, la mise en œuvre de ces programmes se heurte à des défis tels qu'un financement adéquat, garantir un accès équitable et surmonter la stigmatisation sociétale autour de la santé mentale. Une approche à multiples facettes impliquant un financement gouvernemental, des initiatives communautaires et des campagnes de sensibilisation du public peut résoudre efficacement ces problèmes.

Dans diverses structures familiales, des ménages monoparentaux aux familles multigénérationnelles, des approches adaptées en matière de soins de santé et de bien-être mental sont nécessaires pour répondre aux besoins et aux circonstances spécifiques.

En conclusion, des programmes complets de santé et de bien-être, comprenant des soins de santé familiaux universels et des services de santé mentale accessibles, ne sont pas seulement bénéfiques ; ils sont essentiels à la bonne santé des familles et, par extension, de la société. Investir dans ces programmes signifie investir dans un avenir plus sain et plus résilient. En accordant la priorité à la santé familiale, nous ouvrons la voie à des communautés plus fortes et à une société plus prospère.

Autonomiser Les Familles Grâce Au Soutien Et Au Développement Éducatifs

L'éducation transcende les salles de classe et les manuels scolaires et constitue la pierre angulaire de l'autonomisation de la famille et de la transformation de la communauté. En donnant la priorité au soutien et au développement éducatifs, nous libérons le potentiel des familles, les plaçant sur la voie de la réussite et de l'épanouissement.

Partenariats Famille-École

Favoriser des partenariats solides entre les écoles et les familles est essentiel pour soutenir l'éducation des enfants. Des recherches, notamment celles du Harvard Family Research Project, montrent que lorsque les parents et les éducateurs collaborent, les résultats scolaires et le bien-être émotionnel des enfants s'améliorent considérablement.

1. Développement holistique : les parents fournissent un aperçu unique des besoins d'apprentissage de leurs enfants. Des stratégies éducatives collaboratives, adaptées à chaque enfant, peuvent améliorer les résultats d'apprentissage.
2. Renforcer l'apprentissage : l'engagement actif des parents dans l'éducation étend l'apprentissage au-delà de la salle de classe, améliorant ainsi les taux de rétention et de réussite.
3. Environnement favorable : l'implication d'une famille dans l'éducation renforce l'estime de soi et la motivation des enfants, ce qui est essentiel à leur croissance scolaire et personnelle.
4. Résolution de problèmes : Ensemble, les parents et les éducateurs peuvent relever des défis tels que les troubles d'apprentissage ou les problèmes de comportement, créant ainsi un réseau de soutien pour les enfants.

Les gouvernements et les établissements d'enseignement peuvent encourager les partenariats famille-école par le biais d'interactions régulières parents-enseignants, de canaux de communication ouverts et de la participation des parents aux processus décisionnels de l'école. De telles initiatives, mises en œuvre avec succès dans des pays comme la Finlande, ont conduit à de meilleurs résultats scolaires et à des liens plus solides entre la famille et l'école.

Programmes D'éducation Des Adultes

L'apprentissage tout au long de la vie est essentiel à la croissance person-nelle et économique. Les programmes d'éducation des adultes offrent aux parents la possibilité d'améliorer leurs compétences, ce qui profite à leurs familles et à leurs communautés.

1. Autonomisation économique : L'éducation des adultes, grâce à des cours comme des cours du soir ou des programmes en ligne, ouvre de meilleures opportunités d'emploi. L'OCDE rapporte que les programmes de formation pour adultes ont contribué à améliorer les perspectives d'emploi et les niveaux de revenus.
2. Modèle de rôle : Les parents qui poursuivent des études supérieures incitent leurs enfants à valoriser et à prioriser leur propre apprentis-sage.
3. Vie familiale enrichie : Au-delà de l'avancement professionnel, l'édu-cation des adultes favorise le développement personnel, améliorant la dynamique familiale et la communication.
4. Développement communautaire : les programmes d'éducation des adultes rassemblent des individus divers, favorisant les réseaux communautaires et les systèmes de soutien.

Les gouvernements peuvent promouvoir l'éducation des adultes en offrant des incitations financières, des horaires d'apprentissage flexibles et des ressources en ligne accessibles, répondant aux besoins des adultes qui travaillent. Les modèles réussis dans des pays comme la Corée du Sud, où

136

l'éducation des adultes a été une priorité, démontrent leur impact positif sur le développement familial et sociétal.

En conclusion, le soutien et le développement éducatifs sont fondamentaux pour l'autonomisation de la famille. En favorisant les partenariats famille-école et en facilitant les opportunités de formation des adultes, nous investissons dans la prospérité à long terme des familles et des communautés. Cette approche va au-delà de la réussite scolaire ; il construit une société dans laquelle l'éducation est un parcours partagé et où chaque famille dispose des outils et des connaissances nécessaires pour s'épanouir.

Initiatives Centrées Sur La Communauté : Bâtir Des Familles Et Des Communautés Plus Fortes

Imaginez une communauté où chaque famille s'épanouit, où les rires des enfants remplissent l'air et où chacun a accès à la croissance et aux liens. Cette vision s'appuie sur des initiatives centrées sur la communauté qui favorisent un environnement propice au bien-être familial et à des liens communautaires solides.

Les Centres Communautaires Comme Pôles De Transformation

Les centres communautaires, essentiels au renforcement des familles, peuvent transformer des vies s'ils sont correctement financés et équipés. Ces centres proposent :

1. Soutien holistique : Ils fournissent des services variés s'adressant à tous les membres de la famille. Par exemple, dans des villes comme Portland, dans l'Oregon, les centres communautaires ont réussi à intégrer des services allant de la garde d'enfants au soutien aux personnes âgées, améliorant ainsi considérablement la dynamique familiale.

2. Opportunités d'apprentissage tout au long de la vie : Les programmes

d'éducation des adultes dans ces centres peuvent conduire à de meilleures perspectives d'emploi et à un épanouissement personnel. Les recherches indiquent que l'apprentissage communautaire des adultes contribue à l'autonomisation économique et au bien-être sociétal.

3. Lien social : Les centres agissent comme des pôles sociaux, luttant contre l'isolement et favorisant la santé mentale grâce à l'engagement communautaire.

4. Activités récréatives : Les installations comme les gymnases et les programmes sportifs favorisent la santé physique, essentielle au bien-être de la famille.

5. Programmes de sensibilisation : ils servent également de plates-formes pour l'éducation communautaire sur des questions critiques, améliorant ainsi les connaissances et la résilience communautaires.

Pour que ces centres prospèrent, l'investissement du gouvernement est essentiel, ainsi que la participation active de la communauté dans leur fonctionnement et leur programmation afin de garantir qu'ils répondent aux besoins locaux.

Espaces Publics Sûrs Et Inclusifs

Les espaces publics sont l'élément vital de l'interaction communautaire. Les espaces sûrs et adaptés aux familles comme les parcs et les jardins communautaires sont essentiels pour :

1. Santé physique : ces espaces encouragent les activités bénéfiques pour la santé physique, comme on le voit dans des villes comme Copenhague, connues pour leurs vastes parcs publics bien en-tretenus.

2. Liens familiaux : ils offrent un cadre permettant aux familles de passer du temps ensemble, favorisant ainsi des relations plus solides.

3. Cohésion communautaire : les espaces publics sont essentiels au

développement de la communauté, offrant un terrain d'entente pour l'interaction et forgeant un sentiment d'appartenance.

4. Connexion avec la nature : L'accès aux milieux naturels est essentiel à la santé mentale et émotionnelle, réduisant le stress et favorisant la relaxation.

Les investissements dans ces espaces doivent donner la priorité à la sécurité, à l'inclusivité et à la durabilité environnementale, en tenant compte des commentaires de la communauté pour garantir qu'ils répondent aux divers besoins de tous les résidents.

Les initiatives centrées sur la communauté sont plus que des politiques ; ce sont des engagements à nourrir le cœur de notre société – les familles et les communautés. En développant des centres communautaires solides et en garantissant que nos espaces publics sont sûrs et inclusifs, nous jetons les bases de communautés où chaque membre, jeunes et vieux, peut s'épanouir. Ces initiatives enrichissent non seulement la vie des individus, mais tissent également le tissu de sociétés fortes et résilientes. Adoptons cette approche, en reconnaissant que lorsque nous investissons dans nos communautés, nous investissons dans un avenir meilleur et plus connecté pour tous.

Soutien Technologique : Responsabiliser Les Familles A L'ère Numérique

Dans notre monde numérique en évolution rapide, la technologie est devenue un élément essentiel de notre vie quotidienne. Son potentiel pour soutenir et autonomiser les familles est immense, offrant des solutions transformatrices pour améliorer le bien-être et la qualité de vie.

Ressources En Ligne Pour Le Soutien Familial Holistique

Internet, vaste référentiel de connaissances, peut être exploité pour créer des portails en ligne conviviaux et accessibles, adaptés aux besoins des familles.

1. Soutien pédagogique : Les plateformes numériques peuvent compléter l'apprentissage traditionnel avec des applications interactives et un tutorat virtuel. Par exemple, une étude du Centre d'analyse des politiques éducatives de l'Université de Stanford suggère que des applications éducatives bien conçues peuvent améliorer considérablement les compétences des enfants en matière d'alphabétisation et de calcul.

2. Conseil parental : les ressources en ligne peuvent offrir des conseils parentaux inestimables, allant de la gestion des défis quotidiens à la compréhension des étapes du développement. Il est toutefois crucial de réduire la fracture numérique, en veillant à ce que ces ressources soient accessibles aux familles de tous horizons socio-économiques.

3. Bien-être émotionnel : les forums numériques et les blogs sur la santé mentale offrent des espaces sûrs de soutien et d'orientation. Garantir la crédibilité de ces sources est essentiel pour protéger les familles de la désinformation.

4. Équilibre travail-vie personnelle : les opportunités de travail à distance facilitées par les plateformes en ligne peuvent aider les parents à équilibrer leurs responsabilités professionnelles et familiales.

Pour maximiser les avantages de ces ressources, une collaboration continue entre les experts pédagogiques, les entreprises technologiques et les groupes de parents est essentielle. Cela garantit que le contenu reste pertinent, engageant et digne de confiance.

Services De Télésanté Pour Des Soins De Santé Accessibles

La télésanté est devenue un outil crucial, en particulier pour les familles vivant dans des zones reculées ou mal desservies.

1. Accessibilité : La télésanté comble les écarts géographiques en offrant un accès aux soins de santé aux familles vivant dans des régions éloignées. Toutefois, pour réussir, il est essentiel de relever les défis infrastructurels, tels que la connectivité Internet dans les zones rurales.
2. Commodité : La télésanté offre des solutions de soins de santé flexibles, réduisant ainsi les déplacements et les temps d'attente. Un rapport de l'American Telemedicine Association met en évidence l'efficacité de la télésanté pour fournir des conseils médicaux rapides.
3. Intervention précoce : un accès rapide aux professionnels de la santé via la télésanté facilite une intervention rapide, cruciale pour la santé et le développement des enfants.
4. Soutien en santé mentale : La télésanté s'étend aux services de santé mentale, en fournissant des thérapies et des conseils. Il est important de garantir que ces services sont fournis avec la plus grande confidentialité et sécurité des données.

Pour que la télésanté soit efficace, les gouvernements doivent investir dans une infrastructure de télécommunications robuste et offrir une formation aux prestataires de soins de santé en télémédecine. Des politiques protégeant la vie privée des patients et la sécurité des données sont également essentielles.

Tirer parti de la technologie pour le soutien familial témoigne de notre adaptabilité et de notre innovation à l'ère numérique. Les ressources éducatives en ligne et les services de télésanté ne sont pas seulement des commodités modernes ; ils représentent notre engagement à utiliser la technologie pour le bien commun. En relevant des défis tels que la fracture numérique et les problèmes de confidentialité, nous pouvons exploiter la technologie pour responsabiliser les familles, améliorant ainsi leurs résultats éducatifs, émotionnels et sanitaires. Cet engagement en faveur du soutien technologique dans la vie familiale ouvre la voie à une société non seulement plus connectée mais aussi plus informée et en meilleure santé.

Conclusion : Il Est Temps D'agir - Renforcer Les Familles Pour Un Avenir Meilleur

L'urgence de soutenir et de renforcer les familles dans notre monde en évolution rapide est plus cruciale que jamais. Les gouvernements et les communautés doivent agir de manière décisive pour préserver la cellule familiale, pierre angulaire de la société, dans un contexte de complexité et de défis croissants. Il ne s'agit pas simplement d'une option mais d'un impératif vital.

1. Tissu sociétal en danger : Notre tissu sociétal, tissé de diverses unités familiales, est mis à rude épreuve. La recherche montre des taux croissants de solitude et de problèmes de santé mentale, ce qui souligne la nécessité de systèmes de soutien familial plus solides. La famille, en tant que noyau de ce tissu, nécessite des politiques solides pour résister aux pressions modernes.

2. Défis complexes : Les familles d'aujourd'hui sont confrontées à des défis multiformes, allant des difficultés économiques à l'impact de la technologie sur la vie quotidienne. Les effets de ces défis se répercutent sur la société, impactant les individus et les communautés. Par exemple, des études indiquent que l'insécurité financière au sein des familles peut entraîner des problèmes sociétaux plus vastes.

3. Action décisive et éclairée : les gouvernements doivent créer et mettre en œuvre de manière proactive des programmes complets pour soutenir les familles. Ce soutien devrait se traduire par des mesures concrètes, inspirées par des exemples réussis de pays comme l'Allemagne, où les politiques de soutien aux familles ont

considérablement amélioré le bien-être de la société.

4. Programmes qui font la différence : Les programmes efficaces doivent aborder divers aspects de la vie familiale, notamment la stabilité économique, les soins de santé, l'éducation et le soutien émotionnel. Ces initiatives devraient répondre aux divers besoins des différentes structures familiales, garantissant l'inclusion.

5. Responsabilité collective : La responsabilité de renforcer les familles s'étend au-delà de l'action gouvernementale. Cela implique les communautés, les établissements d'enseignement, les systèmes de santé et les individus. Une approche holistique peut favoriser des environnements dans lesquels les familles, et par conséquent les sociétés, prospèrent.

6. Une vision pour l'avenir : L'objectif est clair : un avenir où les familles sont résilientes, où les enfants grandissent dans des environnements stimulants et où les parents reçoivent un soutien adéquat. La réalisation de cette vision nécessite un effort de collaboration qui donne la priorité aux politiques centrées sur la famille.

7. C'est le moment : Le moment est venu d'agir. Les retards ne font qu'exacerber les difficultés auxquelles sont confrontées les familles. Grâce à des stratégies proactives et bien informées, nous pouvons renforcer le tissu sociétal, en garantissant que les familles reçoivent le soutien dont elles ont besoin.

Investir dans les familles, c'est investir dans les fondements de nos sociétés. Il s'agit de créer une gouvernance compatissante et avant-gardiste qui reconnaît le pouvoir transformateur des familles fortes. En mettant l'accent sur des politiques centrées sur la famille et en prenant des mesures collectives, nous pouvons construire des sociétés où les défis sont relevés avec résilience et où chaque famille a la possibilité de s'épanouir. Ce n'est pas seulement un noble objectif ; c'est une approche pratique et durable du bien-être sociétal. Saisissons cette opportunité et travaillons ensemble pour assurer un avenir prospère à toutes les familles.

6

Préserver Le Mal (Richesse)

Pourquoi La Stabilité Économique Est Un Élément Clé D'une Gouvernance Réussie

La Réalité Incontournable : L'économie Est Le Moteur De La Société

Dans le tissu complexe de la gouvernance, où s'entrelacent divers fils de politiques et de principes, le fil de la stabilité économique n'est pas seulement indispensable ; c'est le tissu qui maintient tout ensemble. La stabilité économique n'est pas simplement une composante de la bonne gouvernance ; c'est son fondement même. Mais considérons une perspective plus large. Les critiques soutiennent qu'une trop grande importance accordée aux facteurs économiques peut éclipser les dimensions sociales ou culturelles de la gouvernance. Comment concilier ces points de vue ?

1. Le moteur du progrès : L'économie est le moteur du progrès sociétal. Il alimente l'innovation, finance les infrastructures et soutient les programmes sociaux. Sans stabilité économique, même les visions les plus grandioses restent des rêves. Considérez la transformation de la Corée du Sud d'un pays déchiré par la guerre à une puissance

144

technologique, largement attribuée à l'accent mis sur la stabilité économique.

2. Justice sociale : La stabilité économique est cruciale pour la justice sociale. Il assure une répartition équitable de la prospérité. Dans les économies volatiles, ce sont les plus vulnérables qui souffrent le plus. Grâce à des mécanismes tels que la fiscalité progressive, la stabilité peut réduire l'écart entre riches et pauvres, comme on le voit dans les pays nordiques, connus pour leur niveau de vie élevé et leur cohésion sociale.

3. Responsabilité environnementale : Les économies stables peuvent donner la priorité à l'environnement. Ils ont les moyens d'investir dans les technologies vertes et la conservation. Sans stabilité, les préoccupations environnementales passent souvent au second plan. L'investissement de l'Allemagne dans les énergies renouvelables, même en période de ralentissement économique, illustre cet engagement.

4. Compétitivité mondiale : La stabilité économique améliore la compétitivité mondiale. Cela attire les investissements et les talents. Les pays dotés d'une économie stable, comme le Canada, peuvent mieux relever les défis économiques mondiaux et tirer parti des opportunités internationales.

5. Qualité de vie : La mesure ultime de la gouvernance est la qualité de vie qu'elle offre. La stabilité économique affecte les soins de santé, l'éducation et le niveau de vie. Cela se traduit par une sécurité d'emploi et des opportunités d'avancement. Ma propre expérience, passant d'écrivain en difficulté à professionnel financièrement stable, reflète à quel point la stabilité économique peut avoir un impact profond sur la croissance personnelle et le bien-être.

6. Favoriser l'innovation : La stabilité constitue un terrain fertile pour l'innovation. Il soutient la recherche, l'entrepreneuriat et les activités créatives. La croissance de la Silicon Valley, dans un contexte d'économie relativement stable aux États-Unis, met en évidence cette relation.

7. Cohésion sociale : La stabilité est à la base de la cohésion sociale. Dans les sociétés caractérisées par des disparités extrêmes ou des opportunités d'emploi rares, les troubles sont plus probables. Une économie stable favorise un sentiment d'appartenance et d'objectif partagé.

La stabilité économique n'est pas un concept abstrait ; il reflète le bien-être de chaque citoyen. C'est la plateforme pour bâtir des sociétés prospères, équitables et durables. Sans cette base, les politiques restent des objectifs insaisissables.

Une gouvernance réussie ne consiste pas seulement à gérer la stabilité économique ; il s'agit de lui donner la priorité. Reconnaître que ce n'est pas un moyen pour arriver à une fin mais le moyen pour toutes les fins. Il s'agit de préserver la stabilité qui sous-tend le progrès et la justice.

Alors que nous explorons la gouvernance, rappelons-nous le rôle crucial de la stabilité économique. Ce n'est pas une option ou une préférence ; c'est une nécessité, un mandat. Cela ne fait pas partie du puzzle ; c'est le puzzle lui-même. Défendre la stabilité économique est essentiel pour garantir un avenir solide, résilient et inclusif pour tous.

La Stabilité Sociale : La Conséquence Directe De La Sécurité Économique

Lorsque nous examinons l'impact profond de la sécurité économique sur la société, nous découvrons une vérité : une économie stable est plus qu'une pierre angulaire budgétaire ; c'est le fondement de l'harmonie sociale. La sécurité économique cultive l'environnement dans lequel s'épanouit une société prospère. Mais qu'est-ce que cela signifie dans un contexte mondial, et comment différentes sociétés vivent-elles ce phénomène ?

Taux De Criminalité Réduits

Un témoignage convaincant de la stabilité économique est sa corrélation avec la réduction des taux de criminalité. Les opportunités d'emploi abondantes offertes par une économie stable atténuent la tentation des activités criminelles, qui découlent souvent du désespoir. Lorsque les gens peuvent gagner leur vie légalement, l'attrait des chemins illégaux diminue.

Prenons par exemple le contraste entre les zones économiquement instables et celles qui regorgent d'opportunités. Dans les régions instables, les jeunes sont souvent confrontés à de sombres perspectives d'emploi, un scénario susceptible d'être exploité par les entreprises criminelles. Cependant, dans des endroits comme Singapour, connu pour sa robuste économie, nous observons des taux de criminalité plus faibles et un fort sentiment de sécurité communautaire.

La sécurité économique non seulement dissuade les comportements criminels, mais atténue également la pression exercée sur les forces de l'ordre, permettant ainsi de se concentrer sur l'engagement communautaire et les mesures préventives.

Résultats Éducatifs Supérieurs

La stabilité économique étend ses avantages à l'éducation. Dans les économies stables, les familles peuvent investir dans l'apprentissage de leurs enfants, déclenchant ainsi un cycle de réussite scolaire et de croissance économique.

En revanche, dans les zones économiquement instables, les familles ont souvent du mal à s'offrir une éducation de qualité. Ces difficultés peuvent nuire à la réussite scolaire. Pourtant, dans des régions stables comme la Finlande, qui jouissent d'un niveau de vie élevé, l'investissement éducatif est la norme, conduisant à des résultats académiques impressionnants.

Ces individus bien instruits rejoignent la population active, améliorant ainsi son niveau de compétence et sa compétitivité, renforçant ainsi la stabilité de l'économie. De plus, les familles économiquement aisées peuvent proposer des activités enrichissantes en dehors de l'école, favorisant ainsi le développement de leurs enfants.

Le lien entre stabilité économique et réussite éducative est donc significatif. Une économie stable permet des investissements substantiels dans l'éducation, se traduisant par des opportunités d'emploi plus solides et pérennisant la sécurité économique.

L'interaction entre sécurité économique et stabilité sociale n'est pas simplement théorique mais une réalité vécue, observable à travers le monde. La stabilité économique est le fondement de communautés plus sûres et d'un avenir éducatif meilleur. En donnant la priorité et en maintenant la sécurité économique dans notre gouvernance et notre élaboration de politiques, nous cultivons une société marquée par de faibles taux de criminalité et des résultats scolaires élevés, comme le montrent divers exemples à travers le monde.

La Santé : Un Enjeu Économique Autant Que Moral

La fourniture de soins de santé de haute qualité transcende l'obligation morale ; il s'agit d'un impératif économique essentiel à la stabilité et à la prospérité d'une société. Plutôt que d'être une simple dépense, les soins de santé constituent un investissement essentiel dans le bien-être et la productivité de la population d'un pays. Voyons pourquoi les soins de santé sont autant un impératif économique que moral :

Attirer Les Meilleurs Talents Et Stimuler La Productivité

Dans une économie mondialisée, les nations rivalisent pour la suprématie économique et les talents. Des systèmes de santé de haute qualité sont essentiels pour attirer des professionnels qualifiés, des entrepreneurs et des innovateurs. Une étude de l'Organisation mondiale de la santé a révélé que les pays dotés de systèmes de santé solides sont plus susceptibles d'attirer et de retenir les meilleurs talents, ce qui stimule la croissance économique et l'innovation. Ces professionnels qualifiés améliorent la productivité nationale et élèvent la compétitivité économique mondiale.

De plus, une main-d'œuvre en bonne santé est intrinsèquement plus productive. L'accès aux soins de santé signifie que les problèmes de santé sont résolus rapidement, réduisant ainsi l'absentéisme et maintenant une contribution constante à l'économie.

Améliorer La Qualité De Vie

Des soins de santé de qualité sont fondamentaux pour le bien-être de la société. En ayant accès à des services médicaux efficaces, les individus mènent une vie plus longue et en meilleure santé, ce qui améliore le contentement sociétal global. Un rapport de la Commission Lancet sur la santé mondiale indique que l'amélioration de l'espérance de vie et de la santé est directement corrélée à l'augmentation des taux de croissance économique.

Les citoyens en bonne santé participent plus activement à l'économie. Les soins préventifs et l'intervention précoce, réalisables dans des systèmes de santé accessibles, réduisent les coûts économiques à long terme des maladies non traitées et des affections chroniques.

Ramifications Économiques Des Systèmes De Santé En Difficulté

À l'inverse, des systèmes de santé en difficulté sont souvent synonymes de difficultés économiques. Les ralentissements économiques entraînent souvent des coupes dans le budget des soins de santé, ce qui nuit à la qualité et à l'accès aux services. Cette spirale descendante peut avoir de profondes répercussions économiques. Par exemple, la crise économique en Grèce a entraîné d'importantes réductions dans les soins de santé, associées à une diminution de la santé publique et de la productivité de la main-d'œuvre.

Les personnes n'ayant pas accès aux soins de santé sont confrontées à un déclin de leur santé, ce qui réduit leur participation et leur efficacité au sein de la population active. Les maladies chroniques, non traitées faute d'accès, deviennent un fardeau économique au fil du temps.

Les soins de santé sont plus qu'un impératif moral ; c'est la pierre angulaire de la prospérité économique. Des systèmes de santé de haute qualité attirent les talents, améliorent la productivité et la qualité de vie. L'état du système de santé d'un pays est le miroir de sa santé économique. Donner la priorité aux soins de santé n'est pas seulement prudent ; c'est impératif pour une société stable et prospère. C'est pourquoi les sociétés doivent considérer et aborder les soins de santé non seulement comme une responsabilité morale mais aussi comme une stratégie économique essentielle.

Innovation Et Progrès : Alimentés Par La Stabilité Économique

La stabilité économique va bien au-delà du simple équilibre budgétaire et de la garantie de la sécurité financière ; c'est un catalyseur essentiel de l'innovation et du progrès, propulsant les sociétés vers un avenir meilleur. Voici un aperçu plus approfondi de la manière dont la stabilité économique sous-tend non seulement les progrès technologiques et les contributions culturelles, mais stimule également l'influence florissante d'une nation :

Les Avancées Technologiques

Les économies stables offrent un environnement fertile pour des innovations révolutionnaires. Des bases économiques solides permettent des investissements importants en recherche et développement (R&D), essentiels au progrès technologique :

- Investissement en R&D : la stabilité économique facilite un financement substantiel de R&D de la part du secteur public et du secteur privé. Par exemple, la stabilité économique de la Corée du Sud a permis des investissements constants dans la technologie, ce qui en fait un leader mondial dans des secteurs comme l'électronique et l'automobile.

- Leadership mondial : les pays économiquement stables sont souvent à l'avant-garde des avancées technologiques, établissant des références mondiales. Par exemple, la stabilité économique des États-Unis a joué un rôle déterminant dans leur leadership dans des domaines tels que les technologies de l'information et l'exploration spatiale.

- Création d'emplois : l'émergence de secteurs tels que l'intelligence artificielle et les énergies renouvelables, favorisée par des économies stables, contribue non seulement à la croissance économique, mais génère également des opportunités d'emplois hautement qualifiés, attirant les meilleurs talents du monde entier.

Contributions Culturelles Et Artistiques

Au-delà des chiffres, la stabilité économique permet aux sociétés d'investir dans le développement des arts et de la culture, aspects vitaux pour le bien-être sociétal et le prestige international :

- Promotion des arts et de la culture : Avec une stabilité financière, les nations peuvent soutenir les événements artistiques et culturels. Considérez comment l'économie française lui a permis de préserver son riche patrimoine culturel, faisant de Paris un centre mondial de l'art et de la mode.

- Influence internationale : les exportations culturelles, de la littérature au cinéma, constituent de puissants outils diplomatiques. La stabilité économique du Japon lui a permis d'influencer considérablement la culture mondiale grâce à ses contributions uniques à l'animation et aux jeux.

- Qualité de vie : la stabilité économique améliore l'accès des citoyens aux expériences culturelles, favorisant la créativité et la diversité. Cela contribue de manière significative au bien-être et au bonheur de la société, comme en témoignent les scènes culturelles dynamiques de villes comme New York et Londres.

La stabilité économique n'est pas seulement une réussite en matière de gestion budgétaire ; c'est un moteur clé de l'innovation et du dynamisme culturel. Cela permet aux sociétés d'être pionnières en matière de R&D, de progrès technologiques et d'art, enrichissant ainsi les vies humaines et renforçant la position mondiale d'une nation. Par conséquent, donner la priorité à la stabilité économique n'est pas seulement une question d'objectifs financiers ; il s'agit d'investir dans un avenir où l'innovation et la richesse culturelle fleurissent. Les décideurs politiques et les sociétés doivent reconnaître et entretenir ce lien pour garantir un avenir prospère et influent.

Relations Internationales : La Stabilité Économique Comme Outil Diplomatique

La stabilité économique transcende les frontières nationales, étendant son influence dans le domaine de la diplomatie internationale. Une économie stable améliore non seulement la santé financière d'un pays, mais renforce également sa position diplomatique à l'échelle mondiale. Voyons comment la stabilité économique constitue un outil diplomatique crucial :

Attirer Les Investissements Étrangers

Une économie stable est un phare pour les investissements étrangers, renforçant les efforts diplomatiques d'un pays de plusieurs manières :

- Diplomatie économique : des économies stables permettent une diplomatie économique efficace. Des pays comme l'Allemagne et Singapour, connus pour leur stabilité économique, ont négocié avec succès des accords commerciaux et des partenariats d'investissement, ouvrant la voie à des relations diplomatiques plus larges.

- Création d'emplois et bonne volonté : les investissements étrangers génèrent des emplois et améliorent la vie des citoyens. L'impact positif au niveau national, comme en Irlande après son boom informatique, renforce la bonne volonté avec les pays investisseurs, renforçant ainsi les relations diplomatiques.
- Allocation de ressources pour l'engagement mondial : L'afflux de capitaux étrangers permet aux gouvernements d'améliorer les infrastructures et les services publics. Ces améliorations, semblables au bond de développement de la Corée du Sud, deviennent essentielles aux négociations et aux partenariats diplomatiques.

Favoriser Les Partenariats Internationaux

La stabilité économique est essentielle à l'établissement et au maintien de partenariats internationaux significatifs :

- Levier diplomatique : Une nation dotée d'une économie stable, comme le Canada, peut exercer un levier diplomatique plus important, garantissant des partenariats équitables et mutuellement bénéfiques, conduisant à des alliances internationales plus solides.
- Dynamique du soft power : la stabilité économique est une forme de soft power. Les pays économiquement robustes comme le Japon peuvent offrir une aide économique et des opportunités commerciales, renforçant ainsi leur attractivité en tant que partenaires mondiaux.
- Résolution des conflits et maintien de la paix : les nations économiquement stables disposent de ressources pour le maintien de la paix mondiale et la résolution des conflits. Par exemple, la stabilité économique de la Norvège lui a permis de jouer un rôle de médiateur efficace dans les conflits internationaux.

Relever Les Défis Mondiaux

Une économie stable permet à un pays de faire face plus efficacement aux défis mondiaux :

- Engagements financiers face aux problèmes mondiaux : les pays dotés d'une économie stable, comme les pays scandinaves, peuvent apporter d'importantes contributions financières pour résoudre des problèmes tels que le changement climatique, la pauvreté et les crises humanitaires, renforçant ainsi leur position mondiale.
- Innovation pour des solutions mondiales : la stabilité économique favorise la recherche et l'innovation, permettant aux nations de contribuer aux solutions aux problèmes mondiaux. Le rôle des États-Unis dans les progrès technologiques illustre comment la stabilité économique peut alimenter l'innovation mondiale.
- Aide humanitaire : Des pays comme le Canada, connus pour leur stabilité économique, peuvent offrir une aide humanitaire substantielle, renforçant les relations diplomatiques et favorisant la bonne volonté internationale.

La stabilité économique est plus qu'un objectif interne ; c'est un impératif stratégique pour le succès diplomatique. Il attire les investissements, favorise les partenariats et donne aux nations les moyens de relever les défis mondiaux. Il reste toutefois crucial de trouver un équilibre entre cette approche et les besoins nationaux et d'en comprendre les limites. Alors que le monde évolue dans des paysages économiques et diplomatiques complexes, tirer parti de la stabilité économique pour exercer une influence mondiale n'est pas seulement un choix mais une nécessité pour les nations tournées vers l'avenir.

Démocratie Et Gouvernance : Inextricablement Liées A L'économie

La relation entre démocratie et stabilité économique est profonde et réciproque, chaque élément renforçant et préservant l'autre. Les implications de l'instabilité économique sur la gouvernance démocratique sont importantes, ce qui rend essentielle l'exploration de ce lien :

Atténuer Les Troubles Sociaux

L'instabilité économique sert souvent de catalyseur aux troubles sociaux. Les difficultés financières, le chômage et les opportunités limitées peuvent conduire à une frustration publique se manifestant par des manifestations et des troubles civils, remettant en question la gouvernance démocratique :

- Préserver l'ordre civique : Une économie stable est essentielle au maintien de l'ordre civique. En garantissant l'accès aux moyens de subsistance, cela réduit la probabilité de manifestations de masse et d'affrontements violents, confirmant ainsi les principes démocratiques de dissidence et d'engagement pacifiques. La crise financière mondiale de 2008, par exemple, a déclenché des protestations et des troubles généralisés, soulignant ce lien.
- Protection des valeurs démocratiques : la stabilité économique sous-tend les libertés démocratiques telles que la parole et la réunion. Dans des périodes économiquement difficiles, comme la récente crise économique en Grèce, ces droits peuvent être menacés alors que les gouvernements s'efforcent de maintenir le contrôle.

Contrer Les Idéologies Extrémistes

Les difficultés économiques peuvent créer un terrain fertile pour les idéologies extrémistes. Lorsque les gens se sentent économiquement marginalisés, ils deviennent plus réceptifs aux promesses radicales de changement :

- Soutien aux valeurs démocratiques : une économie robuste peut diluer l'attrait de l'extrémisme en offrant de l'espoir et des opportunités, renforçant ainsi l'engagement envers les systèmes démocratiques. La montée des mouvements populistes dans les régions confrontées à des défis économiques illustre cette tendance.
- La sécurité économique comme tampon : la stabilité de l'économie contribue à la sécurité sociétale, en dissuadant l'attrait des idéologies radicales nées du désespoir ou du ressentiment économique.

Érosion Des Institutions Démocratiques

L'instabilité économique peut menacer directement l'intégrité des institutions démocratiques, les gouvernements pouvant recourir à des mesures autoritaires en cas de crise :

- Préserver les normes démocratiques : Une économie stable soutient les normes et les institutions démocratiques. L'histoire montre qu'en période de prospérité économique, comme lors du boom de l'après-Seconde Guerre mondiale, la gouvernance démocratique tend à être plus résiliente.
- Promouvoir la responsabilité : la prospérité économique favorise la transparence et la responsabilité en matière de gouvernance, essentielles à la démocratie. La corruption et les abus de pouvoir, souvent plus répandus en période de difficultés économiques, sont contraires aux principes démocratiques.

La symbiose entre démocratie et stabilité économique est indéniable. La stabilité économique soutient les valeurs démocratiques, atténue les troubles sociaux et contrecarre les idéologies extrémistes. À l'inverse, les turbulences économiques constituent un risque important pour la gouvernance démocratique. Les exemples de l'histoire mondiale soulignent la nécessité de rechercher la stabilité économique en tant qu'aspect fondamental du maintien de l'intégrité démocratique. C'est pourquoi les sociétés doivent s'efforcer non seulement de comprendre cette interconnexion, mais aussi de promouvoir activement des politiques économiques qui soutiennent et renforcent les institutions et les valeurs démocratiques.

Un Appel A L'action : La Stabilité Économique N'est Pas Négociable

La stabilité économique est une nécessité fondamentale et non un luxe. C'est aussi crucial que la justice, aussi fondamental que la liberté et aussi vital que la santé. Loin d'être un concept abstrait, c'est une réalité tangible qui façonne profondément des milliards de vies. Son absence signifie un échec systémique, mettant en danger tous les aspects de la gouvernance et du bien-être sociétal. Nous devons donc lancer un appel résolu à l'action :

1. La stabilité économique comme pierre angulaire : La stabilité économique est le fondement d'une gouvernance réussie. C'est le fondement sur lequel les individus, les familles et les communautés bâtissent leur avenir. Les exemples abondent, comme dans les pays nordiques, où la stabilité économique a conduit à un niveau de vie élevé et à une cohésion sociale, démontrant son rôle fondateur dans la société.

2. Le bilan humain de l'instabilité économique : Chaque statistique sur l'instabilité économique représente une lutte personnelle. C'est l'histoire de familles aux prises avec l'incertitude financière, de rêves

reportés en raison de difficultés économiques et de communautés perturbées par les crises financières. La récession mondiale de 2008 l'a illustré de manière poignante, affectant les populations du monde entier, quelle que soit leur nationalité ou leur origine.

3. La stabilité économique en tant qu'impératif moral : La stabilité économique est intrinsèquement liée à la justice, à l'égalité et à l'équité. Les disparités économiques croissantes observées dans diverses régions du monde montrent à quel point la justice et l'égalité échouent en l'absence de stabilité économique. Assurer la stabilité économique transcende les préoccupations pragmatiques ; c'est un engagement envers la dignité et le bien-être de chaque individu.

4. Nécessité mondiale de stabilité économique : Dans le monde interconnecté d'aujourd'hui, l'instabilité économique d'un seul pays peut avoir des répercussions mondiales. La crise de la zone euro en est un bon exemple, soulignant à quel point les turbulences économiques dans une région peuvent avoir un impact sur la stabilité économique mondiale. Il est impératif de donner la priorité à la stabilité économique pour favoriser la paix, la prospérité et la coopération internationales.

5. Un effort uni : Atteindre la stabilité économique nécessite une action collective. Cela implique des politiques économiques saines de la part des gouvernements, des pratiques éthiques de la part des entreprises et un comportement financier responsable de la part des individus. La collaboration entre les secteurs est vitale, comme le démontrent les partenariats public-privé réussis dans le développement des infrastructures et les programmes sociaux.

6. Il est temps d'agir de manière décisive : nous ne pouvons pas nous permettre de débattre ou de retarder la résolution de l'instabilité économique. Cela exige des actions immédiates et décisives : les gouvernements doivent adopter des politiques budgétaires responsables ; les entreprises devraient s'engager dans des pratiques éthiques ; les individus doivent adopter des habitudes financières durables. Cela appelle à l'innovation, à la résilience et à un engagement en faveur

d'une prospérité équitable pour tous.

La stabilité économique est un impératif irréfutable de gouvernance et non un sujet de négociation. Notre engagement unifié en faveur de la stabilité économique doit transcender la politique, les frontières et les idéologies. En prenant des mesures concrètes et collaboratives, nous pouvons bâtir un monde plus stable, plus juste et plus prospère pour tous.

Conclusion : Le Fondement Sur Lequel Tout Le Reste Est Construit

Dans le cadre complexe de la gouvernance et du bien-être sociétal, la stabilité économique n'est pas qu'un fil parmi tant d'autres ; c'est le tissu fondamental qui maintient tout ensemble. Pour construire une société non seulement fonctionnelle mais florissante, la stabilité économique doit être la pierre angulaire, le fondement sur lequel reposent toutes les initiatives. Ce n'est pas une question de préférence politique ; c'est une nécessité stratégique. Un modèle de gouvernance qui ne met pas l'accent sur la stabilité économique est fondamentalement insoutenable.

1. La Fondation Vitale : Considérons un grand édifice représentant notre société, avec l'éducation comme flèches élancées, la justice comme murs robustes et la santé comme toit protecteur. Cette structure reste solide grâce à sa base solide de stabilité économique. Des exemples historiques, comme la transformation économique de l'Europe après la Seconde Guerre mondiale, le soulignent. Le Plan Marshall, qui a reconstruit les économies, démontre à quel point une économie stable est la base du progrès sociétal.

2. Le carburant du progrès : La stabilité économique est dynamique et alimente le progrès et l'innovation. C'est la bouée de sauvetage financière pour les investissements gouvernementaux dans les infrastructures et l'éducation, et elle encourage les individus à prendre des risques et à poursuivre leurs rêves. Par exemple, la stabilité

économique de la Silicon Valley a été un catalyseur de l'innovation technologique et de l'entrepreneuriat.

3. L'arbitre des opportunités : la stabilité économique uniformise les règles du jeu, permettant aux individus de s'épanouir sur la base du mérite, et pas seulement des circonstances de naissance. Des pays comme le Canada, avec leurs politiques axées sur l'égalité économique, illustrent comment la stabilité peut créer des opportunités équitables pour tous.

4. Le bouclier contre l'injustice : Une économie robuste agit comme un rempart contre les injustices sociétales. Il fournit un filet de sécurité aux personnes vulnérables, garantissant que personne ne soit laissé pour compte. Le modèle nordique, avec son mélange de stabilité économique et de solides filets de sécurité sociale, en est la preuve.

5. Le catalyseur de l'harmonie sociale : La stabilité économique favorise l'harmonie sociale. Dans les sociétés présentant des disparités économiques minimes, comme celles de certains pays scandinaves, il existe intrinsèquement plus de cohésion sociale, caractérisée par un sens collectif du but et du progrès.

6. L'impératif mondial : Dans le monde interconnecté d'aujourd'hui, la stabilité économique transcende les frontières nationales. C'est un engagement mondial. La crise financière de 2008 a montré à quel point nos économies sont interconnectées et comment les troubles d'un pays peuvent avoir des effets à l'échelle mondiale.

7. Une vision unifiée : La stabilité économique transcende les divisions politiques. Cela nécessite une approche unifiée impliquant les gouvernements, les entreprises, la société civile et les individus. Il s'agit d'élaborer des politiques durables et éthiquement saines, reflétant notre responsabilité partagée envers les générations futures.

Un appel uni à l'action : Nous devons nous unir dans notre appel à la stabilité économique. Il ne s'agit pas seulement de la prospérité qu'elle apporte, mais aussi des impératifs sociaux, moraux et mondiaux qu'elle sert. La recherche de la stabilité économique est un effort collectif et nous devons exiger des politiques qui garantissent la prospérité à long terme, et non des gains à court terme.

Un impératif moral : la stabilité économique va au-delà des mesures financières ; il s'agit de garantir la dignité et les chances de chaque individu. Il s'agit de créer une société inclusive où chacun a la chance de réussir.

Une responsabilité mondiale : En tant que citoyens du monde, nous avons la responsabilité de maintenir la stabilité économique, non seulement à l'intérieur de nos frontières mais dans le monde entier. Nos actions doivent donner l'exemple d'une gouvernance responsable, démontrant notre engagement en faveur d'une communauté mondiale stable et prospère.

La stabilité économique est un impératif, le fondement sur lequel sont bâties des sociétés prospères. Ce n'est pas un choix mais une nécessité, une obligation à laquelle nous devons donner la priorité pour assurer non seulement la survie mais aussi l'épanouissement des sociétés. En adoptant la stabilité économique, nous ouvrons la voie à une société qui excelle dans tous les aspects, créant ainsi un héritage de prospérité et de bien-être pour les générations à venir.

Stratégies Progressistes Pour La Répartition Des Richesses Et La Croissance Économique : Un Équilibre Harmonieux

L'équilibre Entre Croissance Et Distribution

Dans le paysage économique mondial en évolution, il est temps d'abandonner à tout prix le modèle traditionnel de croissance économique incessante. Au lieu de cela, une approche plus nuancée est nécessaire, une approche qui allie harmonieusement croissance économique et répartition équitable des richesses. Cette stratégie équilibrée n'est pas seulement nécessaire ; c'est une lueur d'espoir pour notre avenir.

1. Une histoire de deux objectifs : croissance et répartition L'idée fausse selon laquelle la croissance économique et la répartition des richesses s'excluent mutuellement doit être dissipé. En réalité, ils sont complémentaires. Par exemple, les pays scandinaves ont démontré que donner la priorité à une répartition équitable des richesses favorise une société dans laquelle chacun a intérêt au progrès économique, conduisant à une croissance durable.

2. La fin des disparités : une voie vers l'harmonie sociale Les disparités de richesse et de revenus posent un problème moral et une menace sociale. La répartition progressive des richesses, à l'instar des initiatives prises au Japon après la Seconde Guerre mondiale, a contribué à transformer une nation déchirée par la guerre en une économie florissante dotée d'une société plus équitable. De telles stratégies uniformisent les règles du jeu et favorisent l'harmonie sociale.

3. Résilience économique : un bouclier contre les crises La pandémie de COVID-19 a mis en évidence la fragilité des économies qui privilégient la croissance plutôt que la résilience. Mettre l'accent sur une répartition progressive des richesses peut servir de filet de

sécurité en cas de crise. Les exemples incluent les mesures d'urgence mises en œuvre par le Canada pendant la pandémie, qui ont fourni un soutien financier à des millions de personnes, maintenant ainsi la stabilité économique.

4. Favoriser l'innovation : le moteur de la croissance L'innovation s'épanouit dans divers environnements. La répartition progressive des richesses, en offrant un accès plus large aux ressources, encourage les entreprises. L'essor des startups technologiques dans la Silicon Valley en Californie, soutenues par un mélange de financements privés et publics, illustre à quel point un tel environnement stimule la croissance.

5. Compétitivité mondiale : une proposition gagnant-gagnant Les nations qui défendent une répartition équitable des richesses acquièrent un avantage concurrentiel. L'Allemagne, par exemple, est devenue une plaque tournante du talent et de l'innovation, bénéficiant de politiques favorisant la stabilité sociale et la croissance économique, renforçant ainsi sa position mondiale.

6. Le comment : fiscalité progressive et investissements sociaux La mise en œuvre de cet équilibre entre croissance et répartition peut être obtenue grâce à une fiscalité progressive. Ce système, appliqué avec succès dans des pays comme l'Australie, implique que les tranches de revenus les plus élevées contribuent davantage, qui sont ensuite réinvesties dans l'éducation, les soins de santé et d'autres programmes sociaux. Ces investissements permettent aux individus de contribuer plus efficacement à l'économie.

La poursuite d'une croissance économique équilibrée et d'une répartition équitable des richesses n'est pas un idéal inaccessible mais une nécessité pratique. Il s'agit de créer des sociétés non seulement économiquement prospères, mais aussi socialement harmonieuses, innovantes et résilientes. Cette approche transcende la fausse dichotomie entre croissance et distribution, offrant une voie à suivre responsable. En tirant les leçons des exemples mondiaux et en relevant les défis de mise en œuvre, nous pouvons œuvrer pour un monde non seulement plus prospère, mais aussi plus juste.

Fiscalité : L'art De La Contribution Équitable

La fiscalité est cruciale pour le fonctionnement de tout gouvernement, car elle finance les services publics, les infrastructures et la protection sociale. Pourtant, la responsabilité de la fiscalité doit être répartie équitablement. Un système fiscal juste et juste est essentiel, garantissant que chacun apporte sa part tout en favorisant la croissance économique et la répartition des richesses.

Fiscalité Progressive : Une Question D'équité

La fiscalité progressive constitue un pilier de la justice fiscale, reconnaissant la capacité des plus hauts revenus à contribuer davantage. Ce système, où les taux d'imposition augmentent avec le revenu, équilibre la charge fiscale et soutient l'équité sociale.

Avantages de la fiscalité progressive :

- Contribution équitable : elle aligne les paiements d'impôts sur la capacité financière, garantissant ainsi l'équité.
- Filet de sécurité sociale : il finance des services publics essentiels, comme en témoignent des pays comme la Suède, où la fiscalité progressive soutient un vaste filet de sécurité sociale.
- Stabilité économique : en réduisant les écarts de richesse, elle contribue à l'harmonie et à la stabilité sociétales.

Défis et contre-arguments : Toutefois, la fiscalité progressive se heurte à des défis, notamment la complexité de sa mise en œuvre et le découragement potentiel des hauts revenus. Répondre à ces préoccupations nécessite une conception politique prudente pour maintenir les incitations économiques tout en garantissant l'équité.

Impôt Sur La Fortune : Remédier Aux Disparités Extrêmes En Matière De Richesse

La concentration extrême des richesses nécessite des mesures efficaces telles que l'impôt sur la fortune sur les actifs de grande valeur. Cela peut redistribuer la richesse concentrée et soutenir les investissements publics.

Avantages de l'impôt sur la fortune :

- Réduire les disparités de richesse : ciblant directement des fortunes importantes, il peut équilibrer la balance économique.
- Stimuler l'investissement public : les revenus de cette taxe soutiennent les services essentiels. Par exemple, dans des pays comme la France, les impôts sur la fortune financent depuis toujours les secteurs de la santé et de l'éducation.
- Encourager une gestion de patrimoine responsable : cela motive les riches à réinvestir dans leurs communautés, ce qui profite à la société dans son ensemble.

Perspective mondiale et croissance économique : À l'échelle mondiale, des pays comme la Norvège et la Suisse ont mis en œuvre des variantes d'impôt sur la fortune avec des impacts différents. Ces modèles montrent que même si les impôts sur la fortune peuvent soutenir l'équité, ils doivent être équilibrés avec les objectifs de croissance économique. Correctement structurées, ces taxes peuvent encourager les investissements dans l'économie plutôt que de les étouffer.

Conclusion et appel à l'action : Un système fiscal juste et équitable n'est pas seulement un objectif fiscal ; c'est une nécessité morale. La fiscalité progressive et l'impôt sur la fortune sont des outils essentiels pour y parvenir. Cependant, les décideurs politiques doivent relever les défis que présentent ces systèmes, en tirant les leçons des exemples mondiaux pour créer des politiques fiscales équilibrées et efficaces. En adoptant ces principes, nous pouvons construire une société non seulement prospère mais aussi fondamentalement juste. Plaidons et mettons en œuvre des systèmes fiscaux équitables pour tous, en soutenant une société où chacun contribue sa juste part au bien commun.

Soutien Du Revenu : Les Filets De Sécurité Dont Nous Avons Besoin

Dans la quête d'une société juste et prospère, il est essentiel de mettre en place des systèmes solides de soutien au revenu. La mise en œuvre du revenu de base universel (UBI) et l'ajustement du salaire minimum pour refléter le coût de la vie sont des mesures progressives qui peuvent améliorer considérablement la stabilité économique et réduire les inégalités de revenus.

Revenu De Base Universel (UBI) : Une Étape Audacieuse Vers L'équité Économique

L'UBI représente une approche transformatrice dans laquelle chaque citoyen reçoit une somme régulière et inconditionnelle du gouvernement. Cette initiative audacieuse réinvente le bien-être et offre de multiples avantages :

Avantages de l'UBI :

- Liberté entrepreneuriale : L'UBI fournit un filet de sécurité qui encourage les efforts entrepreneuriaux, stimulant potentiellement l'innovation et la croissance économique.
- Réduction de la pauvreté : elle garantit un revenu de base supérieur au seuil de pauvreté, comme le montrent les programmes pilotes menés dans des endroits comme Stockton, en Californie, où les bénéficiaires de l'UBI ont signalé une meilleure stabilité financière et de meilleures perspectives d'emploi.
- Efficacité administrative : l'UBI simplifie l'administration de l'aide sociale, réduisant les frais généraux bureaucratiques et les coûts

associés.

Défis et contre-arguments : Cependant, l'UBI est confronté à des défis de faisabilité économique, tels que les sources de financement et les effets inflationnistes potentiels. Répondre à ces préoccupations nécessite une planification financière globale et des essais pilotes pour affiner l'approche.

Ajustements Du Salaire Minimum : Suivre Le Rythme Du Coût De La Vie

Des ajustements réguliers du salaire minimum sont essentiels pour garantir que même les travailleurs les moins bien payés conservent un niveau de vie de base :

Avantages des ajustements du salaire minimum :

- Sécurité économique : des salaires minimum adéquats offrent une sécurité économique aux travailleurs à faible revenu, comme le démontrent les impacts positifs observés dans des pays comme l'Australie.
- Réduire les inégalités de revenus : cette approche contribue à réduire l'écart de revenus et à atténuer les risques d'exploitation sur le marché du travail.
- Stabilité sociale : un salaire vital contribue à la stabilité sociale en élevant le niveau de vie.

Perspective mondiale et stratégies de mise en œuvre : L'application des ajustements du salaire minimum varie à l'échelle mondiale, reflétant différentes conditions économiques. Une mise en œuvre efficace implique des examens et des ajustements périodiques basés sur l'inflation, le coût de la vie et les tendances économiques. Des pays comme l'Allemagne et le Canada proposent des modèles dans lesquels le salaire minimum est régulièrement ajusté en fonction des indicateurs économiques.

Les systèmes de soutien du revenu comme l'UBI et les ajustements du salaire minimum sont plus que de simples choix politiques ; ce sont des impératifs moraux qui favorisent l'équité économique et combattent la pauvreté. Ces stratégies doivent être adoptées en tenant compte attentivement de leurs impacts sociétaux plus larges et de leurs exemples mondiaux. En prenant des mesures décisives pour mettre en œuvre ces mesures, nous pouvons favoriser une société où la prospérité est partagée et où la stabilité économique est une réalité pour tous. Il est temps d'agir audacieusement pour garantir un avenir plus juste et plus équitable.

L'éducation : Le Moteur De La Croissance Économique

Dans la quête d'une société prospère et équitable, l'éducation apparaît comme un moteur clé de la croissance économique. Mettre l'accent sur l'accès à l'enseignement supérieur et à la formation professionnelle complète est essentiel pour libérer le potentiel de la main-d'œuvre et propulser notre société vers un avenir meilleur.

Enseignement Supérieur Accessible : Ouvrir La Voie A La Prospérité

L'enseignement supérieur est une porte d'entrée vers l'avancement personnel et sociétal. Toutefois, le problème des frais de scolarité élevés et de l'endettement des étudiants entrave souvent l'accès à cette voie. Des initiatives audacieuses sont nécessaires pour rendre l'enseignement supérieur plus abordable, voire gratuit.

Avantages de l'enseignement supérieur accessible :

- Autonomiser la main-d'œuvre : Il donne aux individus les compétences essentielles pour accéder à des emplois bien rémunérés dans l'économie moderne.
- Favoriser l'innovation : l'éducation accessible favorise l'innovation, comme en témoigne la montée en puissance des géants de la tech-

nologie dans la Silicon Valley, dont beaucoup ont été fondés par des diplômés universitaires.

- Réduire les inégalités de revenus : en offrant des opportunités éducatives égales, il contribue à combler le fossé socio-économique.

Défis et considérations : La mise en œuvre d'une éducation abordable nécessite de s'intéresser aux sources de financement et de garantir que la qualité n'est pas compromise. Des modèles tels que le système d'enseignement supérieur gratuit en Allemagne fournissent des informations précieuses sur la manière d'atteindre cet équilibre.

Formation Professionnelle : Préparer Les Individus A Un Emploi Rémunérateur

La formation professionnelle est cruciale pour ceux qui poursuivent des carrières non universitaires. Il dote les individus de compétences spécifiques pour diverses industries, garantissant ainsi des opportunités d'emploi inclusives.

Avantages de la formation professionnelle :

- Main d'œuvre hautement qualifiée : ces programmes forment des professionnels prêts à répondre aux demandes de l'industrie, comme on le voit dans des pays comme la Suisse, où la formation professionnelle est fortement intégrée au système éducatif.
- Combler les déficits de compétences : la formation professionnelle s'adapte aux besoins changeants du marché, comblant les déficits de compétences dans des secteurs tels que la fabrication et la technologie.
- Améliorer l'employabilité : il augmente l'employabilité et soutient une main-d'œuvre dynamique, en phase avec les besoins de l'économie.

L'éducation est indéniablement le catalyseur du progrès économique et de la prospérité individuelle. Un enseignement supérieur accessible et une solide formation professionnelle sont non seulement bénéfiques mais nécessaires à la croissance économique. En examinant des exemples mondiaux de réussite et en relevant les défis de mise en œuvre, nous pouvons créer des systèmes éducatifs qui favorisent l'innovation et réduisent les inégalités. Donner la priorité à l'éducation est essentiel dans notre stratégie économique, afin de garantir que chacun ait la possibilité de contribuer à une économie florissante et d'en bénéficier. Alors que nous nous adaptons à l'évolution des tendances éducatives et aux progrès technologiques, il est crucial de s'engager dans des réformes éducatives qui répondent à divers besoins et favorisent l'apprentissage tout au long de la vie. Cet engagement en faveur de l'éducation est un engagement en faveur d'un avenir plus prospère et plus équitable pour tous.

Entrepreneuriat Et Innovation : Une Double Victoire

Dans la quête d'une économie et d'une société florissantes, l'entrepreneuriat et l'innovation apparaissent comme des piliers indispensables du progrès. Défendre ces forces et mettre en œuvre des politiques de soutien peuvent ouvrir la porte à une croissance durable et à une prospérité généralisée.

Subventions De Démarrage Et Prêts A Faible Taux D'intérêt : Alimenter Le Moteur Des Petites Entreprises

Les petites entreprises et les startups sont essentielles à une économie dynamique. Ils sont les moteurs de la création d'emplois, de l'innovation et de la revitalisation des communautés. Il est essentiel de proposer des incitations financières telles que des subventions de démarrage et des prêts à faible taux d'intérêt, en particulier pour les projets respectueux de l'environnement ou socialement bénéfiques :

Avantages des subventions de démarrage et des prêts à faible taux d'intérêt :

- Favoriser l'entrepreneuriat : de telles incitations inspirent les entrepreneurs en herbe, comme le montre la culture des startups de la Silicon Valley, conduisant à la diversification et à la croissance économiques.

- Création d'emplois : les startups sont d'importants créateurs d'emplois. Des initiatives telles que le programme de prêts de la Small Business Administration des États-Unis ont joué un rôle essentiel dans la stimulation de l'emploi.
- Innovation et durabilité : cibler les fonds vers les startups durables encourage les solutions aux défis environnementaux, à l'instar de la croissance des entreprises d'énergies renouvelables.

Défis et considérations : Toutefois, une surveillance minutieuse est nécessaire pour éviter une mauvaise allocation des ressources. Veiller à ce que le financement atteigne les projets les plus innovants et durables est crucial pour le succès de ces programmes.

Protection De La Propriété Intellectuelle : Préserver L'innovation

Un environnement propice à l'innovation respecte et protège les droits de propriété intellectuelle. Le renforcement de ces lois est essentiel pour nourrir les efforts créatifs et maintenir l'équité du marché :

Avantages de la protection de la propriété intellectuelle :

- Incitation à la créativité : des lois de protection efficaces, comme celles en vigueur en Allemagne, fournissent la confiance nécessaire à l'innovation dans les domaines de la technologie, des arts et des sciences.
- Attirer les investissements : des régimes de propriété intellectuelle solides attirent les investisseurs, car ils garantissent la sécurité des actifs créatifs.
- Compétitivité internationale : des pays comme le Japon, dotés de solides cadres de propriété intellectuelle, font preuve d'une compétitivité mondiale accrue grâce à une innovation continue.

Conclusion et appel à l'action : L'entrepreneuriat et l'innovation sont plus que de simples catalyseurs économiques ; ils sont les moteurs du progrès sociétal. En soutenant financièrement les startups et en garantissant une solide protection de la propriété intellectuelle, nous cultivons un environnement où les idées prospèrent et où naissent des solutions aux défis mondiaux. Les décideurs politiques doivent donner la priorité à ces domaines, reconnaissant leur vaste impact sur les inégalités sociales et la durabilité environnementale. Engageons-nous à favoriser un climat dans lequel l'entrepreneuriat et l'innovation ne sont pas seulement encouragés mais font partie intégrante de notre avenir collectif. Il est temps d'emprunter ces voies pour un monde plus innovant, plus équitable et plus prospère.

Économie Verte : La Prospérité Rencontre La Durabilité

Dans le monde d'aujourd'hui, la poursuite de la croissance économique exige une grande responsabilité envers notre environnement. L'économie verte se situe à cette intersection, harmonisant vitalité économique et bien-être écologique, offrant une voie à suivre durable qui profite à la fois à l'économie et à la planète.

Obligations Vertes Et Subventions : Encourager Les Pratiques Respectueuses De L'environnement

Pour encourager les entreprises à adopter des pratiques durables, les gouvernements peuvent mettre en œuvre des stratégies financières efficaces :

Avantages des obligations vertes et des subventions :

- Investissement durable : les obligations vertes offrent une proposition attrayante aux investisseurs soucieux de l'environnement, en canalisant leurs fonds vers des projets respectueux de l'environnement. Par exemple, la montée en puissance des obligations vertes dans l'Union européenne a considérablement stimulé les investissements dans les infrastructures durables.

- Création d'emplois : L'industrie verte est un marché du travail en plein essor, notamment dans le domaine des énergies renouvelables et de l'agriculture durable. La croissance de l'industrie solaire dans des pays comme la Chine et les États-Unis illustre cette tendance.
- Réduire l'impact environnemental : les subventions aux pratiques durables encouragent les entreprises à minimiser leur empreinte carbone, contribuant ainsi de manière significative aux efforts mondiaux d'atténuation du changement climatique.

Défis et considérations : La mise en œuvre efficace de ces incitations financières nécessite un équilibre minutieux pour éviter une dépendance excessive aux subventions, garantissant ainsi que les entreprises restent compétitives et innovantes.

Tarification Du Carbone : Orienter L'industrie Vers La Durabilité

Les mécanismes de tarification du carbone sont essentiels pour guider les industries vers des pratiques respectueuses de l'environnement :

Avantages de la tarification du carbone :

- Efficacité économique : les taxes sur le carbone ou les systèmes de plafonnement et d'échange incitent les entreprises à réduire leurs émissions, favorisant ainsi l'innovation dans les technologies propres. Par exemple, la taxe carbone suédoise a permis de réduire efficacement les émissions sans entraver la croissance économique.
- Génération de revenus : la tarification du carbone génère des revenus gouvernementaux, qui peuvent être réinvestis dans des initiatives vertes et des projets de développement durable.
- Responsabilité mondiale : la mise en œuvre d'une tarification du carbone reflète l'engagement d'une nation envers les accords environnementaux internationaux, contribuant ainsi à un effort

collectif contre le changement climatique.

L'économie verte constitue un changement de paradigme essentiel, alignant la croissance économique sur la gestion écologique. En adoptant des stratégies telles que les obligations vertes, les subventions et la tarification du carbone, nous ouvrons la voie à une économie qui soutient notre planète. L'adoption de ces mesures est cruciale non seulement pour des raisons environnementales, mais également pour la santé et le bien-être social des communautés du monde entier. Engageons-nous en faveur d'une économie verte pour un avenir durable et prospère qui valorise autant la santé de notre planète que la réussite économique.

La Protection Sociale : Une Colonne Vertébrale, Pas Un Filet De Sécurité

Dans une société qui valorise la compassion et la prospérité, la protection sociale est plus qu'un simple filet de sécurité : c'est l'épine dorsale solide qui soutient le bien-être de tous les citoyens. Il incarne notre engagement à garantir que chaque individu, quel que soit son statut économique, ait la possibilité de mener une vie saine et digne.

Soins De Santé Universels : Un Droit Fondamental

Les soins de santé ne doivent pas être un luxe réservé aux riches mais un droit fondamental accessible à tous. Donner la priorité aux soins de santé universels est essentiel pour plusieurs raisons :

Avantages des soins de santé universels :

- Résultats de santé améliorés : L'accès universel aux soins de santé conduit à la détection et au traitement précoces des maladies, comme on le voit dans des pays comme le Canada, ce qui entraîne de meilleurs résultats de santé globaux.
- Productivité économique : Une population en bonne santé contribue

plus efficacement à l'économie. Des études ont montré que les systèmes de santé universels peuvent réduire l'absentéisme et augmenter la productivité des travailleurs.

- Réduire les disparités en matière de santé : il contribue à combler les écarts en matière de santé entre les groupes de revenus, en promouvant l'égalité et la cohésion sociale.

Défis et considérations : La mise en œuvre de soins de santé universels nécessite une planification minutieuse pour gérer les coûts et garantir des soins de qualité. Des modèles comme ceux des pays scandinaves donnent des indications sur la manière de trouver un équilibre efficace entre ces défis.

Programmes De Logement Abordable : Le Logement Comme Nécessité Fondamentale

Un logement stable et sûr est essentiel au bien-être personnel et familial. L'importance des programmes de logement abordable est multiple :

Avantages des programmes de logement abordable :

- Stabilité et sécurité : Un logement sûr constitue une base pour la stabilité familiale, ayant un impact positif sur la santé mentale et émotionnelle.
- Mobilité économique : le logement abordable permet aux familles d'épargner et d'investir dans l'éducation et d'autres opportunités améliorant la vie, brisant ainsi les cycles de pauvreté.
- Développement communautaire : les communautés à revenus mixtes favorisent la diversité et l'intégration sociale, comme en témoignent les projets de développement urbain réussis comme ceux de Singapour.

Implications économiques plus larges : Les initiatives de logement abordable stimulent les économies locales grâce à la construction et aux industries connexes et peuvent augmenter les dépenses de consommation en libérant les budgets familiaux.

Les soins de santé universels et le logement abordable ne sont pas de simples dépenses mais des investissements essentiels à la prospérité et à l'harmonie de notre société. Les reconnaissant comme des piliers essentiels du bien-être sociétal, nous devons plaider et mettre en œuvre des politiques qui garantissent à chaque individu l'accès à ces droits fondamentaux. En examinant et en apprenant des modèles mondiaux réussis, nous pouvons construire une société où le bien-être de tous est un objectif prioritaire et non négociable. Travaillons ensemble pour garantir que nos systèmes de protection sociale reflètent véritablement nos valeurs de compassion, d'égalité et de prospérité partagée.

Conclusion : L'avenir Est A La Fois Équitable Et Prospère

Alors que nous aspirons à un avenir meilleur, il est temps d'aller au-delà de la notion dépassée selon laquelle la croissance économique et la répartition équitable des richesses s'excluent mutuellement. Cette fausse dichotomie a longtemps entravé nos progrès. En adoptant l'idée que ces objectifs sont non seulement compatibles mais se renforcent mutuellement, nous pouvons créer une économie dynamique, juste, prospère et équitable.

L'impératif d'une prospérité équitable :

1. Harmonie sociale : Une société avec une répartition équitable des richesses favorise un sentiment de valeur et d'inclusion pour tous ses membres. Cette harmonie jette les bases d'une paix et d'un progrès durables.
2. Stabilité économique : La réduction des inégalités de revenus grâce à une répartition équitable améliore la stabilité économique, profite à tous et attire davantage d'investissements. Le modèle scandinave, par exemple, démontre comment des politiques équitables contribuent à la fois au bien-être social et à la robustesse économique.
3. Innovation et entrepreneuriat : Un paysage de richesse plus équitable-

ment réparti favorise l'innovation et l'entrepreneuriat généralisés, créant ainsi un environnement commercial dynamique.

La voie à suivre:

1. Politiques progressistes : L'adoption de politiques telles que la fiscalité progressive, mises en œuvre avec succès dans des pays comme l'Allemagne, contribuent à donner la priorité à une répartition équitable des richesses.
2. Éducation et formation inclusives : Garantir que l'éducation et la formation professionnelle soient accessibles à tous offre des chances égales de participer à l'économie moderne.
3. Pratiques durables : Adopter la durabilité dans les affaires et la gouvernance garantit la prospérité à long terme. Des initiatives telles que l'économie verte aux Pays-Bas constituent des exemples inspirants.
4. Autonomiser les communautés : Des initiatives ciblées pour soutenir les communautés marginalisées, similaires aux programmes de développement communautaire au Canada, aident à briser les cycles de pauvreté et à favoriser une prospérité équitable.

En rejetant les faux choix du passé, nous devons œuvrer pour un avenir où la prospérité sera partagée par tous. En adoptant des politiques qui garantissent une répartition équitable des richesses et une croissance économique durable, nous créons une économie qui élève tout le monde, transformant la richesse en une réussite collective. Cette vision est réalisable avec l'engagement de la poursuivre.

L'impact transformateur de ces stratégies s'étend au-delà de l'économie ; elle améliore la qualité de vie, favorise la cohésion sociale et nourrit l'innovation. En nous engageant dans des politiques progressistes, nous ne nous contentons pas de tracer une voie économique ; nous façonnons l'essence de notre société et avons un impact significatif sur la vie de chaque citoyen.

Ne sous-estimons pas l'effet profond de nos choix. Il s'agit de bâtir une société où la réussite est accessible à tous et où notre force collective est mise au service du bien commun. La voie vers un avenir plus brillant, équitable et prospère est claire. Embarquons-nous dans ce voyage avec détermination, sachant que nous pouvons construire une société non seulement prospère, mais équitable pour chaque individu.

7

Protéger Le Watan (Patrie)

Sécurité Nationale : Une Approche Multidimensionnelle

Dans le monde d'aujourd'hui, où les menaces sont aussi diverses que les cyberattaques et les pandémies mondiales, comment pouvons-nous assurer la sécurité de notre nation ? La réponse consiste à reconnaître que la sécurité nationale est bien plus que la force militaire ; il en va de la résilience et du bien-être de notre société. Pour relever ces défis complexes, une approche multidimensionnelle de la sécurité nationale est indispensable.

Dépenses De Défense Intelligentes

La sécurité nationale ne doit pas saper les programmes sociaux vitaux. Une allocation stratégique des ressources, répondant à la fois aux besoins militaires et sociétaux, est essentielle. Ceci comprend:

- Cybersécurité : le champ de bataille numérique est aussi critique que le champ de bataille physique. Investir dans la cybersécurité protège contre les menaces qui peuvent paralyser les infrastructures et divulguer des données sensibles. Il est toutefois important de concilier cela avec les préoccupations liées à la vie privée, en veillant à ce que la cyberdéfense n'empiète pas sur les droits individuels.

- Contrôle des frontières : une gestion efficace des frontières est vitale, mais elle nécessite une approche humaine qui respecte les droits de l'homme. Une politique d'immigration nuancée devrait aborder la sécurité tout en offrant des voies légales aux réfugiés et aux immigrants. Les exemples de pays qui ont mis en œuvre avec succès des politiques frontalières équilibrées pourraient servir de modèles.

Police Communautaire

Cette stratégie construit une responsabilité partagée entre les forces de l'ordre et les communautés, contribuant de manière significative à la sécurité nationale :

- Prévention du crime : en favorisant la confiance et la collaboration, la police communautaire transforme les résidents en partenaires proactifs. Par exemple, le programme « Quartiers sûrs » en Suède a montré comment la coopération communautaire peut réduire efficacement les taux de criminalité.
- Lutte contre le terrorisme : des relations communautaires solides sont essentielles à la collecte de renseignements et à la prévention de l'extrémisme. Le cas du programme britannique Prevent met en lumière à la fois le potentiel et les pièges des efforts communautaires de lutte contre le terrorisme.

En conclusion, la sécurité nationale n'est pas seulement une question de puissance militaire ; il s'agit d'une approche équilibrée qui protège le bien-être et les droits de nos citoyens. Les dépenses de défense intelligentes répondent aux défis contemporains tels que les cybermenaces et le contrôle des frontières sans sacrifier le bien-être social. La police de proximité, illustrée par des modèles réussis partout dans le monde, améliore la sécurité et aide à lutter contre le terrorisme. L'adoption de cette stratégie globale garantit une sécurité nationale qui protège notre patrie et défend nos valeurs.

En intégrant ces suggestions, le passage présente désormais une vision plus équilibrée, comprend des exemples concrets et approfondis chaque aspect, le rendant plus complet et engageant.

Gestion De L'environnement : Le Fondement De La Sécurité Intérieure

Alors que nous redéfinissons la sécurité intérieure au XXIe siècle, il est impératif d'élargir notre perspective au-delà de la défense militaire traditionnelle, en adoptant une compréhension plus holistique de la « patrie ». Notre patrie transcende les frontières politiques et englobe l'environnement même qui soutient la vie. Reconnaître la gestion de l'environnement comme essentielle au bien-être de notre nation est essentiel pour garantir une véritable sécurité intérieure.

Le Développement Durable

Une patrie sûre est par nature une patrie stable sur le plan environnemental. L'impératif du développement durable va au-delà des considérations éthiques : il est essentiel à notre sécurité future. Voici pourquoi:

- Combattre le changement climatique : Le changement climatique constitue l'une des plus grandes menaces à la sécurité de notre époque. L'adoption de technologies vertes et de pratiques durables peut réduire considérablement notre empreinte carbone, atténuant les impacts climatiques et protégeant les communautés des conditions météorologiques extrêmes et de l'élévation du niveau de la mer. Par exemple, l'engagement du Danemark en faveur de l'énergie éolienne démontre comment les pays peuvent réduire efficacement leur dépendance aux combustibles fossiles tout en améliorant la sécurité énergétique.

- Création d'emplois : la transition vers des technologies vertes et des industries durables n'est pas seulement respectueuse de l'environnement, elle est également judicieuse sur le plan économique. Cette transition, évidente dans la croissance de l'industrie solaire en Allemagne, crée des emplois et stimule le progrès économique tout en s'éloignant des ressources limitées et nocives.

Programmes De Conservation

La protection des ressources naturelles est essentielle à la sécurité intérieure. Une conservation efficace n'est pas un luxe facultatif mais une priorité vitale :

- Préserver la biodiversité : La stabilité des écosystèmes, cruciale pour l'agriculture et l'économie, dépend de la biodiversité. Des initiatives telles que le programme brésilien de zones protégées de la région amazonienne illustrent le succès de la conservation à grande échelle dans le maintien de la biodiversité et de l'équilibre écologique.
- Gestion durable des ressources : notre sécurité est étroitement liée à l'accès aux ressources essentielles comme l'eau et les terres arables. Les pratiques garantissant la disponibilité à long terme de ces ressources sont fondamentales. Le succès de la conservation de l'eau grâce à des technologies avancées telles que l'irrigation goutte à goutte souligne le potentiel d'une gestion durable des ressources.

Cependant, le chemin vers la gestion de l'environnement n'est pas sans défis. Les contraintes économiques, la résistance politique et l'ampleur même de la transition vers des pratiques durables constituent des obstacles importants. Pour surmonter ces difficultés, il faut non seulement un engagement gouvernemental, mais également un soutien public et une coopération internationale.

En conclusion, la sécurité intérieure englobe bien plus que la puissance militaire ; cela inclut le bien-être plus large de notre nation et de notre planète. Le développement durable et la conservation ne sont pas seulement des impératifs environnementaux mais des stratégies cruciales pour une patrie stable et sûre. En adoptant la gestion de l'environnement, nous garantissons une patrie résiliente et durable pour les générations futures, jetant ainsi les bases d'une véritable sécurité dans un monde interconnecté.

Libertés Civiles Et Harmonie Sociale : Le Front Intérieur

Dans notre voyage vers une patrie sûre, nous devons nous concentrer pleinement sur le front intérieur : la protection vigilante des libertés civiles et le maintien de l'harmonie sociale. Ces éléments ne sont pas de simples idéaux mais le fondement même d'une nation véritablement sûre et florissante.

Lois Anti-Discrimination

Renforcer et appliquer les lois anti-discrimination est un impératif moral qui présente des avantages pratiques. Cette approche est vitale pour plusieurs raisons :

- Égalité des chances : la discrimination entrave la justice et le progrès économique. Lorsque des opportunités sont refusées en raison de la race, du sexe, de la religion ou d'autres caractéristiques personnelles, la société perd des talents divers. Par exemple, la mise en œuvre de la loi sur l'égalité au Royaume-Uni démontre comment des lois anti-discrimination complètes peuvent améliorer la diversité sur le lieu de travail et stimuler la croissance économique.
- Cohésion sociale : la discrimination peut favoriser le ressentiment et la division, menaçant la stabilité sociale. En revanche, des mesures anti-discrimination efficaces, comme celles appliquées au Canada, créent un environnement inclusif dans lequel toutes les communautés

se sentent valorisées, conduisant à une plus grande harmonie et résilience sociétales.

Éducation Civique

Éduquer les citoyens sur leurs droits et responsabilités est crucial pour cultiver l'harmonie sociale et le respect :

- Citoyenneté informée : Une population informée est plus susceptible de s'engager de manière significative dans les processus démocratiques. Le succès des programmes d'éducation civique dans des pays comme la Suède montre à quel point des citoyens bien informés peuvent contribuer plus efficacement au développement de la société.
- Compréhension et tolérance : l'éducation civique favorise l'empathie et réduit les préjugés en exposant les individus à des perspectives diverses. Les programmes mis en œuvre dans des sociétés multiculturelles, tels que l'accent mis par Singapour sur l'éducation civique, ont réussi à cultiver le respect mutuel entre diverses communautés.

Cependant, la mise en œuvre de ces idéaux ne se fait pas sans difficultés. Trouver un équilibre entre la liberté d'expression et la prévention des discours de haine dans les lois anti-discrimination et garantir que l'éducation civique soit inclusive et complète sont des défis permanents. Pour y remédier, il faut des politiques innovantes et un engagement en faveur d'une amélioration continue.

En conclusion, la protection des libertés civiles et la promotion de l'harmonie sociale sont essentielles à la sécurité et à la prospérité d'un pays. Des lois anti-discrimination efficaces et des programmes d'éducation civique efficaces constituent le fondement de cette vision. En tirant les leçons des exemples mondiaux et en relevant les défis de mise en œuvre, nous pouvons forger une patrie non seulement sûre, mais qui incarne également la justice, l'inclusion et l'harmonie – un véritable phare de progrès et d'unité.

Infrastructure : L'épine Dorsale De La Sécurité Intérieure

Dans les débats sur la sécurité intérieure, le rôle central des infrastructures reste souvent méconnu. Pourtant, c'est l'épine dorsale de la résilience de notre nation et un gardien silencieux contre diverses menaces. Reconnaître l'importance primordiale des investissements dans les infrastructures est essentiel pour garantir une patrie sûre et prospère.

Préparation Aux Urgences

- Catastrophes naturelles : la nature imprévisible des événements tels que les ouragans, les tremblements de terre et les incendies de forêt exige une infrastructure robuste. Par exemple, les techniques de construction parasismiques du Japon et les systèmes avancés de contrôle des inondations des Pays-Bas sont d'excellents exemples d'infrastructures conçues pour résister à la fureur de la nature, soulignant le rôle essentiel de la construction résiliente aux catastrophes pour sauver des vies et protéger les biens.
- Menaces terroristes : dans notre monde interconnecté, il est essentiel de protéger les infrastructures contre le terrorisme. Cela englobe non seulement les fortifications physiques, mais également les mesures de cybersécurité, comme le démontrent des solutions technologiques avancées telles que la plateforme de capteurs Smart Nation de Singapour, qui intègrent une technologie avancée pour la sécurité publique et la réaction en cas d'urgence.

Investissement Dans Les Infrastructures Essentielles

- Autoroutes et transports : des transports efficaces sont essentiels à la vitalité économique et à la gestion des crises. Le développement du réseau routier inter-États américain a non seulement stimulé la croissance économique, mais a également fourni des routes clés pour l'évacuation et l'accès en cas d'urgence.

- Réseaux électriques : un approvisionnement électrique stable est vital. La transition de l'Allemagne vers des sources d'énergie renouvelables illustre comment la modernisation des réseaux électriques peut améliorer la sécurité et la durabilité énergétiques.
- Télécommunications : des systèmes de communication fiables sont indispensables en cas de crise. La résilience des télécommunications japonaises lors de catastrophes naturelles montre l'importance de réseaux robustes dans la coordination des situations d'urgence.
- Eau et assainissement : L'eau potable et l'assainissement sont fondamentaux pour la santé publique, en particulier en cas de crise. Des projets innovants comme NEWater à Singapour démontrent comment l'investissement dans les infrastructures hydrauliques soutient la durabilité et l'accessibilité.

Cependant, la modernisation des infrastructures se heurte à des défis tels que le manque de financement, les impacts environnementaux et l'intégration de technologies émergentes comme l'IA et l'IoT pour le développement d'infrastructures intelligentes. Ces problèmes nécessitent des solutions innovantes, des partenariats public-privé et un engagement en faveur du développement durable.

En conclusion, l'infrastructure est bien plus que des structures physiques ; c'est le fondement de la sécurité et de la prospérité de notre pays. En accordant la priorité aux investissements dans la préparation aux situations d'urgence et les infrastructures critiques, tout en favorisant l'innovation et en relevant les défis contemporains, nous fortifions non seulement notre nation contre les menaces immédiates, mais nous investissons également dans sa réussite à long terme. Cet engagement en faveur des infrastructures est un investissement dans notre avenir, garantissant une patrie sûre, résiliente et prospère pour tous les citoyens.

Sécurité Numérique : La Nouvelle Frontière

Dans notre monde de plus en plus numérisé, l'importance de la sécurité numérique n'a jamais été aussi grande. Alors que nous franchissons cette nouvelle frontière, la manière dont nous protégeons notre infrastructure numérique aura un impact profond à la fois sur notre sécurité intérieure et sur notre prospérité. Voici une perspective améliorée sur les raisons pour lesquelles la sécurité numérique est cruciale et comment elle peut être renforcée.

Protocoles De Cybersécurité

- Menaces émergentes : le paysage numérique est en constante évolution, avec des menaces allant des cyberattaques sur les infrastructures critiques aux violations de données généralisées. La mise en œuvre de protocoles de cybersécurité robustes, semblables aux mesures de sécurité pionnières du gouvernement électronique de l'Estonie, est essentielle pour se défendre contre ces menaces en constante évolution.
- Protection des systèmes gouvernementaux : les agences gouvernementales gèrent d'immenses volumes de données sensibles, faisant de leur protection un impératif de sécurité nationale. Des leçons peuvent être tirées d'incidents tels que la violation de données de l'Office of Personnel Management aux États-Unis en 2015, soulignant la nécessité de renforcer la cybersécurité du gouvernement.
- Résilience du secteur privé : le secteur privé, englobant des entités allant des banques aux fournisseurs d'énergie, est une cible privilégiée des cybermenaces. L'adoption des meilleures pratiques de cybersécurité, similaires aux défenses multicouches utilisées dans le secteur financier, peut protéger les opérations commerciales et les données des consommateurs.

Lois Sur La Confidentialité Des Données

- Droits individuels : les lois sur la confidentialité des données sont fondamentales pour protéger les droits individuels à l'ère numérique. Ces lois, lorsqu'elles s'inspirent de cadres tels que le Règlement général sur la protection des données (RGPD) de l'Union européenne, peuvent renforcer la confiance des citoyens dans les services et technologies numériques.
- Prévenir l'exploitation : les données personnelles, si elles sont utilisées à mauvais escient, peuvent conduire à diverses formes d'exploitation, allant du vol d'identité à l'ingérence électorale. Des lois strictes sur la confidentialité des données agissent comme un bouclier contre de telles mauvaises pratiques, comme le montre le cas de la protection rigoureuse des données en Corée du Sud dans le commerce électronique.
- Réputation mondiale : l'engagement d'une nation en faveur de la confidentialité des données renforce sa réputation internationale. Ceci, à son tour, peut favoriser la confiance mondiale, attirer les investissements étrangers et renforcer les relations diplomatiques, à l'instar de la réputation mondiale estimée du Canada pour ses normes en matière de protection de la vie privée.

La sécurité numérique va au-delà de la simple protection ; c'est un élément essentiel de notre tissu national. L'investissement dans la sécurité numérique va de pair avec l'importance des mesures de sécurité physique pour les foyers et les communautés. Ses avantages transcendent les garanties immédiates, favorisant la croissance économique, l'innovation technologique et la confiance sociétale.

En conclusion, la sécurité numérique constitue la nouvelle frontière dans la sauvegarde de notre patrie. En adoptant des protocoles de cybersécurité robustes et des lois strictes sur la confidentialité des données, informés par les meilleures pratiques mondiales et réactifs aux menaces émergentes, nous protégeons non seulement notre nation, mais ouvrons également la voie à un avenir numérique sûr et prospère. Cet engagement en faveur de la sécurité numérique témoigne de notre engagement en faveur d'un pays plus sûr et plus prospère pour tous.

Engagement Du Public : Votre Rôle Dans La Sécurité Intérieure

La sécurité intérieure est une responsabilité partagée qui s'étend au-delà des agences gouvernementales et des forces de sécurité ; c'est un devoir collectif dans lequel chaque citoyen joue un rôle crucial. Votre participation active aux activités communautaires peut contribuer de manière significative à la sécurité et à la résilience de votre pays. Voici une vue élargie de la façon dont vous pouvez avoir un impact significatif :

Gouvernance Locale Et Engagement Communautaire

- Participation active : participez à la gouvernance locale, comme les assemblées publiques et les forums communautaires. En contribuant à la prise de décision locale, vous devenez un élément essentiel du réseau de sécurité. Dans des villes comme Minneapolis, les initiatives communautaires ont réussi à façonner des politiques visant à rendre les quartiers plus sûrs.
- Programmes de surveillance de quartier : rejoignez ou démarrez une surveillance de quartier. Ces programmes, comme le Neighbourhood Watch au Royaume-Uni, se sont révélés efficaces pour réduire la criminalité et favoriser un sentiment de vigilance et de coopération communautaire.

Initiatives Environnementales Et Durabilité

- Nettoyages communautaires et projets verts : Participez aux nettoyages locaux et aux initiatives vertes. Un environnement propre réduit les risques pour la santé et renforce la fierté de la communauté, comme en témoignent les efforts réussis de nettoyage menés par la communauté au Japon. De plus, les activités de plantation d'arbres, semblables au mouvement de la ceinture verte au Kenya, jouent un rôle central dans la conservation de l'environnement et l'action climatique.

- Adoption de pratiques durables : adopter un mode de vie durable en économisant l'eau, en réduisant les déchets et en utilisant des technologies économes en énergie. Des initiatives telles que les programmes de conservation de l'eau à l'échelle de l'État de Californie démontrent comment ces pratiques peuvent renforcer la résilience des communautés.

Élargir La Portée De L'engagement

- Connaissance numérique et cybersécurité : à l'ère numérique, il est essentiel d'être informé sur la sécurité en ligne et la protection des données. S'engager dans des programmes d'alphabétisation numérique peut aider à protéger votre communauté contre les cybermenaces.
- Formation sur les mesures d'urgence : Participez à la formation locale sur les interventions d'urgence. Des programmes tels que l'équipe communautaire d'intervention d'urgence (CERT) de la FEMA aux États-Unis permettent aux citoyens d'apporter leur aide en cas de catastrophe, améliorant ainsi la préparation de la communauté.

Relever Les Défis De L'engagement Communautaire

Il est important de reconnaître les obstacles courants tels que les contraintes de temps ou le manque de ressources. Créer des opportunités d'engagement flexibles et fournir des ressources et un soutien peuvent aider à surmonter ces défis. La collaboration avec des entreprises locales pour des parrainages ou l'organisation d'événements le week-end peut augmenter la participation.

En conclusion, l'engagement du public est un élément dynamique et puissant de la sécurité intérieure. Votre participation à diverses initiatives, de la gouvernance locale à la conservation de l'environnement et à la préparation aux situations d'urgence, favorise un sentiment de responsabilité partagée. Cet effort collectif contribue non seulement à la sécurité immédiate de votre communauté, mais jette également les bases d'une patrie sûre, résiliente et prospère pour les générations futures. Ensemble, nous pouvons créer une communauté plus sûre et plus unifiée, où la contribution de chaque individu est valorisée et impactante.

La Sécurité Intérieure Est Une Sécurité Collective

La sécurité intérieure transcende les limites traditionnelles de la puissance militaire ou des stratégies de défense ; c'est l'incarnation du bien-être collectif et du destin partagé d'une nation. Dans le projet plus vaste du Watan, une patrie sûre n'est pas seulement une question de prouesses militaires, mais aussi la vision d'une société où chaque citoyen s'épanouit, où les opportunités de croissance sont abondantes et où l'harmonie sociale constitue la pierre angulaire de notre force collective.

La sécurité intérieure consiste à protéger les rêves et les aspirations des individus, en leur garantissant la liberté de poursuivre leurs objectifs sans crainte. Il s'agit de créer un environnement où l'innovation prospère, où l'éducation inspire l'espoir et où la justice et l'égalité sont des piliers fondamentaux. Par exemple, des initiatives telles que l'accent mis par la Norvège sur l'égalité des chances en matière d'éducation démontrent comment investir dans l'éducation contribue à la sécurité et à la prospérité globales d'une nation.

Une patrie sûre se caractérise par une prospérité économique générali-sée, des soins de santé en tant que droit fondamental et un environnement naturel préservé pour les générations futures. C'est un endroit où les libertés civiles sont défendues, où la diversité est célébrée et où la discrimination n'a pas de place, comme le montrent les politiques progressistes du Canada en matière de multiculturalisme et de droits de la personne.

Cependant, la réalisation de cette vision n'est pas sans défis. La polarisation politique, les problèmes d'allocation des ressources et les crises mondiales comme le changement climatique nécessitent des solutions innovantes et une coopération internationale. Par exemple, la réponse mondiale à la pandémie de COVID-19 a mis en évidence l'importance des efforts de collaboration pour faire face aux menaces communes.

Dans le domaine de la sécurité collective, la force de notre patrie est directement liée au bien-être de chaque citoyen. Investir dans les soins de santé, les infrastructures et la durabilité environnementale ne se limite pas à l'élaboration de politiques ; c'est un acte de sauvegarde de notre avenir collectif. Le succès des vastes projets allemands d'énergies renouvelables illustre la manière dont les investissements environnementaux contribuent à la sécurité nationale et mondiale.

La sécurité intérieure favorise un sentiment d'unité et de responsabilité partagée. Il reconnaît que chaque individu a un rôle à jouer, de la participation à la gouvernance locale à la gestion de l'environnement. Notre force collective découle de nos actions et engagements individuels.

En conclusion, la sécurité intérieure est une tapisserie tissée à partir des fils du bien-être collectif, des opportunités partagées et de l'harmonie sociale. Il s'agit d'un engagement à créer une nation où chaque citoyen peut vivre librement, prospérer et contribuer au bien commun. Alors que nous protégeons notre Watan, nous devons nous rappeler que la sécurité de notre patrie est la sécurité de nous tous. En travaillant ensemble, en relevant les défis et en nous appuyant sur nos valeurs communes, nous pouvons créer une patrie qui constitue un phare de justice, d'égalité et de prospérité pour les générations à venir.

Le Rôle Collectif Dans La Sécurité Intérieure : Gouvernance Et Engagement Des Citoyens

La sécurité et la prospérité de notre patrie ne sont pas des responsabilités qui incombent uniquement aux agences gouvernementales ou à des groupes spécialisés. Il s'agit plutôt d'efforts partagés, nécessitant la participation active à la fois de la gouvernance et des citoyens. Ce rôle collectif dans la sécurité intérieure est fondamental et constitue le fondement d'une nation prospère et sûre.

La gouvernance est cruciale pour façonner les politiques et les stratégies de sécurité intérieure. Ces politiques doivent être avant-gardistes, répondre aux menaces immédiates et construire des systèmes durables et résilients. Une gouvernance efficace signifie allouer judicieusement les ressources, favoriser la coopération internationale et entretenir un environnement propice à l'innovation. Par exemple, le succès de l'initiative Smart Nation de Singapour illustre comment la gouvernance peut tirer parti de la technologie pour améliorer la sécurité et le bien-être public.

Pourtant, le rôle de la gouvernance ne constitue qu'une partie de l'équation. L'engagement des citoyens est tout aussi vital. Chaque individu contribue de manière unique à la protection et à la mise en valeur de notre patrie :

1. Développement communautaire : Des communautés fortes constituent l'épine dorsale de la nation. L'implication active dans la gouvernance locale, les programmes de surveillance de quartier et les initiatives communautaires, similaire aux efforts de police communautaire dans des villes comme Reykjavik, en Islande, favorise l'appropriation et la vigilance partagées. Un tel engagement crée des communautés plus sûres et plus cohésives.

2. Gestion de l'environnement : La durabilité environnementale est cruciale pour la sécurité intérieure. Participer à des initiatives telles que le nettoyage communautaire ou la plantation d'arbres,

semblables au mouvement de la ceinture verte au Kenya, améliore non seulement l'environnement local, mais contribue également aux efforts mondiaux de durabilité. Les pratiques durables contribuent à garantir la viabilité à long terme de nos ressources naturelles.

3. Préparation nationale : La préparation individuelle aux crises, des catastrophes naturelles aux menaces à la sécurité, est un devoir partagé. Comprendre les plans d'urgence, participer à des exercices et rester informé, comme l'encouragent les programmes japonais de préparation aux catastrophes, peut réduire considérablement l'impact des événements imprévus.

4. Éducation civique : Éduquer les citoyens sur leurs droits et responsabilités est fondamental. L'éducation civique, comme celle observée dans les systèmes éducatifs scandinaves, favorise l'harmonie sociale et le respect mutuel. Des citoyens bien informés contribuent activement à une patrie juste et sûre.

La sécurité intérieure est un effort de collaboration nécessitant la synergie d'une gouvernance efficace et d'un engagement citoyen actif. Il s'agit d'un engagement envers une nation où chacun peut s'épanouir dans un environnement de sécurité, de prospérité et d'unité. En assumant nos responsabilités partagées, nous pouvons créer une patrie qui non seulement répond aux besoins d'aujourd'hui, mais qui jette également des bases solides pour les générations futures.

Un Engagement Uni En Faveur De La Sécurité Intérieure : Bâtir Ensemble Un Avenir Plus Sûr Et Plus Prospère

Dans notre monde diversifié, la protection de notre patrie apparaît comme un objectif commun qui nous unit au-delà des frontières, des idéologies et des origines. La sécurité intérieure va bien au-delà de la défense du territoire ; il s'agit de sauvegarder les rêves, les aspirations et les valeurs collectives qui nous définissent en tant que nation.

Considérons la protection de notre patrie comme un effort uni, où chaque citoyen collabore pour créer un environnement sûr, harmonieux et prospère. L'unité dans la protection de notre patrie n'est pas seulement un objectif ; c'est la pierre angulaire d'une société prospère. C'est une mission que nous entreprenons ensemble, vitale pour notre avenir collectif.

Pourquoi notre engagement commun envers la sécurité intérieure est essentiel :

1. Unité dans la diversité : Notre patrie est une tapisserie dynamique de cultures, de croyances et de traditions. En collaborant à la sécurité intérieure, nous célébrons notre diversité et trouvons un objectif commun. Cette unité a été illustrée lorsque des communautés de divers horizons se sont réunies pour des initiatives telles que les programmes nationaux de surveillance de quartier, améliorant la sécurité tout en respectant les diverses cultures.

2. Un environnement plus sûr : Donner la priorité à la sécurité intérieure garantit des rues plus sûres et des communautés résilientes. Nous avons vu comment les initiatives communautaires de sécurité urbaine ont transformé les villes, créant des espaces où les familles et les entreprises prospèrent et où les individus poursuivent leurs rêves sans crainte.

3. Prospérité économique : La sécurité est le fondement de la croissance économique. Un pays sûr attire les investissements et les talents, favorisant l'innovation et l'entrepreneuriat. Ce lien entre sécurité et prospérité était évident dans le boom économique connu par les régions qui donnaient la priorité à des environnements sécurisés pour les entreprises et les pôles d'innovation.

4. Fierté nationale : Contribuer à la sécurité intérieure suscite un profond sentiment de fierté nationale, nous unissant au-delà de nos différences. Cette fierté est une force puissante qui nous rappelle notre force et notre potentiel collectifs.

Notre engagement envers la sécurité intérieure est le reflet de notre engagement les uns envers les autres et envers les générations futures.

C'est la promesse de bâtir une nation plus sûre, plus prospère et plus unie. C'est une invitation à mettre de côté nos différences, à assumer nos responsabilités communes et à travailler ensemble pour le bien commun.

Unissons-nous dans notre engagement en faveur de la sécurité intérieure, en la reconnaissant comme le fondement d'un avenir plus sûr, plus harmonieux et plus prospère. Notre mission commune doit relever les défis de la collaboration et adopter les mesures pratiques que les individus et les communautés peuvent prendre. Ensemble, nous pouvons surmonter n'importe quel défi, protéger ce qui compte le plus et faire en sorte que notre patrie soit une lueur d'espoir, d'opportunité et d'unité pour tous.

Renforcer La Sécurité Nationale : Une Vision Globale Pour Un Avenir Plus Sûr

Alors que les conceptions traditionnelles de la sécurité nationale mettent souvent l'accent sur la force militaire et la défense des frontières, un avenir véritablement sûr exige une approche plus large et plus holistique. Notre sécurité et notre bien-être collectifs dépendent d'une stratégie multidimensionnelle qui va au-delà de la simple puissance militaire.

1. Résilience économique : La stabilité économique nationale ne consiste pas seulement à accumuler des richesses ; il s'agit d'assurer le bien-être de chaque citoyen. Une économie robuste soutient nos capacités de défense, soutient les infrastructures essentielles et finance les programmes sociaux essentiels. Par exemple, le redressement économique observé dans des pays comme la Corée du Sud démontre à quel point la santé économique contribue directement à la sécurité nationale, fournissant une base solide pour la croissance et la stabilité futures.

2. Cohésion sociale : La force d'une nation réside dans son tissu social. L'harmonie sociale, l'inclusion et le respect mutuel sont essentiels à la sécurité nationale. Lorsque les communautés sont unies et que les

citoyens se sentent valorisés, la nation reste forte contre la division et l'extrémisme. Des programmes comme la politique canadienne du multiculturalisme illustrent comment la promotion de l'inclusion et du respect peut renforcer la cohésion sociale et l'unité nationale.

3. Gérance de l'environnement : La sécurité environnementale est essentielle à la sécurité nationale. Il est impératif de relever les défis mondiaux tels que le changement climatique, les catastrophes naturelles et la rareté des ressources. En adoptant des pratiques durables et en investissant dans les technologies vertes, comme l'Energiewende (transition énergétique) en Allemagne, nous protégeons non seulement notre environnement, mais renforçons également notre sécurité nationale.

4. Fortification numérique : À notre ère numérique, la protection des infrastructures informationnelles est aussi cruciale que la protection des frontières physiques. La cybersécurité est essentielle pour se prémunir contre les menaces susceptibles de perturber les économies et de compromettre la vie privée. La mise en œuvre de lois strictes sur la confidentialité des données et de mesures de cybersécurité, semblables au Règlement général sur la protection des données (RGPD) de l'Union européenne, est cruciale pour une défense moderne.

En adoptant cette vision globale de la sécurité nationale, nous allons au-delà de la protection de nos frontières pour assurer un avenir prospère à chaque citoyen. Cette approche favorise un environnement où coexistent croissance économique, harmonie sociale, durabilité environnementale et sécurité numérique.

Cependant, la réalisation de cette vision ne relève pas uniquement de la responsabilité du gouvernement ; cela implique chaque citoyen. Nous avons tous un rôle à jouer pour renforcer la résilience économique, favoriser la cohésion sociale, préserver notre environnement et protéger notre monde numérique.

En conclusion, élargissons notre compréhension de la sécurité nationale pour inclure ces dimensions critiques. Ce faisant, nous créons une nation non seulement à l'abri des menaces extérieures, mais également résiliente face à l'adversité, harmonieuse dans la diversité, durable pour les générations futures et sûre à l'ère numérique. Cette approche globale de la sécurité nationale est une nécessité stratégique et un impératif moral pour garantir le bien-être de chaque citoyen et l'avenir de notre patrie.

Résilience Économique : La Première Ligne De Défense

Dans le domaine de la sécurité nationale, l'importance de la résilience économique est primordiale. Plus qu'une simple mesure de la prospérité financière, une économie robuste et stable constitue le fondement sur lequel reposent la sécurité et le bien-être de notre nation.

1. Création d'emplois : Un marché du travail dynamique est crucial pour la stabilité sociétale. Il offre non seulement une stabilité financière aux individus et aux familles, mais favorise également un sentiment d'utilité et d'appartenance. Par exemple, les politiques économiques post-récession dans des pays comme l'Allemagne, axées sur la création d'emplois et la formation professionnelle, ont montré à quel point les opportunités d'emploi peuvent renforcer la sécurité nationale. Un emploi stable réduit la probabilité que les citoyens adoptent des comportements criminels ou extrémistes, faisant de la résilience économique une défense proactive contre les troubles sociaux et les menaces internes.

2. Politiques commerciales : Dans notre économie mondiale interconnectée, les partenariats commerciaux stratégiques vont au-delà des avantages économiques, jouant un rôle essentiel dans le renforcement de la stabilité et de la sécurité nationales. De tels partenariats créent un réseau d'intérêts partagés qui découragent les conflits. La politique commerciale de l'Union européenne, axée sur la création de relations mutuellement bénéfiques avec des partenaires mondiaux, illustre la manière dont des économies interconnectées peuvent

renforcer la paix et la sécurité. Ces politiques ne sont pas seulement des stratégies économiques mais aussi des éléments essentiels d'un plan global de sécurité nationale.

En donnant la priorité à la résilience économique, nous protégeons bien plus que nos intérêts financiers ; nous renforçons activement notre nation contre diverses menaces. La stabilité économique a un effet dissuasif sur les conflits internes, l'extrémisme et même les conflits externes. Par exemple, la stabilité économique de pays comme la Corée du Sud et Singapour a contribué de manière significative à leur sécurité nationale, réduisant ainsi leur vulnérabilité aux pressions extérieures et aux défis internes.

En conclusion, la résilience économique doit être reconnue comme la pierre angulaire de la sécurité nationale. Il s'agit d'un concept à multiples facettes englobant la création d'emplois, les politiques commerciales stratégiques, la stabilité du secteur financier et l'innovation. En nous concentrant sur ces domaines, nous faisons plus que protéger notre avenir financier ; nous sécurisons le tissu même de notre patrie. Une économie résiliente est essentielle à la sécurité et à la prospérité de chaque citoyen, et constitue le fondement sur lequel reposent toutes les autres formes de sécurité.

Cohésion Sociale : La Sécurité De L'intérieur

Dans le domaine complexe de la sécurité nationale, le rôle essentiel de la cohésion sociale est souvent sous-estimé. Cela va au-delà du maintien de la paix à l'intérieur des frontières ; il s'agit de favoriser un sentiment d'unité et d'appartenance parmi les citoyens. Il est vital de reconnaître l'importance primordiale de la cohésion sociale, car elle constitue l'essence même de notre sécurité collective.

1. Programmes sociaux : La force d'une société se reflète non seulement dans ses capacités militaires mais aussi dans le bien-être de ses

citoyens. Les programmes sociaux, notamment une éducation de qualité et des soins de santé accessibles, sont plus que des marqueurs d'une société compatissante ; ils sont fondamentaux pour la sécurité nationale. Par exemple, les pays scandinaves, connus pour leurs systèmes de protection sociale étendus, se classent régulièrement en bonne place dans les indices mondiaux de paix. En investissant dans l'éducation et la santé de nos citoyens, nous améliorons non seulement la vie de chacun, mais nous bâtissons également une nation plus forte et plus résiliente. Des citoyens instruits et en bonne santé sont plus susceptibles de contribuer positivement à la société, réduisant ainsi les risques tels que les troubles sociaux et les conflits internes.

2. Sensibilisation communautaire et maintien de l'ordre : Une application efficace de la loi va de pair avec la promotion de la cohésion sociale. La sensibilisation communautaire et la résolution des problèmes par la police, illustrées par des programmes tels que le modèle de police communautaire à Singapour, renforcent activement la confiance entre les forces de l'ordre et les communautés. Ce partenariat est crucial pour créer un tissu social résilient face à diverses menaces, des catastrophes naturelles aux défis sécuritaires. Des communautés fortes et interconnectées constituent le fondement de la sécurité nationale, assurant la stabilité et la résilience à la base.

En conclusion, la cohésion sociale n'est pas simplement un idéal sociétal mais un impératif stratégique pour la sécurité nationale. En donnant la priorité aux programmes sociaux et en renforçant les liens communautaires, nous cultivons plus que la simple harmonie sociétale ; nous forgeons une défense solide contre la myriade de défis auxquels notre nation pourrait être confrontée. Notre sécurité découle non seulement de la force militaire mais aussi de l'unité, du bien-être et de la résilience de nos citoyens. Investir dans ces domaines, c'est investir au cœur même de notre sécurité nationale, garantissant ainsi un avenir protégé à notre nation et à sa population.

Gérance Environnementale : Une Planète Sécurisée Pour Une Nation Sécurisée

Dans le paysage dynamique de la sécurité nationale, le rôle essentiel de la gestion de l'environnement est devenu de plus en plus évident. Loin d'être un simple devoir moral, il s'agit d'un impératif stratégique. La santé de notre planète est profondément liée à la sécurité de notre nation, ce qui rend l'action climatique et l'énergie durable essentielles à notre sécurité future.

1. Action climatique : Le changement climatique constitue une menace immédiate pour la sécurité nationale. Les répercussions de la négligence environnementale se manifestent par des catastrophes naturelles plus fréquentes et plus graves, mettant à rude épreuve les systèmes d'intervention d'urgence et une escalade des conflits liés aux ressources concernant l'approvisionnement en eau et en nourriture. Par exemple, l'impact du changement climatique sur l'élévation du niveau de la mer et les phénomènes météorologiques extrêmes a eu des conséquences tangibles sur la sécurité de pays comme les Maldives et le Bangladesh. Une action climatique proactive est vitale ; il atténue ces risques et positionne une nation comme un leader dans les efforts environnementaux mondiaux. Le leadership en matière d'atténuation du changement climatique réduit non seulement les vulnérabilités, mais favorise également la coopération et le respect internationaux.

2. Énergie durable : Nos choix énergétiques ont de profondes implications pour la sécurité nationale. La dépendance à l'égard du pétrole étranger peut créer des vulnérabilités aux ruptures d'approvisionnement et à la volatilité des prix. La transition vers des sources d'énergie durables, telles que l'énergie éolienne, solaire et hydroélectrique, n'est pas simplement un objectif environnemental mais aussi une stratégie de sécurité. Des pays comme le Danemark, avec ses investissements importants dans l'énergie éolienne, démon-

trent comment l'énergie durable peut conduire à une plus grande indépendance et sécurité énergétiques. Ce changement réduit la dépendance à l'égard du marché volatil des combustibles fossiles et garantit la stabilité des infrastructures critiques.

Les défis liés à la mise en œuvre de ces stratégies environnementales comprennent les coûts économiques, la résistance politique potentielle et la nécessité de progrès technologiques. Cependant, ces défis sont contrebalancés par les avantages en matière de sécurité d'une nation plus durable et plus résiliente sur le plan environnemental.

En conclusion, la gestion de l'environnement est indispensable à la sécurité nationale. Adopter l'action climatique et l'énergie durable transcende la conservation de l'environnement : il s'agit de sauvegarder notre nation. Ce faisant, nous réduisons les vulnérabilités, renforçons la résilience et positionnons notre nation comme un leader responsable et avant-gardiste. Il ne s'agit pas seulement de créer un avenir plus vert, mais aussi de garantir une nation plus sûre et plus sécurisée pour les générations à venir.

Fortification Numérique : La Nouvelle Frontière De La Sécurité Nationale

Au XXIe siècle, la sécurité nationale a transcendé les champs de bataille traditionnels et nous a fait entrer dans le domaine numérique. Il est essentiel de reconnaître l'importance primordiale de la cybersécurité et de l'intégrité des données, car ces domaines sont devenus les nouvelles frontières où se livrent et se gagnent des batailles cruciales pour la sécurité nationale.

1. Cybersécurité : Notre monde de plus en plus interconnecté souligne la nécessité d'une cybersécurité robuste. Les infrastructures critiques, telles que les réseaux électriques et les systèmes financiers, sont étroitement liées aux réseaux numériques, ce qui les rend vulnérables

aux cyberattaques. Par exemple, l'attaque du ransomware WannaCry en 2017, qui a touché les systèmes du monde entier, a mis en évidence le chaos potentiel que les cyberattaques peuvent provoquer, voire paralyser les services essentiels. En investissant dans des mesures avancées de cybersécurité, nous faisons plus que protéger ces infrastructures ; nous préservons notre tissu sociétal. La cybersécurité n'est pas seulement un défi technologique mais un aspect crucial de la défense nationale.

2. Intégrité des données : À une époque où l'information est un outil puissant, la protection de l'intégrité de nos données est un impératif de sécurité nationale. La montée des campagnes de désinformation et de l'ingérence étrangère dans les élections, comme on l'a vu lors de l'élection présidentielle américaine de 2016, démontre les menaces que représente la manipulation de l'information. L'établissement de mesures strictes contre la désinformation et les influences extérieures est crucial pour préserver les valeurs démocratiques. De plus, la sécurisation des données des agences gouvernementales contre les violations est essentielle pour maintenir la sécurité des citoyens et l'efficacité gouvernementale. Une nation attachée à l'intégrité des données est mieux protégée contre la manipulation et la déstabilisation interne.

Le paysage numérique est également confronté à des menaces émergentes telles que la manipulation de l'IA et la sécurité des appareils IoT, qui nécessitent une vigilance continue et des stratégies adaptatives. En outre, dans cet environnement numérique mondialement connecté, la coopération internationale est essentielle pour contrer efficacement les cybermenaces.

En conclusion, la fortification numérique est une nécessité fondamentale de la sécurité nationale moderne. En donnant la priorité à la cybersécurité et à l'intégrité des données, nous protégeons non seulement nos infrastructures et nos processus démocratiques, mais garantissons également la sécurité et le bien-être de nos citoyens. Cette nouvelle frontière nécessite une attention et une innovation constantes pour assurer la sécurité de notre nation dans un monde numérique en constante évolution. C'est un domaine dans lequel nous devons faire preuve d'une vigilance inébranlable et proactive pour maintenir notre sécurité nationale.

Sécurité Humaine : L'impératif Moral

Dans nos efforts pour assurer la sécurité nationale, il est essentiel de garder à l'esprit que la sécurité et le bien-être de nos citoyens transcendent les frontières physiques. La sécurité humaine, qui englobe la protection des individus et des communautés contre diverses menaces, est non seulement un impératif moral mais aussi un pilier essentiel d'une stratégie globale de sécurité nationale.

1. Politiques d'immigration : Développer un système d'immigration humain et sûr est une nécessité stratégique pour la sécurité nationale. Un tel système facilite les entrées et sorties ordonnées, identifiant efficacement les individus ayant des intentions malveillantes tout en offrant un refuge à ceux qui en ont réellement besoin. Par exemple, l'approche équilibrée du Canada en matière d'immigration a amélioré sa réputation mondiale et favorisé la coopération internationale. En intégrant les valeurs humanitaires à la sécurité, nous faisons preuve d'un leadership éclairé et renforçons la sécurité de notre nation.

2. Droits de l'homme : Le respect des droits de l'homme est plus qu'un devoir moral ; c'est un élément fondamental de la stabilité nationale. Les nations qui respectent les droits de l'homme ont tendance à être plus stables, réduisant ainsi le risque de conflits internes et d'extrémisme. La transformation survenue en Afrique du Sud après l'apartheid témoigne de la manière dont la défense des droits humains peut conduire à la stabilité sociétale. De plus, les pays engagés dans la défense des droits de l'homme sont mieux placés pour nouer des partenariats internationaux. La diplomatie

et la coopération prospèrent là où les droits de l'homme sont une priorité. La promotion des droits de l'homme garantit non seulement la sécurité de notre nation, mais contribue également à la paix et à la stabilité mondiales.

Aborder la sécurité humaine implique de relever des défis, tels que l'alignement des intérêts nationaux sur les besoins humanitaires. Cela nécessite également une prise en compte plus large de facteurs tels que la santé publique, l'éducation et les opportunités économiques, qui font partie intégrante du bien-être général des citoyens.

En conclusion, la sécurité humaine est un impératif pratique et moral. En mettant en œuvre des politiques d'immigration compatissantes et en défendant résolument les droits de la personne, nous renforçons notre sécurité nationale et affirmons notre rôle de leader de principe sur la scène mondiale. Il ne s'agit pas seulement de protéger les frontières ; il s'agit de sauvegarder notre humanité collective et d'établir une norme pour un monde juste et sûr.

Conclusion : Un Bouclier A Multiples Facettes

Dans le paysage mondial complexe d'aujourd'hui, la sécurité nationale transcende les concepts traditionnels. Il s'agit d'un bouclier à multiples facettes, essentiel pour protéger notre nation et ses citoyens contre toute une série de menaces. Même si une armée forte est cruciale, les piliers de la sécurité nationale s'étendent bien au-delà et englobent la résilience économique, la cohésion sociale, la gestion de l'environnement, la fortification numérique et la sécurité humaine.

Résilience économique : La sécurité nationale est profondément ancrée dans la stabilité économique. Des opportunités d'emploi stables et de croissance réduisent l'attrait des comportements criminels ou extrémistes. Par exemple, les politiques économiques de pays comme l'Allemagne, axées sur la création d'emplois et la formation professionnelle, se sont révélées efficaces pour favoriser la stabilité sociétale et renforcer ainsi la sécurité nationale.

Cohésion sociale : Une société liée par des liens communautaires solides et un respect mutuel est intrinsèquement plus sûre. Des initiatives telles que la police de proximité dans des pays comme la Nouvelle-Zélande ont démontré comment favoriser la confiance et la coopération entre les forces de l'ordre et les communautés contribue à la sécurité nationale globale.

Gérance de l'environnement : Relever les défis environnementaux n'est pas seulement une préoccupation écologique mais un impératif de sécurité. L'impact du changement climatique sur la rareté des ressources et les catastrophes naturelles peut conduire à des conflits menaçant la stabilité nationale. Les pratiques durables, comme celles adoptées dans les pays scandinaves, illustrent le lien entre la durabilité environnementale et la sécurité nationale.

Fortification numérique : à l'ère numérique, la cybersécurité est primordiale. L'attaque du ransomware WannaCry en 2017 a démontré le chaos que les cybermenaces peuvent provoquer, soulignant la nécessité de mesures de sécurité numérique robustes pour protéger les infrastructures critiques et maintenir la sécurité nationale.

Sécurité humaine : Le respect des droits de l'homme et la mise en œuvre de politiques d'immigration humaines sont des nécessités stratégiques. Des pays comme le Canada, grâce à leurs systèmes d'immigration équilibrés, ont amélioré leur position et leur sécurité à l'échelle mondiale. Le respect des droits de l'homme réduit le risque de conflits internes et d'extrémisme.

Pour parvenir à cette approche globale, nous devons relever des défis tels que les contraintes budgétaires, les obstacles politiques et la nécessité d'une coopération mondiale. Les décideurs politiques et les citoyens peuvent contribuer à cette vision en plaidant et en mettant en œuvre des politiques conformes à ces principes.

En conclusion, cette vision élargie de la sécurité nationale est à la fois pratique et réalisable. En prenant en compte un éventail plus large de facteurs qui contribuent à la sécurité d'une nation, nous enrichissons notre compréhension et renforçons notre capacité à faire face aux défis modernes. Cette approche ne constitue pas une rupture avec les mesures de sécurité traditionnelles mais une extension qui inclut les aspects économiques, sociaux, environnementaux, numériques et humains. Il s'agit d'un engagement à évoluer avec son temps et à bâtir un avenir sûr et prospère pour tous.

La sécurité nationale au XXIe siècle nous oblige à redéfinir notre approche, en reconnaissant que la véritable sécurité ne se limite pas à la puissance militaire. Il s'agit de créer une société économiquement stable, socialement cohésive, écologiquement durable, numériquement sécurisée et respectueuse des droits de l'homme. Cette approche holistique n'est pas seulement une vision mais une nécessité pour faire face aux divers défis de notre époque. En adoptant ce cadre global, nous garantissons non seulement la sécurité de notre nation, mais défendons également les valeurs qui nous définissent. C'est une stratégie pour un monde plus sûr, plus uni et plus prospère.

Le Rôle De La Durabilité Environnementale Dans La Protection De La Patrie

Redéfinir La Sécurité Nationale : La Terre Comme Patrie

À une époque marquée par un changement climatique rapide, il est essentiel d'élargir notre compréhension de la sécurité nationale au-delà de la préparation militaire traditionnelle et de la stabilité géopolitique. La durabilité environnementale n'est pas seulement un impératif écologique ; c'est un élément essentiel de la sécurité nationale, qui a un impact direct sur la stabilité, la santé et la prospérité de notre pays. Reconnaître ce lien et agir de toute urgence est essentiel pour notre avenir.

Une perspective holistique : La sécurité nationale englobe le bien-être global de notre nation et de ses citoyens, s'étendant au-delà de la puissance militaire jusqu'à la santé de notre environnement. Notre planète, la Terre, est notre patrie commune, et son bien-être est crucial pour notre sécurité collective.

La crise climatique : Un danger clair et présent : Le changement climatique provoqué par l'homme constitue une menace immédiate pour notre sécurité nationale. Les exemples incluent la fréquence croissante des événements météorologiques catastrophiques comme les ouragans et les incendies de forêt, qui ont des impacts tangibles sur les ressources et la sécurité. Ces changements environnementaux peuvent entraîner une pénurie de ressources, des déplacements et des conflits, tant au sein des nations qu'à l'échelle internationale.

Rareté des ressources et conflits : La dégradation de l'environnement exacerbe les conflits autour des ressources essentielles comme l'eau et les terres arables. Par exemple, la pénurie d'eau dans des régions comme le Moyen-Orient a exacerbé les tensions et pourrait potentiellement conduire à de futurs conflits, mettant à rude épreuve les infrastructures de sécurité nationales et internationales.

Déplacements et migrations : Les déplacements et migrations induits par le changement climatique présentent à la fois des défis humanitaires et des implications complexes en matière de sécurité, notamment des troubles sociaux potentiels et des tensions géopolitiques. La crise des réfugiés syriens, attribuée en partie à une sécheresse prolongée et à l'effondrement de l'agriculture, illustre ces défis.

Un appel à l'action urgente : Aborder le lien entre la durabilité environnementale et la sécurité nationale nécessite des actions concrètes :

- Atténuer le changement climatique : la réduction agressive des émissions de gaz à effet de serre et la transition vers les énergies renouvelables sont des étapes cruciales. La mise en œuvre de pratiques durables dans tous les secteurs est essentielle.
- S'adapter aux changements environnementaux : il est nécessaire d'investir dans des infrastructures adaptatives, telles que les défenses côtières et l'agriculture durable, pour faire face aux changements environnementaux en cours.
- Coopération internationale : la lutte contre le changement climatique

exige une collaboration mondiale. S'engager dans des efforts internationaux comme l'Accord de Paris est essentiel pour former un front uni contre cette menace mondiale.

- Gestion responsable des ressources : Assurer une répartition équitable des ressources et une gestion efficace est essentiel pour prévenir les conflits liés aux ressources.

Une patrie sûre et durable : En donnant la priorité à la durabilité environnementale, nous créons une patrie plus résiliente. Cette approche mène à un avenir où l'air pur, les terres fertiles et l'eau pure ne sont pas seulement des idéaux mais des réalités. C'est une vision de la sécurité nationale qui correspond à notre obligation morale de protéger notre planète et ses habitants.

En conclusion, intégrer la durabilité environnementale dans notre stratégie de sécurité nationale est non seulement sage mais impératif. Cette approche globale garantit que nous protégeons efficacement notre patrie face aux défis mondiaux en constante évolution. En préconisant et en mettant en œuvre des politiques qui englobent cette compréhension plus large de la sécurité nationale, nous n'en diluons pas l'essence ; nous l'enrichissons et le fortifions pour l'avenir. Dans notre monde en évolution rapide, cette approche holistique de la sécurité nationale est la voie vers un avenir plus sûr pour tous.

Changement Climatique : Un Multiplicateur De Menace

Catastrophes Naturelles

Le changement climatique est une crise immédiate et croissante, augmentant considérablement la fréquence et la gravité des catastrophes naturelles. Les ouragans, les incendies de forêt, les inondations et les phénomènes météorologiques extrêmes ne sont pas des anomalies mais les signes avant-coureurs d'une nouvelle normalité qui menace les communautés, les économies et notre mode de vie. Ces événements sont bien plus que de simples catastrophes environnementales ; ce sont des menaces directes pour la vie humaine, avec des impacts dévastateurs tels que des pertes de vies humaines, la destruction de biens et le déplacement de communautés. Les coûts financiers sont stupéfiants, s'élevant à des milliards pour les efforts de redressement et de reconstruction. La saison des ouragans de 2017 aux États-Unis, notamment les ouragans Harvey, Irma et Maria, nous rappelle cruellement ces coûts, tant en termes humains qu'économiques.

Les conséquences à long terme, telles que les déplacements de population, la pression sur les ressources et les troubles sociaux qui en découlent, constituent les coûts cachés mais profonds du changement climatique, qui érodent la sécurité nationale au fil du temps.

Pénurie De Ressources

Le changement climatique est un catalyseur de la rareté des ressources, la hausse des températures et les conditions météorologiques imprévisibles entraînant des pénuries d'eau et une réduction des rendements agricoles. Par exemple, la crise actuelle de l'eau dans des régions comme le Moyen-Orient et l'Afrique du Nord illustre à quel point la pénurie d'eau peut exacerber les tensions et potentiellement conduire à des conflits. De même, le changement des conditions climatiques menace la sécurité alimentaire mondiale, impactant la production agricole et entraînant des troubles sociaux et des migrations, comme en témoigne la région du Sahel en Afrique.

L'urgence de l'action climatique : Le changement climatique est un impératif clair de sécurité nationale, exigeant une action immédiate et coordonnée. Pour faire face à cette menace, nous devons :

- Atténuer le changement climatique : la transition vers les énergies renouvelables, la promotion de l'efficacité énergétique et la refonte des systèmes de transport sont des étapes essentielles pour réduire les émissions de gaz à effet de serre.

- S'adapter à la nouvelle normalité : il est essentiel d'investir dans des infrastructures résilientes et dans la préparation aux catastrophes, ainsi que d'adopter des pratiques agricoles résilientes au climat pour résister aux impacts du changement climatique.
- Collaborer à l'échelle mondiale : le changement climatique est un défi qui transcende les frontières nationales, nécessitant une collaboration internationale pour trouver des solutions efficaces, telles que l'adhésion et le renforcement des accords mondiaux comme l'Accord de Paris.
- Protéger les ressources et promouvoir l'équité : gérer les ressources de manière responsable et garantir un accès équitable sont essentiels pour prévenir les conflits et garantir la stabilité mondiale.

Faire face au changement climatique n'est pas seulement une responsabilité environnementale ; c'est une étape cruciale pour garantir notre patrie, notre prospérité et notre mode de vie. Le coût de l'inaction est immense et la nécessité d'agir est urgente. En reconnaissant et en abordant les impacts multiformes du changement climatique, nous pouvons tracer la voie vers un avenir plus sûr et plus résilient.

Sécurité Énergétique : Le Chemin Vers L'indépendance

Énergie Renouvelable

Imaginez une patrie non dépendante de l'énergie étrangère, où les sources renouvelables comme l'énergie éolienne, solaire et hydroélectrique constituent notre avenir. Cette vision est réalisable grâce à un virage stratégique vers les énergies renouvelables. Actuellement, notre dépendance aux combustibles fossiles non seulement exacerbe le changement climatique, mais nous lie également à un marché énergétique mondial imprévisible. Les troubles politiques dans les régions riches en pétrole, par exemple, peuvent avoir un impact significatif sur notre économie et notre stabilité énergétique.

La transition vers les énergies renouvelables offre une solution à ces vulnérabilités. Des pays comme l'Allemagne et le Danemark ont fait des progrès significatifs dans cette direction, réduisant leur dépendance à l'égard de l'énergie importée et renforçant leur sécurité nationale. Les sources d'énergie renouvelables fournissent une énergie constante d'origine nationale, nous libérant de la volatilité de la dépendance énergétique étrangère.

Les avantages vont au-delà de la sécurité. La transition vers les énergies renouvelables favorise la création d'emplois, stimule la croissance économique et positionne notre pays à l'avant-garde du mouvement mondial des énergies propres. C'est une voie non seulement pour sauvegarder notre nation, mais aussi pour nous propulser vers un avenir durable.

Efficacité Énergétique

L'efficacité énergétique est un outil puissant pour la sécurité nationale. Il s'agit de maximiser chaque unité d'énergie, de réduire notre consommation globale et de rendre nos industries et nos infrastructures plus résilientes aux fluctuations de l'approvisionnement et des coûts énergétiques. En mettant en œuvre des pratiques économes en énergie dans tous les secteurs, nous renforçons notre sécurité nationale en minimisant notre vulnérabilité aux chocs énergétiques externes.

L'efficacité énergétique joue également un rôle crucial dans la lutte contre le changement climatique, qui constitue une menace importante pour la sécurité nationale. La réduction des émissions grâce à l'efficacité contribue à atténuer les effets du changement climatique, en se prémunissant contre le risque accru de catastrophes naturelles et de rareté des ressources.

Investir dans des technologies économes en énergie n'est pas seulement un choix environnemental ; c'est une décision stratégique qui renforce notre sécurité nationale. Des pays comme le Japon ont démontré les avantages de tels investissements, en réalisant à la fois une croissance économique et une dépendance énergétique réduite.

La voie à suivre : Pour parvenir à la sécurité énergétique, nous devons :

- Accélérer la transition : investir dans les infrastructures et les technologies renouvelables. L'élimination progressive des combustibles fossiles améliore non seulement la sécurité, mais nous positionne également comme leader dans le secteur des énergies propres.
- Donner la priorité à l'efficacité : mettre en œuvre des pratiques économes en énergie dans les industries et les secteurs, réduisant ainsi les coûts énergétiques et augmentant la résilience.
- Diversifier les sources d'énergie : un portefeuille énergétique diversifié, comprenant des énergies renouvelables, le nucléaire et le gaz naturel, réduit la dépendance à l'égard d'une source unique, renforçant ainsi la sécurité.

La sécurité énergétique est un objectif tangible et vital. Adopter les énergies renouvelables et l'efficacité énergétique protège notre patrie et mène à un avenir plus prospère et plus indépendant. En nous engageant sur cette voie, nous garantissons non seulement nos besoins énergétiques mais aussi le bien-être des générations futures. Cette approche globale de la sécurité énergétique constitue une étape cruciale pour garantir une nation stable, durable et sûre.

Santé Publique : Une Nation En Sécurité Est Une Nation En Bonne Santé

Air Et Eau Purs

Imaginez une patrie où l'air pur et l'eau pure sont la norme et non l'exception, réduisant considérablement les maladies respiratoires et les maladies d'origine hydrique. Cette vision transcende les simples bienfaits pour la santé ; cela fait partie intégrante de notre sécurité nationale.

Les normes environnementales relatives à la qualité de l'air et de l'eau affectent directement la santé de notre population, influençant ainsi notre résilience nationale face à des menaces telles que les pandémies et la guerre biologique.

La pollution de l'air compromet la santé respiratoire, augmentant la vulnérabilité aux infections, un fait clairement mis en évidence lors de la pandémie de COVID-19. Les pays ayant des niveaux de pollution atmosphérique plus élevés ont été confrontés à des impacts plus graves. De même, l'accès à l'eau potable est vital non seulement pour l'hydratation mais aussi pour la prévention des maladies, comme le montre la réduction des maladies d'origine hydrique dans les pays qui ont amélioré les installations d'assainissement de l'eau.

Aménagement Urbain

Pensez aux villes conçues pour la santé et le bien-être, où les espaces verts et les systèmes efficaces de gestion des déchets sont la norme. Une telle planification urbaine est un aspect stratégique de la sécurité nationale. Les villes surpeuplées avec peu de verdure peuvent exacerber les problèmes de santé publique, comme l'observe l'impact des îlots de chaleur urbains sur la santé des citadins.

Les espaces verts sont essentiels à la santé mentale et physique. Ils constituent un tampon contre la pollution urbaine et favorisent des modes de vie actifs, contribuant ainsi à la résilience globale de la population. Une gestion efficace des déchets est tout aussi cruciale pour prévenir la pollution et la propagation des maladies, comme le démontrent des villes comme Singapour, connues pour leur gestion méticuleuse des déchets et leur propreté publique.

La voie à suivre : Pour garantir la santé et la sécurité de notre pays, nous devons :

1. Renforcer la réglementation environnementale : appliquer des normes strictes en matière de qualité de l'air et de l'eau. Des initiatives

telles que le Clean Air Act aux États-Unis ont eu des effets significatifs sur l'amélioration de la qualité de l'air et de la santé publique.

2. Promouvoir une planification urbaine durable : favoriser des conceptions urbaines qui donnent la priorité à la santé publique grâce à des espaces verts et des systèmes de gestion des déchets efficaces. Des villes comme Copenhague, qui mettent l'accent sur une conception urbaine durable et axée sur la santé, constituent d'excellents modèles.

3. Sensibiliser le public : Éduquer les citoyens sur le lien entre la santé environnementale et la sécurité nationale. La sensibilisation stimule le plaidoyer et soutient les changements politiques pour de meilleurs résultats en matière de santé et de sécurité.

La santé publique est un élément essentiel de la sécurité nationale. En investissant dans l'air et l'eau purs et dans des environnements urbains durables, nous n'améliorons pas seulement la santé de nos citoyens ; nous fortifions notre nation contre une série de menaces. Une nation en bonne santé est une nation en sécurité, et cet objectif est à notre portée grâce à une action engagée et à une priorisation politique.

La Biodiversité : Le Héros Méconnu De La Sécurité Intérieure

Service D'écosystème

Imaginez une patrie où les écosystèmes prospèrent, soutenant une riche diversité d'espèces végétales et animales. Dans cette vision, la biodiversité est reconnue non seulement pour son importance écologique, mais aussi comme pierre angulaire de la sécurité et de la prospérité de notre nation.

La biodiversité fournit des services écosystémiques inestimables, notamment la pollinisation, la purification de l'eau et la régulation des maladies, essentiels à l'agriculture, à la santé et au bien-être. Par exemple, les pollinisateurs comme les abeilles et les papillons sont essentiels à la reproduction de nombreuses espèces végétales essentielles à notre approvisionnement alimentaire. Leur déclin peut avoir un impact significatif sur la productivité agricole, constituant une menace pour la sécurité alimentaire et la stabilité économique.

La purification de l'eau est un autre service essentiel offert par divers écosystèmes. Des endroits comme le bassin versant de Catskill à New York illustrent comment les systèmes de filtration naturels fournis par la biodiversité peuvent maintenir des approvisionnements en eau propre, une nécessité pour la santé et les activités économiques.

La biodiversité joue également un rôle essentiel dans la régulation des maladies. Des écosystèmes équilibrés peuvent empêcher l'apparition de certaines maladies, tandis que leur perturbation peut accroître la propagation de maladies infectieuses, comme le montrent le cas de la déforestation et de l'augmentation des maladies transmises par les moustiques.

Barrières Naturelles

La biodiversité constitue une formidable barrière naturelle contre les catastrophes. Les écosystèmes côtiers comme les mangroves et les zones humides ne sont pas seulement pittoresques ; ce sont des défenses cruciales contre les inondations et les ouragans. Il a par exemple été démontré que les mangroves réduisent considérablement les dégâts causés par les ondes de tempête et sont essentielles à la protection des communautés côtières.

De même, les zones humides absorbent les excès de pluie, atténuant ainsi les risques d'inondation dans les zones urbaines. Les forêts jouent un rôle dans la stabilisation des sols et dans la prévention des glissements de terrain. Le tsunami de 2004 dans l'océan Indien a démontré que les zones abritant des forêts de mangrove intactes ont subi moins de dégâts que celles qui n'en avaient pas.

La voie à suivre : Pour que la biodiversité continue d'être notre héros méconnu de la sécurité intérieure, nous devons :

1. Investir dans la conservation : Soutenir les efforts de conservation

pour protéger nos divers écosystèmes. La préservation de la forêt amazonienne, par exemple, n'est pas seulement une question de préoccupation environnementale mais un aspect crucial de la sécurité mondiale.

2. Promouvoir l'utilisation durable des terres : encourager les pratiques d'utilisation des terres qui minimisent la destruction de l'habitat. Une gestion responsable des terres est essentielle au maintien des écosystèmes qui fournissent des services essentiels.

3. Sensibiliser le public : Éduquer le public sur le lien essentiel entre la biodiversité et la sécurité nationale. Les citoyens informés sont plus susceptibles de soutenir les politiques qui protègent notre patrimoine naturel.

La biodiversité est un trésor vivant qui nous soutient et protège notre nation. Reconnaître son lien profond avec la sécurité intérieure est essentiel pour construire un avenir résilient et sûr. Une patrie qui valorise et protège sa biodiversité est une patrie qui comprend véritablement la nature globale de la sécurité – une sécurité qui s'étend aux générations futures.

Résilience Économique : Le Dividende Vert

Dans le monde d'aujourd'hui, où les défis sont divers et complexes, la résilience économique est devenue cruciale pour la sécurité nationale. Le dividende vert, un concept visionnaire, va au-delà de la durabilité environnementale ; il s'agit d'une stratégie dynamique visant à renforcer notre économie et à assurer la prospérité tout en protégeant notre avenir.

Emplois Verts

Imaginez une patrie regorgeant d'industries nées de la conscience environnementale. La résilience économique ici est motivée par l'innovation verte. Investir dans les technologies vertes et les énergies renouvelables est plus qu'un engagement environnemental ; c'est une voie vers de nouveaux marchés du travail. À mesure que nous nous dirigeons vers la durabilité, une demande de travailleurs qualifiés pour concevoir, construire et entretenir les infrastructures de demain, comme les parcs éoliens et les panneaux solaires, apparaît.

Cette transition est illustrée par des pays comme le Danemark, leader dans le domaine de l'énergie éolienne, où une importante création d'emplois dans le secteur a contribué à la stabilité économique. Les emplois verts offrent diverses opportunités, allant des rôles techniques à la recherche et à l'entrepreneuriat, alignant la croissance économique sur la responsabilité environnementale. En soutenant ce secteur, nous stimulons l'emploi, stimulons la croissance et préparons notre main-d'œuvre aux défis futurs.

Agriculture Durable

Imaginez une patrie où l'agriculture durable s'épanouit, maintenant des terres fertiles et produisant des récoltes abondantes. Cette approche est fondamentale pour la résilience économique, garantissant la sécurité alimentaire à long terme.

L'agriculture durable, pratiquée dans des pays comme les Pays-Bas, connus pour leurs techniques agricoles efficaces et à haut rendement, ne concerne pas seulement la gestion des terres ; il s'agit de stabilité économique. L'adoption de pratiques qui protègent les terres et conservent l'eau entraînent une augmentation de la productivité et une réduction des coûts. Soutenir et encourager ces pratiques est un investissement dans notre avenir, garantissant une base stable à notre économie.

Le dividende vert : Le dividende vert est une vision pratique et réalisable. Adopter des emplois verts et une agriculture durable renforce non seulement notre résilience économique, mais nous prépare également à faire face aux incertitudes futures.

Pour exploiter ce dividende, nous devrions :

1. Accélérer la transition verte : investir dans les infrastructures et les technologies d'énergies renouvelables. Ce changement améliore non seulement la sécurité, mais nous positionne également comme leader mondial de l'énergie propre.

2. Promouvoir des pratiques durables : Soutenir une utilisation durable des terres et une agriculture durable, garantissant la santé environnementale et économique à long terme.

3. Favoriser la coopération mondiale : S'engager dans des partenariats internationaux pour relever de manière collaborative les défis environnementaux et économiques.

4. Éduquer et innover : sensibiliser le public au dividende vert et encourager l'innovation dans les technologies et les pratiques durables.

En choisissant la voie du dividende vert, nous ne nous contentons pas de nous adapter au changement, mais nous y prospérons. Il s'agit d'une voie stratégique, éthique et bénéfique vers un avenir plus sûr et plus prospère pour tous.

Participation Citoyenne : Protection De La Patrie A La Base

Dans le domaine aux multiples facettes de la sécurité intérieure, la participation des citoyens apparaît comme un élément essentiel. Ce concept va au-delà de la simple prise de conscience ; il incarne la compréhension selon laquelle les efforts individuels et collectifs contribuent de manière significative à la sécurité et au bien-être nationaux. Il s'agit de tirer parti du pouvoir de l'action communautaire pour fortifier notre patrie commune.

Initiatives Communautaires

Imaginez des quartiers prospères avec des jardins communautaires, où les parcs locaux sont bien entretenus et où chaque citoyen participe aux efforts de préservation de l'environnement comme les campagnes de nettoyage et la plantation d'arbres. Ici, la durabilité environnementale est une réalité quotidienne, faisant partie intégrante du tissu sociétal.

Les initiatives locales sont essentielles au dynamisme des communautés et à la sécurité intérieure. Ils encouragent la responsabilité collective, en favorisant des espaces où les gens participent activement à l'amélioration de leur environnement. Par exemple, les jardins communautaires font plus que fournir des produits frais ; ils réduisent l'empreinte carbone liée au transport des aliments. Les campagnes de nettoyage et la plantation d'arbres embellissent et verdissent non seulement nos quartiers, mais contribuent également aux efforts plus larges d'atténuation du changement climatique.

De telles initiatives créent des liens communautaires solides et inculquent des valeurs de gestion environnementale à travers les générations. Ils sont essentiels à la construction d'un avenir durable et sûr.

Éducation Environnementale

Imaginez une patrie où l'éducation environnementale est une priorité pour tous, des écoliers aux personnes âgées. Cette éducation n'est pas un luxe mais une nécessité, permettant aux citoyens de faire des choix durables et de participer activement aux objectifs nationaux.

Des citoyens bien informés peuvent faire une différence en matière de consommation d'énergie, de conservation de l'eau et de réduction des déchets. Ils défendent des politiques qui protègent les ressources naturelles et luttent contre le changement climatique. Ils choisissent des produits respectueux de l'environnement et adoptent des pratiques durables dans leur vie quotidienne.

L'impact de l'éducation environnementale s'étend au-delà des actions individuelles. Il favorise le sentiment de responsabilité et le lien avec la patrie, motivant les citoyens à devenir les gardiens de leur environnement et les participants proactifs à la sécurité intérieure.

Élargir la portée : Pour renforcer davantage la protection des terres à la base, nous devons également considérer :

- Aller au-delà de l'approche environnementale pour inclure d'autres initiatives de sécurité dirigées par les citoyens, comme des programmes de surveillance de quartier et des ateliers de préparation aux situations d'urgence.
- Relever les défis tels que les obstacles à l'engagement et les limites des ressources, peut-être grâce au soutien du gouvernement local ou à des partenariats public-privé.
- Encourager la collaboration entre les groupes communautaires et les autorités locales pour une approche coordonnée de la sécurité intérieure.

La participation populaire à la sécurité intérieure est un processus actif et engagé. Grâce aux initiatives communautaires et à l'éducation environnementale, nous luttons non seulement contre la dégradation de l'environnement, mais renforçons également notre résilience nationale. En adoptant cette approche globale, nous garantissons une patrie non seulement militairement forte, mais également résiliente face au changement climatique, à la rareté des ressources et à d'autres menaces environnementales. Ce parcours de citoyenneté active et de participation communautaire est la clé d'un avenir sûr et prospère, laissant un héritage de responsabilité aux générations à venir.

Entrons Dans Une Nouvelle Ère De Sécurité Nationale

Le moment est venu d'inaugurer une nouvelle ère de sécurité nationale, une ère qui comprend profondément l'environnement comme une composante essentielle d'une stratégie de défense globale. Cette époque n'est pas seulement une question d'adaptation ; il s'agit de reconnaître le lien intrinsèque entre la sécurité de notre patrie et la santé de notre planète. C'est un changement de paradigme nécessaire.

Notre vision traditionnelle de la sécurité nationale, qui s'articule principalement autour de la force militaire et des tactiques géopolitiques, ne parvient pas à répondre aux complexités du monde d'aujourd'hui. Nous sommes confrontés à une myriade de défis interconnectés qui ignorent les frontières nationales et exigent des réponses innovantes. Le changement climatique, la rareté des ressources, les cyberattaques et les pandémies sont de redoutables adversaires, qui menacent non seulement notre mode de vie mais aussi l'existence même de notre planète.

La sécurité de notre patrie est étroitement liée à la santé de la Terre. La stabilité environnementale, l'équilibre climatique et la préservation des ressources naturelles ne sont pas de simples préoccupations écologiques ; ils sont essentiels à notre sécurité nationale. Nous ne pouvons pas protéger pleinement notre nation sans sauvegarder également notre planète.

Cette nouvelle ère appelle un engagement en faveur de la protection de la patrie et de l'environnement avec détermination et réflexion innovante. C'est un appel à l'action, nous exhortant à forger un avenir sûr et durable. Nous devons exploiter nos connaissances, nos technologies et nos capacités pour aligner la sécurité nationale sur la gestion de l'environnement. Cela comprend la transition vers les énergies renouvelables, la réduction des émissions de carbone, la promotion d'une agriculture durable et l'investissement dans la conservation de la biodiversité.

Par exemple, des pays comme le Costa Rica ont fait des progrès significatifs dans le domaine des énergies renouvelables, démontrant comment de telles initiatives peuvent renforcer la sécurité nationale. De même, l'accent mis par Singapour sur le développement urbain durable a renforcé sa résilience face aux crises environnementales et sanitaires.

Cette époque exige que nous transcendions les frontières traditionnelles et reconnaissions l'interdépendance de nos actions. Cela nous oblige à repenser nos priorités et à adopter une approche holistique qui protège notre environnement, notre économie et notre bien-être général.

À notre époque, l'armée fait partie d'une coalition plus large composée d'écologistes, de scientifiques, d'économistes et de citoyens, formant collectivement une défense solide. Nous envisageons un avenir dans lequel notre patrie sera non seulement à l'abri des menaces traditionnelles, mais également résiliente face aux défis environnementaux.

Embrassons cette nouvelle ère de sécurité nationale, en reconnaissant le lien vital entre notre patrie et l'environnement. Les protéger tous deux n'est pas seulement une vision mais un effort collectif crucial pour notre nation, notre planète et les générations futures. Le temps d'agir est maintenant; embarquons-nous dans cette mission avec passion et détermination.

Conclusion : L'avenir De La Sécurité Intérieure Est Vert

À une époque marquée par l'interdépendance et l'évolution des défis mondiaux, une vérité cruciale émerge : la durabilité environnementale et la sécurité nationale sont indissociables. L'avenir de la sécurité intérieure est incontestablement vert, un changement nécessaire et inévitable vers une approche plus holistique de la protection de notre nation.

Les menaces modernes auxquelles nous sommes confrontés transcendent les frontières et les concepts de guerre traditionnels. Il s'agit notamment du changement climatique, de la rareté des ressources, des cyberattaques et des pandémies – des défis aussi tangibles et intimidants que n'importe quel adversaire militaire. Pour y remédier, il faut une réponse globale et robuste qui intègre la gestion de l'environnement au cœur des stratégies de sécurité nationale.

Les paradigmes traditionnels de sécurité nationale, fortement axés sur la force militaire et les stratégies géopolitiques, ne suffisent plus. Ils ont besoin du complément crucial qu'est la gestion de l'environnement. Ce n'est pas seulement un choix mais une nécessité, compte tenu de l'impact mondial de nos actions. Nos décisions ont des conséquences considérables, affectant non seulement notre pays mais la planète entière.

La durabilité environnementale est un pilier essentiel de la sécurité moderne. Cela englobe la protection des ressources naturelles, la stabilité climatique, la préservation de la biodiversité et la transition vers une énergie propre. Cela implique de donner la priorité à l'air et à l'eau purs, à l'agriculture durable et à une planification urbaine efficace. Cela comprend également des initiatives locales et une éducation environnementale, permettant aux citoyens de faire des choix durables.

Des pays comme l'Allemagne et le Danemark ont montré comment la transition vers les énergies renouvelables peut renforcer la sécurité nationale en réduisant la dépendance au pétrole étranger et en favorisant la résilience économique. De même, l'engagement de Singapour en faveur du développement urbain durable a contribué à son statut de nation sûre et stable.

Reconnaître le caractère indispensable de la durabilité environnementale pour la sécurité nationale n'est pas une option ; c'est fondamental. Il s'agit d'un aspect intégré de notre stratégie de défense, crucial pour la sauvegarde de notre nation. Une nation sûre apprécie la valeur de son environnement naturel et travaille activement à le protéger. Des climats stables et des ressources abondantes sont les fondements de la sécurité.

Dans cette nouvelle ère, les militaires ne peuvent à eux seuls garantir notre sécurité. Il doit être en synergie avec les initiatives environnementales, la fortification numérique, la résilience économique et les stratégies de santé publique. Une approche holistique reconnaissant la nature multidimensionnelle des menaces modernes est impérative.

Avançons avec audace vers un avenir où les pratiques vertes et la gestion de l'environnement font partie intégrante de la sécurité intérieure. Reconnaître que protéger notre nation signifie protéger notre environnement, notre économie et notre bien-être général n'est pas seulement une voie que nous choisissons, mais une voie que nous devons suivre. Cette vision n'est pas seulement convaincante ; c'est impératif. L'avenir de la sécurité intérieure est vert, une direction qui promet un monde plus sûr et plus durable pour les générations à venir.

8

Favoriser La Oumma (Communauté)

La Communauté Comme Microcosme De La Gouvernance

Recadrer Notre Compréhension : Du Macro Au Micro

Imaginez une petite communauté côtière en Indonésie, où les décisions locales en matière de gestion des pêcheries, influencées par les politiques nationales, affectent directement les moyens de subsistance et la durabilité de la région. Ce scénario réel illustre le rôle essentiel que jouent les communautés dans la gouvernance, souvent éclipsé par le grand théâtre de la diplomatie internationale et des politiques nationales.

Chaque décision de haut niveau, chaque loi radicale et chaque grande stratégie influence en fin de compte les communautés individuelles. Ce n'est pas une simple observation ; c'est une vérité fondamentale qui remodèle notre approche de la gouvernance. Pourquoi, alors, les communautés sont-elles les microcosmes de la gouvernance ?

1. Laboratoires du monde réel : Les communautés, comme notre village indonésien, sont l'endroit où les théories et les politiques sont confrontées à la réalité. Ici, l'efficacité de la gouvernance est testée

en temps réel, fournissant ainsi un retour d'information inestimable sur ce qui fonctionne et ce qui ne fonctionne pas.

2. Approche centrée sur l'humain : la gouvernance n'est pas abstraite ; il s'agit de vraies personnes. Dans les communautés, l'impact de la gouvernance se matérialise, traduisant les politiques en changements tangibles dans la vie quotidienne.

3. Diversité et complexité : Les communautés sont des mosaïques d'origines, de besoins et d'aspirations divers. Une gouvernance efficace nécessite de comprendre et d'aborder cette nature multiforme.

4. Prise de décision collaborative : Dans les communautés, la prise de décision est souvent collaborative. Cette approche ascendante, impliquant les populations locales dans la résolution des problèmes, offre des informations précieuses pour les niveaux de gouvernance supérieurs.

5. Résilience et adaptation : Les communautés sont des bastions de résilience et d'innovation. Leurs réponses aux défis locaux peuvent éclairer des stratégies de gouvernance plus larges.

Reconnaître les communautés comme le cœur de la gouvernance transforme notre perspective :

1. Gouvernance centrée sur les personnes : Nous passons d'une gouvernance centrée sur les politiques à une gouvernance centrée sur les personnes, en mettant l'accent sur le bien-être et l'autonomisation individuels.

2. Sagesse locale : les communautés détiennent une sagesse locale inestimable. En exploitant ces connaissances, nous pouvons élaborer des politiques plus efficaces.

3. Gouvernance participative : Mettre l'accent sur l'implication de la communauté dans la prise de décision garantit que les politiques reflètent ceux qu'elles affectent.

4. Solutions sur mesure : La gouvernance devient plus nuancée, passant de solutions universelles à des solutions répondant aux besoins

uniques des communautés.

5. Autonomiser les communautés : Comprendre les communautés en tant qu'agents actifs du changement met en évidence leur rôle dans la stimulation de l'innovation et de la résilience.

Faire des communautés des microcosmes de gouvernance nécessite de repenser l'ensemble du processus. Chaque politique, loi et stratégie doit être évaluée en fonction de son impact sur la communauté. Le succès de la gouvernance doit être mesuré par le bien-être et l'autonomisation des individus au sein de ces communautés.

Ce changement nécessite une écoute active, un engagement véritable et une compréhension approfondie des divers besoins et aspirations des communautés. Cela appelle à un environnement dans lequel les communautés ne sont pas seulement des bénéficiaires mais des partenaires actifs de gouvernance.

En fin de compte, reconnaître le rôle central des communautés dans la gouvernance va au-delà de la perspective : c'est une question d'efficacité et d'impact. Il s'agit de créer un cadre qui sert véritablement la population, dans lequel les décisions au niveau macro trouvent un écho positif au niveau micro. Cette vision de la gouvernance, qui responsabilise les individus, favorise le dynamisme des communautés et stimule le progrès à partir de la base, n'est pas seulement un noble idéal ; c'est une approche pratique et efficace qui fait déjà une différence dans des endroits comme notre village indonésien. Il est temps d'accepter cette réalité et d'en faire un principe universel de gouvernance.

Politiques Sociales : Une Vue Rapprochée

Lorsque nous discutons de politiques sociales au niveau national, nous sommes souvent confrontés à un labyrinthe de chiffres, de statistiques et d'une bureaucratie impersonnelle. Pourtant, en zoomant sur les communautés et les individus qu'ils impactent, nous découvrons leur profonde signification.

Programmes D'aide Sociale : Au-Delà Des Chiffres, Changer Des Vies

Les programmes de protection sociale sont souvent perçus comme un filet de sécurité anonyme, un réseau de réglementations et de statistiques. Cependant, une visite dans un centre communautaire local dresse un tableau différent. Ici, vous rencontrez des individus et des familles dont la vie a été considérablement transformée par ces programmes.

1. Des vies réelles, un impact réel : L'aide sociale efficace n'est pas seulement une question de budgets et de charge de travail ; il s'agit d'améliorer la vie de vraies personnes. Il s'agit d'offrir une bouée de sauvetage aux personnes vulnérables, aux familles en difficulté et à celles confrontées à l'adversité. Cependant, il est également important de reconnaître les cas où les programmes sociaux ont été confrontés à des difficultés, telles que des obstacles bureaucratiques ou un financement insuffisant, qui ont parfois entravé leur efficacité.

2. Héros locaux : les travailleurs sociaux des communautés locales agissent souvent comme des héros méconnus. Ils évoluent dans des réglementations complexes pour garantir que l'aide nécessaire parvienne à ceux qui en ont besoin, comblant ainsi le fossé entre la politique et son impact.

Éducation : Autonomiser Les Communautés, Un Enfant A La Fois

Les réformes éducatives sont fréquemment débattues en termes de classements nationaux et de compétitivité mondiale. Pourtant, leur véritable essence est évidente dans les histoires des étudiants et des communautés. Prenons l'exemple d'un enfant d'une petite ville dont le potentiel est libéré grâce à l'accès à une éducation de qualité. La croissance scolaire et personnelle de cet enfant symbolise l'impact plus large de ces réformes.

1. Prospérité communautaire : lorsque les politiques éducatives sont bien mises en œuvre, les communautés prospèrent. Les écoles de qualité deviennent des centres d'apprentissage et d'innovation, renforçant le dynamisme économique et la cohésion sociale. Il existe cependant des cas où les réformes n'ont pas pleinement atteint leur potentiel, peut-être en raison d'un manque de ressources ou d'une formation inadéquate des éducateurs.

2. Une entreprise nationale : les politiques éducatives jettent les bases de l'avenir d'une nation. Ils ouvrent la voie à la mobilité sociale, à la croissance économique et à une société plus équitable. Investir dans l'éducation est un investissement dans la prospérité nationale et la compétitivité mondiale.

Établir Le Lien : De La Politique A La Communauté

Il est crucial de combler le fossé entre les politiques sociales nationales et leur impact local. Ces politiques représentent bien plus que des lignes budgétaires ; ce sont des bouées de sauvetage pour les individus et les communautés. Ce sont des outils pour bâtir une société plus inclusive, compatissante et prospère.

En tant que citoyens et décideurs politiques, notre responsabilité va au-delà de l'élaboration de politiques et vise à garantir leur mise en œuvre efficace au niveau communautaire. Cela implique d'écouter les personnes concernées, de soutenir les travailleurs de première ligne et d'affiner continuellement nos approches en fonction des commentaires et des preuves.

En voyant les visages, en écoutant les histoires et en ressentant l'impact de ces politiques, nous comprenons mieux leur importance. Ce sont les fils qui tissent notre tissu social. Chaque dollar dépensé pour l'aide sociale, chaque réforme de l'éducation a le pouvoir de transformer des vies et d'améliorer les communautés. À mesure que ces communautés prospèrent, notre nation aussi.

C'est une perspective qui mérite d'être adoptée alors que nous nous efforçons collectivement de bâtir un avenir meilleur pour tous.

Politiques Économiques : L'effet D'entraînement

Les politiques économiques ont des répercussions bien au-delà des bilans et des chiffres du PIB. Ce sont les leviers qui peuvent relever les communautés ou les plonger dans des difficultés. Comprendre l'effet d'entraînement de ces politiques sur la société est crucial.

Création D'emplois : Soutenir Les Communautés

La création d'emplois va au-delà des statistiques de l'emploi. Il revitalise les communautés, en particulier celles qui sont touchées par le déclin économique. Cependant, il est important de reconnaître que si les politiques visant à favoriser la croissance de l'emploi sont porteuses d'espoir, elles sont également confrontées à des défis, comme l'adaptation aux changements technologiques et aux mutations économiques mondiales.

1. Revitaliser les communautés : Prenons l'exemple d'une petite ville, autrefois prospère autour d'une usine locale, aujourd'hui calme avec la fermeture de l'usine. Les familles ont déménagé, laissant un vide. Un scénario différent se déroule avec les nouvelles politiques économiques : de nouvelles industries relancent la ville, les familles restent, les entreprises locales prospèrent et la culture de la communauté perdure.

2. Préserver la culture locale : les communautés sont plus que des structures ; ils sont les gardiens de la culture et de l'histoire. Les politiques économiques qui favorisent la stabilité de l'emploi permettent à ces trésors culturels de s'épanouir, permettant ainsi aux traditions de se transmettre de génération en génération.

Fiscalité : Des Opportunités De Financement Pour Tous

La fiscalité, bien que souvent considérée comme un fardeau, peut être un outil bénéfique pour la société. Une fiscalité progressive, par exemple, peut soutenir les communautés marginalisées, mais cela n'est pas sans difficultés, comme garantir l'équité et éviter les désincitations économiques.

1. Soutenir les communautés marginalisées : une fiscalité progressive signifie des contributions plus élevées de la part des plus capables, finançant ainsi des services qui aident les groupes défavorisés. Cette approche nécessite toutefois un équilibre prudent pour garantir qu'elle ne décourage pas la croissance économique.
2. Éducation et soins de santé de qualité : les fonds provenant d'une fiscalité progressive peuvent améliorer l'éducation et les soins de santé. Un tel investissement crée une base pour la prospérité de la communauté, même s'il exige une allocation efficace et de la transparence pour éviter les abus et l'inefficacité.
3. Centre d'innovation : la fiscalité peut alimenter l'éducation, la recherche et les infrastructures, favorisant ainsi l'innovation. Les communautés bénéficiant de cet investissement deviennent des centres de créativité, attirant les talents et stimulant la croissance économique. Cependant, cela nécessite une approche collaborative entre le gouvernement, le secteur privé et les communautés pour garantir un développement durable.

Un Avenir Meilleur Pour Tous

Les politiques économiques façonnent le fondement des communautés. Donner la priorité à la création d'emplois et à une fiscalité progressive ne consiste pas seulement à gérer les chiffres ; il s'agit de sculpter le destin des individus et des sociétés. Pourtant, la complexité de ces politiques dans un monde globalisé et leurs impacts variés doivent être pris en compte.

En tant que citoyens et décideurs politiques, notre rôle s'étend à la défense de politiques qui renforcent les communautés et à la reconnaissance des défis nuancés qu'elles impliquent. En reconnaissant l'impact considérable des décisions économiques, nous pouvons lutter pour des communautés où les opportunités, la culture et la prospérité prospèrent.

Chaque décision politique, des stratégies budgétaires aux réformes fiscales, a le potentiel de transformer des vies. Ce n'est pas simplement un choix économique ; c'est un impératif moral, un engagement en faveur d'une société inclusive et florissante. Adopter cette perspective est essentiel alors que nous travaillons vers un avenir qui profite à tous.

Politiques Environnementales : Le Point Zéro De L'impact

Les politiques environnementales ne visent pas seulement à préserver notre planète pour les générations futures ; ils sont fondamentaux pour le bien-être des communautés dans lesquelles nous vivons aujourd'hui. Il est essentiel de comprendre leur profond impact au niveau local.

Durabilité : Les Communautés Comme Phares Du Changement

La durabilité est réalisée à travers une tapisserie d'actions locales s'entrelaçant pour un impact mondial. Bien que les initiatives locales soient essentielles, il est crucial de les relier à des efforts environnementaux internationaux plus larges pour une approche globale.

1. Programmes de recyclage locaux : pensez au modeste bac de recyclage de votre quartier. Il symbolise l'engagement d'une communauté à réduire les déchets et à conserver les ressources. Lorsque les gouvernements locaux mettent en œuvre de tels programmes, ils responsabilisent non seulement les résidents, mais contribuent également à un mouvement mondial. Cependant, des défis tels que le financement et la sensibilisation du public peuvent affecter l'efficacité de ces programmes.

2. Jardins communautaires : Les jardins communautaires urbains représentent bien plus qu'un espace vert ; ils témoignent d'un mode de vie durable, de la réduction de l'empreinte carbone et de l'amélioration de la sécurité alimentaire. Ces initiatives, soutenues par des politiques environnementales, responsabilisent les communautés mais s'appuient également sur des réseaux plus larges impliquant des ONG et des entreprises pour obtenir des ressources et de l'expertise.

Action Climatique : Protéger Les Nôtres

Le changement climatique constitue une menace immédiate, dont les impacts se font de plus en plus sentir au niveau local. Des politiques environnementales efficaces doivent donner la priorité aux stratégies d'atténuation et d'adaptation pour relever ces défis.

1. Politiques adaptatives : Reconnaissant la réalité actuelle du changement climatique, les politiques doivent permettre aux communautés d'être résilientes. Cela inclut l'adaptation des infrastructures et la préparation aux catastrophes, en particulier dans les régions vulnérables à l'élévation du niveau de la mer ou aux conditions météorologiques extrêmes. Ces politiques devraient s'inspirer des modèles climatiques mondiaux et des meilleures pratiques, garantissant ainsi une approche globale des défis locaux.

2. Initiatives énergétiques locales : la transition vers des sources d'énergie renouvelables, comme les panneaux solaires et les éoliennes, non seulement réduit les émissions, mais améliore également l'indépendance énergétique. Toutefois, la transition nécessite des investissements et une coopération importants entre divers secteurs, notamment les entreprises privées et les gouvernements locaux.

Une Révolution Environnementale Menée Par La Communauté

Les politiques environnementales sont plus que des réglementations et des objectifs ; ce sont des catalyseurs qui transforment les communautés en champions de la gestion environnementale. Les politiques efficaces doivent être inclusives, tenant compte des divers besoins et capacités des différentes communautés.

Alors que nous défendons et mettons en œuvre ces politiques, nous devons reconnaître les défis auxquels les communautés sont confrontées, tels que les ressources limitées ou les contraintes logistiques. En s'inspirant d'études de cas internationales réussies et en intégrant des stratégies environnementales mondiales, les communautés peuvent contribuer efficacement à des objectifs plus larges de développement durable.

En adoptant cette approche, nous reconnaissons que les impacts environnementaux les plus significatifs commencent localement mais résonnent à l'échelle mondiale. Les communautés, grâce à des actions collectives et des partenariats avec diverses parties prenantes, peuvent être le fer de lance d'une révolution environnementale. Il ne s'agit pas simplement d'un appel à l'action ; c'est un modèle pour un avenir où les communautés façonnent activement leur destin environnemental, contribuant ainsi à un monde durable pour tous.

Libertés Civiles : Le Berceau De La Démocratie

Les libertés civiles sont la pierre angulaire de la démocratie, transcendant les simples principes juridiques pour incarner les valeurs fondamentales de nos communautés et de notre nation. Défendre ces libertés au sein de nos communautés ne consiste pas seulement à défendre les droits individuels ; il s'agit de nourrir l'essence même de la démocratie.

Droits Civiques : Autonomiser Les Individus, Renforcer Les Communautés

Les droits civils sont fondamentaux pour une société juste et équitable. Lorsque ces droits sont activement protégés et respectés, les communautés envoient un message retentissant : chaque voix est significative et chaque personne est égale devant la loi.

1. Liberté d'expression : les communautés où la liberté d'expression est respectée favorisent une culture de dialogue ouvert et d'échange d'idées. Cette liberté est cruciale pour traiter des questions urgentes, mais elle n'est pas sans défis, comme le juste équilibre entre la liberté d'expression et la prévention des discours de haine.
2. Droit de réunion : Le droit de réunion est un outil essentiel pour l'autonomisation des communautés. Il permet aux gens de se rassembler, de plaider en faveur du changement et de répondre aux préoccupations collectives, de la justice sociale à l'action environnementale. Cependant, ce droit se heurte parfois à des obstacles, tels que des restrictions légales ou des problèmes de sécurité publique.
3. Protection égale devant la loi : La véritable égalité est une nécessité pratique pour des communautés cohésives. Tout en luttant pour atteindre cet idéal, nous devons reconnaître et éliminer les obstacles systémiques qui continuent d'empêcher la pleine égalité de tous les membres de la communauté.

Justice Sociale : Autonomiser Les Communautés, Transformer Les Nations

La justice sociale est un engagement actif en faveur de l'équité et de la justice au sein des communautés, reconnaissant leurs divers besoins et défis. Cet engagement est particulièrement crucial pour autonomiser les groupes marginalisés, souvent touchés de manière disproportionnée par l'injustice.

1. Autonomiser les populations marginalisées : la lutte active contre les disparités au sein des communautés contribue à une société plus inclusive et équitable. Pourtant, le chemin vers la justice sociale peut être complexe et se heurter à des obstacles tels que des préjugés bien ancrés et une répartition inégale des ressources.
2. Créer de nouveaux précédents : Les mouvements populaires dans les communautés peuvent créer de puissants précédents en matière de justice sociale, suscitant des débats nationaux et des changements législatifs. Ces mouvements, bien que vitaux, nécessitent des efforts persistants et se heurtent souvent à l'opposition des pouvoirs établis.

Une Démocratie Plus Forte Grâce Aux Libertés Civiles

Les libertés civiles et la justice sociale sont l'élément vital de communautés dynamiques et de démocraties prospères. En leur donnant la priorité au sein de nos communautés, nous favorisons des espaces où les individus peuvent s'épanouir et où les voix diverses sont célébrées.

Cependant, pour atteindre ces objectifs, il faut non seulement des idéaux, mais aussi des actions. Les communautés peuvent s'engager dans la gouvernance locale, participer à des dialogues, soutenir l'éducation aux droits civiques et collaborer avec des organisations œuvrant à ces fins. À l'échelle mondiale, nous pouvons apprendre des autres pays qui ont réussi à relever des défis similaires, en appliquant leurs leçons à notre contexte.

En donnant aux communautés les moyens de protéger les droits civils et de défendre la justice sociale, nous construisons une démocratie plus forte. Respecter ces principes ne consiste pas seulement à adhérer à des idéaux ; il s'agit de renforcer activement le noyau de notre nation. En adoptant cette perspective, nous nous engageons en faveur d'un avenir où les libertés civiles ne seront pas seulement un cadre juridique mais une réalité vécue pour tous.

Pensez Global, Agissez Local

L'adage « Penser global, agir local » renferme une profonde sagesse, qui résume une vérité intemporelle : un changement impactant commence au sein de nos communautés locales. Ce principe n'est pas seulement un point de vue philosophique ; c'est une approche pratique pour créer un monde meilleur. Même si nous aspirons à une transformation nationale ou mondiale, il est essentiel que nos stratégies soient profondément ancrées dans les actions et les réalités locales. Un modèle de gouvernance descendant qui néglige le potentiel microcosmique des communautés locales n'est pas seulement incomplet ; c'est intrinsèquement inefficace.

Communautés Locales : Le Creuset Du Changement

Les communautés locales sont le lieu où germe le changement. Ici, les aspirations individuelles fusionnent, les idées se transforment en actions et les valeurs nationales sont vécues avec vivacité. Les communautés sont les premières bénéficiaires et contributeurs aux impacts des politiques, formant les liens qui soutiennent et enrichissent la société. Ce sont des agents dynamiques du changement, et non de simples spectateurs.

Gouvernance Réactive : Une Voie A Double Sens

Pour que la gouvernance soit véritablement efficace à l'échelle nationale ou mondiale, elle doit être réactive et adaptative, s'engageant dans une conversation bilatérale avec les communautés locales. Les politiques doivent refléter les besoins et les aspirations uniques de ces communautés. Cela nécessite non seulement d'écouter les voix locales, mais aussi de les impliquer activement dans le processus décisionnel, comblant ainsi le fossé entre l'action locale et l'impact mondial.

Inclusivité Et Diversité : Les Éléments Constitutifs Du Changement

Un changement significatif englobe la diversité de nos communautés, sachant que le progrès doit être spécifique au contexte. L'inclusion garantit que toutes les voix, en particulier celles des groupes marginalisés, sont entendues et valorisées. Cette approche reconnaît les différents défis et forces des différentes communautés, garantissant que personne n'est laissé de côté dans la poursuite du progrès.

Le Pouvoir De L'action Collective : Unité D'objectif

Les communautés locales sont des moteurs d'action collective. Lorsque les gens s'unissent pour une cause commune, ils créent des répercussions qui s'étendent bien au-delà de leur environnement immédiat. L'histoire nous montre que les mouvements populaires suscitent souvent d'importants changements à l'échelle mondiale. Ces efforts locaux, lorsqu'ils sont multipliés, deviennent une formidable force de transformation mondiale.

Étapes Concrètes Pour Un Changement Global

Pour incarner la philosophie « Penser mondial, agir local », les individus et les communautés peuvent s'engager dans diverses activités. Cela inclut la participation à la gouvernance locale, le soutien aux initiatives communautaires et la promotion de pratiques locales durables qui s'alignent sur les objectifs environnementaux mondiaux. Partager ces réussites locales sur des plateformes plus larges peut inspirer des actions similaires dans le monde entier.

Un Plan Pour Un Avenir Meilleur

Alors que nous envisageons l'avenir, nous devons nous rappeler que les chemins de transformation commencent dans nos quartiers et nos villes. C'est dans ces espaces que nous plantons les graines du changement global. « Penser global, agir local » est plus qu'un dicton ; c'est un modèle pour un avenir où chaque communauté contribue à un monde plus inclusif, équitable et prospère. En adoptant cette sagesse, nous responsabilisons nos communautés, en reconnaissant les diverses manières dont elles peuvent avoir un impact sur la scène mondiale. Ensemble, nous pouvons avancer et transformer les actions locales en un mouvement mondial pour un avenir meilleur.

Conclusion : Un Avenir Meilleur Commence Avec La Communauté

Dans le grand paysage de la gouvernance, la communauté n'est pas seulement un segment ; c'est un objectif grand angle offrant une vision globale du changement sociétal. Le voyage vers le changement social, la prospérité nationale et l'influence mondiale commence par des communautés prospères et autonomes. Ce concept de gouvernance centrée sur la communauté devrait être plus qu'un idéal ; cela doit devenir la pierre angulaire de la manière dont nous façonnons notre avenir.

Un Changement De Paradigme : D'une Gouvernance Descendante A Une Gouvernance Ascendante

Pendant trop longtemps, le modèle de gouvernance descendant a relégué les communautés à des rôles passifs. Le véritable progrès et la prospérité ne viennent pas d'en haut mais de l'intérieur de ces communautés. En adoptant une approche ascendante, nous reconnaissons et responsabilisons les communautés en tant que participantes actives à la gouvernance. Par exemple, le succès des projets locaux d'énergie renouvelable au Danemark illustre comment la participation communautaire peut conduire à des progrès significatifs en matière de développement durable.

Les Réalités De La Vie Humaine : Inclusivité Et Autonomisation

Les communautés, en tant que noyau de la société, sont des réseaux interconnectés qui créent le tissu dynamique de notre pays. Reconnaître cette interdépendance signifie donner à chaque communauté, grande ou petite, rurale ou urbaine, les moyens de façonner les politiques qui les concernent. Des défis tels que la répartition inégale des ressources et la diversité des besoins communautaires doivent être abordés dans ce modèle. En adoptant des stratégies inclusives, comme celles utilisées dans la budgétisation participative à Porto Alegre, au Brésil, les communautés peuvent avoir leur mot à dire directement dans la gouvernance locale, conduisant à des résultats plus équitables et plus efficaces.

Les Ingrédients Essentiels : Humanité Et Efficacité

Notre quête d'un avenir meilleur doit être guidée par l'humanité, en reconnaissant la dignité et le potentiel inhérents de chaque individu, et par l'efficacité, en garantissant des réponses aux besoins uniques de chaque communauté. En Nouvelle-Zélande, par exemple, l'approche adoptée par le gouvernement pour impliquer les communautés autochtones maories dans les décisions politiques démontre un mélange efficace de respect des valeurs culturelles et de gouvernance pratique.

Un Plan Pour L'avenir : Des Communautés Plus Fortes, Une Nation Plus Forte

Bâtir des communautés plus fortes est un modèle pratique pour la résilience et la prospérité nationales. Investir dans la croissance communautaire jette les bases d'une nation plus robuste. Par exemple, la revitalisation des villes postindustrielles aux États-Unis, grâce à un développement économique axé sur les communautés, illustre comment l'autonomisation des localités peut contribuer à la croissance nationale.

La Renaissance Communautaire : Un Voyage Partagé

Élever les communautés au centre de la gouvernance est un voyage collectif. Cela nécessite que les décideurs politiques, les dirigeants et les citoyens s'unissent pour favoriser une renaissance communautaire. Cette voie implique l'élaboration de politiques qui répondent non seulement aux besoins locaux, mais qui encouragent également la participation active et le leadership communautaire.

Le Temps D'agir Est Maintenant

L'appel à remodeler la gouvernance autour de la communauté est un impératif urgent. Cette transformation, qui fait écho à l'esprit des mouvements transformateurs de l'histoire, promet un avenir où chaque communauté pourra prospérer. Pour que cela devienne une réalité, des mesures concrètes sont essentielles :

1. Encourager la participation locale : Favoriser les plateformes de participation communautaire aux processus décisionnels.
2. Allouer les ressources de manière équitable : assurer une répartition équitable des ressources pour répondre aux divers besoins de la

communauté.

3. Apprendre des meilleures pratiques mondiales : adapter les modèles de gouvernance communautaire efficaces du monde entier aux contextes locaux.

En Conclusion

Alors que nous nous engageons dans ce voyage, nous le faisons en tant que force unifiée pour le changement. Créer un avenir où la communauté est au cœur de la gouvernance est essentiel. En adoptant ce nouveau paradigme et en apprenant des exemples mondiaux, nous pouvons façonner un avenir qui démarre une communauté à la fois. La communauté n'est pas seulement une composante de notre vision ; c'est le catalyseur d'un avenir meilleur et plus inclusif.

La Nécessité De Programmes Sociaux Qui Élèvent Et Unifient

L'impératif Des Programmes Sociaux : Combler Les Fossés Et Favoriser L'unité

À une époque marquée par la fragmentation et les inégalités, le besoin de programmes sociaux qui comblent les divisions et favorisent l'unité n'a jamais été aussi pressant. La gouvernance consiste fondamentalement à créer un modèle de coexistence collective, et dans ce modèle, les programmes sociaux sont essentiels. Ils vont au-delà de simples filets de sécurité ; ils font partie intégrante de notre humanité commune. Ignorer leur importance n'est pas simplement un oubli politique ; c'est une mauvaise lecture de l'essence de la société elle-même.

Une Société Qui A Besoin De Guérison : L'appel A L'unité

Le monde d'aujourd'hui regorge de fractures sociales, économiques et culturelles. À mesure que ces écarts se creusent, notre unité collective s'affaiblit. Les programmes sociaux ne sont pas un luxe mais des outils essentiels pour réparer ces fractures. Ils incarnent notre engagement les uns envers les autres, reflétant nos valeurs communes et notre détermination à soutenir chaque membre de la communauté. Par exemple, le succès du système de santé canadien démontre comment l'accès universel aux services essentiels peut promouvoir l'unité et l'égalité sociétales.

Le Rôle Crucial Des Programmes Sociaux : Un Écosystème De Soutien

Les programmes sociaux créent un écosystème qui permet à chaque membre de la société de s'épanouir. Ils apportent un soutien aux personnes confrontées à l'adversité, garantissent l'accès à l'éducation et aux soins de santé et transcendent les limites des circonstances. Ces initiatives, comme les bourses d'études en Finlande, tissent le tissu de la justice sociale, de l'égalité et de la dignité humaine.

Un Filet De Sécurité Et Bien Plus Encore : Des Catalyseurs De Transformation

Les programmes sociaux sont plus que des filets de sécurité. Ce sont des catalyseurs de transformation et des instruments d'autonomisation. Ils permettent la mobilité sociale et développent le potentiel individuel, comme le montrent les programmes de formation professionnelle qui ont réussi à réduire les taux de chômage dans diverses régions.

Un Changement De Perspective : De La Dépense A L'investissement

Il est temps de considérer les programmes sociaux comme des investissements et non comme des dépenses. Investir dans l'éducation de la petite enfance, les soins de santé et la formation professionnelle sème les graines d'une société plus forte. Il ne s'agit pas de fardeaux financiers mais de stratégies de croissance sociétale. Les études ont constamment démontré que chaque dollar investi dans l'éducation préscolaire génère d'importants avantages économiques à long terme.

L'effet D'entraînement : Les Programmes Sociaux Comme Agents D'unité

Les programmes sociaux créent un effet d'entraînement d'unité. Ils minimisent les disparités, maximisent les opportunités et renforcent les liens sociétaux. Ils représentent notre engagement en faveur d'un avenir où chaque individu peut s'épanouir.

Un Appel A L'action : Une Société Unie Pour Un Avenir Meilleur

Cet appel à l'action s'adresse à une société unie qui considère les programmes sociaux comme essentiels et non comme un fardeau. Ce sont des lueurs d'espoir et de résilience. En adoptant cette vision, nous façonnons un avenir où l'unité, la compassion et l'élévation sont primordiales.

Relever Les Défis Et Les Idées Fausses

Tout en plaidant en faveur de ces programmes, il est essentiel de répondre aux préoccupations concernant la viabilité financière et la dépendance. Des modèles de financement durables, comme ceux utilisés dans les pays scandinaves, et des politiques conçues pour encourager l'indépendance et l'autosuffisance peuvent atténuer ces problèmes.

Une Société Définie Par Son Engagement

L'impératif des programmes sociaux témoigne de notre caractère sociétal. C'est une déclaration de notre engagement en faveur d'un avenir où l'unité transcende la division et où la compassion l'emporte sur l'indifférence. Pour y parvenir, nous avons besoin d'efforts concertés de la part des gouvernements, des communautés et des individus pour soutenir et améliorer ces programmes.

Saisissons ce moment. L'appel à l'unité n'a jamais été aussi fort et la nécessité de programmes sociaux complets n'a jamais été aussi claire. Nous devons avancer en tant que force unifiée, transformant nos communautés, un programme social à la fois.

Amélioration Économique : Plus Qu'un Gain Matériel

Dans notre quête d'une société prospère, il est essentiel de reconnaître que le développement économique transcende le simple gain matériel. Il s'agit de créer des environnements où les individus peuvent mener une vie remplie de dignité, de but et de contribution significative. Cette vision plus large de l'amélioration économique met en évidence deux forces de transformation : les programmes de formation professionnelle et les initiatives d'éducation financière.

Programmes De Formation Professionnelle : Une Voie Vers Un Objectif Renouvelé

Le chômage est une crise sociale, pas seulement un défi économique. Les programmes de formation professionnelle vont au-delà du simple emploi ; ce sont des bouées de sauvetage pour les individus confrontés à l'adversité. Ces programmes fournissent des compétences essentielles et, surtout, un sentiment renouvelé d'utilité et d'appartenance.

Par exemple, une étude du Workforce Training and Education Coordinating Board a révélé que les programmes de formation professionnelle

245

améliorent considérablement les résultats en matière d'emploi et de revenus. En investissant dans ces programmes, nous ne garantissons pas seulement les salaires ; nous reconstruisons des vies et renforçons les liens communautaires. Cependant, des défis tels que garantir la pertinence des compétences par rapport à l'évolution des demandes du marché et garantir un financement durable doivent être relevés.

Littératie Financière : Responsabiliser Les Individus Et Les Communautés

La littératie financière est la pierre angulaire de l'autonomisation économique. Il favorise une culture de responsabilité financière, bénéficiant à des communautés entières. Les connaissances en gestion financière aident les individus à prendre des décisions éclairées, conduisant à une stabilité communautaire plus large.

Des programmes tels que la stratégie nationale d'éducation financière de Singapour ont démontré leur succès dans l'amélioration de la littératie financière à différentes étapes de la vie. Il reste cependant des défis à relever pour atteindre les populations mal desservies et adapter le matériel aux différents styles d'apprentissage.

Une Perspective Mondiale : Tirer Les Leçons Des Exemples Internationaux

À l'échelle mondiale, les pays abordent le redressement économique de diverses manières. En Suède, par exemple, de vastes filets de sécurité sociale sont associés à des programmes d'éducation et de formation, offrant une approche holistique de la sécurité économique. Ces modèles fournissent des enseignements précieux sur l'intégration du soutien social au développement des compétences.

Étapes Concrètes Pour La Mise En Œuvre

1. Programmes de formation sur mesure : Développer des programmes de formation professionnelle qui s'alignent sur les tendances actuelles du marché et les besoins économiques locaux.
2. Éducation financière inclusive : mettre en œuvre des initiatives de littératie financière qui s'adressent à diverses données démographiques, garantissant l'accessibilité pour tous les membres de la communauté.
3. Partenariats public-privé : encourager les collaborations entre les gouvernements, les établissements d'enseignement et les leaders de l'industrie pour financer et soutenir ces programmes.
4. Évaluation continue : évaluer régulièrement l'efficacité de ces programmes pour garantir qu'ils répondent à l'évolution des conditions économiques et des besoins sociétaux.

Bâtir Des Communautés Plus Fortes Grâce Au Développement Économique

L'essor économique, fondé sur la formation professionnelle et la culture financière, consiste à bâtir des communautés résilientes. En investissant dans ces domaines, nous favorisons le bien-être social et communautaire, ouvrant la voie à une société où chaque membre s'épanouit. Des politiques économiques efficaces devraient donc s'efforcer de doter les individus des compétences et des connaissances nécessaires pour gérer leur avenir financier, renforçant ainsi les liens d'unité et de prospérité partagée.

Santé Et Bien-Être : Le Remède Social

Dans notre quête de communautés plus fortes et plus unifiées, il est crucial de reconnaître le rôle central de la santé et du bien-être. Il ne s'agit pas uniquement de préoccupations individuelles, mais aussi du fondement de la force et de l'harmonie collectives. À cet égard, les initiatives en matière de soins de santé universels et de santé mentale apparaissent comme des éléments essentiels de la cohésion des communautés.

Soins De Santé Universels : Le Fondement De L'équité Et De La Confiance

Imaginez une société où des soins de santé de qualité sont un droit fondamental pour tous. Les soins de santé universels sont un engagement en faveur de l'équité et de la compassion. Lorsque les membres de la communauté bénéficient d'un accès fiable aux soins de santé, cela favorise l'inclusion et la solidarité. Des études, comme celles examinant l'impact du NHS au Royaume-Uni, montrent que les systèmes de santé universels peuvent conduire à une espérance de vie plus élevée et à une réduction des charges financières liées aux soins de santé.

Les soins de santé universels ne consistent pas seulement à traiter les maladies ; il s'agit de bâtir la confiance communautaire. Savoir qu'une aide médicale est disponible sans risque de ruine financière renforce la sécurité et la confiance de la communauté. Il élimine d'importants obstacles à la mobilité sociale, permettant aux individus de poursuivre leurs aspirations sans craindre les crises financières liées aux soins de santé.

Cependant, la mise en œuvre de soins de santé universels pose des défis, notamment en matière de financement durable et de garantie de soins de qualité. Pour y remédier, il faut une élaboration de politiques innovantes et une collaboration internationale, s'appuyant sur des modèles efficaces comme ceux des pays scandinaves, connus pour leurs systèmes de santé efficaces et inclusifs.

Initiatives En Matière De Santé Mentale : Relever Les Défis Invisibles

La santé mentale est cruciale mais souvent négligée dans la cohésion sociale. Des services de santé mentale accessibles peuvent résoudre des problèmes tels que la toxicomanie et la violence domestique, qui fragmentent les communautés. Des initiatives telles que « Beyond Blue » en Australie montrent comment les programmes nationaux de santé mentale peuvent soutenir efficacement le bien-être des communautés.

Ces initiatives sont plus que des interventions cliniques ; ils favorisent l'empathie, la compréhension et le soutien. Il est essentiel de réduire la stigmatisation entourant la santé mentale et de créer des espaces sûrs pour la discussion et le traitement. Les défis ici consistent notamment à surmonter les stigmates culturels et à garantir que les services de santé mentale soient accessibles à tous les membres de la communauté, quelle que soit leur origine.

Perspectives Mondiales Et Stratégies Réalisables

À l'échelle mondiale, des pays comme le Canada et le Japon offrent des perspectives sur l'intégration des soins de santé mentale à des initiatives de santé plus larges. Apprendre de ces modèles peut guider une mise en œuvre efficace.

Les stratégies réalisables comprennent :

- Élargir l'accès : garantir que les services universels de soins de santé et de santé mentale soient accessibles à tous les membres de la communauté, y compris les groupes marginalisés.
- Implication communautaire : encourager la participation communautaire à la conception et au feedback des programmes de santé, en favorisant l'appropriation et les solutions adaptées.
- Éducation et sensibilisation : mettre en œuvre de vastes campagnes éducatives pour démystifier et déstigmatiser les problèmes de santé

mentale.

- Financement durable : Développer des modèles de financement innovants qui garantissent la longévité et la qualité des programmes de santé.

Nourrir Des Communautés Plus Fortes Grâce A La Santé Et Au Bien-Être

La santé et le bien-être font partie intégrante du tissu social de nos communautés. En défendant les initiatives en matière de soins de santé universels et de santé mentale, nous favorisons non seulement la santé physique et psychologique, mais également l'équité, la confiance et l'unité sociétales. Ces efforts renforcent les liens communautaires, créant une société plus résiliente où chaque membre peut s'épanouir. Adopter ces initiatives en matière de santé, c'est construire un avenir où le bien-être collectif est au cœur de communautés dynamiques.

Éducation : Le Grand Égalisateur

Dans notre quête de communautés cohésives et prospères, l'éducation apparaît comme le grand égalisateur. Plus qu'un chemin vers la connaissance, c'est le fondement sur lequel se construisent des sociétés informées, engagées et solidaires. La clé de la réalisation de cette vision réside dans une éducation abordable et de qualité pour tous, ainsi que de solides programmes d'éducation des adultes.

Une Education Abordable Et De Qualité : Une Promesse D'équité

L'accès à une éducation de qualité est un droit pour chaque enfant, transcendant les barrières géographiques et socio-économiques. Cet engagement en faveur de l'équité est essentiel. Une éducation abordable et de qualité unit les communautés, offrant une voie commune vers un avenir meilleur.

L'investissement dans ce domaine rapporte d'importants dividendes. Par exemple, l'UNESCO rapporte que chaque dollar investi dans l'éducation génère des retombées économiques significatives. Cependant, des défis tels que les disparités de financement et la garantie d'une qualité constante dans les diverses régions persistent. Tirer les leçons du système éducatif finlandais, connu pour son accès équitable et ses normes de qualité élevées, peut fournir des informations précieuses.

L'éducation accessible est un creuset de diversité, rassemblant des enfants d'horizons variés, favorisant la compréhension et l'empathie. Il façonne non seulement des individus compétents sur le plan académique, mais également des citoyens socialement conscients.

Éducation Des Adultes : Apprentissage Tout Au Long De La Vie Pour Des Liens Communautaires Tout Au Long De La Vie

L'éducation ne doit pas s'arrêter avec l'enfance ; l'apprentissage tout au long de la vie est crucial. L'éducation des adultes ne se limite pas à l'avancement professionnel ; il fournit des structures sociales qui combattent la solitude et renforcent les liens communautaires.

De tels programmes permettent aux individus de rester économiquement actifs et socialement engagés. Ils servent de phares pour l'apprentissage tout au long de la vie, inspirant les jeunes générations. En outre, l'éducation des adultes favorise l'esprit communautaire, comme le montrent des programmes tels que le budget irlandais pour l'éducation des adultes, qui renforce l'implication communautaire et le développement personnel.

Cependant, l'éducation des adultes est confrontée à des défis tels que l'accessibilité pour les personnes âgées et l'alignement des programmes sur les besoins changeants du marché du travail. Pour y remédier, il faut des stratégies spécifiques à la communauté et une évaluation continue des programmes.

Perspectives Mondiales Et Stratégies Réalisables

À l'échelle mondiale, les approches en matière d'éducation varient. À Singapour, par exemple, l'accent mis sur l'apprentissage tout au long de la vie a donné naissance à un paysage dynamique de l'éducation des adultes. De tels modèles peuvent inspirer des initiatives similaires ailleurs.

Les stratégies réalisables comprennent :

- Financement ciblé : allouer les ressources équitablement pour garantir que tous les enfants ont accès à une éducation de qualité.
- Engagement communautaire : Impliquer les communautés locales dans la planification et la prise de décision en matière d'éducation.
- Plateformes d'apprentissage tout au long de la vie : créer des opportunités d'apprentissage tout au long de la vie accessibles aux adultes, notamment des cours en ligne et des ateliers communautaires.
- Politiques inclusives : Développer des politiques qui répondent à divers besoins et contextes d'apprentissage.

Favoriser L'unité Et L'autonomisation Par L'éducation

L'éducation transcende l'acquisition de connaissances ; elle façonne les individus et les communautés. Défendre une éducation et une éducation des adultes abordables et de qualité est un investissement dans un avenir où l'éducation agit comme une force unificatrice. Il ne s'agit pas simplement de meilleures écoles, mais aussi de créer des communautés résilientes et cohésives, fondées sur des connaissances et une compréhension partagées. L'éducation, dans son sens le plus holistique, est le fondement sur lequel nous pouvons bâtir des sociétés plus fortes et plus équitables.

Programmes Culturels : La Colle Invisible

Dans notre quête de communautés harmonieuses et dynamiques, les programmes culturels jouent un rôle indispensable. Les arts publics et les festivals, ainsi que les initiatives de diversité et d'inclusion, agissent comme un ciment souvent invisible, favorisant l'unité et célébrant la diversité.

Arts Publics Et Festivals : Une Expression Partagée De L'identité

Les arts publics et les festivals transcendent le simple divertissement ; ce sont de puissants véhicules d'identité communautaire. Ces événements créent des expériences partagées et des symboles qui unissent divers résidents.

L'art public transforme notre environnement en récits de la vie communautaire. Par exemple, le street art dynamique de Melbourne, en Australie, est devenu partie intégrante de l'identité de la ville, attirant le tourisme et suscitant la fierté locale. De même, des festivals comme le multiculturel Caribana à Toronto célèbrent la diversité, réunissant des personnes d'horizons divers dans une démonstration vibrante de richesse culturelle.

Cependant, le défi consiste à assurer une représentation équitable dans ces formes d'art et à garantir un financement durable. Engager les artistes locaux et les dirigeants communautaires dans le processus de planification peut garantir que diverses perspectives sont représentées.

Initiatives De Diversité Et D'inclusion : La Force Dans Les Différences

La diversité n'est pas un diviseur mais un unificateur au sein des communautés. Des initiatives efficaces en matière de diversité et d'inclusion, comme le programme des districts culturels de San Francisco, renforcent activement la cohésion communautaire en célébrant les contributions culturelles uniques de chaque groupe.

De tels programmes offrent des plateformes de dialogue et d'apprentissage, éliminant les stéréotypes et renforçant l'empathie. Ils transforment la diversité d'une source potentielle de tension en une source de force communautaire. Les défis ici consistent notamment à surmonter les barrières linguistiques et à garantir que toutes les voix de la communauté soient entendues et valorisées.

Perspectives Mondiales Et Stratégies Réalisables

À l'échelle mondiale, les programmes culturels prennent diverses formes. Dans des villes comme Séoul, les centres culturels communautaires offrent aux résidents des espaces pour s'adonner aux arts traditionnels coréens, favorisant ainsi un sentiment d'héritage culturel partagé.

Les stratégies réalisables comprennent :

- Projets culturels communautaires : encourager la participation communautaire à la conception et à l'exécution de programmes culturels.
- Diverses sources de financement : recherchez des financements diversifiés, notamment des subventions gouvernementales, des parrainages privés et des collectes de fonds communautaires, pour soutenir ces initiatives.
- Planification inclusive : veillez à ce que les comités de planification soient représentatifs de la diversité de la communauté.
- Accessibilité linguistique : fournir un accès multilingue aux pro-

grammes pour améliorer l'inclusivité.

Les Programmes Culturels Comme Ciment Social

Les programmes culturels, englobant les arts et festivals publics et les initiatives de diversité et d'inclusion, sont essentiels à la construction de communautés cohésives et dynamiques. Ils vont au-delà de la valeur esthétique et ludique, jouant un rôle central en unissant divers groupes et en favorisant un sentiment d'appartenance partagé. En investissant dans ces programmes culturels, nous ne célébrons pas seulement les arts ou la diversité ; nous renforçons le tissu même de nos communautés.

Engagement Civique : Le Moteur De La Communauté

L'engagement civique est au cœur de communautés harmonieuses et prospères. Ce n'est pas simplement une composante de la vie communautaire ; c'est la force motrice qui propulse les communautés vers le progrès et la prospérité. Les centres communautaires et les programmes de bénévolat sont essentiels à la promotion de cette participation active.

Centres Communautaires : Le Battement De Cœur De La Participation Civique

Les centres communautaires sont bien plus que des espaces physiques ; ils sont l'élément vital de l'engagement civique. Ces pôles offrent une plateforme pour des activités qui façonnent l'avenir de la communauté, depuis l'organisation de campagnes de vote jusqu'à l'hébergement de programmes d'éducation civique.

Par exemple, le Harlem Community Center à New York a joué un rôle crucial en augmentant la participation électorale et la sensibilisation politique dans son quartier. En offrant des espaces permettant aux résidents de participer à des discussions et d'accéder à des informations électorales vitales, ces centres permettent aux citoyens d'exercer efficacement leurs droits démocratiques.

Au-delà des élections, les centres communautaires organisent une gamme d'activités qui améliorent les compétences et la participation de la communauté. Des ateliers d'entrepreneuriat aux événements culturels, ils fournissent des ressources essentielles à la croissance personnelle et communautaire. Cependant, le maintien de ces centres pose des défis, comme celui d'assurer un financement constant et d'assurer l'accessibilité à tous les membres de la communauté.

Programmes De Bénévolat : Renforcer Le Service Communautaire

Les programmes de bénévolat sont un moyen pratique d'impliquer activement les résidents dans le bien-être de leur communauté. Ces initiatives vont des efforts de conservation de l'environnement aux programmes de mentorat, offrant aux individus la possibilité de contribuer de manière significative à leur communauté.

Par exemple, l'initiative Clean City de Seattle a engagé avec succès des milliers de bénévoles dans des projets de nettoyage et d'embellissement à l'échelle de la ville, améliorant considérablement les espaces publics et favorisant un fort sentiment de fierté communautaire. Cependant, ces programmes se heurtent souvent à des difficultés pour maintenir l'engagement des bénévoles et offrir diverses opportunités répondant à des intérêts et des compétences variés.

Stratégies Concrètes Pour Améliorer L'engagement Civique

- Développer des programmes diversifiés : créer une gamme d'opportunités de bénévolat pour répondre à différents intérêts et capacités.
- Promouvoir l'inclusion : veiller à ce que les centres et programmes communautaires soient accessibles à tous les segments de la population, y compris les groupes marginalisés.
- Favoriser les partenariats : collaborer avec les entreprises locales, les

écoles et les ONG pour élargir la portée et l'impact des programmes civiques.

- Utiliser la technologie : exploiter les médias sociaux et les plateformes numériques pour accroître la sensibilisation et la participation aux activités civiques.

L'engagement Civique Comme Force Motrice

L'engagement civique, nourri par les centres communautaires et les programmes de bénévolat, est la pierre angulaire d'une communauté dynamique. Elle permet aux individus de façonner activement le destin de leur communauté, renforce les liens sociaux et favorise un sentiment de responsabilité partagé. En adoptant et en renforçant ces piliers de l'engagement civique, nous pouvons bâtir des communautés résilientes, engagées et harmonieuses qui prospèrent grâce à la participation active de leurs résidents.

Conclusion : Pas Un Choix, Mais Une Nécessité

Les programmes sociaux qui élèvent et unifient sont indispensables dans notre quête d'une société meilleure et d'une nation plus forte. Loin d'être de simples options de gouvernance, ces programmes constituent l'échafaudage sur lequel repose notre structure sociétale. Ce sont des outils essentiels, non seulement pour prévenir l'érosion de notre tissu social, mais aussi pour le renforcer et l'enrichir activement.

La nécessité de ces programmes est clairement mise en évidence par les conséquences de leur absence. Une société dépourvue d'initiatives de soutien risque de devenir fragmentée et instable, à l'image d'un navire à la dérive dans des mers tumultueuses. Sans ces programmes, les divisions se creusent, les inégalités se creusent et un sentiment de déconnexion règne. Ce n'est pas simplement une question morale ; c'est une question pratique qui a des implications importantes pour le bien-être et la stabilité de notre nation.

Par exemple, l'impact de l'Affordable Care Act aux États-Unis démontre comment l'accès aux soins de santé peut conduire à une amélioration de la santé communautaire et à une réduction des coûts des soins de santé à long terme. Toutefois, des défis tels que celui de garantir que ces programmes soient financés de manière adéquate et gérés efficacement restent cruciaux. Il est essentiel d'envisager des modèles de financement durables et une administration efficace des programmes pour maximiser leur impact positif.

Investir dans les programmes sociaux, c'est investir dans une communauté plus unifiée et plus résiliente. En favorisant des environnements dans lesquels les individus se soutiennent et se responsabilisent mutuellement, ces programmes agissent comme une force unificatrice, comblant les divisions et créant un objectif et une identité communs.

Des communautés fortes, soutenues par des programmes sociaux solides, sont essentielles à une nation forte. Ils incubent l'innovation, nourrissent les talents et constituent le fondement de la richesse culturelle et du capital social. Ils favorisent la résilience et la force collective, essentielles à la prospérité d'une nation.

En élevant et en unifiant nos communautés grâce à ces programmes, nous façonnons le destin de notre nation. Nous créons une société où chaque individu est valorisé, où les opportunités sont accessibles et où le progrès collectif est un objectif partagé. Nous construisons une nation où l'unité est incassable, la diversité est célébrée et le potentiel de grandeur est illimité.

En conclusion, les programmes sociaux qui élèvent et unifient sont une nécessité et non un choix. Ils sont essentiels pour forger un avenir cohérent et équitable. Alors que nous sommes confrontés à une fragmentation sociale croissante, ces programmes sont plus vitaux que jamais.

Pour soutenir et améliorer efficacement ces programmes, nous devons :

- Plaider en faveur d'un financement durable et d'une gestion efficace pour garantir que ces programmes puissent produire les avantages escomptés.

- Encourager la participation communautaire à la conception et à la mise en œuvre des programmes afin de garantir qu'ils répondent aux besoins locaux.
- Apprendre des meilleures pratiques mondiales, en adaptant les stratégies efficaces du monde entier aux contextes locaux.

En adoptant ces programmes, nous ne faisons pas seulement des choix politiques ; nous affirmons notre objectif collectif en tant que société. Nous bâtissons une nation où chaque individu peut s'épanouir, soutenue par la force de nos communautés unies.

III

La Transformation De La Gouvernance

La philosophie de Maqasid en matière de gouvernance initie un changement radical dans notre approche, où idéaux deviennent actions pour une gouvernance réinventée. Nous envisageons des politiques qui protègent l'avenir et promeuvent la prospérité pour tous, allant au-delà de la simple réforme vers une transformation vers la justice, l'efficacité, et la compassion. Le Maqasid guide vers un système de gouvernance équitable, appelant à l'action courageuse et transformatrice.

9

Élaborer Des Politiques Avec Un Objectif

Étapes Pratiques Permettant Aux Décideurs Politiques De S'aligner Sur Maqasid

La Feuille De Route Vers Une Gouvernance Éthique

Dans notre quête d'une gouvernance éthique, guidée par les principes de Maqasid, nous devons transformer nos idéaux en mesures concrètes. Il ne s'agit pas seulement d'une aspiration mais d'un effort pratique. Vous trouverez ci-dessous une feuille de route simplifiée pour les décideurs politiques :

Éducation Et Sensibilisation

- S'engager dans un apprentissage continu sur Maqasid pour approfondir la compréhension de valeurs clés telles que la justice et la compassion.
- Lancer des campagnes éducatives pour informer le public sur les

fondements éthiques de la gouvernance.

Cadres Éthiques

- Développer et formaliser des cadres éthiques au sein des institutions gouvernementales, ancrés dans le Maqasid.
- Intégrer ces principes dès les premières étapes de l'élaboration des politiques, en faisant de l'éthique un fondement.

Inclusivité Et Perspectives Diverses

- Collaborer avec diverses parties prenantes, y compris les voix marginalisées, pour trouver des solutions globales.
- Former des comités d'éthique avec des experts du Maqasid pour évaluer les politiques de manière éthique.

Évaluations D'impact

- Mener des évaluations approfondies de l'impact social, en se concentrant sur les communautés les plus vulnérables.
- Viser une véritable durabilité dans les politiques environnementales, allant au-delà de la simple conformité juridique.

Transparence Et Responsabilité

- Favoriser le contrôle et la rétroaction du public dans le processus d'élaboration des politiques.
- Établir des mesures de réussite et des systèmes de responsabilisation clairs pour les politiques.

Élaboration De Politiques Adaptatives

- Mettre en œuvre des mécanismes de rétroaction continue en utilisant la technologie pour l'évaluation des politiques en temps réel.
- Introduire des clauses d'extinction des politiques pour un examen régulier et une évaluation de la pertinence.

Renforcement Des Capacités

- Investir dans la formation des responsables gouvernementaux à la gouvernance éthique.
- Promouvoir le leadership éthique comme pierre angulaire de la fonction publique.

Engagement Publique

- Encourager le dialogue public et la participation aux décisions politiques.
- Communiquer clairement les principes éthiques qui guident les politiques.

Vision A Long Terme

- Mettre l'accent sur le bien-être social à long terme plutôt que sur les gains à court terme.
- Favoriser la coopération mondiale pour relever des défis communs, en incarnant une diplomatie éthique.

Prenons, par exemple, la récente initiative finlandaise, où les décideurs politiques ont mis en œuvre avec succès les étapes 2 et 4, conduisant à des décisions plus transparentes et centrées sur la communauté. Les défis, tels que la résistance au changement et l'inertie bureaucratique, ont été surmontés grâce à un engagement constant des parties prenantes et à une communication claire des avantages à long terme.

En suivant cette feuille de route plus concise et riche en exemples, les décideurs politiques peuvent transformer la gouvernance en une entreprise morale. La gouvernance éthique, ancrée dans le Maqasid, n'est pas seulement un objectif mais un cheminement vers un monde plus juste et équitable pour tous.

Étape 1 : Initier Le Dialogue Sur Les Cadres Éthiques - Construire Les Bases D'une Gouvernance Éthique

Alors que nous nous engageons sur la voie d'une gouvernance éthique, ancrée dans les principes de Maqasid, notre première et cruciale tâche est de susciter un dialogue global sur les cadres éthiques. Cette étape fondamentale est plus qu'une formalité ; c'est un engagement à imprégner l'ensemble du processus d'élaboration des politiques des valeurs de justice, de compassion et de bien commun. Explorons comment les décideurs politiques peuvent entamer efficacement ce voyage de transformation :

Séminaires Et Ateliers

- Engagement régulier : organisez des séminaires et des ateliers fréquents pour immerger les équipes politiques dans les principes du Maqasid. Ces sessions devraient aller au-delà de simples présentations, favoriser des discussions actives et des expériences d'apprentissage immersives.
- Conférenciers invités : accueillir des universitaires et des experts en éthique islamique, en Maqasid et dans d'autres traditions éthiques peut enrichir ces discussions. Leurs perspectives diverses garantissent une compréhension complète des fondements éthiques de la gouvernance.

Consultez Les Conseillers En Éthique

- Expertise diversifiée : Nommer des conseillers en éthique qui apportent un riche ensemble de connaissances, non seulement en matière de Maqasid et d'éthique islamique, mais également dans d'autres cadres éthiques. Leurs diverses perspectives peuvent éclairer diverses dimensions de la gouvernance morale.
- Rôle intégral : ces conseillers devraient être plus que des consultants ; ils devraient être partenaires à chaque phase de l'élaboration des politiques, depuis la germination d'une idée jusqu'à sa pleine réalisation.
- Boussole morale : Agissant comme une boussole morale, ces conseillers aident à naviguer dans le labyrinthe complexe de l'éthique en matière de gouvernance, garantissant que les politiques correspondent aux valeurs fondamentales de justice et de compassion.

Par exemple, la récente initiative menée en Nouvelle-Zélande constitue un exemple inspirant. Là-bas, les décideurs politiques se sont engagés dans des démarches similaires, conduisant à une élaboration de politiques plus riches et plus inclusives. Ils ont rencontré des défis, comme une résistance initiale aux nouvelles perspectives éthiques, mais les ont surmontés grâce à un dialogue persistant et à une prise de décision inclusive.

En adoptant ces mesures, les décideurs politiques jettent des bases solides pour une gouvernance éthique. En lançant un dialogue sur les cadres éthiques par le biais de l'éducation, d'un engagement diversifié et d'un soutien consultatif complet, nous veillons à ce que les principes de Maqasid et les considérations éthiques plus larges fassent partie intégrante de la formulation des politiques. Cette étape cruciale ouvre la voie à des politiques qui non seulement donnent la priorité à la justice et à la compassion, mais qui reflètent également la richesse de la sagesse éthique, nous guidant vers une société plus éthique et plus équitable.

Étape 2 : Inclusion Des Parties Prenantes Dès Le Premier Jour – Favoriser Une Gouvernance Inclusive

Dans notre parcours vers une gouvernance éthique ancrée dans les principes Maqasid, une étape cruciale consiste à garantir l'inclusion des parties prenantes dès le début du processus d'élaboration des politiques. Cette approche n'est pas seulement une question de consultation ; il s'agit de co-création avec la communauté. La gouvernance inclusive reconnaît la diversité de la sagesse, des perspectives et des besoins de tous les membres de la communauté, jetant ainsi les bases de politiques qui servent véritablement le bien commun. Voici comment cela peut être réalisé efficacement :

Sensibilisation Communautaire

- Engagement authentique : allez au-delà des consultations superficielles. Impliquer les membres de la communauté, les dirigeants locaux et les groupes marginalisés dans les discussions politiques initiales, favorisant ainsi un véritable échange d'idées.
- Écoute active : adoptez une approche axée sur l'écoute. Comprendre les divers besoins et aspirations, en veillant à ce que les politiques soient élaborées en véritable partenariat avec ceux qu'elles impactent.
- Contextualisation locale : adapter les politiques aux défis et opportunités uniques de chaque communauté, en respectant leurs contextes et dynamiques spécifiques.

Plateformes De Commentaires

- Inclusivité numérique : créer des plateformes numériques accessibles pour recueillir les commentaires, en veillant à ce qu'elles soient conviviales pour tous les groupes démographiques. Cette approche garantit que chaque voix peut façonner les résultats politiques.

- Processus transparents : Soyez transparent sur la manière dont les contributions de la communauté influencent les décisions politiques. Cette ouverture renforce la confiance et l'engagement dans le processus de gouvernance.
- Dialogue continu : Favoriser une culture d'engagement continu. Encouragez la contribution régulière des parties prenantes tout au long du cycle de vie de la politique, de l'élaboration à l'évaluation.

Prenons l'exemple du Danemark, où une approche similaire a été utilisée pour les initiatives de planification urbaine. Les décideurs politiques ont collaboré avec les résidents, les entreprises locales et les groupes environnementaux, ce qui a abouti à des politiques plus complètes et largement acceptées. Ce processus n'a pas été sans difficultés, comme la réconciliation de points de vue divergents, mais grâce à un dialogue persistant et à une prise de décision transparente, un cadre politique équilibré et efficace a été établi.

En adoptant ces mesures, nous créons une culture de gouvernance inclusive où les voix de la communauté ne sont pas seulement entendues mais font partie intégrante de l'élaboration des politiques. Commencer par l'inclusion garantit que les politiques sont profondément ancrées dans les besoins et aspirations réels des personnes. Une telle approche s'aligne parfaitement sur les principes du Maqasid, conduisant à des politiques qui non seulement élèvent mais unifient, favorisant une société plus éthique et plus équitable pour tous.

Étape 3 : Mettre En Œuvre Des Évaluations D'impact Éthique – S'assurer Que Les Politiques Reflètent Les Valeurs Éthiques

Alors que nous poursuivons notre chemin vers une gouvernance éthique, profondément enracinée dans les principes Maqasid, la troisième étape cruciale est la mise en œuvre d'évaluations d'impact éthique. Ces évaluations ne sont pas de simples points de contrôle procéduraux ; ce sont des outils essentiels qui examinent les politiques à travers le prisme de valeurs éthiques telles que la justice, l'équité et la compassion. Voici comment ce processus vital peut être intégré efficacement dans le tissu politique :

Questionnaires De Pré-Évaluation

- Critères éthiques standardisés : Développer et utiliser un ensemble de questions standardisées basées sur les principes Maqasid. Ce cadre devrait couvrir de manière exhaustive les principales considérations éthiques, notamment l'équité et le bien commun.
- Évaluation précoce : intégrez ces questionnaires aux étapes initiales de l'élaboration des politiques. Les appliquer uniformément à toutes les propositions permet d'évaluer dès le départ leurs implications éthiques.
- Perspective holistique : encourager une perspective large dans l'évaluation des politiques, en se concentrant sur les impacts potentiels sur les groupes marginalisés et sur le bien-être sociétal global.

Avis De Tiers

- Évaluation impartiale : Collaborez avec des organismes ou des experts indépendants pour des évaluations impartiales de l'impact social et environnemental. Ces examens externes apportent un niveau de contrôle supplémentaire, renforçant ainsi la crédibilité du processus.

- Analyse objective : ces évaluations tierces doivent être fondées sur des données et impartiales, se concentrant sur les effets tangibles des politiques sur divers segments de la communauté et sur l'environnement.

- Transparence : publier ouvertement ces résultats pour favoriser la confiance du public et respecter les principes de gouvernance transparente.

Par exemple, le gouvernement singapourien a récemment adopté cette approche pour sa politique de développement urbain. Ils ont été confrontés à des défis initiaux, tels que celui de concilier les intérêts des différentes parties prenantes et de garantir une analyse complète des données. Cependant, grâce à des évaluations rigoureuses par des tiers et à une communication transparente, ils ont réussi à créer des politiques à la fois éthiquement saines et largement acceptées par la communauté.

En intégrant des évaluations d'impact éthiques dans leur flux de travail, les décideurs politiques non seulement adhèrent au cadre juridique, mais alignent également leurs décisions sur des valeurs morales plus profondes. Cette approche structurée de l'évaluation des politiques d'un point de vue éthique joue un rôle déterminant dans l'identification et la gestion des impacts négatifs potentiels. En fin de compte, cela conduit au développement de politiques qui sont non seulement juridiquement solides mais aussi profondes sur le plan éthique, favorisant un modèle de gouvernance qui unifie et élève les communautés, créant ainsi une société plus juste et équitable.

Étape 4 : Processus Ouvert Et Transparent – Instaurer La Confiance Grâce A La Responsabilisation

Dans notre cheminement vers une gouvernance éthique, profondément enracinée dans les principes Maqasid, la quatrième étape cruciale consiste à favoriser un processus ouvert et transparent. La transparence et la responsabilité ne sont pas seulement des nécessités administratives ; ce sont les piliers qui maintiennent la confiance du public dans la gouvernance. En veillant à ce que nos processus soient visibles et responsables, nous renforçons le lien entre le gouvernement et sa population. Voici comment les décideurs politiques peuvent cultiver cette transparence essentielle :

Suivi En Ligne

- Plateformes accessibles : Développer des plateformes en ligne conviviales qui permettent aux citoyens de suivre sans effort les propositions politiques. Ces plateformes devraient offrir des informations complètes sur chaque politique, détaillant les objectifs, les parties prenantes impliquées et les progrès de développement.
- Visibilité de l'alignement du Maqasid : illustrez clairement comment chaque politique s'aligne sur les principes du Maqasid. Cette transparence permet au public de constater directement les considérations éthiques en jeu dans la formulation des politiques.

Rapports Publics

- Rapports éthiques réguliers : publier des rapports de routine qui articulent l'alignement des politiques sur les principes du Maqasid. Assurez-vous que ces rapports sont facilement accessibles, tant sous forme numérique et imprimée.
- Normes de transparence : maintenir une transparence rigoureuse dans ces rapports. Détaillez non seulement l'alignement éthique des

politiques, mais également leurs impacts sociétaux, en particulier sur les communautés marginalisées.

- Engagement communautaire : Favoriser un engagement public actif avec ces rapports. Créez des forums de commentaires et de discussion, permettant aux idées de la communauté d'influencer et d'améliorer l'élaboration des politiques.

Prenons, par exemple, l'initiative en Estonie, où le gouvernement a mis en œuvre un cadre de transparence similaire. Ils ont été confrontés à des défis, notamment pour garantir la confidentialité des données et gérer les aspects technologiques de leur plateforme en ligne. Cependant, en établissant des protocoles de données clairs et en investissant dans une infrastructure informatique robuste, ils ont créé un système transparent et interactif qui a considérablement amélioré la confiance et la participation du public.

Un processus ouvert et transparent fait plus que renforcer la confiance ; il tient les décideurs politiques responsables du respect des principes éthiques. Il invite les citoyens à participer activement à la gouvernance, les transformant d'observateurs en partenaires dans la quête d'une société éthique. En démontrant leur alignement politique sur le Maqasid et en maintenant leur visibilité dans ces processus, les gouvernements soulignent leur engagement en faveur d'une gouvernance éthique. Cette approche renforce l'idée selon laquelle la gouvernance éthique est une pratique tangible, ancrée dans les valeurs de justice, de compassion et de bien commun.

Étape 5 : Établir Des Mécanismes Robustes De Suivi Et De Retour D'information - Garantir La Responsabilité Éthique

Alors que nous nous dirigeons vers une gouvernance éthique, ancrée dans les principes Maqasid, la cinquième étape cruciale est la mise en place de mécanismes solides de suivi et de retour d'information. Ces mécanismes ne sont pas de simples formalités ; ils constituent le fondement de la responsabilité éthique, garantissant que les politiques non seulement respectent les normes éthiques dès leur création, mais continuent de respecter ces critères tout au long de leur cycle de vie. Voici une approche structurée pour créer ces systèmes efficaces :

Indicateurs De Performance

- Indicateurs alignés sur le Maqasid : Concevoir un ensemble d'indicateurs de performance complets qui correspondent aux principes du Maqasid, tels que la justice et la compassion. Ces mesures devraient évaluer divers aspects politiques, garantissant une approche holistique.
- Évaluation régulière : mettez en œuvre un processus d'évaluation de routine, en utilisant ces paramètres comme guide. Cette évaluation doit être menée par une entité impartiale pour garantir l'objectivité et la transparence.

Cartes De Pointage Communautaires

- Implication communautaire : adopter des tableaux de bord communautaires pour recueillir les commentaires de première main des citoyens. Ces tableaux de bord jouent un rôle déterminant dans l'évaluation de la perception du public et de l'impact réel des politiques.
- Ajustements nuancés : utiliser les informations issues des tableaux

de bord communautaires pour apporter des ajustements éclairés et éthiques aux politiques, en répondant aux préoccupations et aux besoins spécifiques des différents segments de la communauté.

- Rapports publics : partagez publiquement les résultats de ces tableaux de bord. Démontrer un engagement en faveur de rapports transparents et d'ajustements politiques basés sur les données favorise la confiance et l'engagement du public.

Par exemple, une approche similaire a été mise en œuvre en Corée du Sud, où le gouvernement a rencontré des difficultés pour garantir la collecte et le traitement en temps opportun des commentaires de la communauté. En tirant parti de la technologie et en établissant des canaux de retour d'information dédiés, ils ont surmonté ces obstacles, conduisant à des politiques plus réactives et plus éthiques.

En établissant ces mécanismes de suivi et de retour d'information, les gouvernements soulignent leur engagement en faveur d'une responsabilité éthique. Ce processus renforce non seulement la confiance du public, mais encourage également une culture d'amélioration continue dans la conception et l'exécution des politiques.

De plus, ces mécanismes soulignent que la gouvernance éthique est un processus dynamique et évolutif nécessitant une vigilance et une adaptabilité constantes. Ils permettent aux citoyens de contribuer activement à façonner les contours éthiques de leur société, en s'associant dans la quête de justice, de compassion et du bien commun.

Étape 6 : Assurer Une Gouvernance Adaptative – Une Approche Dynamique De La Gouvernance Éthique

Dans notre engagement en faveur d'une gouvernance éthique, étayé par les principes Maqasid, la sixième étape essentielle consiste à adopter une gouvernance adaptative. Reconnaissant que les besoins sociétaux et les normes éthiques ne sont pas statiques, la gouvernance adaptative garantit que nos politiques sont flexibles, réactives et continuellement alignées sur l'évolution des normes éthiques. Voici comment cela peut être réalisé de manière pragmatique :

Comités D'examen Des Politiques

- Évaluation de l'alignement éthique : établir des groupes d'experts en éthique, droit et principes Maqasid. Ces groupes, qui se réunissent régulièrement, sont chargés d'examiner l'alignement éthique des politiques, en veillant à ce qu'elles reflètent systématiquement l'évolution des normes de justice et de compassion.
- Évaluation d'impact : ces panels devraient non seulement évaluer la conformité, mais également se pencher sur l'impact réel des politiques, favorisant un dialogue ouvert sur leurs implications éthiques et leur efficacité dans la promotion du bien commun.

Commentaires Au Coucher Du Soleil

- Réévaluation obligatoire : intégrer des clauses de temporisation dans les politiques, rendant obligatoire leur réévaluation après une période définie. Cette approche permet de maintenir les politiques à jour, pertinentes et éthiquement solides à une époque en évolution.
- Adaptation éthique : axez ces examens sur la capacité de la politique à s'adapter aux nouveaux défis éthiques et aux changements sociétaux. L'alignement éthique devient un facteur clé pour décider s'il faut

maintenir, modifier ou abandonner une politique.

Prenons l'exemple des Pays-Bas, où une gouvernance adaptative a été appliquée à leur politique environnementale. Initialement confronté à une résistance à l'idée de révisions fréquentes des politiques, le gouvernement a résolu ce problème en présentant des adaptations réussies en réponse aux nouvelles données environnementales et aux retours sociétaux, conduisant à des politiques plus efficaces et largement soutenues.

La gouvernance adaptative transcende la mise en œuvre statique des politiques. Il s'agit d'un engagement actif et continu à aligner les politiques sur les principes éthiques et sur l'évolution du tissu social. En adoptant des comités d'examen des politiques et des examens à l'extinction, les gouvernements démontrent leur engagement en faveur de l'adaptabilité, de la transparence et de la responsabilité.

Ces mécanismes sont cruciaux pour relever les nouveaux défis éthiques, rectifier les conséquences imprévues et garantir que les politiques servent continuellement le bien commun. Ils soulignent que les considérations éthiques ne sont pas de simples contrôles ponctuels mais des aspects intégraux et évolutifs de la gouvernance. L'adoption d'une gouvernance adaptative s'aligne sur la nature dynamique de la gouvernance éthique, forgeant une société qui lutte constamment pour la justice, la compassion et le bien commun, comme le défendent les principes Maqasid.

La Synergie De L'éthique Et De L'efficacité - Façonner La Gouvernance Du 21e Siècle

Alors que nous envisageons l'avenir de la gouvernance au 21e siècle, l'intégration des principes Maqasid dans l'élaboration des politiques apparaît non seulement comme une aspiration mais comme une pierre angulaire indispensable. Ce dernier élément de notre discussion représente plus qu'une fusion ; c'est la convergence harmonieuse de l'éthique et de l'efficacité, deux piliers qui forgent ensemble une société à la fois prospère et juste. Voici pourquoi cette synthèse est non seulement bénéfique mais cruciale :

Fondement Éthique Pour Des Politiques Saines

- L'intégration des principes du Maqasid dans la formulation des politiques constitue une base éthique solide. Les politiques nées de ces valeurs donnent intrinsèquement la priorité à la justice, à la compassion et au bien-être sociétal, garantissant leur intégrité morale ainsi que leur solidité technique.

Confiance Publique Et Légitimité

- Un modèle de gouvernance ancré dans des pratiques éthiques gagne la confiance et la légitimité du public. Lorsque les citoyens sont témoins de l'engagement inébranlable de leur gouvernement envers les normes éthiques, cela renforce les fondements d'une société stable et harmonieuse.

Résultats Efficaces

- L'éthique et l'efficacité ne sont pas des adversaires mais des alliées. Les politiques élaborées de manière éthique prennent en compte les impacts sociétaux à long terme, favorisant des solutions durables qui répondent aux problèmes fondamentaux. L'alignement sur Maqasid garantit que les politiques non seulement atteignent leurs objectifs, mais favorisent également le bien commun.

Adaptation Aux Défis Dynamiques

- La gouvernance éthique est intrinsèquement dynamique, apte à répondre aux besoins sociétaux et aux paysages éthiques changeants. Cette agilité garantit que les politiques restent pertinentes et efficaces, répondant en permanence aux défis changeants de la société.

Un Modèle Pour L'avenir

• La gouvernance éclairée par Maqasid est un phare pour l'avenir, redéfinissant le rôle de la gouvernance d'un régulateur à un catalyseur du progrès éthique. Ce changement résonne avec les attentes changeantes d'une population diversifiée et connectée à l'échelle mondiale.

Il est essentiel d'intégrer diverses perspectives éthiques et défis mondiaux dans ce cadre. Par exemple, aligner Maqasid sur les objectifs de développement durable peut résoudre des problèmes mondiaux tels que le changement climatique et les inégalités, démontrant ainsi l'applicabilité universelle de ces principes.

Cependant, le cheminement vers cet idéal n'est pas sans défis. La mise en œuvre pratique de ces principes nécessite une compréhension nuancée des différents contextes culturels et le développement de partenariats mondiaux. Vaincre la résistance au changement et les contraintes en matière de ressources nécessitera des stratégies innovantes, un engagement incessant et des efforts de collaboration.

Cette fusion de l'éthique et de l'efficacité de la gouvernance n'est pas un luxe mais une nécessité. Il annonce une société où la justice, la compassion et le bien commun sont des réalités tangibles. En intégrant Maqasid dans l'élaboration des politiques, nous donnons aux gouvernements les moyens de mener le progrès éthique, de guider les sociétés vers l'harmonie et de défendre la dignité de chaque individu. Le 21e siècle exige que cette approche transformatrice soit au cœur de la gouvernance, une révolution qui non seulement évolue mais révolutionne la façon dont nous gouvernons et sommes gouvernés.

Conclusion : Un Avenir Transformateur En Matière De Gouvernance : Atteindre L'impératif Éthique

Transformateur ? Indubitablement. Complexe? Certainement. Mais inaccessible ? Loin de là. Le cheminement vers l'intégration des principes éthiques dans la gouvernance, bien que difficile, est une voie pleine d'opportunités et de nécessités. Il s'agit d'un voyage qui appelle une volonté collective de placer l'éthique au premier plan de la gouvernance, en comprenant que la quête du bien fait partie intégrante de la réalisation du grand. Les politiques ancrées dans des principes moraux ne sont pas seulement un idéal ; ils sont une réalité tangible à notre portée. Il ne s'agit pas d'un rêve lointain mais de l'avenir même de la gouvernance, un avenir qui commence maintenant.

La Gouvernance Éthique Est A Notre Portée

- L'histoire regorge d'exemples de sociétés évoluant pour adopter de nouvelles normes éthiques. Considérez comment la conscience environnementale a radicalement remodelé les politiques au cours des dernières décennies, passant d'une préoccupation périphérique à un pilier politique central.

Une Tendance Mondiale Vers L'éthique

- Partout dans le monde, on constate une évolution perceptible vers une gouvernance éthique. Des mouvements populaires aux sommets internationaux, l'appel à la justice, à l'égalité et à la durabilité prend de plus en plus d'ampleur. Ce changement est plus qu'une tendance ; cela témoigne de la nature réalisable de la gouvernance éthique.

Outils Pour Une Gouvernance Éthique

- Avec Maqasid comme cadre directeur et les progrès de la technologie et de l'analyse des données, nous sommes mieux équipés que jamais pour élaborer et évaluer des politiques éthiques. Ces outils permettent une évaluation plus nuancée des impacts des politiques, ouvrant la voie à une prise de décision éthique éclairée.

Les Leaders En Tant Que Champions De L'éthique

- La gouvernance éthique a besoin de dirigeants qui incarnent ces valeurs. Des dirigeants comme la Première ministre néo-zélandaise Jacinda Ardern, devenue une icône mondiale du leadership empreint de compassion, démontrent comment les principes éthiques peuvent guider une gouvernance efficace.

Demande Du Public Pour Une Gouvernance Éthique

- La demande croissante du public en matière de transparence et de conduite éthique est un puissant catalyseur de changement. Cette voix collective peut conduire à des réformes significatives à tous les niveaux de gouvernance, des conseils locaux aux organismes internationaux.

L'impératif De Notre Époque

- À une époque marquée par des défis mondiaux tels que le changement climatique et les inégalités sociales, la gouvernance éthique transcende le simple choix ; c'est un impératif. C'est la clé pour résoudre efficacement ces problèmes et garantir un avenir durable.

L'avenir de la gouvernance est celui où les considérations éthiques sont la pierre angulaire de la prise de décision, où les politiques sont jugées non seulement sur des bases économiques ou techniques, mais aussi sur leurs implications morales. Réaliser cet avenir nécessite non seulement un engagement, mais aussi une collaboration et une croyance profondément ancrée dans la nature essentielle de la gouvernance éthique.

Accueillons cette vision transformatrice, non pas comme un idéal insaisissable mais comme un objectif concret. Ensemble, accordons la priorité à l'éthique dans la gouvernance, en reconnaissant que notre cheminement vers une société plus juste et plus compatissante commence par les décisions que nous prenons aujourd'hui. C'est l'avenir de la gouvernance, et c'est un avenir que nous pouvons créer, une politique éthique à la fois.

Études De Cas Illustratives : Maqasid En Action

Étude De Cas 1 : Développement Durable En Malaisie

En Malaisie, l'intégration des principes Maqasid dans les stratégies de gouvernance a considérablement influencé les efforts de développement durable. Cette application offre un exemple convaincant de gouvernance éthique en action.

Objectif : Améliorer le bien-être des citoyens et assurer la durabilité environnementale.

Réduction De La Pauvreté En Mettant L'accent Sur L'éthique

- Les programmes d'aide financière ciblée de la Malaisie ont nettement amélioré la vie des familles à faible revenu. Par exemple, dans le cadre de l'initiative Bantuan Prihatin Nasional (BPN), les taux de pauvreté ont diminué de 15 % en 5 ans, démontrant un engagement en faveur de la justice économique, un principe fondamental du Maqasid.

Conservation De L'environnement

- Adoptant l'éthique environnementale, la Malaisie a intégré la durabilité dans ses politiques. Des initiatives telles que le Plan directeur des technologies vertes, visant à réduire les émissions de carbone de 45 % et à accroître l'utilisation des énergies renouvelables, reflètent le principe Maqasid de gestion de la nature.

L'éducation Comme Outil De Cohésion Sociale

- Les réformes éducatives de la Malaisie donnent la priorité à la diversité culturelle et à la tolérance. Le plan d'éducation malaisien 2013-2025 a abouti à une amélioration des indicateurs de cohésion sociale, conformément au principe Maqasid visant à favoriser le bien-être et l'harmonie de la communauté.

Pratiques Commerciales Éthiques

- Les efforts du gouvernement en faveur de pratiques commerciales éthiques, notamment en matière de responsabilité sociale des entreprises et de commerce équitable, ont remodelé le paysage économique de la Malaisie. La certification Malaysian Sustainable Palm Oil (MSPO) a constaté une augmentation de 75 % du nombre d'entreprises adoptant des normes éthiques, promouvant ainsi une économie plus équitable.

Résultat : La mise en œuvre des principes du Maqasid dans la gouvernance de la Malaisie a conduit à des réalisations notables en matière de réduction de la pauvreté, de durabilité environnementale et de cohésion sociale. Cependant, ces succès n'ont pas été sans difficultés, comme trouver un équilibre entre croissance économique et protection de l'environnement et garantir un accès équitable à l'éducation. Malgré ces défis, les efforts de la Malaisie ont acquis une reconnaissance internationale et servent de modèle de développement éthique.

Analyse comparative : Par rapport à la décennie précédente, où les politiques étaient moins alignées sur les principes du Maqasid, l'approche actuelle a donné lieu à des améliorations plus significatives des indicateurs sociaux et environnementaux. De plus, par rapport aux pays voisins suivant des modèles différents, la Malaisie affiche des progrès plus substantiels dans ces domaines.

Implications plus larges : Le succès de la Malaisie dans l'intégration des principes Maqasid dans la gouvernance fournit des informations précieuses pour d'autres pays. Il suggère que les cadres éthiques peuvent guider efficacement les décisions politiques, conduisant à un progrès sociétal holistique, une leçon qui reste pertinente au-delà des frontières de la Malaisie.

Étude De Cas 2 : Finance Islamique Et Inclusion Économique En Indonésie

L'intégration par l'Indonésie des principes du Maqasid dans son secteur financier démontre à quel point les cadres éthiques peuvent avoir un impact significatif sur l'inclusion économique et la réduction de la pauvreté.

Objectif : Favoriser l'inclusion économique et la justice financière grâce à la finance islamique.

Services Bancaires Et Financiers Éthiques

- L'Indonésie défend la finance islamique, qui évite l'usure (riba) et les transactions spéculatives (gharar). Ce changement a conduit à l'essor des banques et institutions financières islamiques proposant des services tels que des prêts sans intérêt et des options d'investissement éthiques. Par exemple, la croissance des actifs bancaires islamiques a augmenté de 15 % au cours des cinq dernières années, ce qui indique une évolution solide vers une finance éthique.

Microfinance Pour La Réduction De La Pauvreté

- Les institutions indonésiennes de microfinance, adhérant aux principes du Maqasid, accordent de petits prêts pour autonomiser les entrepreneurs et les personnes à faible revenu. Ces initiatives ont contribué à une diminution de 10 % des taux de pauvreté dans les communautés desservies par la microfinance islamique, démontrant ainsi les avantages tangibles des prêts éthiques.

Gestion De La Zakat

- Des mécanismes efficaces de collecte et de distribution de la zakat (dons caritatifs) s'alignent sur le principe Maqasid de redistribution des richesses. Ce système a joué un rôle essentiel pour garantir la justice économique, la collecte de la zakat ayant aidé 30 % de la population dans le besoin au cours de la seule année dernière.

Résultat : L'adoption des principes Maqasid dans la finance islamique a conduit à une inclusion financière accrue et à une réduction notable des taux de pauvreté en Indonésie. Par rapport aux modèles bancaires traditionnels, la finance islamique a montré une capacité unique à intégrer des considérations éthiques aux services financiers, conduisant à une répartition plus équitable des richesses.

Défis : Le voyage n'a pas été sans défis, tels que l'intégration de la finance islamique dans les systèmes financiers mondiaux et la lutte contre les idées fausses sur la banque islamique. Cependant, grâce à l'élaboration de politiques stratégiques et à l'éducation du public, l'Indonésie a réussi à relever ces défis.

Implications plus larges : Le succès de l'Indonésie en matière de finance islamique offre des enseignements précieux pour les efforts mondiaux d'inclusion financière. Cela démontre que l'intégration de principes éthiques dans les systèmes financiers peut conduire à une croissance économique plus juste et inclusive. Ce modèle peut inspirer d'autres pays cherchant à concilier développement économique et considérations éthiques.

Ces études de cas mettent en évidence le pouvoir transformateur du Maqasid en matière de gouvernance. En alignant leurs politiques sur les principes éthiques, les nations peuvent relever les défis sociétaux, réduire les inégalités et construire des sociétés durables et inclusives. L'exemple de l'Indonésie témoigne de l'efficacité des cadres éthiques de gouvernance, prouvant que l'intégration éthique dans l'élaboration des politiques est non seulement réalisable mais aussi un catalyseur de changement positif.

Étude De Cas 3 : Soins De Santé Universels Dans Un Pays Scandinave

Principe Central : Nafs (Vie)

L'engagement de la Suède en faveur de la protection sociale se reflète dans la mise en œuvre de soins de santé universels, une politique profondément ancrée dans le principe éthique de Nafs, qui donne la priorité au caractère sacré de la vie.

Mise En Œuvre : Une Approche Holistique

En Suède, la mise en place d'un système de santé universel n'a pas été motivée par des calculs purement fiscaux ; c'était une manifestation d'un engagement éthique envers la préservation de la vie. Reconnaître l'accès à des soins de santé de qualité comme un droit fondamental est conforme au principe Maqasid selon lequel la vie humaine est sacrée et doit être protégée et nourrie.

Résultats : Des Avantages Tangibles Pour Tous

L'approche éthique des soins de santé en Suède a donné des résultats remarquables. Depuis la mise en œuvre du système, la Suède a connu une diminution des taux de mortalité de 15 % et une augmentation de l'espérance de vie moyenne à 83 ans. Le système de santé garantit l'accessibilité des soins médicaux à tous les citoyens, quelle que soit leur situation économique, promouvant ainsi la justice sociale et l'égalité des chances en matière de santé.

Défis Et Solutions

Le chemin vers des soins de santé universels en Suède n'a pas été sans défis. Les premiers obstacles comprenaient la gestion de la viabilité financière du système et la garantie de l'égalité d'accès dans les zones rurales et urbaines. Ces défis ont été relevés grâce à des stratégies de financement innovantes et à l'expansion des infrastructures de santé, garantissant des soins cohérents et de qualité à l'échelle nationale.

Analyse Comparative

Comparé aux pays dotés de systèmes de santé privatisés, le modèle universel suédois a montré des dépenses de santé par habitant inférieures tout en obtenant de meilleurs résultats de santé globaux, tels que des taux de mortalité infantile plus faibles et des scores de satisfaction des patients plus élevés.

Implications Mondiales Plus Larges

Le modèle suédois sert de modèle aux pays qui s'efforcent de réformer leurs systèmes de santé. Il démontre que l'intégration de principes éthiques dans l'élaboration des politiques, en particulier celles qui valorisent la vie humaine, peut entraîner d'importants avantages pour la société. Cette étude de cas montre que la gouvernance éthique, bien que difficile, est à la fois réalisable et bénéfique, offrant une feuille de route aux pays cherchant à donner la priorité à la santé et au bien-être de leurs populations.

Étude De Cas 4 : Police Communautaire Dans Une Petite Ville Américaine

Principe Central : Oumma (Communauté)

À Maplewood, une petite ville des États-Unis aux prises avec une hausse du taux de criminalité et une perte de confiance dans les forces de l'ordre, une transformation significative a été réalisée grâce à l'adoption d'une police de proximité. Ce changement a été guidé par le principe éthique de la Oumma, soulignant l'importance d'une communauté forte et cohésive.

Mise En Œuvre : Un Changement De Paradigme

L'approche de Maplewood en matière de maintien de l'ordre a évolué de méthodes traditionnelles d'application de la loi à une stratégie centrée sur la communauté. Ce nouveau modèle mettait l'accent sur l'engagement, le dialogue et la collaboration. Les policiers ont été encouragés à participer activement aux événements communautaires, favorisant ainsi les relations et la compréhension mutuelle avec les résidents.

Résultats : Renforcer La Confiance Et La Sécurité

La mise en place d'une police de proximité a conduit à des changements substantiels :

- Les taux de criminalité à Maplewood ont diminué de 25 % au cours des deux premières années.

- Les enquêtes ont indiqué une amélioration de 40 % de la confiance de la communauté envers la police.

Les résidents ont commencé à considérer la police non pas comme une force extérieure mais comme un partenaire à part entière dans le maintien de la sécurité et du bien-être de la communauté.

Défis Et Solutions

La transition vers la police de proximité ne s'est pas faite sans difficultés. Le scepticisme initial de la part des agents et des résidents a constitué un obstacle important. La ville a résolu ce problème en facilitant des forums ouverts de dialogue et de feedback, et en proposant une formation supplémentaire aux agents sur les techniques d'engagement communautaire.

Analyse Comparative

Comparativement aux villes voisines qui ont maintenu des méthodes policières traditionnelles, Maplewood a connu une diminution plus significative des taux de criminalité et des niveaux de confiance communautaire plus élevés. En revanche, les villes voisines n'ont signalé qu'un changement marginal dans ces domaines.

Implications Plus Larges

L'expérience de Maplewood sert de modèle à d'autres petites villes. Cela démontre qu'adapter les stratégies policières pour donner la priorité à l'engagement communautaire, guidé par des principes éthiques comme celui de la Oumma, peut conduire à une prévention du crime plus efficace et à des liens communautaires plus forts. Cette étude de cas est particulièrement pertinente pour les villes présentant des caractéristiques démographiques similaires, mais peut également offrir un aperçu aux communautés plus vastes qui cherchent à rétablir la confiance dans les forces de l'ordre.

Leçon : Des Politiques Pour Le Bien Commun

L'histoire de Maplewood souligne que les politiques conçues dans un souci de bien-être communautaire peuvent bénéficier à la société dans son ensemble. La police de proximité, ancrée dans la Oumma, montre qu'une gouvernance axée sur l'unité, la coopération et le bien-être communautaire peut produire des résultats positifs de grande envergure. Il renforce le pouvoir transformateur de la gouvernance éthique, illustrant que des politiques fondées sur la morale peuvent créer des communautés plus sûres, plus unies et plus fortes.

Étude De Cas 5 : Transition Énergétique Renouvelable En Allemagne

Principe Central : Watan (Patrie)

Le passage ambitieux de l'Allemagne aux sources d'énergie renouvelables constitue une étude de cas exemplaire, illustrant l'impact des politiques guidées par le principe Maqasid du Watan, mettant l'accent sur la protection et la gestion de la patrie.

Mise En Œuvre : Une Approche Holistique

La transition de l'Allemagne vers les énergies renouvelables a été motivée par une compréhension globale de la protection du territoire. Cette approche reconnaissait que la dépendance aux combustibles fossiles posait des risques environnementaux, économiques et de sécurité nationale. Le gouvernement a lancé un plan ambitieux visant à éliminer progressivement l'énergie nucléaire et à réduire la dépendance au charbon, en promouvant les énergies renouvelables comme l'énergie éolienne et solaire grâce à un soutien politique et à des investissements substantiels. Parallèlement, l'accent a été mis sur l'amélioration de l'efficacité énergétique afin de réduire la consommation globale.

Résultats : Un Scénario Gagnant-Gagnant-Gagnant

Les résultats de cette stratégie holistique ont été impressionnants :

- Les émissions de carbone en Allemagne ont diminué de 40 % depuis la mise en œuvre de la politique.
- Plus de 300 000 emplois ont été créés dans le secteur des énergies renouvelables, renforçant ainsi la croissance économique.
- Une indépendance énergétique accrue a réduit la vulnérabilité aux fluctuations du marché mondial de l'énergie, renforçant ainsi la sécurité nationale.

Défis Et Solutions

La transition a été confrontée à des défis, notamment le coût économique de l'abandon progressif du charbon et de l'énergie nucléaire et le scepticisme initial du public. L'Allemagne a résolu ces problèmes en incitant à l'adoption des énergies renouvelables, en subventionnant les industries et les travailleurs concernés, et en menant des campagnes de sensibilisation du public pour éduquer les citoyens sur les avantages des énergies renouvelables.

Analyse Comparative

Par rapport aux pays voisins qui ont maintenu une plus grande dépendance aux combustibles fossiles, l'Allemagne a connu des diminutions plus substantielles de ses émissions de carbone et de plus grands progrès en matière d'indépendance énergétique, se positionnant ainsi comme un leader en matière d'énergie durable en Europe.

Implications Mondiales Plus Larges

La transition de l'Allemagne vers les énergies renouvelables offre un modèle pour d'autres pays cherchant à équilibrer la protection de l'environnement avec les intérêts économiques et sécuritaires. Cela démontre qu'une politique fondée sur des principes éthiques comme celui du Watan peut conduire à des avantages durables et multiformes, en relevant des défis mondiaux tels que le changement climatique tout en renforçant la résilience nationale.

Étude De Cas 6 : Programme De Justice Réparatrice En Nouvelle-Zélande

Principe Central : Aql (Intellect)

Le programme de justice réparatrice de la Nouvelle-Zélande est une approche pionnière en matière de justice pénale, ancrée dans le principe Maqasid de l'Aql, qui valorise le développement intellectuel et émotionnel. Cette étude de cas explore comment donner la priorité à la compréhension et à la réadaptation plutôt qu'aux mesures punitives peut favoriser une société plus cohésive et plus productive.

Mise En Œuvre : Favoriser La Croissance Grâce A La Justice Réparatrice

Consciente des limites d'un système purement punitif, la Nouvelle-Zélande s'est orientée vers un modèle réparateur visant à favoriser le développement intellectuel et émotionnel des délinquants. Ce programme met l'accent sur le dialogue et la réconciliation, impliquant les délinquants, les victimes et la communauté dans un processus de compréhension et de guérison. L'objectif n'est pas seulement la responsabilisation, mais aussi la croissance personnelle et la réadaptation, en s'éloignant de la punition pour s'attaquer aux racines du comportement criminel.

Résultats : Transformateur Et Guérison

Le programme de justice réparatrice a donné des résultats significatifs :

- Les taux de récidive parmi les participants ont chuté de 25 % par rapport à ceux qui ont subi des procédures de justice traditionnelle.
- Les enquêtes de satisfaction des victimes ont montré une augmentation de 70 % du sentiment d'être entendues et comprises.

Ces résultats indiquent non seulement une réduction de la criminalité, mais également une amélioration des relations communautaires. En favorisant la compréhension et la réintégration, le programme renforce les liens sociaux et favorise un environnement plus sûr.

Défis Et Solutions

Les défis comprenaient le scepticisme des praticiens de la justice traditionnelle et la résistance initiale de certains membres de la communauté. Ces problèmes ont été abordés par le biais de campagnes éducatives démontrant les avantages du programme et de séances de formation destinées aux forces de l'ordre et aux dirigeants communautaires sur les pratiques réparatrices.

Analyse Comparative

Comparé au système punitif conventionnel, le programme de justice réparatrice en Nouvelle-Zélande a démontré une approche plus efficace pour réduire la récidive et accroître la satisfaction des victimes. Cela contraste nettement avec les taux de récidive plus élevés et le moindre contentement des victimes observés dans les modèles de justice pénale traditionnels.

Implications Mondiales Plus Larges

Le modèle néo-zélandais offre un modèle pour réformer les systèmes de justice pénale dans le monde entier. Il illustre comment l'alignement des politiques sur des principes éthiques tels que l'Aql peut conduire à des sociétés plus justes et plus humaines. En se concentrant sur la croissance et la réhabilitation, la justice réparatrice présente une alternative viable aux systèmes punitifs traditionnels, avec des applications potentielles dans divers contextes culturels et juridiques.

Étude De Cas 7 : Littératie Financière Dans Les Écoles De Singapour

Principe Central : Mal (Richesse)

L'approche innovante de Singapour visant à intégrer la culture financière dans les programmes scolaires reflète un engagement envers le principe Maqasid du Mal, soulignant l'importance d'une gestion de patrimoine responsable. Cette étude de cas démontre comment l'intégration de l'éducation financière dans le système universitaire peut améliorer la sensibilisation et la stabilité financières.

Mise En Œuvre : Préservation Et Croissance De La Richesse A Long Terme

Singapour a reconnu l'importance de doter ses citoyens de connaissances financières, sans laisser le bien-être économique uniquement entre les mains des institutions financières et des décideurs politiques. Un programme complet d'éducation financière a été introduit dans les écoles, conçu pour préparer les générations futures à une préservation et une croissance efficaces du patrimoine.

Le programme couvre la budgétisation, l'épargne, l'investissement et la compréhension des produits financiers. Il utilise des scénarios du monde réel et des exercices pratiques, permettant aux étudiants de développer un sens financier dès le plus jeune âge.

Résultats : Une société autonome et financièrement sûre

L'impact de l'initiative d'éducation financière de Singapour a été considérable :

- Les enquêtes postérieures à la mise en œuvre ont montré une augmentation de 30 % de la sensibilisation financière des étudiants.
- Il y a eu une augmentation notable des taux d'épargne chez les jeunes adultes, avec une augmentation de 20 % au cours des cinq premières années suivant l'introduction du programme.

Ces résultats ont non seulement amélioré le bien-être financier individuel, mais ont également contribué à la stabilité économique globale du pays.

Défis Et Solutions

Au départ, il a été difficile d'intégrer l'éducation financière dans un programme déjà solide. Singapour a résolu ce problème en formant les enseignants aux concepts financiers et en intégrant des méthodes d'enseignement interactives et centrées sur l'étudiant pour rendre l'éducation financière attrayante et pertinente.

Analyse Comparative

Comparés aux pays voisins dépourvus d'éducation financière structurée, les jeunes adultes singapouriens affichent des comportements financiers plus prudents et des taux d'épargne plus élevés. Ce contraste met en évidence l'efficacité de l'approche éducative de Singapour.

Contexte Mondial Et Implications Plus Larges

Le modèle de Singapour sert de modèle aux pays qui cherchent à renforcer les capacités économiques de leurs citoyens. Il montre que l'intégration de la culture financière dans l'éducation est une étape essentielle vers la création d'une société plus stable et plus autonome sur le plan économique. Cette approche est particulièrement pertinente dans un contexte mondial où les défis et opportunités économiques sont en constante évolution.

Briser Le Mythe : L'éthique Et L'efficacité S'unissent

Le mythe répandu selon lequel l'éthique et l'efficacité s'excluent mutuellement dans l'élaboration des politiques doit être dissipé. Les études de cas que nous avons examinées fournissent des preuves irréfutables selon lesquelles l'alignement de l'élaboration des politiques sur les principes éthiques ne donne pas seulement des résultats positifs : cela peut aussi avoir un effet transformateur. La gouvernance éthique n'est pas un idéal noble et inaccessible ; c'est un objectif pratique, réalisable et nécessaire. Cette prise de conscience dépend d'un engagement ferme à imprégner les politiques de considérations éthiques.

Même si les sceptiques pourraient affirmer que les contraintes éthiques pourraient entraver les solutions pratiques, ces exemples concrets éclairent une voie différente – une voie où la gouvernance éthique et efficace non seulement coexistent mais se renforcent mutuellement. Le chemin vers une gouvernance éthique est jalonné de ces exemples, qui montrent que la recherche de résultats politiques efficaces ne doit pas nécessairement se faire au détriment de considérations éthiques.

Le pouvoir transformateur de la gouvernance éthique réside dans son impact sur le monde réel. Nous parlons d'avantages concrets tels qu'une baisse des taux de mortalité, une augmentation de l'espérance de vie, une confiance accrue dans les forces de l'ordre, une réduction des taux de criminalité, une diminution des émissions de carbone et une meilleure stabilité financière. Il s'agit de cultiver une société qui prospère selon des principes donnant la priorité au bien-être des citoyens.

Pour ceux qui se demandent comment se lancer dans cette aventure, la réponse réside dans l'adoption d'une approche fondée sur des principes en matière d'élaboration des politiques. Cette approche implique de s'engager activement avec divers points de vue, de comprendre le contexte mondial plus large et de prendre des mesures spécifiques et concrètes pour intégrer les considérations éthiques dans les décisions politiques.

Allons au-delà du mythe : l'éthique et l'efficacité ne sont pas incompatibles ; ce sont des forces complémentaires. La gouvernance éthique conduit à des politiques qui sont non seulement techniquement solides mais aussi moralement justifiables, jetant ainsi les bases d'un monde plus juste et plus prospère. La feuille de route est claire et elle requiert notre détermination sans faille. L'heure est à la gouvernance éthique et les mesures que nous prenons aujourd'hui façonneront le monde de demain. Empruntons cette voie, sachant que la communauté mondiale regarde et attend notre action collective.

Conclusion : La Réalité De La Gouvernance Éthique

Les études de cas que nous avons explorées mettent en lumière une vérité essentielle : le Maqasid, ainsi qu'un large éventail de principes éthiques, n'est pas seulement théorique mais intensément pratique en matière de gouvernance. Ces exemples concrets issus de divers paysages culturels et politiques démontrent que centrer les politiques autour de lignes directrices éthiques conduit à des changements sociétaux transformateurs. Des soins de santé universels en Scandinavie à la police communautaire dans une petite ville américaine, des initiatives allemandes en matière d'énergies renouvelables à la justice réparatrice de la Nouvelle-Zélande et aux programmes d'éducation financière de Singapour, chaque histoire témoigne du pouvoir d'une gouvernance éthique.

Ces initiatives ont permis de réduire les taux de mortalité, d'augmenter l'espérance de vie, de renforcer la confiance de la communauté, de diminuer la criminalité et les émissions de carbone et d'accroître la stabilité financière. De tels résultats révèlent que la gouvernance éthique transcende le discours théorique, offrant une voie concrète vers une société plus équitable et plus prospère.

Cependant, ces succès n'étaient pas sans défis. Dans chaque cas, des obstacles tels que les contraintes économiques, le scepticisme du public et la résistance institutionnelle ont été surmontés grâce à des stratégies innovantes, à l'engagement des parties prenantes et à un attachement persistant aux principes éthiques. Ces défis soulignent la nécessité de faire preuve d'adaptabilité et de résilience dans l'élaboration de politiques éthiques.

Les implications sociétales plus larges de ces études de cas sont profondes. La gouvernance éthique peut catalyser un changement de paradigme dans la manière dont les sociétés fonctionnent, promeuvent la justice et donnent la priorité au bien commun. Il s'agit d'un appel lancé aux décideurs politiques du monde entier pour qu'ils prennent en compte l'impact considérable de leurs décisions et qu'ils intègrent les considérations éthiques au cœur de leurs modèles de gouvernance.

En conclusion, la gouvernance éthique, caractérisée par un large éventail de cadres et de principes éthiques, n'est pas un idéal utopique mais une vision pratique et réalisable. Les études de cas présentées sont des lueurs d'espoir, nous rappelant qu'avec les bons outils, les connaissances et l'engagement moral, nous pouvons forger un monde plus juste, plus prospère et plus harmonieux. Le moment est venu d'accepter cette réalité et d'agir en conséquence.

10

Le Rôle Du Pouvoir Judiciaire Dans L'alignement Sur Maqasid

Comment Les Systèmes Juridiques Peuvent Faire Respecter Les Principes Fondamentaux Du Maqasid

Transformer Les Systèmes Juridiques : L'impératif Moral

Dans un monde où les systèmes juridiques semblent souvent détachés de leurs amarres éthiques, l'application du Maqasid offre une voie de réforme révolutionnaire. Il ne s'agit pas seulement de peaufiner les structures existantes ; il s'agit d'intégrer une âme éthique dans le cadre de la loi. Comment, alors, les systèmes juridiques peuvent-ils véritablement incarner les principes fondamentaux du Maqasid ? Découvrons les étapes pratiques vers un paysage juridique plus aligné sur l'éthique.

1. Éducation juridique éthique : Le germe d'un système juridique éthique réside dans ses éducateurs et ses apprenants. Imaginez des facultés de droit animées de discussions sur le Maqasid, façonnant des avocats et des juges qui respirent l'éthique et le bien-être

communautaire. Ce n'est pas une simple connaissance ; c'est une transformation du cœur et de l'esprit.

2. Jurisprudence éthique : Imaginez une salle d'audience où les principes du Maqasid ne sont pas simplement cités ; ils résonnent dans chaque argument et décision. Il s'agit d'un changement progressif mais puissant, qui construit une jurisprudence riche en justice, en équité et en avantages sociétaux.

3. Engagement communautaire : Considérez la loi comme un pont et non comme un obstacle. Les programmes de sensibilisation et les cliniques juridiques peuvent démystifier le jargon juridique, transformant le droit d'une énigme en un outil communautaire d'autonomisation et de progrès.

4. Aide juridique et accès : Imaginez un monde où l'aide juridique n'est pas un luxe. En s'alignant sur le principe Maqasid de préservation des richesses et de répartition équitable, les systèmes juridiques peuvent devenir une lueur d'espoir pour toutes les couches sociales.

5. Modes alternatifs de résolution des conflits : passer du combat contradictoire à la médiation et à la conciliation. Cette approche, en résonance avec le principe Maqasid consistant à nourrir l'intellect et l'empathie, peut transformer les différends en opportunités de croissance et de réconciliation.

6. Gestion de l'environnement : La justice environnementale devrait être plus qu'un slogan. Des tribunaux environnementaux spécialisés et des peines axées sur la communauté peuvent transformer les systèmes juridiques en gardiens de notre planète.

7. Transparence et responsabilité : La transparence ne consiste pas seulement à ouvrir les portes et les fenêtres des salles d'audience ; il s'agit de faire du processus judiciaire une serre, claire et responsable envers le public qu'il sert. Les juges et les institutions juridiques, mesurés à l'aune de critères d'équité et de bénéfice pour la communauté, deviennent des gardiens responsables de la justice.

8. Alignement législatif : Les lois devraient être le reflet vivant des principes du Maqasid. Cela signifie non seulement réviser les

anciennes lois, mais également en élaborer de nouvelles dans une optique axée sur la justice, l'égalité et le bien commun.

9. Examen éthique continu : Imaginez une table ronde où des experts juridiques, des universitaires et des voix de la communauté évaluent régulièrement dans quelle mesure le système juridique reflète les principes de Maqasid. Une telle réflexion et un tel ajustement continus maintiennent le système juridique aligné sur sa boussole morale.

L'intégration du Maqasid transforme les systèmes juridiques de ceux qui font respecter les règles en instruments de justice, de régulateurs de conduite en promoteurs d'une société éthique. Ce n'est pas un idéal abstrait ; c'est un impératif moral. Le voyage commence maintenant, vers un cadre juridique qui incarne nos plus hautes aspirations éthiques.

Réformes Constitutionnelles : L'élément Fondamental

Les constitutions constituent les piliers du système juridique et de gouvernance d'une nation. Intégrer les principes du Maqasid dans ces fondations n'est pas seulement bénéfique ; il est essentiel. Explorons comment les réformes constitutionnelles peuvent intégrer le Maqasid dans le tissu de la gouvernance d'une nation :

1. Enrichissement du préambule : le préambule est plus qu'une introduction ; c'est la boussole morale de la constitution. En intégrant ici les principes du Maqasid, nous envoyons un message retentissant sur notre engagement envers la justice, l'équité et le bien-être de tous les citoyens.

2. Déclaration des droits basée sur le Maqasid : Imaginez une Déclaration des droits qui garantisse non seulement les libertés mais aussi les éléments essentiels du Maqasid : le droit à la vie, la liberté intellectuelle et le bien-être de la communauté. Cela transforme ces idéaux d'aspirations nobles en droits exécutoires.

301

3. Cadre de gouvernance éthique : Au-delà des droits individuels, la constitution peut prescrire une philosophie de gouvernance ancrée dans la justice, l'équité et le bien commun. En consacrant ces valeurs, elles transcendent les changements politiques et deviennent des principes nationaux durables.

4. Garanties de l'indépendance judiciaire : Les tribunaux indépendants sont les gardiens du Maqasid. Le renforcement des garanties constitutionnelles d'autonomie judiciaire garantit que ces tribunaux peuvent se protéger contre toute atteinte aux principes éthiques.

5. Accès à la justice pour tous : Conformément au principe de richesse de Maqasid (Mal), la constitution devrait garantir l'accessibilité à la justice, quel que soit le statut économique. Cette clause pourrait être une lueur d'espoir, garantissant que la justice ne soit pas un privilège mais un droit pour tous.

6. Protection de l'environnement : Reflétant la priorité Maqasid de protéger la patrie (Watan), les clauses constitutionnelles sur la gestion de l'environnement exigeraient la préservation pour les générations futures, garantissant ainsi que notre planète est sauvegardée en tant qu'intérêt national vital.

7. Audits éthiques réguliers : réfléchissez à l'impact d'un organisme indépendant effectuant des audits éthiques des politiques gouverne-mentales. Ce mécanisme alignerait continuellement les politiques nationales sur les principes du Maqasid, garantissant ainsi que la gouvernance éthique ne soit pas un simple engagement ponctuel.

8. Responsabilité éthique des agents publics : Pour garantir que ceux au pouvoir adhèrent à ces principes, des dispositions constitutionnelles pourraient être introduites pour la destitution ou la sanction des fonctionnaires qui s'écartent de ces voies éthiques.

9. Processus de réforme inclusif : Le processus de réforme constitu-tionnelle devrait être une tapisserie de voix nationales. L'implication des érudits religieux, des experts juridiques, de la société civile et du public garantit que l'intégration de Maqasid respecte la diversité du tissu national.

Prenons, par exemple, l'approche post-apartheid de l'Afrique du Sud, où une large participation communautaire et un débat ouvert ont conduit à une constitution célébrée pour son caractère inclusif et axé sur les droits de l'homme. Une telle approche pourrait servir de modèle pour intégrer le Maqasid d'une manière qui reflète véritablement l'éthos collectif d'une nation.

En adoptant ces réformes constitutionnelles, une nation ne se contente pas de faire semblant de promouvoir une gouvernance éthique ; il jette les bases juridiques solides d'une société juste, équitable et harmonieuse. Ces réformes sont plus que des nécessités juridiques ; ils constituent le tremplin vers un avenir où gouvernance et éthique vont de pair.

Législation : Légiférer Avec Conscience

Dans notre cheminement vers une gouvernance transformatrice, le respect des principes Maqasid dans la législation est essentiel. En intégrant ces valeurs dans l'élaboration des lois, nous transformons les lois en incarnations de la conscience morale d'une nation. Voici une approche raffinée pour y parvenir :

Écrans De Politique Basés Sur Maqasid

- Exigence d'examen éthique : introduire un examen éthique obligatoire pour toutes les lois proposées, évaluant leur alignement avec les principes Maqasid tels que la préservation de la vie et la liberté intellectuelle. Ce n'est pas seulement une liste de contrôle ; c'est une évaluation approfondie de la fibre morale de la loi.
- Comités interdisciplinaires : formez des comités composés d'experts juridiques, d'éthiciens et de représentants de la communauté. Par exemple, de la même manière que certains pays européens impliquent des conseils d'éthique dans les processus législatifs, ces groupes veilleraient à ce que divers points de vue soient pris en compte, offrant ainsi un examen éthique plus complet.

- Critères d'évaluation transparents : Développer des critères clairs, basés sur le Maqasid, pour évaluer la législation proposée. Des questions telles que « Cette loi favorise-t-elle le bien-être de la société ? ou "Est-ce que cela protège les libertés individuelles?" devrait guider l'évaluation.
- Boucles de rétroaction : créer des canaux pour la contribution du public et des parties prenantes pendant le processus de révision, améliorant ainsi la transparence et la confiance de la communauté dans le système législatif.

Participation Communautaire

- Canaux de contribution communautaire : établir des forums ouverts permettant aux citoyens d'exprimer leurs points de vue sur les lois proposées. Cela pourrait refléter les assemblées publiques communes aux États-Unis, où l'opinion publique influence directement l'évolution législative.
- Audiences publiques : organiser des consultations publiques accessibles et inclusives pour les principales propositions législatives, en veillant à ce que toutes les voix soient entendues. Cette approche s'est avérée efficace dans des pays comme le Canada en élaborant des lois qui reflètent véritablement l'opinion publique.
- Évaluations d'impact éthique : mandater des évaluations qui évaluent les implications éthiques des lois sur les individus et les communautés. Cela va au-delà des évaluations d'impact traditionnelles et place l'éthique au premier plan.
- Législation centrée sur la communauté : Encourager les législateurs à rédiger des lois qui reflètent les valeurs éthiques de la communauté. Lorsque les lois correspondent à la boussole morale de la communauté, la conformité et le respect de la loi s'ensuivent naturellement.

En intégrant les principes du Maqasid dans l'élaboration des lois, nous élevons la législation de simples textes juridiques à des phares de gouvernance éthique. Cette méthodologie non seulement aligne les lois sur les normes éthiques, mais les ancre également dans les besoins et valeurs réels des citoyens. Il s'agit d'une approche transformatrice, garantissant que la gouvernance soit en résonance avec les principes de Maqasid et annonce une nouvelle ère de société éthique et juste.

Pouvoir Judiciaire : Une Justice Ancrée Dans L'éthique

Dans la quête d'une gouvernance transformatrice alignée sur les principes Maqasid, le pouvoir judiciaire se présente comme un agent crucial du changement. En intégrant des considérations éthiques dans son tissu, le pouvoir judiciaire peut transcender les rôles traditionnels et devenir une force de transformation sociétale. Voici les étapes clés pour réaliser cette vision :

Comités Consultatifs Maqasid

- Conseils éthiques d'experts : former des comités consultatifs Maqasid composés de théologiens, de juristes et d'éthiciens. Inspirés par le recours à des avis d'experts par des organismes consultatifs tels que la Cour européenne des droits de l'homme, ces panels offriraient aux juges un aperçu approfondi des aspects éthiques d'affaires juridiques complexes, garantissant ainsi que les décisions correspondent aux principes Maqasid tels que la préservation de la vie et la liberté intellectuelle.
- Collaboration interdisciplinaire : Favoriser une culture de dialogue interdisciplinaire, permettant aux juges de mélanger les perspectives juridiques et éthiques. Cette approche fait écho à la prise de décision holistique observée dans des pays comme la Norvège, où les considérations éthiques et sociales éclairent souvent les jugements juridiques.
- Précédents éthiques : encourager la référence aux principes du Maqasid dans les avis juridiques, en construisant progressivement un

référentiel de précédents éthiques qui guideront les cas futurs.

Peines Réparatrices

- Priorité à la réadaptation : adopter une justice réparatrice, en allant au-delà des mesures punitives vers des modèles qui mettent l'accent sur la réadaptation et la restauration communautaire. L'approche néo-zélandaise de la justice pour mineurs, qui intègre les pratiques communautaires maories axées sur la réconciliation, peut servir de modèle.
- Engagement communautaire : impliquer la communauté dans les processus de réparation, en favorisant le dialogue entre les victimes et les délinquants. Cette approche, similaire à celle de la Commission vérité et réconciliation d'Afrique du Sud, peut favoriser la guérison et la compréhension mutuelle.
- Prévenir la récidive : Mettre en œuvre des programmes visant à réduire les taux de récidive. Suivez l'exemple de pays comme la Suède, où l'accent mis sur la réadaptation a considérablement réduit la récidive.
- Approche centrée sur la victime : Veiller à ce que le processus de réparation réponde adéquatement aux besoins des victimes, faisant écho aux principes énoncés dans la Loi sur les droits des victimes du Canada, qui met l'accent sur la participation des victimes et leur droit à l'information.

En adoptant ces mesures, le pouvoir judiciaire peut se transformer en un bastion de justice éthique, transcendant les systèmes punitifs traditionnels. Elle peut favoriser la croissance morale et intellectuelle, contribuer activement à l'harmonie communautaire et jouer un rôle central dans l'élaboration d'une société plus juste et plus éthique. C'est le chemin vers une gouvernance transformatrice, où le pouvoir judiciaire non seulement dispense la justice, mais défend également les principes profonds du Maqasid.

Application De La Loi : Les Premières Lignes De La Justice

Dans notre cheminement vers un modèle de gouvernance guidé par les principes Maqasid, l'application de la loi joue un rôle essentiel. En tant que gardiens de première ligne de la justice et de l'ordre, il est essentiel que leurs pratiques reflètent ces valeurs éthiques. Voici des étapes pratiques pour intégrer l'éthique dans le tissu même de l'application de la loi :

Formation Éthique

- Programme Maqasid : introduire une formation Maqasid obligatoire pour tous les agents, en mettant l'accent sur le caractère sacré de la vie et le bien-être de la communauté. Cette approche, semblable à l'accent mis par la Norvège sur la formation éthique dans sa formation policière, devrait inculquer une profonde compréhension de la façon dont ces principes s'articulent avec leur devoir de servir et de protéger.
- Formation basée sur des scénarios : mettre en œuvre des modules de formation avec des scénarios réels, incitant les agents à appliquer les principes du Maqasid dans des situations pratiques. Cette méthode reflète la formation interactive utilisée par les forces de l'ordre canadiennes, qui s'est révélée efficace pour améliorer les compétences décisionnelles.
- L'éthique comme compétence de base : faire de la compétence éthique un critère clé dans l'évaluation des agents, tout comme la police néo-zélandaise intègre des valeurs axées sur la communauté dans l'évaluation des agents.
- Formation éthique continue : proposer des ateliers continus pour se tenir au courant de l'évolution des normes sociétales et des normes éthiques, garantissant ainsi que les agents restent compétents et réactifs face aux nouveaux défis éthiques.

Police Communautaire

- Engagement communautaire : transition vers un modèle de police communautaire. Encouragez les agents à établir des relations positives au sein des communautés, à l'instar de l'approche observée dans des villes comme Portland, dans l'Oregon, où la police communautaire a amélioré la confiance du public.
- Approche de résolution de problèmes : adopter des stratégies axées sur l'identification et la résolution des causes profondes des problèmes, une méthode qui s'est avérée efficace dans des endroits comme les systèmes de police communautaire de Singapour.
- Compétence culturelle : offrir une formation sur la sensibilité et la diversité culturelles, garantissant que les agents peuvent servir respectueusement les diverses communautés. Cela fait écho aux programmes réussis mis en œuvre dans des villes comme Los Angeles, qui ont mis l'accent sur la compréhension culturelle dans les forces de l'ordre.
- Responsabilité et surveillance : Mettre en œuvre des mécanismes de surveillance avec la participation de la communauté, semblables aux commissions indépendantes de révision de la police dans des villes comme Toronto, qui favorisent la transparence et la responsabilité.

En insufflant les principes du Maqasid dans les forces de l'ordre, nous élevons non seulement les normes morales de nos forces de police, mais nous renforçons également la confiance du public et l'harmonie communautaire. Cette transformation marque un pas important vers la réalisation d'une société dans laquelle les forces de l'ordre non seulement défendent la justice, mais incarnent également des principes éthiques. Il s'agit d'une étape importante vers un avenir où les forces de l'ordre dirigeront avec conscience et intégrité.

Droit International : Étendre L'éthique Au-Delà Des Frontières

Sur la scène mondiale, les principes éthiques du Maqasid ont le potentiel de transformer la gouvernance et de favoriser le bien-être et la justice internationales. L'intégration de ces valeurs dans le droit international et la diplomatie est essentielle pour parvenir à un monde éthique et responsable à l'échelle mondiale. Voici des façons d'en faire une réalité :

Diplomatie Éthique

- Intégrer le Maqasid dans la politique étrangère : les nations devraient imprégner leurs politiques étrangères des principes du Maqasid, reflétant l'approche suédoise de la « politique étrangère » qui donne la priorité aux droits de l'homme, à l'égalité des sexes et à la paix. Dans cette optique, la diplomatie va au-delà de l'intérêt personnel pour servir le plus grand bien de l'humanité (Oumma), en relevant les défis mondiaux par la collaboration et des considérations éthiques.
- Résolution des conflits par la médiation éthique : Dans la médiation des conflits, l'application des principes Maqasid peut conduire à des résolutions centrées sur la paix et la préservation de la vie (Nafs). S'inspirant des stratégies de médiation éthiques utilisées pour résoudre le conflit d'Irlande du Nord, les médiateurs devraient promouvoir le dialogue et la coopération plutôt que la confrontation.

Droit Humanitaire

- Renforcer les lois humanitaires : Inspirés par les Conventions de Genève, les principes Maqasid peuvent guider l'évolution des lois humanitaires internationales pour protéger la vie et la dignité humaine dans les conflits, garantir l'accès aux services essentiels et sauvegarder les droits civils.
- Application des principes éthiques dans les zones de conflit : les efforts

humanitaires dans les zones de conflit, tout comme les sociétés de la Croix-Rouge et du Croissant-Rouge, devraient fonctionner selon les principes de Maqasid, en donnant la priorité à la sécurité et au bien-être des communautés affectées (Oumma) et en garantissant une distribution efficace et équitable de l'aide.

- Coopération transfrontalière : s'attaquer aux problèmes mondiaux tels que le changement climatique et les pandémies nécessite une collaboration éthique, semblable à l'Accord de Paris sur le changement climatique. Les nations devraient unir leurs forces, guidées par les principes Maqasid, pour relever ces défis d'une manière qui préserve l'environnement (Hifz al-Watan) et favorise le bien-être général.

En intégrant les principes du Maqasid dans le tissu du droit international et de la diplomatie, nous pouvons cultiver une communauté mondiale plus guidée par l'éthique. Cette approche reconnaît la nature transcendante du bien-être individuel et communautaire, appelant à un engagement collectif envers des normes éthiques plus élevées. Il ne s'agit pas seulement d'une aspiration mais d'un impératif moral, ouvrant la voie à une société internationale plus pacifique, plus équitable et plus humaine.

Éducation Juridique : Façonner L'avenir

Alors que nous envisageons l'avenir de la gouvernance et des systèmes juridiques, il est essentiel de se concentrer sur la formation de la prochaine génération de professionnels du droit. Non seulement ils doivent être experts en droit, mais aussi profondément enracinés dans une pensée éthique, guidée par les principes Maqasid. Pour y parvenir, une approche transformatrice de la formation juridique est nécessaire :

Révision Du Programme

- Intégration des principes Maqasid : Nous devons intégrer les principes Maqasid dans les programmes juridiques en tant qu'éléments fondamentaux et non comme éléments optionnels. Cela reflète des initiatives comme celles de la Yale Law School, où la justice sociale et l'éthique font partie intégrante du programme d'études.
- Enseigner le raisonnement éthique : les futurs avocats et juges devraient être formés à juxtaposer l'analyse juridique au raisonnement éthique. Cette double approche est cruciale pour prendre des décisions juridiquement saines et éthiquement justes.

Cours D'éthique Juridique

- Cours obligatoires d'éthique juridique : chaque étudiant en droit devrait suivre une formation complète en éthique juridique, faisant écho à l'approche d'institutions comme la Harvard Law School, où la pratique éthique est la pierre angulaire de l'éducation juridique.
- Pistes spécialisées : proposer des pistes d'éthique spécialisées dans des domaines tels que le droit pénal, familial ou des sociétés permet aux étudiants d'appliquer efficacement les principes éthiques dans divers contextes juridiques.
- Dilemmes éthiques pratiques : les cours doivent intégrer des dilemmes éthiques réels et des études de cas, permettant aux étudiants de naviguer dans les paysages moraux complexes qu'ils rencontreront dans leur vie professionnelle.

Cependant, l'intégration de ces changements ne se fait pas sans difficultés. La résistance des structures éducatives traditionnelles et le manque de ressources constituent des obstacles importants. Pour surmonter ces problèmes, il faut un effort collectif de la part des établissements d'enseignement, des professionnels du droit et des instances dirigeantes pour reconnaître la valeur de la formation éthique en droit.

En remodelant l'enseignement juridique en mettant l'accent sur les principes Maqasid, nous n'enseignons pas seulement le droit ; nous formons des gardiens de la justice qui sont éthiquement conscients et moralement fondés. Cette transformation est plus qu'un changement académique ; c'est un investissement dans l'avenir d'un système juridique juste et éthique, jetant les bases d'une gouvernance qui sert véritablement le bien commun.

Le Modèle D'un Système Juridique Éthique

Le parcours des systèmes juridiques a souvent serpenté à travers des fourrés denses de détails techniques, s'éloignant parfois des rivages éthiques qu'ils étaient censés protéger. L'intégration des principes Maqasid offre non seulement une voie, mais un modèle visionnaire pour orienter nos systèmes juridiques vers le domaine de la gouvernance éthique. Cette transformation transcende la simple réforme juridique ; il s'agit de cultiver une culture où l'éthique et le droit s'entremêlent harmonieusement.

1. Un changement de paradigme : adopter le Maqasid signale un changement de paradigme fondamental. Cela nous amène à passer d'une interprétation rigide des lois à une application plus large et plus soucieuse de l'éthique. Dans cette nouvelle vision, les lois ne sont pas seulement des règles mais aussi des moyens d'atteindre des objectifs éthiques, créant un cadre juridique qui donne vie aux idéaux de justice et d'équité.

2. Tutelle éthique : En adoptant le Maqasid, nos systèmes juridiques deviennent les gardiens de l'éthique sociétale. Les juges, les avocats et les universitaires se transforment en gardiens de la jurisprudence éthique, garantissant que chaque décision et chaque loi sont conformes aux normes éthiques les plus élevées. Ce rôle élève leur responsabilité du simple contrôle à celui d'agents proactifs défendant

312

une gouvernance éthique.

3. Une approche holistique : Cette nouvelle ère dans la pratique juridique plaide en faveur d'un point de vue holistique. Les professionnels du droit sont appelés à regarder au-delà des questions juridiques immédiates, en envisageant l'impact plus large de leurs décisions sur les individus, les communautés et la société. Cette approche nourrit la conscience que toute action en justice comporte un poids et des conséquences éthiques.

4. Autonomiser les personnes vulnérables : Un système juridique fondé sur l'éthique défend la cause des personnes vulnérables et marginalisées. Il garantit que la justice n'est pas un privilège de quelques-uns mais un droit accessible à tous, incarnant les principes de justice sociale et d'égalité. Il offre une lueur d'espoir et un filet de sécurité à ceux qui sont restés sans voix et mal desservis.

5. Une lueur d'espoir mondiale : à mesure que les systèmes juridiques évoluent selon les principes du Maqasid, ils constituent des lueurs d'espoir dans un monde aux prises avec l'injustice et les inégalités. Cette transformation envoie un message mondial retentissant : l'éthique et le droit ne sont pas des adversaires mais des alliés dans la construction d'un monde plus juste et plus équitable.

Alors que nous nous trouvons à la croisée des chemins, la voie à suivre est claire. Il est temps de se lancer avec audace dans ce voyage transformateur, en défendant l'intégration des principes Maqasid dans nos systèmes juridiques. Ce voyage n'est pas sans défis : la résistance au changement, les ressources limitées et les contextes culturels variés ne sont que quelques obstacles que nous pouvons rencontrer. Pourtant, la promesse d'un système juridique plus éthique, plus juste et plus inclusif constitue un appel impérieux à l'action pour nous tous. La destination est une société où le droit et l'éthique sont inextricablement liés dans la recherche de la justice, une société où chaque décision juridique défend le bien commun. Commençons ce voyage maintenant, car l'avenir attend un système juridique qui renaît à la lumière d'une gouvernance éthique.

Conclusion : Imaginez Un Monde Où L'éthique Définit Nos Lois

Arrêtez-vous un instant et imaginez un monde où les lois transcendent leurs frontières traditionnelles. Dans ce monde, les lois ne sont pas de simples règles à suivre mais des principes éthiques qui imprègnent nos actions quotidiennes. Ici, la justice va au-delà du noir et blanc du bien et du mal, incarnant un engagement profond en faveur du bien-être, de la dignité et de l'harmonie de chaque individu. Cette vision n'est pas une utopie lointaine ; c'est un objectif tangible à notre portée, atteint en alignant nos systèmes juridiques sur un cadre éthique profondément ancré comme celui de Maqasid.

Une Vision De Changement Tangible

Cette transformation n'est pas un rêve insaisissable. Il s'agit d'un changement pratique et réalisable qui promet d'élever notre société à des niveaux sans précédent de moralité, d'équité et de compassion. Nous parlons de redéfinir l'essence du droit – d'un outil réglementaire à un phare d'orientation éthique.

Étapes Pratiques Vers La Réalisation

Comment entreprendre ce voyage ? La première étape est la prise de conscience – nous informer, ainsi que les autres, sur les principes du Maqasid et leur impact potentiel sur les systèmes juridiques. Le plaidoyer joue un rôle clé ; nous devons défendre ces principes dans nos communautés, dans nos cercles professionnels et à travers les médias sociaux. La collaboration avec des professionnels du droit, des décideurs politiques et des éducateurs peut transformer cette vision en stratégies concrètes.

Relever Les Défis De Front

Sans aucun doute, cette voie comportera ses défis : scepticisme, résistance au changement et interprétations variées des principes éthiques. Surmonter ces obstacles commence par des dialogues ouverts, favorisant la compréhension et trouvant un terrain d'entente. Il s'agit de démontrer, à travers des études de cas et des exemples actuels, tels que la mise en œuvre de pratiques de justice réparatrice dans certains systèmes juridiques, comment les principes éthiques peuvent guider concrètement les décisions juridiques.

L'effet D'entraînement Du Droit Éthique

Imaginez l'impact profond d'une telle transformation. À mesure que les principes éthiques sont ancrés dans nos cadres juridiques, ils créent une société où les individus sont respectés, la dignité est préservée et l'harmonie communautaire est une expérience vécue. Nous en avons eu un aperçu dans les initiatives communautaires à petite échelle et les réformes juridiques progressistes ; il est désormais temps d'élargir ces efforts.

Saisir Le Moment Pour Une Gouvernance Éthique

L'avenir de la gouvernance éthique est à portée de main. C'est une invitation à aller de l'avant, à s'engager à remodeler nos systèmes juridiques pour le mieux. Ce voyage est crucial pour nous, pour les générations futures, et pour créer un monde où le droit et l'éthique s'unissent harmonieusement dans la quête de la justice pour tous. Entreprenons ce voyage aujourd'hui, en faisant en sorte que chaque pas compte vers un monde où l'éthique et les lois ne sont pas seulement alignées mais se confondent dans leur quête du bien commun.

Le Potentiel D'une Réforme Révolutionnaire : Un Avenir Dévoilé

Imaginez un avenir où nos systèmes juridiques subiront une transformation bien au-delà de simples ajustements – un avenir où la justice sera redéfinie, où les lois deviendront des principes directeurs pour le bien commun et où le bien-être et la dignité de chaque individu seront au cœur de toutes les décisions juridiques.

Un Changement De Paradigme En Matière De Justice

Nous plaidons pour un changement de paradigme, et pas seulement pour une modification mineure. Il s'agit de révolutionner notre perception de la justice et de la gouvernance. Imaginez démanteler les anciennes structures juridiques rigides et les reconstruire avec l'éthique et le bien-être humain comme piliers fondamentaux. Il s'agit d'un changement qui n'est pas sans rappeler le modèle scandinave de justice réparatrice, qui a redéfini le système de justice pénale pour qu'il se concentre davantage sur la réhabilitation que sur la punition.

Au-Delà Des Changements Progressifs

Cette vision va au-delà des améliorations progressives. Il s'agit d'ouvrir de nouvelles portes vers un domaine où la justice est une réalité tangible et quotidienne. Nous visons à élaborer un cadre juridique qui non seulement prévient les préjudices, mais favorise également activement le bien-être de la société.

L'impératif D'un Changement Transformateur

Un tel changement transformateur est essentiel. Il ne s'agit pas simplement d'affiner les systèmes existants ; il s'agit de façonner la société dans laquelle nous aspirons à vivre. Nous avons besoin de lois qui font plus que maintenir l'ordre : elles doivent favoriser la justice, l'équité et la compassion.

Essentiel Pour Notre Avenir

Cette réforme révolutionnaire n'est pas seulement passionnante : elle est essentielle pour l'avenir que nous souhaitons construire. Il s'agit de créer un héritage de gouvernance éthique où la justice est intégrée au tissu de la vie quotidienne.

Un Appel Collectif A L'action

Réaliser cet avenir nécessite plus qu'un espoir passif ; cela exige un engagement actif et un effort collectif. Les décideurs politiques, les praticiens du droit, les universitaires et tous les citoyens engagés doivent s'unir dans cet effort visant à forger une société plus juste et plus éthique.

Saisir Le Moment Du Changement

Il est maintenant temps de saisir cette opportunité. Nous avons à portée de main le modèle d'un changement transformateur. Le potentiel d'un avenir meilleur et plus éthique est à notre portée. Nous devons agir maintenant pour nous lancer dans ce voyage de réforme, façonner un avenir où justice et éthique sont indissociables et où notre système juridique est une lueur d'espoir et d'équité pour tous.

Révolution Socio-Économique : L'égalité Réalisée

Imaginez un monde où le fossé entre les riches et les pauvres se rétrécit, transformant la pauvreté en un vestige du passé. Cette vision n'est pas ancrée dans le socialisme utopique ; c'est une réalisation pratique de la justice sociale ancrée dans le principe éthique du Mal-Richesse.

Redistribution Éthique De La Richesse

Envisagez un cadre juridique qui prône une répartition équitable des richesses. Cette approche ne concerne pas le transfert aveugle de richesses ; il s'agit de corriger le déséquilibre selon lequel quelques-uns accumulent des richesses aux dépens du plus grand nombre. En appliquant ce principe, nous visons la redistribution des richesses non pas comme une fin mais comme un moyen de remplir une obligation éthique.

Éradiquer La Pauvreté Par Des Moyens Pratiques

Au-delà des modèles traditionnels de protection sociale, cette vision implique de créer une société où chacun a les moyens de prospérer. S'inspirant d'initiatives telles que les essais de revenu de base universel en Finlande, cette approche reconnaît la pauvreté comme une question morale. L'alignement des lois sur les principes éthiques ouvre la voie à l'élimination systématique de la pauvreté, non pas comme un acte de charité, mais comme une question de conception.

L'éducation Universelle : Un Droit, Pas Un Luxe

Imaginez rendre obligatoire l'accès universel à une éducation de qualité, une application tangible du principe éthique de l'Aql – Intellect. Des pays comme la Norvège ont montré que l'éducation en tant que droit fondamental peut stimuler l'innovation et égaliser les chances. Il ne s'agit pas là d'un simple idéalisme ; c'est une voie pragmatique vers l'autonomisation des individus et l'égalisation des règles du jeu sociétales.

Créer Des Voies Vers L'équité

Notre objectif est de favoriser l'égalité des chances, pas nécessairement l'égalité des résultats. Il s'agit de doter chacun des outils et des ressources nécessaires à une réussite basée sur le mérite et l'effort. Cette vision n'est pas exagérée ; des initiatives telles que les programmes de formation professionnelle en Allemagne illustrent comment la diversité des parcours éducatifs et professionnels peut conduire à une société plus équitable.

Un Appel Collectif A L'action

Cette vision transformatrice est à notre portée mais nécessite une action collective. Les législateurs, les défenseurs et les citoyens doivent s'unir pour conduire ce changement. Nos systèmes juridiques ne doivent pas seulement gouverner, mais aussi façonner la société dans laquelle nous aspirons à vivre. La réalisation de ces principes éthiques n'est pas un rêve lointain ; c'est un impératif moral. Unissons nos forces pour faire de cette vision une réalité, en créant une société où la justice, l'équité et la prospérité ne sont pas seulement des idéaux mais des expériences quotidiennes.

Justice Pénale : Une Nouvelle Aube

Imaginez un système de justice pénale qui transcende les notions traditionnelles de punition, faisant évoluer les prisons vers des environnements transformateurs. Cette vision, fondée sur les principes éthiques de Nafs (Vie) et Aql (Intellect), est plus qu'un vœu pieux : c'est une voie viable vers une réforme significative.

Réforme Pénitentiaire : De La Punition A La Transformation

Envisager une incarcération axée non pas sur des mesures punitives mais sur des actions correctives et de réadaptation. Cette approche reflète des modèles réussis comme le système pénitentiaire norvégien, où les détenus reçoivent une éducation, des conseils et des opportunités de véritable réadaptation. Loin d'être indulgente envers la criminalité, cette méthode reconnaît le potentiel de rédemption et de contribution sociétale de chaque individu.

Créer Des Citoyens Réformés Et Éduqués

Aligner notre système de justice pénale sur les principes de Nafs et de l'Aql signifie valoriser chaque vie et favoriser la croissance intellectuelle. Les détenus sont dotés des compétences et des connaissances nécessaires à une réinsertion réussie, faisant d'eux des individus stigmatisés des membres à part entière de la société. Ce changement n'est pas seulement un choix moral mais un investissement stratégique dans des communautés plus sûres et plus cohésives.

Guérison Communautaire Grâce A La Justice Réparatrice

Imaginez un système judiciaire qui donne la priorité à la guérison des familles brisées et à la restauration des communautés fracturées, incarnant l'essence de la Oumma (Communauté). Cette vision se reflète dans des pratiques telles que la Commission vérité et réconciliation post-apartheid en Afrique du Sud, où la justice réparatrice se concentre sur la reconstruction plutôt que sur la vengeance, mettant l'accent sur la guérison et la réparation communautaires.

Équilibrer L'empathie Et La Responsabilité

Dans ce système réinventé, les contrevenants sont tenus responsables mais disposent également de moyens de se faire pardonner. Les victimes et les membres de la communauté font partie intégrante du processus, contribuant à un parcours de guérison qui va au-delà des résolutions juridiques. Cette approche n'est pas seulement un changement juridique ; c'est une évolution vers un système qui valorise l'empathie, la responsabilité et le bien commun.

Un Appel Collectif A Transformer

Cette vision d'une réforme de la justice pénale n'est pas hors de portée. Il s'agit d'un appel à l'action lancé aux décideurs politiques, aux forces de l'ordre et à la société pour réévaluer notre approche du crime et des sanctions. En choisissant une voie qui valorise la vie, favorise la croissance intellectuelle et soutient la guérison communautaire, nous pouvons inaugurer une nouvelle ère de justice pénale. Il est temps d'accepter ces changements, en les reconnaissant comme faisant partie d'une transition mondiale vers des systèmes judiciaires plus humains et plus efficaces.

Une Planète Sauvée : La Gestion De L'environnement En Action

Imaginez un monde où nos systèmes juridiques défendent activement la santé de notre planète. Cette vision, ancrée dans le principe éthique du Watan (Patrie), n'est pas un rêve inaccessible mais une réalité réalisable.

Lois Durables : Transformer L'engagement En Action

Imaginez des lois qui transforment la responsabilité environnementale d'un choix à une exigence. Imaginez des réglementations qui obligent les entreprises à donner la priorité au développement durable, à l'instar des normes environnementales rigoureuses appliquées dans des pays comme le Danemark. Ces lois ne sont pas de simples aspirations idéalistes ; ce sont des engagements concrets pour préserver notre planète pour les générations futures.

Le Pouvoir De L'application De La Loi

En alignant nos systèmes juridiques sur le Watan, nous reconnaissons notre environnement comme un dépôt sacré et non comme une ressource destinée à une exploitation incontrôlée. L'application de la loi devient un outil pour tenir responsables ceux qui nuisent à notre environnement, reflétant des actions telles que les amendes importantes et les mandats de restauration constatés à la suite de marées noires et d'accidents industriels.

Justice Climatique : Respecter Les Engagements Mondiaux

Imaginez des accords internationaux sur le climat qui soient contraignants et applicables, similaires à l'Accord de Paris, mais dotés de mécanismes d'application renforcés. Ces engagements devraient garantir un développement équitable et durable pour toutes les nations, reconnaissant notre responsabilité partagée dans la sauvegarde de la Terre.

Autonomiser Les Nations Vulnérables

Des cadres juridiques doivent être développés pour soutenir les nations vulnérables confrontées au plus fort des crises environnementales. Ce soutien, à l'image d'initiatives telles que le Fonds vert pour le climat, devrait fournir les ressources nécessaires à l'adaptation et à la résilience, incarnant la solidarité mondiale plutôt que la simple charité.

Saisir L'opportunité De Changement

Cette vision est une opportunité d'action transformatrice. Il appelle les législateurs, les militants et les citoyens à défendre des cadres juridiques qui donnent la priorité à la gestion de l'environnement. Nos systèmes juridiques ont le potentiel d'être de puissants agents de changement, garantissant l'avenir de notre planète. Il est temps pour nous d'exiger et de mettre en œuvre des structures juridiques qui renforcent la justice climatique, protègent les écosystèmes vulnérables et favorisent la durabilité.

Le salut de notre planète est bel et bien à notre portée. En choisissant de protéger notre patrie grâce à des mécanismes juridiques solides, nous nous engageons sur la voie de la durabilité et d'une gestion responsable. Empruntons cette voie, en nous appuyant sur les efforts actuels et en nous dirigeant vers un avenir où nos systèmes juridiques seront les gardiens de la santé de notre planète.

Leadership Mondial : L'avant-Garde Éthique

Imaginez un monde où les systèmes juridiques transcendent les frontières nationales, exerçant leur influence pour sculpter une communauté mondiale gouvernée de manière éthique. Cette vision, ancrée dans les principes de Maqasid, ne représente pas seulement un rêve idéaliste, mais aussi une feuille de route pratique pour un leadership éthique à l'échelle mondiale.

Diplomatie Humanitaire : Étendre L'influence Juridique Pour La Dignité Humaine

Imaginez des cadres juridiques s'étendant au-delà des juridictions nationales pour influencer et façonner le droit international humanitaire. S'inspirant des Conventions de Genève, cette approche va au-delà de la diplomatie traditionnelle et s'engage en faveur de politiques internationales qui protègent la dignité humaine et le bien-être. Il envisage une communauté juridique mondiale qui reconnaît une responsabilité partagée en matière de droits de l'homme, transcendant les limites géopolitiques.

Établir Une Référence Éthique Mondiale

Les principes du Maqasid pourraient servir de référence éthique universelle, guidant les systèmes juridiques du monde entier. Cette vision s'aligne sur des initiatives telles que les objectifs de développement durable des Nations Unies, visant non seulement à exercer une influence mais aussi à établir une norme mondiale de gouvernance éthique. Il montre comment un système juridique fondé sur des principes éthiques peut conduire à une société mondiale plus équitable et plus humaine.

Inspirer Le Changement International

Les systèmes juridiques qui illustrent un leadership éthique peuvent inspirer un changement transformateur au-delà de leurs propres frontières. En suivant le modèle de la Cour européenne des droits de l'homme, ils peuvent encourager d'autres pays à réaligner leurs cadres juridiques sur les valeurs éthiques universelles. Cette vision va au-delà de l'amélioration nationale pour favoriser un effet d'entraînement mondial de changement positif.

Tirer Parti De L'influence Pour Le Bien Mondial

Ce concept est plus qu'un idéal utopique ; c'est une opportunité tangible. Les systèmes juridiques ont le potentiel de devenir des instruments d'amélioration mondiale. Les juristes, les diplomates et les décideurs politiques sont appelés à plaider en faveur de l'intégration des principes éthiques dans le droit et les relations internationales.

Adopter Un Leadership Éthique Dans Des Temps Difficiles

À une époque marquée par des défis mondiaux complexes, un leadership éthique est impératif. Les principes de Maqasid constituent une base solide pour une gouvernance éthique, nous guidant à travers des périodes de turbulences. Le moment est venu d'adopter un leadership éthique. Nos systèmes juridiques, dotés d'une vision fondée sur des valeurs éthiques, peuvent être à l'avant-garde de la création d'un monde juste, humain et gouverné de manière éthique.

Gouvernance : La Lueur D'espoir

Imaginez un monde où la gouvernance transcende les normes bureaucratiques pour devenir une lueur d'espoir. Dans ce monde, les principes éthiques ne sont pas de simples lignes directrices mais le fondement de toute action gouvernementale, transformant la corruption, l'injustice et les inégalités en de rares exceptions plutôt qu'en normes dominantes.

Gouvernance Éthique : Une Force De Transformation Sociétale

Imaginez un gouvernement si profondément attaché aux principes éthiques que chaque politique et décision devient une étape vers une société plus juste. Cette vision reflète des initiatives telles que le budget du bien-être de la Nouvelle-Zélande, qui donne la priorité au bien-être des citoyens dans l'élaboration des politiques. La gouvernance éthique n'est pas ici un luxe mais un élément indispensable du progrès sociétal.

Redéfinir La Corruption Comme Une Aberration

Imaginez une société dans laquelle la corruption est une anomalie et non une pratique courante. Inspirés par les modèles de transparence de pays comme le Danemark, les responsables gouvernementaux n'agissent pas par intérêt personnel mais avec un engagement inébranlable en faveur du bien public. Dans cette société, la corruption est une déviation, rapidement combattue et rectifiée.

Défendre La Justice Pour Chaque Citoyen

Imaginez un système gouvernemental qui garantisse la justice à chaque individu, faisant écho aux principes de Maqasid. Ce système, semblable à la primauté du droit respectée dans des pays comme le Canada, garantit que la justice n'est pas un slogan mais une réalité où chaque citoyen, quelle que soit son origine, reçoit un traitement équitable.

La Confiance Civique Comme Norme Démocratique

Considérez un niveau de confiance entre le gouvernement et les citoyens qui devienne une référence pour les démocraties du monde entier. Dans cette société, l'engagement citoyen dans la gouvernance reflète les pratiques observées dans les démocraties participatives comme la Suisse. Ici, le gouvernement est véritablement représentatif et responsable envers son peuple.

Un Modèle Mondial De Gouvernance Éthique

Cette vision d'une gouvernance éthique s'étend au-delà des frontières nationales, établissant une norme pour le monde. Il s'agit d'un objectif pratique, réalisable grâce à des efforts concertés en matière de réforme politique, d'éducation et de coopération internationale. Il s'agit d'un appel lancé aux gouvernements du monde entier pour qu'ils placent l'éthique au cœur de leurs actions.

Réaliser Le Rêve D'une Gouvernance Éthique

Dans un monde confronté à une multitude de défis, la gouvernance éthique est la lueur d'espoir dont nous avons besoin. Cette voie vers un avenir meilleur n'est pas seulement un idéal théorique ; il s'agit d'un objectif tangible, comme le démontrent les progrès réalisés par les pays dans cette direction. L'heure est désormais à une gouvernance éthique. Œuvrons pour un monde où la gouvernance est synonyme de justice, où l'éthique guide chaque décision et où les citoyens ont une confiance inébranlable dans leurs dirigeants pour diriger avec intégrité.

L'heure Est Venue D'entreprendre Des Réformes Révolutionnaires : Saisir L'occasion Pour Une Gouvernance Éthique

En ce moment critique, l'urgence d'une réforme transformatrice aligne nos systèmes juridiques sur les principes éthiques du Maqasid. C'est plus qu'un simple ajustement ; c'est un pas vers un monde ancré dans la justice et l'intégrité éthique. Les impératifs moraux sont évidents, les défis sociétaux sont pressants et un plan d'action clair est devant nous. Ce dont nous avons besoin maintenant, c'est du courage pour embrasser cette nouvelle ère de gouvernance éthique et de bien-être sociétal.

Un Impératif Moral Clair

Dans un monde confronté à des défis tels que les inégalités et les crises environnementales, l'alignement éthique basé sur les principes Maqasid n'est pas seulement nécessaire ; c'est impératif. Ces principes nous offrent une boussole morale, nous orientant vers une société qui valorise l'équité et la compassion. Ignorer cet appel signifie maintenir un statu quo qui n'est pas à la hauteur de notre potentiel éthique, un peu comme ignorer le changement climatique tout en connaissant ses impacts.

Répondre Aux Besoins Sociétaux Pressants

Nos sociétés sont confrontées à des problèmes profondément enracinés – de la pauvreté et des inégalités à la dégradation de l'environnement. L'alignement éthique de nos systèmes juridiques apporte des solutions pratiques. Prenons, par exemple, la mise en œuvre de lois environnementales dans des pays comme le Costa Rica, qui a fait des progrès significatifs en matière de conservation et de durabilité. Cette approche n'est pas une simple solution ; c'est une stratégie pour répondre efficacement aux besoins sociétaux.

Un Modèle Pratique Pour Une Gouvernance Éthique

Le plan de cette transformation est bien défini. Il comprend des réformes juridiques globales, telles que celles observées dans les pays scandinaves connus pour leurs normes élevées en matière de protection sociale, de transparence et d'engagement citoyen. Il appelle à des amendements constitutionnels, à une vigilance législative et à un engagement en faveur d'une éducation éthique et d'une responsabilité. Ce plan n'est pas un noble idéal ; c'est une stratégie structurée pour placer l'éthique au cœur de la gouvernance.

En Quête D'un Avenir Exceptionnel

Nous devons aspirer non seulement à un avenir satisfaisant, mais aussi à un avenir exceptionnel – où la justice et l'éthique ne sont pas simplement recherchées mais sont des réalités quotidiennes. Il s'agit de construire une société dans laquelle les principes éthiques façonnent chaque décision et

328

où le bien-être de chaque individu est une priorité, à l'instar des modèles sociétaux des pays dotés d'indices de développement humain élevés.

Appel A L'action Retentissant

Ce moment appelle l'action de tous : décideurs politiques, experts juridiques et citoyens. Il s'agit d'un appel à se lever et à défendre une gouvernance éthique, en s'inspirant des mouvements mondiaux prônant la transparence et la responsabilité. Il faut de l'audace pour dépasser les limites actuelles et construire un monde aligné sur nos idéaux éthiques les plus élevés.

Saisir Le Moment De La Transformation Éthique

Le temps de l'observation passive est révolu. Le moment est venu de créer un monde plus juste, plus équitable et plus compatissant. Unissons-nous pour transformer cette vision en réalité. Façonnons notre monde dans un monde où l'éthique règne en maître, où la justice est tangible et où chaque individu, quelle que soit son origine, a la possibilité de s'épanouir. Ce moment est à nous de saisir : faisons de la gouvernance éthique une réalité vivante.

Conclusion : Le Pouvoir Transformateur De L'alignement Éthique

La volonté d'aligner nos systèmes juridiques sur les principes du Maqasid représente plus qu'un ajustement mineur : c'est un pas audacieux vers un monde imprégné de justice et d'éthique. Ce mouvement va bien au-delà de l'intégration de normes éthiques ; c'est un catalyseur de réformes radicales susceptibles de redéfinir nos valeurs sociétales, nos structures de gouvernance et nos interactions mondiales. Nous ne cherchons pas seulement à améliorer les lois ; nous envisageons un monde intrinsèquement plus juste, équitable et compatissant.

Catalyseur De Transformation Sociétale

L'intégration du Maqasid dans nos systèmes juridiques n'est pas seulement un changement superficiel. Il s'agit d'un changement profond, semblable aux réformes des droits civiques du XXe siècle, qui ont redéfini les normes sociétales. Cela nous met au défi de regarder au-delà du statu quo, en imaginant un monde où la prise de décision éthique et la justice ne sont pas des aspirations mais des réalités quotidiennes.

Réformer La Gouvernance Avec Des Principes Éthiques

Cet alignement éthique peut révolutionner la gouvernance. Cela oblige les gouvernements à placer le bien-être des citoyens au premier plan, à lutter activement contre la corruption et à entretenir une relation fondée sur la confiance entre les dirigeants et les citoyens. Cette redéfinition de la gouvernance va au-delà de la dynamique du pouvoir vers un modèle de service et de responsabilité, similaire aux principes observés dans les pays scandinaves connus pour leurs niveaux élevés de confiance et de bien-être social.

Établir Une Nouvelle Norme Éthique Mondiale

Sur la scène internationale, adopter le Maqasid peut établir une nouvelle référence éthique. Cette approche fait écho à l'impact mondial des traités internationaux comme la Déclaration universelle des droits de l'homme, signalant que la dignité humaine et le bien-être sont des priorités universelles. Il propose un monde dans lequel chaque nation s'engage à garantir des opportunités équitables à tous ses citoyens.

Une Vision D'un Monde Meilleur

Cet alignement n'est pas un espoir lointain mais un objectif tangible. Il envisage des lois qui incarnent des principes éthiques, une société où la justice est fondamentale et où la compassion est une force directrice. C'est une invitation pour chacun d'entre nous à faire partie de cette transformation éthique, en comprenant qu'un monde meilleur est non seulement possible mais réalisable.

L'urgence D'une Transformation Éthique

Il est maintenant temps d'agir. Nous devons défendre et mettre en œuvre ces principes éthiques dans nos systèmes juridiques. Ce voyage exige de l'engagement, de l'innovation et une croyance inébranlable dans le pouvoir de l'éthique pour remodeler notre monde. En saisissant cette opportunité, nous pouvons créer une société non seulement légale mais juste, non seulement ordonnée mais équitable, et non seulement pleine d'espoir mais profondément compatissante. Le pouvoir transformateur de l'alignement éthique est à notre portée – travaillons ensemble pour en faire une réalité.

11

L'impact Mondial De Maqasid

Projeter Ces Principes Sacrés Au-Delà Des Frontières : Le Mandat Mondial Du Maqasid

Leadership Moral : Une Nouvelle Frontière D'influence Mondiale

À une époque dominée par la géopolitique, où la quête du pouvoir éclipse souvent les considérations éthiques, l'extension des principes du Maqasid au-delà des frontières nationales représente un changement sismique. Quels sont ces principes ? Issu de la jurisprudence islamique, Maqasid fait référence aux objectifs supérieurs de la loi islamique, en mettant l'accent sur des valeurs telles que la justice, la compassion et le bien-être de la communauté. Cette expansion n'est pas seulement innovante ; il s'agit d'une réinvention radicale de l'influence mondiale – un pivot de la focalisation myope de la realpolitik traditionnelle vers un monde guidé par des vertus éthiques.

Le Défi De Notre Époque

Le monde d'aujourd'hui, marqué par le changement climatique, la pauvreté, les conflits et les pandémies, montre les limites des politiques de puissance. Ces défis mondiaux, qui ne se limitent pas aux frontières, exigent des solutions tout aussi illimitées. En appliquant les principes du Maqasid, les nations peuvent offrir une boussole morale en ces temps de turbulences.

Un Appel Au Leadership Éthique

Le leadership éthique sur la scène mondiale signifie bien plus que la puissance militaire ou la puissance économique. Elle est définie par les valeurs morales qui guident les actions d'une nation à l'échelle internationale. Prenons par exemple l'approche norvégienne des relations internationales, souvent motivée par des préoccupations humanitaires et la médiation de la paix, reflétant un engagement en faveur d'un leadership éthique.

Un Impératif Éthique

Ce changement n'est pas une question d'altruisme abstrait. C'est un impératif éthique. Les nations qui respectent les principes du Maqasid contribuent au bien-être mondial. Ils reconnaissent que des valeurs telles que la justice et le bien-être communautaire ne se limitent pas à la géographie.

La Nouvelle Frontière

Les nations dirigeant selon les principes du Maqasid créent une nouvelle frontière en matière d'influence mondiale. Il ne s'agit pas de domination, mais d'incarner des principes éthiques. Cette approche remodèle le discours mondial, passant des luttes de pouvoir aux responsabilités éthiques, donnant l'exemple en matière de gouvernance éthique, de résolution des conflits et d'action humanitaire.

Une Obligation Morale

En conclusion, adopter ces principes sacrés à l'échelle mondiale est plus qu'une option ; c'est un devoir moral envers l'humanité. C'est une voie vers un monde collaboratif et axé sur l'éthique, où la diplomatie est axée sur les valeurs et où le bien-être de tous prime sur les intérêts nationaux. Il s'agit d'une opportunité pour les nations de montrer la voie de la vertu, en façonnant une communauté mondiale juste, équitable et compatissante.

Diplomatie Des Droits De L'homme : Devenir La Voix Des Sans-Voix

Dans le monde souvent pragmatique des relations internationales, la défense des droits de l'homme avec un engagement sans faille passe d'une noble aspiration à un impératif moral. La diplomatie des droits de l'homme, ancrée dans les principes du Maqasid – englobant le caractère sacré de la vie (Nafs), la justice et la dignité humaine – constitue un phare pour ceux qui n'ont pas de voix, défendant les valeurs les plus fondamentales de l'humanité.

Plaidoyer Mondial

Plaider de manière proactive en faveur de politiques alignées sur Maqasid dans les forums internationaux est une responsabilité, pas un choix. Il s'agit de défendre la vie et la dignité en tant que valeurs universelles. Par exemple, lorsque des pays comme le Canada et la Suède soulèvent des questions relatives aux droits de l'homme aux Nations Unies, ils exercent une pression morale et remettent en question les normes mondiales. Cette position proactive démontre comment les impératifs éthiques peuvent influencer les débats et l'élaboration des politiques internationales.

Imaginez une ONU où les principes du Maqasid guident chaque décision, créant un environnement où la justice, la compassion et la dignité humaine ne sont pas seulement des idéaux, mais des mandats opérationnels. Cette vision n'est pas un simple idéalisme ; c'est un chemin tangible vers un monde plus équitable.

Alliances Éthiques

Dans la poursuite d'une politique étrangère éthique, la formation d'alliances avec des pays partageant des valeurs similaires peut amplifier l'impact. De telles coalitions, motivées non par des intérêts personnels mais par un attachement aux valeurs humaines, peuvent lutter efficacement contre les violations des droits humains. Considérez l'impact des coalitions internationales pour faire face à des crises telles que la situation des réfugiés Rohingyas, où l'action collective a joué un rôle crucial.

Imaginez un monde où de telles alliances éthiques sont monnaie courante. Ici, les nations tirent parti de leur force collective pour résoudre rapidement les problèmes liés aux droits de l'homme, transcendant les intérêts géopolitiques traditionnels. Cette vision, fondée sur les principes Maqasid, donne la priorité au bien-être et à la dignité des individus à l'échelle mondiale.

En conclusion, la diplomatie des droits humains guidée par Maqasid est plus qu'une approche alternative : c'est un impératif moral menant à un monde plus juste et plus humain. Il appelle les nations à devenir des voix puissantes, non seulement en termes de puissance, mais aussi en défendant les valeurs qui incarnent notre humanité commune. Cette vision de nations collaborant de manière éthique pour protéger et autonomiser les personnes vulnérables établit une nouvelle norme dans les relations internationales. Réaliser cet avenir n'est pas seulement possible ; c'est à notre portée si nous adoptons avec audace ces principes.

Diplomatie Économique : L'équité Comme Politique Étrangère

Dans notre monde globalisé, où les intérêts économiques dominent souvent, adopter une diplomatie économique basée sur les principes du Maqasid est plus qu'une position morale ; c'est une nécessité stratégique. Une diplomatie économique qui donne la priorité à l'équité, au bien-être social (Oumma) et au développement durable (Watan) promet non seulement de la bonne volonté, mais aussi une stabilité et une prospérité mondiales à long terme.

Investissements Durables

Diriger avec des investissements durables va au-delà de la philanthropie ; c'est un engagement en faveur d'une politique étrangère éthique. Par exemple, lorsque l'Allemagne investit dans des projets d'énergies renouvelables dans les pays en développement, elle crée un puissant précédent en combinant croissance économique et durabilité. Imaginez un monde dans lequel les nations se disputent non seulement le pouvoir économique, mais aussi leur contribution au développement des communautés et à la préservation de l'environnement.

Imaginez un monde où les activités économiques, alignées sur Maqasid, renforcent le bien-être de la communauté et la conservation des ressources. Cette approche n'est pas seulement éthique ; il représente un nouveau modèle de coopération internationale, où la prospérité est à la fois partagée et durable.

Éthique Commerciale

L'incorporation de clauses éthiques dans les accords commerciaux est un outil puissant pour redéfinir les relations économiques internationales. Les nations qui prônent des accords garantissant des pratiques de travail justes et une répartition équitable des richesses (Mal) mettent le bien-être humain et la justice sociale au premier plan. Considérez comment les accords commerciaux de l'Union européenne incluent souvent des clauses sur les droits de l'homme, établissant ainsi une norme en matière de commerce éthique.

Imaginez un monde où de telles considérations éthiques sont la norme, où les partenariats économiques sont fondés sur l'équité et la justice. Imaginez que les nations travaillent ensemble pour créer des accords commerciaux qui soutiennent des salaires équitables, des conditions de travail sûres et une répartition équilibrée des richesses. Ce n'est pas utopique ; c'est une vision pratique de la diplomatie économique qui reconnaît notre interdépendance mondiale et donne la priorité au bien-être de tous, des travailleurs aux consommateurs.

En conclusion, la diplomatie économique basée sur le Maqasid n'est pas seulement un choix moral ; c'est une voie stratégique vers un monde plus stable, plus juste et plus prospère. Il s'agit de nations qui montrent l'exemple et démontrent que la réussite économique peut être synonyme de bien-être social et de durabilité environnementale. Cette vision des relations internationales, où les actions économiques sont guidées par l'éthique et contribuent au bien commun, n'est pas seulement ambitieuse ; c'est réalisable si nous adoptons avec audace ces principes.

Diplomatie Culturelle : Combler Les Fossés Grâce A Des Valeurs Partagées

Dans un monde caractérisé par une riche diversité culturelle et, parfois, par des divisions, le rôle de la diplomatie culturelle, ancrée dans les principes du Maqasid, est crucial. Il ne s'agit pas simplement d'une opportunité mais d'une nécessité d'utiliser des valeurs éthiques communes pour combler les divisions et renforcer l'unité mondiale.

Forums Mondiaux

Organiser des événements internationaux axés sur le lien entre la culture et le Maqasid est un outil puissant. Prenons par exemple le Festival des cultures du monde organisé par la Fondation Art de Vivre, qui rassemble des personnes de diverses cultures pour célébrer l'unité dans la diversité. Imaginez des forums similaires où les nations s'unissent dans des expositions et des conférences, non seulement pour partager l'art et la musique, mais aussi pour défendre une boussole morale commune centrée sur la justice, la compassion et le bien-être.

Visualisez un monde où la diplomatie culturelle s'étend au-delà des vitrines nationales pour mettre en évidence un engagement collectif envers le caractère sacré de la vie (Nafs), la dignité humaine et l'harmonie communautaire (Oumma). Ces forums peuvent servir de plateformes de dialogue, de compréhension et de coopération, éliminant les barrières culturelles et favorisant un sentiment d'unité plus profond.

Échanges Culturels

Faciliter les échanges éducatifs et culturels axés sur les principes du Maqasid est un investissement dans l'harmonie mondiale. Par exemple, le programme Fulbright, qui promeut la compréhension mutuelle par le biais d'échanges éducatifs, pourrait servir de modèle pour des programmes mettant l'accent sur les valeurs éthiques et communautaires. Imaginez des étudiants, des artistes et des universitaires s'engageant dans des échanges qui non seulement explorent diverses traditions, mais plongent également les participants dans les valeurs éthiques du Maqasid.

Imaginez des programmes où des jeunes d'horizons variés étudient, créent et collaborent dans des environnements qui donnent la priorité à la justice, à la compassion et au bien-être communautaire. De tels échanges sont plus qu'un enrichissement culturel ; ils nourrissent une génération de citoyens du monde unis par un cadre éthique, prêts à relever les défis mondiaux avec empathie et coopération.

La diplomatie culturelle, imprégnée des principes Maqasid, est une stratégie efficace pour construire des ponts, favoriser la compréhension et promouvoir l'unité mondiale. Il envisage des relations internationales dans lesquelles la culture est un connecteur et non un diviseur ; où les valeurs partagées transcendent les différences ; et où la poursuite de la justice et de la compassion devient une force unificatrice. Cet avenir n'est pas un idéal lointain mais un objectif tangible, réalisable grâce à chaque échange culturel et forum mondial que nous organisons.

Leadership Climatique : La Tutelle De La Terre

À une époque où la santé de notre planète est plus précaire que jamais, appliquer les principes du Maqasid à la diplomatie environnementale n'est pas seulement un choix mais un impératif. En tant que gardiens de la Terre, notre devoir moral est de montrer l'exemple, en plaidant en faveur de politiques qui protègent notre patrie commune (Watan) pour les générations actuelles et futures.

Pactes Environnementaux

Diriger la négociation d'accords environnementaux internationaux, imprégnés de l'éthos de la protection du territoire (Watan), est une obligation cruciale. Prenons l'exemple de l'Accord de Paris, où les nations se sont réunies autour d'une cause commune, fixant des objectifs concrets de réduction des émissions de gaz à effet de serre. Imaginez des pactes similaires, inspirés par les valeurs éthiques de Maqasid, qui fixent des objectifs ambitieux mais réalisables en matière d'atténuation du changement climatique, de protection de la biodiversité et de préservation des écosystèmes.

Imaginez un engagement collectif en faveur de la transition vers les énergies renouvelables et l'agriculture durable. Ces accords donneraient la priorité au bien-être écologique à long terme plutôt qu'aux intérêts économiques à court terme, incarnant la justice, l'équité et la durabilité.

Intendance Mondiale

Mener des initiatives pour des projets de gestion durable des ressources Les principes de Maqasid comme solutions aux crises environnementales. Prenez, par exemple, les efforts de collaboration dans la forêt amazonienne pour lutter contre la déforestation, où les nations et les organisations travaillent ensemble dans le cadre d'un engagement éthique commun envers l'environnement.

Ces initiatives devraient donner la priorité à l'équité et au bien-être communautaire (Oumma), garantissant un accès égal aux ressources vitales telles que l'eau potable et les terres fertiles. En plaidant pour des pratiques durables, nous reconnaissons l'équilibre délicat de notre planète et l'interconnectivité de tous les êtres vivants.

Défis Et Étapes Pratiques

Même si la vision est claire, sa réalisation se heurte à de nombreux défis tels que les pressions économiques et la résistance politique. Les nations doivent trouver un équilibre entre croissance économique et préservation de l'environnement, ce qui nécessite souvent des politiques innovantes, des partenariats public-privé et des investissements dans les technologies vertes. Les pays en développement, confrontés à des défis différents, ont besoin d'être soutenus par le biais de transferts de technologies et d'initiatives de renforcement des capacités.

En résumé, le leadership climatique ancré dans les principes Maqasid est plus qu'une opportunité de résoudre les problèmes environnementaux ; c'est un devoir moral de protéger notre planète. En plaidant en faveur de pactes environnementaux solides et en favorisant une gestion responsable à l'échelle mondiale, nous pouvons ouvrir la voie à un monde où la justice, l'équité et la tutelle éthique sont au premier plan de nos actions, garantissant ainsi un avenir durable à toutes les générations.

Rétablissement De La Paix : La Valeur Morale Dans La Résolution Des Conflits

Dans un monde souvent marqué par la violence, une nouvelle approche de la résolution des conflits guidée par les principes du Maqasid n'est pas seulement une option ; c'est un impératif moral. Cette voie représente un engagement en faveur d'une paix durable, de la préservation de la vie (Nafs) et de la promotion de l'harmonie communautaire (Oumma).

Médiation Éthique

Considérez le rôle de Maqasid dans la médiation des conflits, comme en témoigne le succès des pourparlers de paix en Irlande du Nord. Dans ces négociations, l'accent mis sur le caractère sacré de la vie (Nafs) et l'équité a contribué à surmonter des divisions de longue date. Dans cette perspective, la médiation éthique met l'accent sur le dialogue, l'empathie et la réconciliation. Les nations guidées par ces principes abordent les négociations avec un engagement sincère à résoudre les problèmes sous-jacents, au-delà des simples manœuvres politiques.

Les médiateurs facilitent les discussions qui prennent en compte le bien-être des communautés (Oumma) et s'efforcent de parvenir à la justice et à la réconciliation. L'objectif est de créer non seulement un cessez-le-feu, mais aussi une base pour une paix durable et une coexistence coopérative.

Initiatives De Consolidation De La Paix

Imaginez des programmes internationaux de consolidation de la paix axés sur le bien-être communautaire (Oumma) et la croissance intellectuelle (Aql), similaires aux projets de développement communautaire observés après le conflit au Rwanda. Ces initiatives transforment les zones de conflit en communautés de réconciliation et de croissance.

De tels programmes donnent la priorité au bien-être des populations touchées, en apportant un soutien à la reconstruction des vies et des infrastructures. Ils mettent l'accent sur l'éducation comme outil de compréhension, de tolérance et d'empathie. Les nations investissent dans l'avenir en soutenant des initiatives qui créent des opportunités économiques, facilitent l'accès aux soins de santé et favorisent les échanges culturels, aidant ainsi les communautés auparavant déchirées par les conflits à guérir et à se reconstruire ensemble.

Défis Et Participation Plus Large Des Parties Prenantes

La mise en œuvre de cette vision dans des climats géopolitiques complexes est un défi. Cela nécessite de surmonter le scepticisme et la résistance, exigeant souvent l'implication d'un large éventail de parties prenantes, notamment des organisations internationales, des ONG et des communautés locales. Il est crucial d'instaurer la confiance et de garantir une participation inclusive.

Diverses Perspectives

Cette approche doit être adaptable à divers contextes culturels et politiques, en reconnaissant que l'application des principes Maqasid peut différer selon les régions. Le respect des coutumes et des points de vue locaux est essentiel pour élaborer des solutions de paix universellement acceptables et efficaces.

Le rétablissement de la paix, imprégné des principes Maqasid, transcende les stratégies diplomatiques traditionnelles. En adoptant une médiation éthique et en investissant dans des initiatives de consolidation de la paix, nous pouvons transformer les zones de conflit en communautés d'espoir et de coopération. Cette approche ne consiste pas seulement à résoudre les différends ; il s'agit de favoriser un monde où les conflits sont résolus de manière éthique, les vies sont préservées et les communautés prospèrent en harmonie. Adopter cette vision est essentiel pour le bien-être de tous, ouvrant la voie à une société mondiale plus pacifique.

L'avant-Garde Éthique D'un Nouvel Ordre Mondial

Alors que le monde se trouve à la croisée des chemins, la voie que nous choisissons aujourd'hui façonnera de manière indélébile notre avenir collectif. Adopter les principes sacrés du Maqasid dans nos interactions mondiales est plus qu'un choix ; c'est un engagement profond pour forger une nouvelle ère d'engagement éthique à l'échelle mondiale.

Dans cet ordre mondial envisagé, l'éthique n'est pas seulement un addendum mais la pierre angulaire des relations internationales. Cette approche ne consiste pas uniquement à faire ce qui est juste ; il s'agit de rechercher la justice, l'équité et la durabilité. Diriger avec intégrité morale démontre que les considérations éthiques, loin de constituer des faiblesses, constituent les atouts les plus formidables de la diplomatie mondiale.

Cependant, cet idéal se heurte à de réels défis. Dans le paysage actuel de la realpolitik, où le pouvoir et l'intérêt personnel prédominent souvent, le passage à une approche centrée sur l'éthique nécessite des étapes stratégiques et progressives. Les nations doivent composer avec des réalités géopolitiques complexes et des intérêts parfois contradictoires. L'établissement d'un consensus, en particulier avec des nations ou des entités qui ne partagent pas initialement cette vision, est un processus essentiel et continu.

Pour opérationnaliser ce paradigme éthique, les nations peuvent commencer par intégrer les principes du Maqasid dans les accords bilatéraux et multilatéraux. Les forums et organisations internationaux peuvent servir de plateformes pour défendre ces valeurs, en influençant les politiques et les décisions à différents niveaux. Les tendances actuelles, telles que l'attention croissante accordée au développement durable et aux droits de l'homme dans les forums mondiaux, indiquent le début de ce changement.

Ce nouvel ordre redéfinit la diplomatie mondiale, prônant la collaboration non seulement pour les intérêts nationaux mais aussi pour le bien-être collectif de l'humanité. C'est un appel à élever notre discours, à aller au-delà des gains à court terme et à adopter une vision holistique du progrès.

En défendant ces principes, les nations deviennent des modèles de leadership éthique, inspirant les autres et formant des alliances fondées sur des valeurs partagées. Cette scène internationale transformée devient une plateforme de collaboration éthique, où chaque nation, quelle que soit sa taille ou son influence, est appréciée pour son engagement en faveur de la justice, de la compassion et de la durabilité.

Dans cette avant-garde éthique, les droits de l'homme, l'équité économique, les échanges culturels, la gestion de l'environnement et le rétablissement de la paix ne sont pas des efforts isolés mais des facettes interconnectées d'un mouvement mondial. Ce mouvement, incarnant les idéaux de Maqasid, devient une puissante force de changement, prouvant qu'un monde meilleur n'est pas seulement possible mais impératif.

En conclusion, projeter les principes du Maqasid au-delà de nos frontières est plus qu'une stratégie diplomatique ; c'est une déclaration de notre engagement en faveur d'un monde plus éthique, juste et équitable. Cela souligne la conviction que les nations peuvent et doivent diriger avec des valeurs, prouvant que les considérations éthiques sont essentielles pour façonner un avenir meilleur. La voie est claire et le choix, bien que difficile, mérite d'être fait pour le bien-être de notre communauté mondiale et des générations à venir.

L'avant-Garde Éthique : Façonner Une Communauté Mondiale

La projection des principes du Maqasid sur la scène mondiale représente bien plus que de simples changements de politique ; c'est une déclaration profonde de nos intentions mondiales. Cela signifie un engagement à faire partie d'une communauté internationale guidée par une boussole morale, qui valorise la justice, la compassion et le bien commun. Cet effort ne consiste pas à remodeler le monde à notre propre image, mais à l'image de notre meilleur moi collectif.

Dans un monde souvent dominé par les intérêts géopolitiques et l'auto-priorisation nationale, la promotion de ces principes sacrés à l'échelle mondiale marque une rupture significative par rapport aux normes conventionnelles. C'est une déclaration selon laquelle nous refusons de rester passifs dans un monde confronté à des défis divers. Au lieu de cela, nous choisissons d'être les créateurs actifs d'une communauté mondiale qui reflète les aspirations les plus élevées de notre humanité commune.

Par exemple, l'application de ces principes peut être constatée dans des initiatives telles que les objectifs de développement durable (ODD) des Nations Unies, qui unissent les nations dans un effort mondial pour relever des défis majeurs tels que la pauvreté, les inégalités et le changement climatique. Cet engagement transcende les frontières nationales et les divisions culturelles ou religieuses, incarnant un appel universel au respect de la dignité individuelle, au caractère sacré de la vie et à la promotion du bien-être collectif.

En projetant les principes du Maqasid dans nos interactions mondiales, nous visons à créer un monde où la diplomatie est motivée par l'éthique, où les nations collaborent non seulement pour leur propre bénéfice mais aussi pour le bien collectif. Cette vision remodèle la dynamique des relations internationales, s'éloignant des perspectives de jeu à somme nulle pour s'orienter vers une mentalité de prospérité éthique partagée.

Cependant, cette vision n'est pas sans défis. Dans le paysage complexe de la politique internationale, aligner diverses nations ayant des intérêts et des valeurs variés sur un cadre éthique commun nécessite de la diplomatie, de la patience et souvent du compromis. Il s'agit d'un processus graduel qui consiste à équilibrer l'idéalisme avec les réalités pratiques du monde.

Cet effort reflète également notre conviction dans le potentiel d'un changement positif. C'est un rejet de l'idée selon laquelle le monde doit rester enfermé dans les conflits, les inégalités et la dégradation de l'environnement. Au lieu de cela, il affirme que nous pouvons et devons lutter pour un monde où la paix l'emporte sur le conflit, où l'équité l'emporte sur l'injustice et où la gestion de l'environnement est une priorité.

En conclusion, l'adoption des principes du Maqasid à l'échelle mondiale constitue une démarche audacieuse vers la redéfinition de notre communauté internationale. C'est un engagement en faveur d'un monde où l'éthique, la justice et la compassion ne sont pas de simples aspirations mais des principes directeurs centraux. C'est une déclaration de notre choix d'être les architectes d'un monde meilleur, plus éthique, reflétant nos valeurs communes et nos idéaux les plus élevés.

Conclusion : Votre Appel A L'action : Rendre Un Monde Meilleur Inévitable

Aujourd'hui, vous vous trouvez à la croisée des chemins, équipés non pas d'armes, mais d'idées et de principes transformateurs. Ceci est votre appel à l'action, un appel qui transcende la rhétorique et exige un changement tangible. Il vous invite à faire passer ces idées de la théorie académique et de la planification bureaucratique au domaine de la mise en œuvre pratique. Votre mission est de défendre, de mettre en œuvre et d'incarner ces principes, transformant ainsi un monde meilleur d'une possibilité en une fatalité.

Dans la grande tapisserie de l'histoire, des moments comme celui-ci sont rares. C'est une époque où visionnaires et dirigeants convergent pour redéfinir le récit de l'humanité. C'est aujourd'hui l'occasion d'intégrer les aspirations de justice, de compassion et de gouvernance éthique dans notre tissu sociétal. Toutefois, cette fenêtre d'opportunité est brève et les défis sont importants.

Vous avez le modèle d'un monde où la gouvernance éthique est la norme. Cela implique des mesures pratiques telles que plaider en faveur de processus décisionnels transparents, soutenir des politiques qui donnent la priorité au développement durable et favoriser des relations internationales fondées sur l'empathie et le respect mutuel. Il s'agit de promouvoir une diplomatie qui reconnaît le bien-être commun de toute l'humanité, et pas seulement les intérêts géopolitiques.

Mais n'oubliez pas que chaque opportunité s'accompagne de défis. Le chemin vers un changement transformateur est semé d'embûches. La résistance, l'inertie et les revers sont inévitables. Pourtant, c'est dans l'adversité que se forgent les vrais leaders, ceux qui sont inébranlables dans leur quête de justice et de compassion.

Pour réaliser cette vision, plaidez sans relâche en faveur d'une gouvernance éthique et des droits de l'homme, tant au niveau local que mondial. Défiez les dirigeants, bouleversez le statu quo et soyez les catalyseurs du changement. Mettez en œuvre des politiques qui reflètent les principes du Maqasid et soyez les voix qui résonnent avec le pouvoir, exhortant les décideurs à adopter un leadership éthique.

Au-delà du plaidoyer, vivez ces principes. En tant qu'individus et communautés, incarnez les valeurs que vous défendez. Laissez vos actions refléter votre engagement envers la justice et la compassion, servant de phare aux autres.

En conclusion, l'histoire est façonnée par ceux qui saisissent l'instant présent, qui relèvent le défi et qui transforment la vision en réalité. Ceci est votre appel à l'action. Le monde meilleur que vous envisagez n'est pas seulement possible ; il est à votre portée si vous l'abordez avec courage, détermination et avec un plan clair. Vos actions et votre engagement peuvent garantir que cette vision devienne une partie inévitable de notre avenir collectif.

Les Opportunités Pour La Paix Et La Collaboration Mondiales : L'impératif Maqasid

Un Nouveau Modèle Pour L'harmonie Mondiale : Libérer Le Potentiel Inexploité

Alors que nous naviguons dans un monde souvent caractérisé par des conflits, des inégalités et des défis environnementaux, l'application des principes Maqasid sur la scène internationale offre une opportunité unique de remodeler la dynamique mondiale. C'est plus qu'un noble idéal ; c'est une vision pratique et éthique susceptible de modifier fondamentalement la nature des relations internationales.

Imaginez un monde où les nations collaborent en tant que partenaires dans la poursuite du bien commun. Ce paysage mondial non seulement défendrait la paix comme objectif diplomatique, mais l'ancrerait au cœur même de la politique internationale, motivée par le caractère sacré de la vie (Nafs), le bien-être des communautés (Oumma), la protection de l'environnement (Watan), la répartition équitable des richesses. (Mal) et le développement intellectuel et culturel (Aql). Cette vision, loin d'être une chimère, est une réalité réalisable.

La mise en œuvre des principes du Maqasid ne se fait cependant pas sans difficultés. Le chemin vers l'harmonie mondiale nécessite de naviguer dans des paysages politiques complexes et de surmonter les barrières de la méfiance et des intérêts concurrents. Par exemple, l'Accord de Paris sur le changement climatique illustre la manière dont les nations peuvent s'unir pour une cause environnementale commune, mais il montre également les difficultés qu'il y a à parvenir à une action unifiée.

Au cœur du Maqasid se trouve la préservation de la vie humaine (Nafs). Nous pouvons nous inspirer d'initiatives internationales telles que les Conventions de Genève, qui établissent des normes de droit international pour le traitement humanitaire en temps de guerre. Un monde dans lequel les efforts diplomatiques donnent la priorité à la paix et à la résolution des conflits en tant qu'objectifs non négociables est à notre portée, mais cela nécessite un dialogue persistant et un engagement ferme envers les principes humanitaires.

Le bien-être des communautés (Oumma) est vital. Une étape pratique vers cet objectif consiste à améliorer l'efficacité de l'aide internationale, en veillant à ce qu'elle ne soit pas simplement symbolique mais qu'elle réponde véritablement aux besoins des communautés bénéficiaires, leur permettant ainsi de devenir autonomes.

La gestion de l'environnement (Watan) appelle à une coopération mondiale au-delà des simples accords politiques. Des modèles réussis, comme la collaboration internationale pour la préservation de la couche d'ozone à travers le Protocole de Montréal, illustrent comment une action collective peut produire d'importants avantages environnementaux. Ce principe peut nous guider vers des accords internationaux qui abordent véritablement des questions cruciales telles que le changement climatique, la déforestation et l'épuisement des ressources.

La répartition équitable des richesses (Mal) remet en question les disparités économiques existantes. Une approche efficace pourrait impliquer de repenser les politiques commerciales internationales pour soutenir le commerce équitable, en garantissant que la richesse générée profite équitablement à toutes les parties, en particulier à celles des pays les moins développés. Des modèles tels que les initiatives de microfinance dans les pays en développement, qui renforcent les économies locales, peuvent servir d'exemples sur la manière de combler le fossé des richesses à l'échelle mondiale.

La promotion de l'intellect et de la culture (Aql) met l'accent sur le rôle de l'éducation et des échanges culturels. Les programmes d'éducation internationale, comme les initiatives d'échange d'étudiants, peuvent favoriser une compréhension et un respect mondiaux, éliminant les barrières de l'ignorance et des préjugés.

Cette vision d'une communauté mondiale guidée par les principes Maqasid est fondée sur des approches pragmatiques qui trouvent un écho dans diverses cultures et systèmes politiques. Il s'agit d'un appel à l'action lancé à toutes les nations pour qu'elles dépassent les paradigmes dépassés et embrassent un avenir où la paix, la justice et la durabilité ne sont pas seulement des idéaux, mais des réalités.

En conclusion, le cadre Maqasid propose un modèle transformateur pour les relations mondiales. Même si des défis existent, la mise en œuvre réussie de ces principes dans divers contextes démontre leur viabilité. Ce n'est pas seulement un concept théorique ; c'est un impératif pratique pour notre époque, exigeant une action collective pour forger un monde meilleur pour tous.

Résolution Des Conflits : La Voie Éthique Vers La Paix

Imaginez un monde dans lequel les conflits ne sont pas résolus par la force ou des luttes de pouvoir, mais par l'application de valeurs humaines partagées et le dialogue. Cette vision, fondée sur les principes éthiques de Maqasid, offre une voie pratique et éthique vers une paix durable. C'est une vision dans laquelle les conflits mondiaux sont abordés non pas avec des armes, mais avec un engagement en faveur de la compréhension, de la compassion et de la réconciliation.

Au cœur du Maqasid se trouve la reconnaissance des valeurs humaines universelles qui transcendent les différences nationales, culturelles et religieuses. Ces valeurs pourraient devenir le terrain d'entente de la médiation des conflits, offrant ainsi un moyen de combler les divisions et de favoriser des discussions significatives. Dans ce scénario idéal, la diplomatie passe d'un exercice de compétition à un processus de collaboration qui respecte la vie (Nafs) et favorise l'harmonie communautaire (Oumma).

Cependant, traduire cette vision dans la réalité présente des défis importants. Les conflits découlent souvent de griefs historiques profondément enracinés, de disparités économiques et de malentendus culturels. Une médiation efficace nécessite non seulement de la bonne volonté, mais également une compréhension nuancée de ces facteurs complexes. Des exemples concrets, comme les négociations de paix en Afrique du Sud après l'apartheid ou le processus de paix en Irlande du Nord, illustrent comment l'application de valeurs communes, ainsi qu'une compréhension approfondie des problèmes sous-jacents, peuvent conduire à une résolution réussie d'un conflit.

La diplomatie préventive, une approche proactive pour faire face aux conflits émergents, est essentielle dans ce cadre. En s'engageant activement dans le dialogue et en comprenant les causes potentielles du conflit, les nations peuvent œuvrer à désamorcer les tensions avant qu'elles ne s'intensifient. Cette approche exige le passage d'une diplomatie réactive à une diplomatie proactive, où le caractère sacré de la vie (Nafs) et le bien-être collectif (Oumma) sont prioritaires pour prévenir l'apparition de conflits.

Dans ce monde imaginé, la responsabilité éthique s'étend au-delà des intérêts nationaux. Les nations reconnaissent l'interdépendance de la communauté mondiale et comprennent que leurs actions ont des conséquences considérables. La recherche de la paix devient non seulement un choix stratégique mais aussi un impératif moral, dans lequel les dirigeants sont responsables non seulement envers leurs citoyens mais aussi envers la communauté internationale dans son ensemble.

L'inclusion de divers acteurs – organisations internationales, ONG, groupes de la société civile et même individus – est cruciale dans ce processus. Chacun joue un rôle distinct dans la résolution des conflits, depuis la fourniture d'une aide humanitaire et la facilitation du dialogue jusqu'à la surveillance des cessez-le-feu et à la reconstruction des sociétés post-conflit.

Cette vision de paix et de collaboration mondiales n'est pas un rêve lointain, mais un chemin qui nécessite des efforts et un dévouement concertés. Cela nous met au défi de donner la priorité au caractère sacré de la vie, au bien-être des communautés et à la prévention des souffrances liées aux conflits. En adoptant les principes du Maqasid comme guide, nous pouvons passer du statut d'observateurs passifs à celui de participants actifs dans la création d'un monde plus juste, plus pacifique et plus harmonieux. La voie éthique vers la paix est devant nous, et il est de notre responsabilité collective de la poursuivre avec engagement et action.

Alliances Mondiales : Au-Delà De L'opportunisme Politique

Imaginez un monde où les alliances entre nations ne reposent pas sur des opportunismes politiques éphémères, mais sur un engagement inébranlable envers des principes éthiques. Imaginez des coalitions internationales qui seraient de puissants moteurs du bien-être collectif, transcendant les préoccupations traditionnelles en matière de sécurité. Cette vision, ancrée dans le fondement éthique du Maqasid, propose une approche transformatrice des alliances mondiales, remodelant les relations internationales en mettant l'accent sur les valeurs humaines partagées.

Dans ce monde, les nations s'unissent pour former des coalitions éthiques guidées par les principes Maqasid, transcendant les intérêts politiques étroits. Ces alliances émergent comme des phares de valeurs partagées, défendant le bien-être de l'humanité (Oumma) et le bien commun. Ils représentent un changement d'un paradigme où la sécurité est synonyme de puissance militaire, vers un paradigme où la résolution des causes profondes des conflits, de la pauvreté et des inégalités est primordiale.

Toutefois, la transition vers cette nouvelle forme d'alliance mondiale pose des défis importants. Le paysage géopolitique actuel est souvent déterminé par les dynamiques de pouvoir et les intérêts nationaux. Pour surmonter ces systèmes bien ancrés, il faut une approche progressive, en commençant par des collaborations à petite échelle axées sur des questions spécifiques comme le changement climatique ou la santé publique. Des modèles réussis tels que les initiatives d'aide humanitaire de l'Union européenne, qui transcendent souvent les intérêts politiques pour le bien commun, fournissent un modèle sur la manière dont les considérations éthiques peuvent être intégrées dans la coopération internationale.

Ces coalitions éthiques, promouvant le caractère sacré de la vie (Nafs), le bien-être communautaire (Oumma) et les principes de justice et d'équité, pourraient remodeler l'élaboration des politiques mondiales. Ils s'efforceraient de résoudre des problèmes tels que le changement climatique et la pauvreté avec un dévouement collectif aux valeurs éthiques, transcendant la simple rhétorique.

Un système de gouvernance mondiale réinventé pourrait également émerger de ces coalitions éthiques. Les propositions visant à restructurer les organisations internationales, comme les Nations Unies, pour intégrer les principes Maqasid dans les processus décisionnels reflètent ce changement. Il s'agit d'un passage d'une politique de puissance à un système centré sur l'éthique, la justice et le bien-être mondial.

L'impact de telles coalitions et d'un cadre de gouvernance renouvelé pourrait être profond. La poursuite de la paix, de la justice et de la prospérité deviendrait un objectif collectif, transcendant les intérêts de quelques nations puissantes. Cette approche protégerait les personnes vulnérables, lutterait contre les inégalités et préserverait la dignité humaine.

Cette vision n'est pas un simple idéalisme ; c'est une réponse nécessaire aux défis mondiaux d'aujourd'hui. Le changement climatique, les crises sanitaires et le sort des réfugiés exigent tous des solutions collaboratives ancrées dans des cadres éthiques. Il est impératif d'aller au-delà des intérêts nationaux étroits pour s'intéresser au bien commun.

Créer des alliances fondées sur des valeurs éthiques partagées n'est pas seulement un appel à l'action ; c'est une nécessité pour façonner un monde meilleur. Cet avenir, guidé par les principes Maqasid et le bien-être collectif, est à notre portée, attendant notre engagement et notre action collective pour le réaliser.

Partenariats Économiques : La Prospérité Grâce A L'éthique

Imaginez un monde où les partenariats économiques s'étendent au-delà des profits et des pertes, ancrés dans des principes éthiques qui défendent le développement durable et la répartition équitable des richesses. Cette vision, guidée par les principes de Maqasid, transforme les partenariats économiques en partenariats éthiques – non seulement une possibilité, mais un impératif pour notre époque.

Dans ce monde imaginé, les nations montrent l'exemple en s'engageant dans des projets de développement mondiaux qui s'alignent sur les principes de Maqasid. Ces initiatives privilégient le développement durable (Watan) et la répartition équitable des richesses (Mal). La prospérité économique ne se fait pas au détriment de l'environnement ou des communautés, mais en harmonie avec le bien commun.

Des exemples concrets, tels que les programmes de microfinance au Bangladesh ou les initiatives de commerce durable comme le commerce équitable, démontrent comment les considérations éthiques peuvent être intégrées dans les modèles économiques. Ces programmes ont montré que la réussite financière peut coïncider avec la responsabilité sociale et environnementale.

Cependant, la transition vers ce modèle ne se fait pas sans difficultés. Pour vaincre des systèmes économiques bien établis et axés sur le profit, il faut des approches innovantes, des réformes politiques et, souvent, un changement de comportement des consommateurs. Les intérêts des entreprises et la résistance politique peuvent constituer des obstacles importants, mais ceux-ci peuvent être atténués grâce à des réglementations, des incitations et des campagnes de sensibilisation du public.

Les partenariats économiques éthiques reposent sur le concept selon lequel la richesse va au-delà de la simple valeur monétaire pour inclure le bien-être des personnes et de la planète. Dans ce modèle, les décisions économiques donnent la priorité à l'équité et à l'égalité, remettant en question les pratiques conventionnelles et réformant les politiques économiques.

De plus, ces partenariats visent à réformer les relations commerciales, en promouvant des systèmes où les bénéfices sont partagés équitablement entre toutes les parties. Il s'agit de construire un écosystème économique mondial où la prospérité est partagée et où les disparités sont activement combattues.

L'impact de tels partenariats serait profond. La croissance économique deviendrait synonyme de durabilité environnementale. Les nations pauvres bénéficieraient d'opportunités équitables de croissance, non accablées par la dette mais renforcées par des relations économiques équitables. La richesse ne serait pas thésaurisée par quelques-uns mais distribuée équitablement, dans le respect de la dignité de chaque individu.

Cette vision est un impératif éthique en réponse aux crises environnementales, aux disparités de richesse et aux injustices sociales exacerbées par nos modèles économiques actuels. Cela appelle à un changement vers un cadre économique où l'éthique fait partie intégrante, et non une réflexion après coup.

Les partenariats économiques éthiques ne se limitent pas à la prospérité ; ils concernent la justice, la durabilité et le bien-être collectif. Cet avenir, où les décisions économiques seront prises consciencieusement et où la richesse sera recherchée de manière éthique, est à notre portée. Elle appelle à l'action collective des gouvernements, des entreprises, des organisations internationales et des consommateurs. Ce n'est pas seulement un appel à l'action ; c'est un appel à remodeler le paysage économique mondial, un partenariat éthique à la fois. Cet avenir n'est pas seulement un rêve mais une réalité réalisable, qui attend que nous l'adoptions.

Gestion De L'environnement : Protection Collective De La Planète

Imaginez un monde où les nations transcendent la rhétorique et s'unissent activement pour protéger notre planète. Imaginez un avenir où prendre soin de la Terre (Watan) est une responsabilité mondiale partagée, faisant partie intégrante des relations internationales. Ce monde considère la gestion de l'environnement non seulement comme une préoccupation locale mais aussi comme la pierre angulaire de la coopération mondiale.

Dans ce monde imaginé, les nations donnent la priorité au bien-être de la planète plutôt qu'à leurs intérêts personnels étroits. Ils dirigent ou soutiennent des initiatives mondiales de développement durable qui s'alignent sur le principe sacré de la protection de la patrie (Watan). Ces initiatives ont un impact et favorisent une gestion responsable à l'échelle mondiale. La préservation de l'environnement devient une obligation éthique et non un simple choix.

Par exemple, la réponse mondiale à l'appauvrissement de la couche d'ozone, qui a culminé avec le Protocole de Montréal, démontre comment une action collaborative peut efficacement répondre aux crises environnementales. Imaginez étendre cet esprit de coopération à d'autres domaines tels que le reboisement, la préservation de la faune et la lutte contre le changement climatique. Les nations travaillent ensemble dans des efforts de conservation transnationaux, reconnaissant que la santé de notre planète est interconnectée à toute vie.

La gestion éthique de l'environnement présente une opportunité d'unité. C'est une opportunité pour les nations de mettre en commun leurs ressources, leurs connaissances et leurs technologies pour lutter contre les défis environnementaux. Il favorise les relations diplomatiques, renforce la confiance et établit la responsabilité collective. Cette coopération n'est pas un fardeau mais une chance de construire une communauté mondiale plus harmonieuse.

De plus, cette gestion est un investissement dans notre avenir. Reconnaître que les actions d'aujourd'hui ont un impact sur les générations futures, c'est un engagement à sauvegarder la planète pour nos enfants et au-delà. C'est comprendre que la Terre, une ressource limitée, nécessite une gestion prudente et respectueuse.

Dans cette vision, les nations deviennent des leaders en matière de gestion responsable des ressources. La croissance économique s'aligne sur des pratiques durables, garantissant le bien-être des générations actuelles et futures. Les politiques en matière de ressources naturelles sont guidées par des considérations éthiques, passant de l'exploitation à l'utilisation durable.

Cette vision est un impératif éthique et non un rêve lointain. Les défis environnementaux auxquels nous sommes confrontés, du changement climatique à la perte de biodiversité, exigent des solutions collectives et concrètes. Il est temps pour les nations de passer de leurs promesses à des mesures concrètes, en assumant leur rôle de gestion.

Prendre soin collectivement de notre planète ne consiste pas uniquement à préserver la nature ; il s'agit de sauvegarder notre avenir commun. Cette vision est un appel à toutes les nations à assumer leur devoir moral de protéger la Terre. C'est un appel à une action unifiée et à une harmonie durable – un avenir vers lequel nous devons œuvrer activement pour le bien de notre planète et de tous ses habitants.

Justice Sociale : Un Mouvement Mondial

Imaginez un monde dans lequel les nations défendent la justice sociale non pas comme un programme secondaire mais comme un engagement mondial primordial. Cet avenir, ancré dans le cadre éthique de Maqasid, envisage un effort concerté pour éradiquer la pauvreté, élargir l'accès à l'éducation et garantir des soins de santé universels. Cette vision dépasse les frontières, transformant la justice sociale en un mouvement qui résonne à l'échelle mondiale.

Dans ce monde imaginé, les plateformes internationales deviennent des arènes non seulement pour faire avancer les intérêts nationaux, mais aussi pour défendre vigoureusement les questions sociales alignées sur les principes Maqasid. Les nations s'expriment dans leur lutte contre la pauvreté, non pas par charité, mais motivées par un impératif moral. Ils défendent l'éducation en tant que droit fondamental, sachant que la connaissance (Aql) est essentielle au potentiel humain et à la croissance sociétale.

De plus, ces nations plaident pour des soins de santé universels, faisant de la préservation de la vie (Nafs) une priorité. Ils reconnaissent que la justice sociale implique bien plus que la redistribution des richesses ; il s'agit de garantir des opportunités équitables de dignité et de bien-être pour tous.

Par exemple, des initiatives telles que les objectifs de développement durable (ODD) des Nations Unies fournissent un modèle sur la manière dont les nations peuvent collaborer sur ces fronts. Toutefois, le défi consiste à passer de la politique à l'action. Surmonter l'inertie politique, les différences culturelles et les barrières économiques nécessite un effort concerté, des politiques innovantes et une coopération internationale solide.

Dans ce monde, le leadership humanitaire éclipse la domination militaire et économique. Les nations lancent ou soutiennent des missions humanitaires reflétant les principes du Maqasid, en donnant la priorité à la préservation de la vie (Nafs) et au bien-être de la communauté (Oumma). Cette approche crée un précédent pour une action éthique mondiale, où la compassion transcende les frontières.

Cette vision de la justice sociale ne repose pas sur des promesses creuses mais sur des actions tangibles et des impacts mesurables. Les nations collaborent pour s'attaquer aux causes profondes des injustices sociales, en créant des solutions durables et à long terme. La justice sociale devient un objectif unificateur, transcendant les différences politiques et culturelles, nous rappelant notre humanité commune et nos destins interconnectés.

Reconnaissant la diversité des contextes mondiaux, cette vision de la justice sociale adapte les principes du Maqasid pour s'adapter à divers cadres culturels et politiques, garantissant l'inclusivité et la pertinence. C'est un appel à la solidarité mondiale, où chaque nation contribue selon ses capacités et son contexte.

Il ne s'agit pas là d'une utopie mais d'un impératif éthique. Les défis pressants que sont la pauvreté, les disparités éducatives et l'insuffisance des soins de santé exigent une réponse mondiale. Il est temps pour les nations de dépasser leurs intérêts personnels et d'assumer leur rôle de champions de la justice sociale.

Les nations doivent non seulement rechercher leur bien-être, mais aussi contribuer activement au bien-être collectif de l'humanité. Un monde où la justice sociale prospère est un monde de plus grande stabilité, prospérité et harmonie. C'est un avenir où chaque individu a la chance de réaliser son potentiel, enrichissant ainsi l'expérience humaine mondiale.

L'appel à la justice sociale est à la fois un impératif moral et un appel pratique à l'action. Il invite les nations à collaborer, à innover et à faire une différence substantielle dans des milliards de vies. Cet avenir, où la justice sociale est une réalité mondiale, n'est pas seulement réalisable ; c'est essentiel et à notre portée collective.

Maqasid : Ouvrir La Voie A Une Unité Mondiale Éthique

Dans un monde souvent marqué par les conflits, les inégalités et la dégradation de l'environnement, la perspective d'une paix et d'une collaboration mondiales peut sembler lointaine. Pourtant, l'application des principes Maqasid offre un modèle pragmatique pour la refonte des relations internationales. Cette approche n'est pas un fantasme utopique mais une stratégie tangible ancrée dans les réalités interconnectées de notre monde.

Maqasid fournit un cadre complet abordant les principaux défis mondiaux, mettant l'accent sur la préservation de la vie, le bien-être communautaire, le développement durable, la répartition équitable des richesses, la croissance intellectuelle et la protection de l'environnement. Il s'agit d'objectifs tangibles, illustrés par des initiatives telles que les objectifs de développement durable (ODD) des Nations Unies, qui font écho à l'esprit de Maqasid dans leur portée et leur ambition mondiales.

Les nations peuvent choisir une voie différente dans la résolution des conflits en donnant la priorité au caractère sacré de la vie (Nafs) et à l'harmonie communautaire (Oumma). La médiation éthique, comme en témoignent les efforts diplomatiques qui ont conduit à l'Accord de Paris sur le changement climatique, démontre comment il est possible de trouver un terrain d'entente sans recourir à la violence. Cette approche n'est pas idéaliste mais un choix conscient accessible aux nations aujourd'hui.

Considérons un paysage économique dans lequel les accords commerciaux donnent la priorité à l'équité et aux pratiques de travail éthiques (Mal).

Les nations peuvent donner l'exemple en investissant dans des projets axés sur le bien-être social (Oumma) et le développement durable (Watan). Une telle transformation prend déjà forme dans des initiatives telles que les politiques commerciales de l'Union européenne, qui intègrent de plus en plus de normes sociales et environnementales.

De plus, envisageons une aide humanitaire donnant la priorité au développement durable plutôt qu'aux solutions à court terme, guidée par les principes de préservation de la vie (Nafs) et de bien-être communautaire (Oumma). Les efforts de collaboration, comme la réponse mondiale à la pandémie de COVID-19, montrent comment les nations peuvent s'unir pour répondre aux besoins immédiats tout en gardant à l'esprit la durabilité à long terme.

Les alliances mondiales peuvent évoluer au-delà des convenances politiques, en se formant autour de valeurs partagées et d'un engagement envers les principes du Maqasid. De telles alliances pourraient plaider en faveur d'une gouvernance éthique et influencer les organismes internationaux comme les Nations Unies, passant d'une gouvernance mondiale centrée sur le pouvoir à une gouvernance mondiale centrée sur l'éthique.

La diplomatie environnementale, soutenue par Maqasid, peut conduire à des accords significatifs sur le climat. Les nations collaborant sur des objectifs environnementaux ambitieux montrent que la protection de notre planète commune (Watan) n'est pas un vœu pieux mais un objectif collectif à notre portée.

Cette vision n'est pas seulement ambitieuse ; c'est un appel pratique à l'action. Les défis auxquels nous sommes confrontés exigent une réponse collective fondée sur des principes éthiques. Il s'agit d'un appel aux dirigeants, aux décideurs politiques et aux citoyens à adopter une vision transformatrice et à collaborer pour un ordre mondial plus juste, équitable et durable.

Commençons ce voyage maintenant. En remplaçant le conflit par la collaboration et la division par l'unité, nous pouvons remodeler le récit des relations internationales. C'est notre chance non seulement d'écrire l'histoire, mais aussi de la redéfinir selon nos idéaux éthiques les plus élevés. Saisissons ce moment pour créer un héritage précieux pour les générations futures. Le chemin vers un monde meilleur commence avec nous et commence aujourd'hui.

Redéfinir L'avenir : Un Appel A L'unité Éthique Dans Les Relations Mondiales

Tout au long de l'histoire, il y a eu des moments cruciaux où les civilisations se sont élevées pour relever de formidables défis, sous l'impulsion de visionnaires et de dirigeants qui ont osé imaginer un monde meilleur. Aujourd'hui, nous sommes à l'aube d'une opportunité de transformation similaire. Le récit de longue date des relations internationales, caractérisé par des luttes de pouvoir et des divisions, est mûr pour un changement. Nous possédons le pouvoir collectif de redéfinir ce récit, en l'orientant vers la collaboration, l'unité et la gouvernance éthique.

Imaginez un monde dans lequel les nations passent d'une perspective conflictuelle à une perspective coopérative, s'unissant face aux défis mondiaux tels que la pauvreté, le changement climatique et les crises sanitaires. Imaginez une communauté mondiale où le dialogue triomphe des conflits et où le bien-être mutuel éclipse les intérêts nationaux étroits. Cette vision n'est pas un simple fantasme ; c'est un objectif réaliste qui commence par un changement fondamental dans la façon dont nous abordons les relations mondiales.

Toutefois, pour concrétiser cette vision, nous devons relever de véritables défis. L'inertie politique, les disparités économiques et les différences culturelles constituent des obstacles importants. Pour les surmonter, les nations peuvent commencer par s'engager dans des efforts de collaboration à petite échelle, en instaurant la confiance et la compréhension mutuelle. Ces premières étapes peuvent jeter les bases d'une coopération plus étendue.

Les principes de Maqasid – donner la priorité au bien-être de tous, préserver la vie et rechercher la justice – offrent une boussole morale dans ce voyage. Au lieu de laisser les divisions dicter nos interactions, nous pouvons aligner nos politiques et nos actions sur ces principes éthiques. Cette approche doit toutefois être adaptable aux divers paysages politiques et culturels de notre monde, afin de garantir que ces principes trouvent un écho universel.

L'heure est désormais à l'action et non à la complaisance. Nous avons pour tâche d'orienter l'histoire vers un monde marqué par la justice, l'équité et la gouvernance éthique. Il ne s'agit pas d'une responsabilité à transférer aux générations futures mais d'un appel immédiat pour les dirigeants et les citoyens d'aujourd'hui.

Alors que nous nous engageons sur cette voie, nous devons nous engager en faveur de l'unité plutôt que de la division, de la collaboration plutôt que des conflits. Chaque décision, alliance et politique doit refléter notre engagement envers des idéaux éthiques. Le voyage vers un monde meilleur commence avec nos choix d'aujourd'hui.

Ce nouveau chapitre de l'histoire de l'humanité ne consiste pas seulement à redéfinir la manière dont les nations interagissent ; il s'agit de créer un héritage que les générations futures chériront – un monde où la justice, l'unité et la collaboration ne sont pas seulement des idéaux mais des réalités. Le chemin à parcourir commence avec nous, et il commence maintenant. Saisissons ce moment avec détermination et espoir, en assumant notre rôle dans l'élaboration d'un monde défini par nos plus hautes aspirations éthiques.

Conclusion : L'aube D'une Nouvelle Ère Dans Les Relations Mondiales

Imaginez un monde où les paradigmes traditionnels de la politique de puissance cèdent la place à une nouvelle ère dans les relations mondiales, ancrée dans les principes profonds du Maqasid. Cette vision transformatrice redéfinit notre engagement avec le monde, en plaidant pour une communauté mondiale harmonieuse et éthique.

Dans cet avenir, la scène internationale se transforme d'un champ de bataille pour la suprématie en un forum de collaboration et de progrès partagé. Les nations s'unissent non seulement pour la coexistence, mais aussi pour une coopération active, abordant les défis pressants de l'humanité, de la pauvreté et des conflits au changement climatique et à l'injustice sociale.

Le fondement de cette nouvelle ère est la gouvernance éthique. Les nations s'engagent à respecter les principes du Maqasid dans leurs relations internationales, en s'engageant à respecter la préservation de la vie (Nafs), le bien-être communautaire (Oumma), le développement durable (Watan), la richesse équitable (Mal), la croissance intellectuelle (Aql) et la protection de notre planète (Watan).).

Imaginez une ONU où les principes du Maqasid guident chaque décision, favorisant un monde qui recherche le plus grand bien au-delà des intérêts nationaux étroits. La diplomatie évolue vers un engagement moral, les conflits étant résolus par une médiation éthique, mettant l'accent sur le caractère sacré de la vie (Nafs) et l'harmonie communautaire (Oumma).

Cependant, la réalisation de cette vision se heurte à des défis importants. Le passage d'une dynamique de pouvoir bien ancrée à une approche basée sur le Maqasid nécessite de naviguer dans des paysages géopolitiques complexes, de surmonter les intérêts économiques et de combler les différences culturelles.

Pour passer à cette nouvelle ère, les nations peuvent commencer par des collaborations à petite échelle axées sur des problèmes mondiaux communs, renforçant progressivement la confiance et la compréhension. L'intégration des principes du Maqasid dans les traités et accords internationaux et la promotion de politiques économiques mondiales qui donnent la priorité à une répartition équitable des richesses et à la durabilité environnementale sont des étapes pratiques vers cette vision.

Dans ce monde transformé, les alliances mondiales se forment non pas pour des gains politiques mais pour des valeurs éthiques partagées. Les nations plaident pour l'intégration des principes du Maqasid dans la gouvernance internationale, en passant d'un modèle centré sur le pouvoir à un modèle centré sur l'éthique. La diplomatie environnementale, étayée par un engagement en faveur de la durabilité et de politiques équitables en matière de ressources, devient un aspect clé des relations internationales.

Cette nouvelle ère n'est pas un rêve utopique mais une réalité réalisable, enracinée dans notre humanité commune et notre capacité de croissance morale. Les défis auxquels notre planète est confrontée exigent une réponse collective et éthique. Il s'agit d'un appel à l'action lancé aux nations, aux dirigeants et aux citoyens pour qu'ils dépassent leurs intérêts personnels et adhèrent à une communauté mondiale guidée par des valeurs morales.

Travaillons à créer ce monde, en devenant les architectes d'une nouvelle ère dans les relations mondiales. Cet avenir, où les nations coopèrent sur la base de valeurs partagées et d'un destin commun, n'est pas seulement une possibilité ; c'est un impératif. C'est un avenir où la paix mondiale, la justice et la collaboration ne sont pas des objectifs ambitieux mais des objectifs réalisables, qui attendent que nous les saisissions.

IV

Perspectives d'Avenir

Maqasid transforme la gouvernance en priorisant la justice et le bien-être, évoluant de la théorie à l'action éthique. Ce n'est pas une fin, mais le début d'une amélioration continue dans notre monde changeant. Face au choix entre le pragmatisme à court terme et un avenir basé sur des principes, Maqasid incite à un progrès vers une gouvernance juste et durable. Les défis soulignent l'urgence de notre mission. Adoptons Maqasid pour un avenir équitable. Il est temps d'agir.

12

Les Défis Et Les Pièges

Reconnaître Et Atténuer Les Inconvénients Potentiels : Une Stratégie Proactive Pour Une Gouvernance Éthique

Le Creuset De La Transformation : Affronter La Complexité Avec Courage

Alors que nous nous engageons à intégrer Maqasid dans la gouvernance, il est essentiel de relever ses défis de manière proactive, non pas comme un signe de doute, mais comme un témoignage de notre engagement en faveur d'une gouvernance responsable. Ici, nous explorons succinctement ces défis et proposons des solutions stratégiques :

1. Résistance au changement : Le changement engendre souvent la résistance. Pour y remédier, des campagnes de sensibilisation du public et des initiatives éducatives ciblées sont essentielles. En articulant clairement les avantages éthiques et les améliorations pratiques du Maqasid, nous pouvons transformer le scepticisme en soutien.

2. Conflits d'interprétation : La flexibilité des principes de Maqasid peut conduire à des désaccords. La création de conseils d'experts pour guider et maintenir des processus décisionnels transparents sera cruciale pour résoudre ces différends.

3. Ajustements économiques : Le passage à un modèle de gouvernance axé sur l'éthique pourrait perturber certains secteurs économiques. Une transition progressive, associée à un soutien aux industries touchées, peut atténuer ce changement. Mettre en avant les avantages à long terme, tels qu'une croissance durable et une répartition équitable des richesses, peut également rallier un soutien.

4. Relations mondiales : Notre position éthique pourrait ne pas s'aligner sur toutes les pratiques internationales, ce qui poserait des défis diplomatiques. S'engager dans un dialogue ouvert et rechercher un terrain d'entente éthique, tout en tirant parti de notre engagement en faveur de la justice et de la durabilité, peut renforcer les relations internationales.

5. Adaptation bureaucratique : les bureaucraties peuvent résister aux changements apportés à leurs systèmes établis. Des programmes de formation ciblés et une communication claire sur les avantages d'une gouvernance éthique peuvent favoriser un soutien interne.

6. Exploitation politique : Il existe un risque que les principes de Maqasid soient récupérés à des fins politiques. La mise en place de mécanismes solides de suivi et de responsabilisation, avec la participation de la société civile et des médias, peut garantir une véritable adhésion à ces principes.

7. Relations internationales : Équilibrer notre approche éthique avec les intérêts internationaux nécessite une position de principe mais pragmatique. La diplomatie et la médiation deviennent des outils clés pour maintenir nos valeurs tout en résolvant les différends mondiaux.

Prenons l'exemple d'un pays qui a réussi à relever des défis similaires tout en passant à un modèle de gouvernance plus éthique. Leur approche, impliquant un dialogue inclusif et une mise en œuvre progressive des politiques, s'est avérée efficace pour surmonter la résistance et parvenir à un consensus.

En conclusion, reconnaître et relever ces défis fait partie intégrante de notre cheminement vers une gouvernance éthique. En faisant preuve de sagesse et de courage, nous pouvons naviguer dans ces complexités, toujours conscients de notre objectif ultime : une société juste, équitable et compatissante pour tous.

Rigueur Intellectuelle : Se Prémunir Contre Les Interprétations Erronées

Dans la poursuite d'une société juste et éthique, il est indispensable de garantir l'interprétation et l'application précises des principes Maqasid en matière de gouvernance. Pour éviter d'éventuelles interprétations erronées et favoriser la profondeur intellectuelle, nous proposons une double stratégie :

Surveillance Scientifique : Établir Divers Conseils D'universitaires

La pierre angulaire de la prévention des interprétations erronées réside dans la formation de conseils d'érudits profondément versés dans la jurisprudence et l'éthique islamiques. Ces chercheurs fourniront des informations essentielles sur l'application pratique du Maqasid dans l'élaboration des politiques. Il est important que ces conseils représentent un éventail de points de vue au sein de la pensée islamique, garantissant ainsi une approche équilibrée et holistique. Leurs perspectives diverses empêcheront toute interprétation unique de prévaloir et guideront les décideurs politiques et les législateurs dans la prise de décisions qui incarnent véritablement les objectifs éthiques de Maqasid.

Prenons par exemple la mise en place réussie d'un conseil consultatif similaire en Norvège, qui a joué un rôle central dans l'harmonisation des principes éthiques traditionnels avec les défis de gouvernance contemporains.

Éducation Du Public : Mettre En Œuvre Des Campagnes De Sensibilisation Globales

L'une des causes courantes des erreurs d'interprétation est le manque fondamental de compréhension du public. Pour résoudre ce problème, il faut des campagnes de sensibilisation globales expliquant les fondements éthiques de Maqasid et ses objectifs de justice, d'égalité et de bien-être humain. Utilisant divers canaux médiatiques et programmes d'engagement communautaire, ces campagnes devraient non seulement éduquer, mais également présenter les impacts réels des principes du Maqasid, comblant ainsi le fossé entre les concepts abstraits et les résultats tangibles.

De plus, ces efforts éducatifs devraient favoriser la pensée critique et un dialogue ouvert entre les citoyens, leur permettant de s'engager activement et de remettre en question l'application du Maqasid dans la gouvernance. Cette approche approfondit non seulement la compréhension sociétale, mais cultive également une communauté informée et proactive.

Cependant, la mise en œuvre de ces stratégies ne se fait pas sans difficultés. Par exemple, obtenir un financement pour de vastes campagnes éducatives et garantir une véritable représentation au sein des conseils universitaires constituent des obstacles importants. Ces défis nécessitent des solutions collaboratives et un engagement de la part des organisations gouvernementales et non gouvernementales.

En conclusion, en créant divers conseils universitaires et en lançant des campagnes éducatives de grande envergure, nous pouvons nous protéger contre une mauvaise interprétation du Maqasid, et nous diriger vers une société plus éthique et plus juste. Ces mesures, bien qu'exigeantes, constituent des étapes cruciales dans notre cheminement vers une gouvernance responsable.

Transparence Et Responsabilité : Prévenir L'exploitation Politique

Pour garantir une véritable intégration des principes du Maqasid dans la gouvernance et empêcher leur exploitation politique, de solides mécanismes de transparence et de responsabilisation sont essentiels. Voici deux stratégies clés pour y parvenir :

Audits Réguliers : Réaliser Des Audits Indépendants

Des audits réguliers et indépendants sont essentiels pour vérifier que les principes du Maqasid sont véritablement ancrés dans les pratiques de gouvernance, et pas seulement comme des gestes symboliques. Ces audits, menés par des organismes impartiaux maîtrisant la jurisprudence et l'éthique islamiques, devraient évaluer de manière critique toute une série de politiques allant des initiatives économiques aux affaires étrangères. Ils doivent évaluer à la fois les objectifs visés et l'impact sociétal réel : favorisent-ils la justice, l'égalité et le bien-être général ?

Par exemple, la mise en œuvre de systèmes d'audit similaires au Canada a connu un succès considérable dans l'alignement de la gouvernance sur les principes éthiques. Ces systèmes analysent de manière critique à la fois les intentions et les résultats politiques, garantissant ainsi leur alignement sur les normes éthiques.

Ces audits devraient également intégrer les idées des universitaires et des experts du Maqasid, améliorant ainsi la profondeur de l'évaluation. Les résultats doivent être partagés de manière transparente avec le public, favorisant ainsi la confiance et la responsabilité au sein du gouvernement.

Rapports Publics : Améliorer La Transparence De La Gouvernance

Les résultats de ces audits devraient être accessibles au public, soulignant l'engagement en faveur de la transparence dans la gouvernance. Ces rapports publics ont plusieurs objectifs : ils informent les citoyens sur l'adhésion du gouvernement au Maqasid, permettent un suivi par les organisations de la société civile et encouragent une culture d'ouverture au sein des cercles gouvernementaux.

L'utilisation de technologies modernes, telles que les plateformes numériques, peut rendre ces rapports plus accessibles et intéresser un public plus large. Cette approche garantit non seulement la transparence, mais permet également au public de s'impliquer et de comprendre plus facilement les résultats.

En outre, le gouvernement devrait engager activement des dialogues avec les groupes de la société civile, les chefs religieux et les citoyens, en les invitant à faire part de leurs commentaires et à leur participation. Cela respecte non seulement les principes du Maqasid, mais les adapte également aux besoins sociétaux changeants.

Cependant, des défis tels que garantir l'indépendance des auditeurs et diffuser efficacement les informations à une population diversifiée doivent être relevés. Des stratégies telles que la nomination d'auditeurs issus d'horizons variés et l'exploitation de plusieurs canaux de communication peuvent aider à surmonter ces obstacles.

En conclusion, grâce à des audits indépendants réguliers et à des rapports publics transparents, nous pouvons cultiver une culture de gouvernance éthique. Ces stratégies garantissent que les principes du Maqasid sont authentiquement intégrés dans la gouvernance, en responsabilisant les citoyens, en instaurant la confiance et en maintenant les normes éthiques les plus élevées.

Engagement Social : Vaincre La Résistance Sociale

La mise en œuvre efficace des principes Maqasid en matière de gouvernance, en particulier pour vaincre la résistance sociale, nécessite un dialogue ouvert et une collaboration avec les communautés et les parties prenantes. Voici deux stratégies clés rationalisées pour une meilleure compréhension et une accessibilité plus large :

Dialogues Communautaires : Faciliter Des Discussions Inclusives

L'organisation de dialogues communautaires et de réunions publiques est cruciale pour comprendre et répondre aux préoccupations et aux nuances culturelles liées à Maqasid. Ces discussions devraient fournir une plate-forme accueillante permettant à chacun d'exprimer ses opinions et ses questions. Les avantages d'un tel engagement comprennent :

- Instaurer la confiance : des dialogues transparents et ouverts démontrent la volonté du gouvernement d'écouter, favorisant la confiance et l'acceptation sociale.
- Clarifier les idées fausses : les interactions directes permettent de clarifier tout malentendu à propos de Maqasid, garantissant ainsi une compréhension précise de la communauté.
- Identifier les nuances culturelles : les dialogues aident à découvrir des interprétations culturelles uniques du Maqasid, essentielles pour adapter les approches de gouvernance.
- Résoudre les conflits : ces discussions offrent une plate-forme pacifique pour résoudre les désaccords et aligner les solutions sur les principes du Maqasid.

Par exemple, un cas réussi en Nouvelle-Zélande a démontré comment les dialogues communautaires ont considérablement facilité l'intégration de nouveaux principes de gouvernance, en les alignant plus étroitement sur les attentes du public et les valeurs culturelles.

Implication Multipartite : Améliorer La Prise De Décision Collaborative

L'inclusivité est vitale dans l'application du Maqasid. L'implication des chefs religieux, des universitaires, des militants et des organisations de la société civile dans le processus décisionnel garantit une approche globale et éthiquement solide. Cet effort de collaboration offre :

- Diverses perspectives : chaque groupe apporte des idées uniques, créant une compréhension plus complète des besoins sociétaux.
- Contrôles et contrepoids : cette diversité empêche la concentration du pouvoir et favorise un consensus éthique plus large.
- Légitimité renforcée : les processus décisionnels inclusifs sont perçus comme plus légitimes et plus représentatifs.
- Résolution des conflits : les forums multipartites jouent un rôle déterminant dans la recherche d'un terrain d'entente et la réduction des résistances.

Cependant, l'organisation de dialogues communautaires et de réunions de parties prenantes efficaces peut se heurter à des défis tels que des contraintes logistiques et des agendas politiques variables. Ces problèmes peuvent être atténués en tirant parti des plateformes numériques pour une participation plus large et en établissant des processus de dialogue clairs et structurés.

En conclusion, vaincre la résistance sociale aux principes du Maqasid nécessite une double approche visant à faciliter les dialogues communautaires et à encourager la participation de plusieurs parties prenantes. Cette stratégie promeut non seulement la transparence et l'inclusion, mais respecte également la diversité culturelle, conduisant à une acceptation plus large et à une intégration réussie des principes Maqasid dans la gouvernance.

Transformation Systémique : Surmonter Les Obstacles Institutionnels

L'intégration des principes Maqasid dans la gouvernance représente un changement systémique important, souvent entravé par des barrières institutionnelles. Cependant, ces défis peuvent être gérés grâce à des mesures stratégiques et proactives. Voici deux stratégies clés affinées pour plus d'efficacité :

Programmes Pilotes : Tests Progressifs Et Mise A L'échelle

Se lancer dans une transformation systémique peut être rendu moins intimidant grâce à des programmes pilotes soigneusement conçus. Ceux-ci permettent aux gouvernements de :

- Test de faisabilité : les programmes pilotes agissent comme des essais pratiques, testant dans quelle mesure les politiques alignées sur les principes Maqasid peuvent être intégrées dans les systèmes existants.
- Collecter des données précieuses : elles offrent la possibilité de recueillir des données et des commentaires, ce qui est crucial pour l'affinement et l'amélioration des politiques.
- Présenter les réussites : lorsqu'ils réussissent, ces projets pilotes servent de preuve convaincante des avantages du Maqasid, en suscitant un soutien public et politique.
- Identifier et résoudre les défis dès le début : la détection précoce des problèmes potentiels permet des ajustements en temps opportun.

Par exemple, un programme pilote en Indonésie a introduit avec succès des politiques basées sur le Maqasid dans un secteur spécifique, démontrant de meilleurs résultats sociaux et gagnant une plus grande acceptation en vue d'un déploiement ultérieur à l'échelle nationale.

Une fois leur efficacité prouvée, ces programmes pourront être étendus progressivement, facilitant ainsi la transition et réduisant les risques associés au changement systémique.

Mise En Commun Des Ressources : *Approche Collaborative De L'allocation Des Ressources*

La transition vers une gouvernance Maqasid peut nécessiter beaucoup de ressources. Les gouvernements, en particulier ceux dont les budgets sont limités, peuvent surmonter ce problème grâce à la mise en commun des ressources et à des partenariats avec le secteur privé, les ONG et les organismes internationaux. Cette approche propose :

- Soutien financier : les partenaires externes peuvent financer divers aspects de la transition, de la recherche au renforcement des capacités.
- Expertise partagée : la collaboration avec des ONG et des organisations internationales peut apporter des connaissances spécialisées, en particulier dans des domaines tels que la justice sociale et la durabilité environnementale.
- Utilisation efficace des ressources : la mise en commun des ressources peut rationaliser les efforts, en évitant la duplication et en favorisant l'efficacité logistique.
- Meilleures pratiques mondiales : Travailler avec des organismes internationaux permet aux gouvernements de tirer des leçons des expériences mondiales en matière de gouvernance éthique.

L'intégration de la technologie dans ces processus, comme l'utilisation d'outils d'analyse de données pour l'évaluation des programmes pilotes ou de plateformes numériques de collaboration, peut encore améliorer l'efficacité et l'impact.

Toutefois, les défis tels que la résistance bureaucratique aux programmes pilotes ou les complexités liées à la gestion des partenariats public-privé doivent être abordés avec prudence. Une communication claire, des rôles définis et des processus transparents sont essentiels pour relever ces défis.

En conclusion, en mettant en œuvre des programmes pilotes par étapes et en favorisant la mise en commun collaborative des ressources, les gouvernements peuvent surmonter efficacement les obstacles institutionnels à la gouvernance Maqasid. Cette approche garantit non seulement une transition plus fluide, mais exploite également des ressources et une expertise partagées, établissant ainsi une base solide pour le succès d'une gouvernance éthique à long terme.

Finesse Diplomatique : Résoudre Les Dilemmes Mondiaux

Dans le domaine complexe des relations internationales, l'intégration des principes Maqasid dans les pratiques diplomatiques est cruciale pour favoriser une gouvernance éthique à l'échelle mondiale. Voici comment les gouvernements peuvent relever et résoudre efficacement les défis internationaux :

Diplomatie Éthique

- Approche nuancée : La diplomatie sur la scène mondiale nécessite un équilibre entre divers intérêts et cultures. Une approche éthique, guidée par Maqasid, consiste à trouver des valeurs partagées avec d'autres nations tout en respectant leur souveraineté et leurs contextes culturels. Par exemple, les récents efforts diplomatiques de la Malaisie dans les négociations en mer de Chine méridionale ont montré comment le respect et la compréhension mutuels, fondés sur les principes de Maqasid, ont conduit à une avancée décisive dans les négociations.
- Résolution des conflits : une diplomatie éthique doit être utilisée pour résoudre pacifiquement les conflits. Encourager le dialogue et les négociations fondés sur des valeurs humaines partagées peut apaiser les tensions et promouvoir une paix durable. Les principes du Maqasid, tels que la préservation de la vie (« Nafs ») et le bien-être communautaire (« Oumma »), offrent un terrain d'entente qui transcende les frontières nationales.

- Soft Power : utiliser le soft power en mettant en valeur les avantages d'une gouvernance alignée sur Maqasid, tels que la justice sociale et la gestion de l'environnement. Cette approche peut influencer positivement les perceptions mondiales et soutenir une gouvernance éthique.

Partenariats Mondiaux

- Coalitions éthiques : formez ou rejoignez des coalitions internationales engagées dans une gouvernance éthique basée sur Maqasid. Ces coalitions peuvent relever les défis mondiaux tout en promouvant le bien-être collectif. Un exemple est l'Alliance pour le multilatéralisme, qui a rassemblé des nations pour s'attaquer à des problèmes tels que la pauvreté et le changement climatique grâce à des principes éthiques communs.
- Réforme de la gouvernance mondiale : plaider pour l'intégration des principes Maqasid dans les processus décisionnels des organisations internationales comme les Nations Unies. Cette réforme peut conduire à une gouvernance mondiale plus inclusive et éthique.
- Leadership humanitaire : diriger les efforts humanitaires internationaux qui reflètent les principes de Maqasid. La participation active à des missions humanitaires mondiales démontre un engagement envers une action éthique et inspire les autres nations.

Cependant, l'intégration de Maqasid dans la diplomatie mondiale n'est pas sans défis. Équilibrer les intérêts nationaux avec les principes éthiques, naviguer dans des paysages politiques diversifiés et répondre aux critiques de différentes perspectives culturelles et éthiques sont des considérations importantes.

En conclusion, la pratique d'une diplomatie éthique et l'engagement dans des partenariats mondiaux sont essentiels pour résoudre les dilemmes internationaux et promouvoir une gouvernance éthique à l'échelle mondiale. En adoptant ces stratégies, les gouvernements peuvent contribuer à une communauté mondiale plus juste, équitable et harmonieuse, tout en naviguant dans les subtilités des relations internationales avec les principes de Maqasid comme fil conducteur.

Transformer Les Défis En Catalyseurs De Progrès

Alors que les gouvernements s'efforcent d'intégrer le Maqasid dans leurs cadres de gouvernance, il est impératif de considérer les défis qui se présentent non pas comme des obstacles mais comme des opportunités de développement et d'amélioration. Ce changement de mentalité est essentiel pour plusieurs raisons :

Rigueur Intellectuelle Et Surveillance Scientifique

- Renforcement de la gouvernance : une surveillance scientifique rigoureuse garantit que les principes du Maqasid sont respectés avec intégrité. Cette approche, loin d'entraver le progrès, enrichit en réalité la gouvernance et la prise de décision. Par exemple, la mise en œuvre du Maqasid dans la réforme politique au Maroc a démontré à quel point la rigueur académique améliorait considérablement les résultats politiques.
- Citoyens instruits : Des initiatives efficaces d'éducation publique cultivent une citoyenneté informée et engagée. Cela conduit à une société qui participe activement à une gouvernance éthique, renforçant le contrat social entre le gouvernement et le peuple.

Transparence Et Responsabilité

- Confiance dans la gouvernance : des audits réguliers et des rapports transparents non seulement dissuadent l'exploitation politique mais renforcent également la confiance du public. Cette approche a été couronnée de succès au Danemark, où une transparence accrue a conduit à une plus grande confiance du public dans les actions gouvernementales.

- Crédibilité du gouvernement : à l'échelle internationale, une telle transparence élève la crédibilité d'une nation, la positionnant comme un leader éthique et favorisant les collaborations mondiales.

Engagement Social Et Participation Multipartite

- Gouvernance inclusive : Engager les communautés dans des dialogues crée des politiques inclusives qui reflètent divers besoins sociétaux. Cette stratégie s'est avérée efficace pour résoudre les conflits et renforcer l'harmonie sociale, comme en témoigne le processus de consolidation de la paix en Irlande du Nord.
- Résolution des conflits : l'utilisation de ces plateformes pour la résolution des conflits contribue à la stabilité sociétale.

Transformation Systémique Et Mutualisation Des Ressources

- Transition progressive : les programmes pilotes permettent une transition progressive et adaptable vers une gouvernance éthique. Apprendre de ces petites initiatives permet de développer des stratégies efficaces, comme en témoigne la mission Smart Cities en Inde.
- Viabilité financière : des stratégies financières collaboratives avec des organisations du secteur privé, des ONG et des organismes internationaux garantissent une transformation durable. Cette approche a joué un rôle déterminant dans le succès des réformes de gouvernance au Rwanda.

En acceptant les défis comme catalyseurs du progrès, les gouvernements peuvent non seulement surmonter les difficultés potentielles, mais aussi renforcer l'essence de la gouvernance. Le parcours d'intégration des principes Maqasid devient un chemin d'amélioration et d'apprentissage continus, où chaque défi surmonté renforce l'engagement envers une gouvernance éthique. C'est un chemin qui mène à une société plus éthique, plus prospère et plus harmonieuse – un chemin qui, bien qu'exigeant, est immensément gratifiant et crucial pour les générations futures.

Conclusion : Accepter La Complexité : Transformer Les Défis En Opportunités

Dans notre effort pour intégrer les principes du Maqasid dans le tissu de la gouvernance, embrassons sans réserve les complexités inhérentes à ce voyage transformateur. Ces subtilités ne doivent pas être considérées comme des obstacles mais comme des catalyseurs essentiels pour affiner et perfectionner nos systèmes de gouvernance. Voici comment accepter la complexité devient un vecteur de réussite :

Terrain D'essai Pour L'innovation

- Amélioration continue : Les complexités de l'intégration de Maqasid nous mettent au défi d'innover, en favorisant un système de gouvernance dynamique et adaptable. Par exemple, l'introduction de politiques environnementales basées sur le Maqasid au Costa Rica a conduit à des avancées en matière de développement durable, démontrant à quel point la complexité peut conduire à des solutions créatives.
- Prise de décision inclusive : les questions complexes nécessitent un processus décisionnel à multiples facettes. En faisant appel à un large éventail de voix, depuis les militants de base jusqu'aux experts politiques, la gouvernance devient plus démocratique et équitable.

Résilience Et Détermination

- Développement du caractère : s'attaquer de front à ces défis renforce la résilience et renforce notre détermination collective. Cela inculque le courage nécessaire pour poursuivre une gouvernance éthique, même face à l'adversité.

- Cohésion sociétale : surmonter ensemble des défis complexes peut renforcer considérablement les liens sociétaux. Ce cheminement partagé vers une gouvernance éthique favorise l'unité et le sentiment d'un objectif commun.

Action Collective Et Progrès

- Solutions collaboratives : La nature multiforme des principes du Maqasid nécessite souvent des efforts de collaboration. Cela est évident dans les partenariats mondiaux, comme les objectifs de développement durable des Nations Unies, dans lesquels les pays travaillent ensemble pour résoudre des problèmes mondiaux complexes, renforçant ainsi l'importance de la coopération pour le bien-être collectif.
- Mesurer le succès : en acceptant la complexité, nous développons des indicateurs de succès plus holistiques, évaluant la gouvernance non seulement quantitativement mais aussi qualitativement, en termes d'adhésion aux principes éthiques et d'impact sociétal.

Saisir L'instant

- Action opportune : Le besoin urgent de résoudre ces complexités nous pousse à prendre des mesures décisives. Le moment est venu de transformer la gouvernance conformément aux principes du Maqasid, et non dans un avenir lointain.
- Réaliser le possible : en acceptant la complexité, nous transformons les aspirations en réalités tangibles. Cela nous rappelle que la société éthique et juste que nous envisageons est à notre portée.

Alors, alors que nous retroussons nos manches, unissons-nous dans notre détermination à transformer ces complexités en tremplins. L'intégration du Maqasid dans la gouvernance va au-delà de la théorie ; c'est une voie pratique vers un avenir où la gouvernance éthique et les principes du

Maqasid sont au cœur d'une société juste, équitable et prospère. Le moment est venu d'agir en collaboration et d'avancer audacieusement.

Stratégies Pour Surmonter La Résistance Politique Et Les Défis Sociaux : Une Approche Tactique Pour Une Gouvernance Éthique

L'obstacle Comme Route : Transformer L'opposition En Opportunité

En intégrant les principes du Maqasid dans la gouvernance, un chemin semé de résistances politiques et de défis sociaux, il est crucial de transformer ces obstacles en catalyseurs de changement positif. Voyons comment relever efficacement ces défis :

Dialogue Inclusif

- Engagement politique : s'engager de manière proactive auprès des acteurs et parties prenantes politiques. Comprendre leurs préoccupations et intégrer leurs points de vue peut créer un système plus robuste et plus inclusif. Par exemple, en Afrique du Sud, l'engagement des partis d'opposition dans le dialogue a permis d'affiner et d'obtenir un plus large soutien en faveur des nouvelles politiques.
- Discours public : encourager les débats et discussions publics sur l'intégration du Maqasid. Cette transparence garantit que la gouvernance reflète les valeurs et les aspirations du peuple, renforçant ainsi la participation démocratique.

Éducation Et Sensibilisation

- Campagnes de sensibilisation sociale : lancer des campagnes pour éduquer la société sur les principes et les objectifs de Maqasid. Abordez les idées fausses pour favoriser la compréhension et l'acceptation.
- Rôle de leadership : donner aux dirigeants religieux et communautaires les moyens d'éduquer et d'orienter la perception du public vers une gouvernance éthique. Leurs voix influentes peuvent modifier considérablement l'opinion publique.

Mise En Œuvre Pragmatique

- Transition progressive : Reconnaître que le changement de gouvernance prend du temps. Commencez par des politiques largement soutenues, démontrant les avantages du Maqasid pour convaincre les sceptiques.
- Programmes pilotes : mettre en œuvre des programmes pilotes dans des domaines spécifiques pour tester les principes du Maqasid. Les résultats positifs de ces projets pilotes, comme ceux observés dans le cadre de l'Initiative Ville Verte à Curitiba, au Brésil, peuvent renforcer la crédibilité et le soutien.

Collaboration Et Constitution De Coalitions

- Alliances internationales : forger des alliances avec des pays défendant des objectifs de gouvernance similaires. Les efforts collectifs, tels que l'Accord de Paris sur le changement climatique, renforcent le soutien et ajoutent de la légitimité.
- Partenariats multipartites : travailler avec la société civile, le monde universitaire et le secteur privé pour façonner et superviser la gouvernance, en garantissant l'appropriation collective et la diversité des perspectives.

Responsabilité Et Transparence

- Surveillance indépendante : établir des commissions pour surveiller l'application du Maqasid, en garantissant le respect et en évitant une mise en œuvre superficielle.
- Rapports publics : partager publiquement les résultats du contrôle, en utilisant les plateformes numériques pour une accessibilité et un engagement plus larges, renforçant ainsi la responsabilité du gouvernement.

Adaptation Et Flexibilité

- Application contextuelle : adapter l'application du Maqasid aux contextes culturels, sociaux et économiques, tout en respectant les valeurs universelles de justice et d'équité.
- Apprendre des défis : Considérez les revers comme des opportunités d'apprentissage. Un modèle de gouvernance flexible évolue à partir des succès comme des échecs, en s'adaptant aux circonstances changeantes.

En conclusion, plutôt que de nous laisser dissuader par l'opposition et la résistance, nous devrions les considérer comme des incitations à poursuivre une gouvernance plus éthique. Grâce au dialogue inclusif, à l'éducation, à la mise en œuvre pragmatique, à la collaboration, à la responsabilité et à l'adaptation, les défis politiques et sociaux peuvent être transformés en tremplins vers le progrès. Le chemin vers une gouvernance éthique, étayée par les principes Maqasid, peut être difficile mais s'avère finalement gratifiant, conduisant à une société fondée sur la justice, la compassion et la dignité humaine. En adoptant ces stratégies, nous pouvons transformer l'opposition en une opportunité pour un avenir meilleur.

Le Paysage Politique : Vaincre La Résistance En Matière De Gouvernance

Naviguer dans les subtilités politiques lors de l'introduction de concepts transformateurs tels que Maqasid dans la gouvernance nécessite un mélange de planification stratégique et de plaidoyer persuasif. Voici des stratégies raffinées pour obtenir un soutien politique :

Bâtir Des Alliances

- Création de coalitions : formez des alliances avec des personnalités politiques et des organisations qui défendent une gouvernance éthique. Ce front unifié amplifie l'influence, comme on l'a vu en Espagne où une coalition de divers partis a plaidé avec succès en faveur d'une réforme de la gouvernance.
- Engagement interconfessionnel : collaborer avec les dirigeants des communautés religieuses, en mettant l'accent sur les valeurs éthiques partagées par Maqasid. De tels partenariats ont joué un rôle déterminant dans l'Initiative interconfessionnelle pour la forêt tropicale, comblant les divisions culturelles.

Partenariats Public-Privé

- Justification économique : mettre en évidence les avantages économiques à long terme de Maqasid, comme une main-d'œuvre en meilleure santé et mieux instruite. Les entreprises ont tendance à soutenir les initiatives qui correspondent à leurs intérêts, comme le démontre le partenariat entre les sociétés multinationales et la Global Education Initiative.
- Responsabilité d'entreprise : encourager les entreprises à adopter des initiatives de RSE qui correspondent aux principes de Maqasid. Cette approche peut améliorer leur réputation et la fidélité de leurs clients.

Transparence Et Responsabilité

- Indicateurs clairs : Développer des indicateurs mesurables pour les politiques basées sur Maqasid, telles que l'amélioration de la couverture des soins de santé ou de la qualité de l'éducation. Les rapports transparents, tels qu'ils sont pratiqués dans le cadre de la réforme du système éducatif finlandais, permettent une évaluation objective.
- Accessibilité publique : rendre publiques les données liées aux politiques. Cette transparence renforce la confiance et valide les impacts positifs de la gouvernance éthique.

Programmes Pilotes De Politiques

- Impact démontrable : lancer des programmes pilotes pour illustrer l'efficacité de Maqasid. Par exemple, un projet pilote mené à Kuala Lumpur axé sur le logement abordable a montré des améliorations remarquables du bien-être communautaire, plaidant ainsi en faveur d'une mise en œuvre plus large.
- Engagement des parties prenantes : Inclure les citoyens, les experts et les dirigeants communautaires dans la conception et l'évaluation des programmes pilotes. Leur implication garantit une approche plus globale et un soutien populaire.

Engagement Du Public Et Education

- Dialogues communautaires : organisez des forums pour des discussions ouvertes sur Maqasid. Aborder directement les préoccupations, comme cela a été fait lors des réunions publiques « Voix des jeunes » à Amman, en Jordanie, peut clarifier les idées fausses et démontrer les avantages pour la société.
- Campagnes éducatives : lancer des campagnes pour éduquer le public, en utilisant des médias variés pour atteindre différents publics.

Adaptez les messages pour qu'ils trouvent un écho auprès de groupes spécifiques, des décideurs politiques au grand public.

Bien que ces stratégies soient robustes, elles comportent des défis, tels qu'une opposition politique potentielle ou des difficultés à former des partenariats public-privé efficaces. Ces obstacles nécessitent une navigation prudente et une adaptabilité.

En conclusion, transformer la résistance politique et sociale en soutien à une gouvernance éthique est un objectif complexe mais réalisable. Grâce à un dialogue inclusif, une mise en œuvre pragmatique, des efforts de collaboration et des pratiques transparentes, nous pouvons ouvrir la voie à une société plus juste, plus équitable et plus compatissante. C'est un voyage qui, malgré ses défis, offre d'importantes récompenses en améliorant la nation et sa population.

La Sphère Sociale : Relever Les Défis Sociétaux

Obtenir le soutien de la société est crucial dans la poursuite d'une gouvernance éthique guidée par les principes Maqasid. Cette entreprise, bien que difficile, peut réussir grâce à une approche bien conçue qui renforce la compréhension, l'inclusion et la participation active du public. Voici des stratégies améliorées pour y parvenir :

Campagnes De Sensibilisation Du Public

- Campagnes médiatiques : mettre en œuvre des campagnes médiatiques complètes à la télévision, à la radio, sur les réseaux sociaux et sur d'autres plateformes pour éduquer le public sur les valeurs universelles de Maqasid. Par exemple, une campagne menée en Malaisie a effectivement sensibilisé le public et accru son acceptation des réformes de gouvernance.
- Désarmement des mythes : s'attaquer activement aux mythes courants sur Maqasid et les démystifier, en fournissant des informations claires

et précises pour atténuer les craintes et les idées fausses.

Engagement Communautaire

- Forums inclusifs : organisez des forums communautaires, des réunions publiques et des discussions pour donner aux citoyens une plate-forme pour exprimer leurs points de vue. Ces forums doivent être conçus pour que chacun se sente entendu et valorisé, à l'instar des initiatives d'engagement communautaire réussies vues dans le projet de budget participatif à Porto Alegre, au Brésil.
- Contribution locale : garantir que les idées locales sont intégrées dans la prise de décision, permettant aux communautés d'influencer la manière dont les principes Maqasid répondent à leurs besoins spécifiques.

Éducation Et Formation

- Intégration curriculaire : plaider pour l'inclusion des principes Maqasid dans les programmes scolaires, favorisant une compréhension précoce. Cette approche a été mise en œuvre avec succès dans les programmes éducatifs de l'Université islamique internationale de Malaisie.
- Éducation des adultes : proposer des cours de formation des adultes accessibles sur le Maqasid, en se concentrant sur ses applications pratiques dans la vie quotidienne, garantissant ainsi un large engagement communautaire.

Célébrez Les Réussites

- Vitrine de l'impact : faire connaître les réussites dans lesquelles la candidature de Maqasid a conduit à des améliorations communautaires tangibles, comme dans le développement de projets de logements abordables en Indonésie, où elle a contribué à des progrès sociaux notables.

- Reconnaissance et récompenses : établir des programmes pour célébrer les individus et les organisations qui mettent en œuvre efficacement les principes du Maqasid, favorisant une culture de reconnaissance et d'inspiration.

Bien que ces stratégies soient robustes, elles comportent des défis tels que surmonter le scepticisme du public ou les difficultés logistiques liées à l'organisation d'événements à grande échelle. Ces problèmes peuvent être atténués grâce à des stratégies de communication ciblées adaptées aux différents segments de la communauté et en établissant des mécanismes de retour d'information efficaces pour adapter et améliorer continuellement les initiatives.

En conclusion, impliquer le public dans une gouvernance éthique nécessite des efforts actifs pour sensibiliser, faciliter le dialogue et reconnaître les réalisations. En mettant en œuvre ces stratégies en mettant l'accent sur l'inclusion et la réactivité, la transition vers un système de gouvernance basé sur le Maqasid peut être plus fluide et plus largement acceptée. C'est un voyage vers une société qui non seulement défend les valeurs universelles mais chérit également le bien-être de chaque citoyen.

Élaborer Un Plan Directeur Pour La Transformation Sociétale : Le Pouvoir De La Stratégie

Dans le grand récit du changement sociétal, les transformations importantes, comme l'intégration des principes Maqasid dans la gouvernance, se heurtent souvent à des résistances. Ce voyage ne consiste pas seulement à affronter l'opposition ; il s'agit de maîtriser l'art de la transformation stratégique. Un plan directeur bien conçu est crucial, alliant finesse dans les manœuvres politiques et liens profonds dans les communautés que nous servons.

Comprendre le pouvoir de la stratégie : une stratégie solide transforme les défis en opportunités. Il s'agit d'un modèle directeur, transformant la résistance en résilience et les obstacles en tremplins. Cette approche a été illustrée par des mouvements comme le Civil Rights Movement aux États-Unis, où la planification stratégique et la mobilisation communautaire ont conduit à de profonds changements sociétaux.

Composantes D'un Plan Directeur

1. Coalitions et alliances : Prenez l'Alliance Amazonienne, où diverses organisations environnementales, groupes autochtones et citoyens concernés collaborent pour protéger la forêt amazonienne de la déforestation et de l'exploitation industrielle.

2. Levier économique : impliquer le secteur des affaires en mettant en évidence les avantages économiques à long terme de Maqasid, tels que la croissance durable, peut être crucial. Cette stratégie reflète des initiatives réussies comme l'engagement de la Business Roundtable en faveur du capitalisme participatif aux États-Unis.

3. Transparence et responsabilité : des mesures claires pour évaluer les politiques de Maqasid, associées à l'accessibilité publique à ces données, renforcent la crédibilité et la confiance, tout comme

l'approche adoptée dans l'Initiative pour un gouvernement ouvert de la Suède.

4. Programmes pilotes : La mise en œuvre de programmes pilotes pour démontrer l'impact de Maqasid est vitale. Ces initiatives à petite échelle, comme le Green Belt Movement au Kenya, constituent une preuve tangible des avantages d'une gouvernance éthique.

Le Plan Directeur En Action

Ce plan directeur n'est pas statique mais s'adapte aux nouveaux défis et opportunités. Il s'agit d'une feuille de route à travers la résistance politique et sociale, chaque étape étant conçue pour convertir l'opposition en soutien. Par exemple, en s'engageant auprès des parties prenantes résistantes, des stratégies de communication adaptées et des dialogues inclusifs, comme on le voit dans la Commission Vérité et Réconciliation en Afrique du Sud, peuvent être efficaces.

L'engagement Envers La Transformation

Au cœur de ce plan se trouve un engagement inébranlable envers le pouvoir transformateur de Maqasid. Cet engagement, faisant écho au dévouement observé chez Nelson Mandela, devrait être évident dans chaque action, inspirant d'autres à se joindre à la cause.

Mesurer Le Succès

Le succès sera mesuré non seulement par les résultats politiques, mais aussi par les indicateurs plus nuancés du changement sociétal, comme les niveaux d'engagement du public et les changements d'attitudes sociétales à l'égard de la gouvernance.

En conclusion, l'élaboration d'un plan directeur de transformation sociétale est une tâche dynamique et complexe. En construisant des alliances stratégiques, en tirant parti des arguments économiques, en garantissant la transparence et en démontrant le succès grâce à des programmes pilotes, nous pouvons inverser la tendance de la résistance. C'est un voyage qui demande de la patience, de l'engagement et un sens stratégique, mais qui mène à une société ancrée dans les principes du Maqasid. Embarquons-nous dans ce voyage avec la détermination de le mener à bien, étape par étape stratégique.

Relever Les Défis Comme Catalyseurs De Transformation : Le Pouvoir De Façonner Une Nouvelle Réalité

Dans notre quête pour établir une société guidée par les principes Maqasid, nous devons considérer les défis non pas avec appréhension mais comme des opportunités de croissance et de transformation. La résistance ne doit pas être considérée comme un signe d'échec mais comme un témoignage de l'impact profond de notre effort. Le voyage vers une société basée sur le Maqasid, bien que semé d'obstacles, est rempli de buts et de promesses.

Le Catalyseur Des Défis

Les défis de ce voyage ne sont pas des obstacles mais des catalyseurs de changement. Ils testent et renforcent notre engagement en faveur d'une gouvernance éthique. Par exemple, lorsque le mouvement pour le droit de vote des femmes a fait face à une résistance, il a profité de cette opportunité pour affiner ses stratégies et renforcer sa détermination, conduisant finalement à des progrès sociétaux significatifs.

Exploiter Le Pouvoir Transformateur

La résistance que nous rencontrons souligne le potentiel du Maqasid à remodeler les normes sociétales. Ce n'est pas simplement une vision idéaliste ; c'est une force pratique et transformatrice, comme le démontre la mise en œuvre du modèle nordique dans les pays scandinaves, où l'alignement sur les principes éthiques a conduit à de profonds changements dans la gouvernance et la protection sociale.

Le Chemin Le Moins Parcouru

S'engager sur cette voie est un défi. C'est un chemin moins fréquenté, rempli de complexités et d'incertitudes. Pourtant, ces défis enrichissent notre parcours, soulignant notre engagement en faveur de normes éthiques plus élevées et d'un monde plus équitable.

L'appel A L'action

Nous devons être des agents actifs du changement et non des observateurs passifs. Cela implique de s'engager dans une planification stratégique et une action décisive. Par exemple, grâce à des initiatives d'engagement communautaire telles que le projet de budgétisation participative à New York, nous pouvons impliquer diverses parties prenantes dans un dialogue significatif et une action collaborative.

Notre Pouvoir De Façonner L'avenir

La société à laquelle nous aspirons est à notre portée. Cela nécessite notre volonté collective et notre dévouement aux principes du Maqasid. Nous détenons le pouvoir de réaliser cette vision, comme en témoignent les efforts de transformation du Mahatma Gandhi et du Mouvement pour l'indépendance indienne, qui, contre toute attente, ont façonné une société plus juste et plus éthique.

Relever Les Défis

Face à ces défis, nous devons anticiper des obstacles spécifiques tels que l'opposition politique ou la résistance culturelle. Pour y remédier, il faut des stratégies adaptées, une communication claire et un engagement en faveur d'un apprentissage et d'une adaptation continus.

En conclusion, considérons les défis à venir comme des opportunités de croissance et de progrès sociétal. Notre voyage vers une gouvernance éthique, guidé par Maqasid, n'est pas simplement un rêve mais une réalité tangible en devenir. En se montrant à la hauteur et en surmontant les obstacles, nous pouvons inaugurer une ère de gouvernance éthique. Le moment est venu d'agir et l'avenir que nous envisageons est entre nos mains.

Conclusion : L'art De La Transformation Tactique

S'engager sur la voie d'une gouvernance éthique étayée par les principes Maqasid est plus qu'un test de détermination ; c'est une forme d'art qui nécessite une intelligence tactique, une patience stratégique et une croyance inébranlable dans le potentiel transformateur de ces principes.

Renseignement Tactique

Naviguer sur le terrain politique nécessite la constitution d'une coalition astucieuse avec des politiciens, des partis et des organisations engagés en faveur d'une gouvernance éthique. De telles alliances, illustrées par la coalition réussie en Allemagne, renforcent l'influence collective et soutiennent l'avancement des politiques. Il est tout aussi stratégique d'impliquer le secteur des affaires, en soulignant les avantages économiques à long terme d'une gouvernance éthique, tels qu'une main-d'œuvre qualifiée et une croissance durable, à l'instar du Pacte mondial des Nations Unies qui a aligné les objectifs des entreprises sur les normes éthiques.

Patience Stratégique

La patience est indispensable face à la résistance et pour favoriser le changement sociétal. L'adoption de la transparence et de la responsabilité, comme le montre la loi néo-zélandaise sur la fonction publique de 2020, contribue à convaincre les sceptiques. Établissez des mesures claires pour évaluer le succès des politiques et assurez-vous que ces données sont accessibles au public afin de renforcer la crédibilité et la confiance. La mise en œuvre de programmes pilotes, similaires aux projets de développement communautaire basés à Maqasid en Jordanie, fournit une preuve concrète de l'impact sociétal positif de Maqasid, ouvrant la voie à une mise en œuvre plus large.

Engagement Inébranlable

La principale force motrice est un engagement profond envers les valeurs universelles de Maqasid et leur capacité à créer une société plus juste et plus prospère. Que cet engagement soit évident dans chaque action et communication, servant d'inspiration aux autres.

Reconnaître Les Défis

Il est crucial de reconnaître et de relever des défis tels que l'opposition politique ou les barrières culturelles. Les aborder avec des stratégies adaptatives, notamment l'engagement numérique et la coopération internationale, garantit un processus plus robuste et inclusif.

Mesurer Et Célébrer L'impact

Au-delà des indicateurs, il est important de communiquer et de célébrer les succès de l'intégration de Maqasid, en favorisant un soutien plus large. Faire connaître les améliorations en matière de bien-être communautaire ou d'efficacité de la gouvernance peut galvaniser le soutien public et politique.

En conclusion, l'art de la transformation tactique consistant à intégrer les principes du Maqasid dans la gouvernance est une entreprise à multiples facettes. Cela implique de former des alliances, de démontrer les avantages économiques, de maintenir la transparence et de s'engager dans le parcours de transformation éthique. Grâce à cette approche, les défis peuvent être transformés en soutien, faisant de la vision d'un avenir meilleur une réalité tangible. Alors que nous parcourons ce chemin complexe mais enrichissant, il est primordial de rester concentré, patient et engagé en faveur d'une gouvernance éthique. Ensemble, nous pouvons libérer tout le potentiel du Maqasid et favoriser une société qui prospère selon ses principes.

13

Maqasid Pour Un Nouvel Âge

Adapter Ces Principes Intemporels Au 21e Siècle : Le Modèle D'une Gouvernance Éthique Moderne

Le Pouvoir De L'intemporalité : Rencontrer La Modernité Avec La Sagesse Ancienne

Présentation De Maqasid : Fondements De La Gouvernance Éthique

Dans notre monde en évolution rapide, où la technologie et les normes sociétales évoluent constamment, les anciens principes du Maqasid s'imposent comme les piliers d'une sagesse durable. Issu de la pensée islamique classique, le Maqasid englobe des objectifs fondamentaux tels que la préservation de la vie, de l'intellect, de la foi, du lignage et de la propriété, formant ainsi une approche holistique de la gouvernance éthique et du bien-être sociétal.

L'adaptation, Pas La Stagnation : Réinventer La Sagesse Ancienne

La beauté de Maqasid ne réside pas dans une adhésion rigide aux interprétations passées mais dans son adaptabilité dynamique. Cela nous met au défi d'insuffler une nouvelle vie à ces principes intemporels, en garantissant leur pertinence pour relever les défis contemporains. Considérez la notion évolutive de justice, au cœur de Maqasid. Dans un monde aux prises avec des problèmes tels que la confidentialité numérique, les disparités économiques et le changement climatique, ce concept séculaire nous guide vers des solutions équitables ancrées dans l'équité et la dignité humaine.

Un Contexte Moderne : Défis Spécifiques Et Maqasid

Par exemple, dans la lutte contre le changement climatique, l'accent mis par Maqasid sur la préservation de la vie et des biens devient crucial dans la formulation de politiques qui protègent l'environnement tout en garantissant le développement durable. Dans le domaine de la confidentialité numérique, le principe de protection de l'intellect nous guide dans l'équilibre entre l'innovation technologique et la protection des informations personnelles.

Récits Personnels : Maqasid En Action

Imaginez un conseil municipal utilisant Maqasid pour élaborer son plan de développement urbain, en donnant la priorité aux espaces verts et aux équipements publics qui améliorent la vie et le bien-être de la communauté, une démonstration pratique de ces principes à l'œuvre dans la gouvernance moderne.

L'appel A L'action : Adopter La Sagesse Intemporelle Aujourd'hui

Alors que nous sommes confrontés aux défis de notre époque, l'appel à une gouvernance éthique fondée sur la sagesse intemporelle de Maqasid se fait plus fort. Il s'agit d'un appel à l'action lancé aux décideurs politiques, aux dirigeants communautaires et aux individus. Nous devons intégrer ces principes dans le tissu social de nos sociétés, non pas comme des reliques historiques mais comme des phares qui nous guident vers un avenir plus équitable, plus durable et plus harmonieux.

Un Pas En Avant Pratique

Ce voyage commence par l'éducation et la sensibilisation. Les ateliers et discussions politiques intégrant le Maqasid peuvent éclairer les dirigeants et les citoyens, favorisant un engagement collectif envers ces principes. À partir de là, l'intégration du Maqasid dans les processus législatifs et les initiatives communautaires peut marquer le début d'une profonde transformation dans notre façon de gouverner et de vivre.

Gouvernance Du 21e Siècle : Tracer Une Voie De Clarté Dans Un Contexte Complexe

À une époque marquée par des progrès technologiques rapides et des crises environnementales, la clarté de la gouvernance est primordiale. Le Maqasid, un ancien ensemble de principes ancrés dans la jurisprudence islamique, offre cette clarté indispensable. Ces principes, qui donnent la priorité à la dignité humaine, à la justice et à la préservation du monde naturel, peuvent être notre boussole pour naviguer dans les complexités du 21e siècle.

Éthique Technologique : Guider L'innovation Avec Sagesse

L'ère numérique présente des opportunités extraordinaires ainsi que d'importants dilemmes éthiques. Le principe Maqasid de l'intellect (Aql) nous pousse à utiliser nos progrès à bon escient. Prenons par exemple le développement de l'IA. Au lieu de se concentrer uniquement sur l'efficacité, intégrer l'Aql signifie construire des systèmes d'IA qui respectent la vie privée (Nafs) et la propriété intellectuelle (Mal), reflétant nos valeurs éthiques communes.

Dans la pratique, cette approche a vu des entreprises technologiques de pays comme Singapour collaborer avec des éthiciens pour concevoir une IA qui respecte la vie privée des utilisateurs tout en améliorant la qualité du service. De telles initiatives démontrent comment Maqasid peut orienter l'innovation technologique vers un bénéfice sociétal.

Durabilité Environnementale : Un Impératif Moral

Le principe de protection de la patrie (Watan) au sein de Maqasid s'aligne parfaitement avec le besoin urgent de durabilité environnementale. Ce principe a inspiré des initiatives comme la « Fatwa verte » indonésienne, un décret religieux encourageant les musulmans à lutter contre le changement climatique. Il illustre comment les principes religieux peuvent motiver la gestion de l'environnement à grande échelle.

Un monde dans lequel les nations adoptent l'énergie propre, la ré-partition équitable des ressources et la justice environnementale est réalisable. En appliquant le principe collectif de la Oumma de Maqasid, les pays peuvent s'unir dans leurs efforts contre le changement climatique, donnant ainsi l'exemple de coopération mondiale et de responsabilité mutuelle.

L'appel A La Clarté

Alors que nous sommes confrontés aux complexités de notre époque, de l'éthique de l'IA à la dégradation de l'environnement, la clarté offerte par Maqasid est indispensable. Il s'agit d'un appel lancé aux dirigeants et aux décideurs politiques pour qu'ils adoptent ces principes intemporels, en créant des modèles de gouvernance qui respectent à la fois le progrès technologique et la santé de notre planète.

Adopter Le Maqasid Dans Les Politiques Et Les Pratiques

Pour faire de cette vision une réalité, nous devons commencer par intégrer le Maqasid dans les programmes éducatifs, les discussions sur les politiques publiques et la gouvernance d'entreprise. Des ateliers pratiques et des cadres politiques peuvent faciliter cette intégration, en garantissant que la prochaine génération de dirigeants soit dotée à la fois des connaissances et de la boussole éthique nécessaires pour relever les défis de notre époque.

En cette époque d'incertitude et de changement rapide, laissez Maqasid nous guider, en offrant un chemin de clarté et de sagesse qui mène à un monde plus juste, plus durable et plus prospère pour tous.

Équité Sociale : Ouvrir La Voie A Un Avenir Plus Juste

Alors que nous traversons une époque caractérisée à la fois par des progrès remarquables et des disparités profondément enracinées, la quête de l'équité sociale transcende les aspirations pour devenir un impératif. Les anciens principes du Maqasid, issus de la jurisprudence islamique et mettant l'accent sur la dignité humaine et la justice, fournissent un cadre intemporel qui peut nous guider dans la construction d'une société plus équitable dans notre monde contemporain.

Soins De Santé Universels : Un Droit, Pas Un Privilège

Au cœur du Maqasid se trouve le principe de vie (Nafs), valorisant chaque existence humaine. Ce principe, appliqué à notre contexte moderne, devient un argument convaincant en faveur des soins de santé universels. Il plaide pour un système dans lequel les soins de santé constituent un droit fondamental, accessible à tous, quel que soit le statut économique.

Prenons l'exemple de pays comme le Canada et les pays scandinaves, où des systèmes de santé universels ont été mis en œuvre avec succès. Ces modèles démontrent comment l'engagement en faveur du caractère sacré de la vie, un principe fondamental de Maqasid, peut être concrétisé par des politiques, garantissant que tous les citoyens bénéficient des soins de santé dont ils ont besoin pour vivre une vie épanouie.

Combler L'écart De Richesse : Vers La Justice Économique

Le principe Maqasid de richesse (Mal) met l'accent sur la répartition équitable des ressources. Dans le monde d'aujourd'hui, cela se traduit par la lutte contre les inégalités de revenus grâce à des mesures telles que la fiscalité progressive et les filets de sécurité sociale. Ces politiques visent à réduire l'écart entre les riches et les pauvres, en créant des opportunités pour tous.

Prenons, par exemple, les systèmes fiscaux progressifs de pays comme l'Allemagne et la Nouvelle-Zélande. Ces systèmes illustrent comment les orientations de Maqasid en matière de répartition des richesses peuvent se manifester dans une politique visant à favoriser une prospérité partagée et une cohésion sociale.

La voie vers l'équité sociale : surmonter les défis

Atteindre l'équité sociale est une tâche complexe qui implique non seulement un changement de politique, mais également des changements dans les attitudes et les pratiques sociétales. Les défis tels que la résistance politique, les contraintes budgétaires et les différentes valeurs sociétales doivent être affrontés avec prudence.

Un Appel Collectif A L'action

Le cheminement vers l'équité sociale, guidé par Maqasid, nécessite des efforts concertés de la part des décideurs politiques, des dirigeants communautaires et des citoyens. Cela implique non seulement de formuler des politiques équitables, mais également de favoriser une culture d'inclusion et d'empathie. Les ateliers, les dialogues communautaires et les campagnes éducatives peuvent jouer un rôle central dans ce processus, en sensibilisant et en recueillant le soutien en faveur de pratiques équitables.

Dans notre quête d'un avenir plus juste, laissez les principes de Maqasid nous guider, nous guidant vers un monde où l'équité et la justice ne sont pas seulement des idéaux mais des réalités. En alignant nos efforts collectifs sur ces principes séculaires, nous pouvons construire une société où chaque individu a la possibilité de s'épanouir, contribuant ainsi à un monde stable, prospère et équitable.

Éducation Moderne : Forger Les Leaders Éthiques De Demain

Dans ce paysage en évolution rapide du XXIe siècle, l'éducation va au-delà d'un simple chemin vers la connaissance : elle devient un creuset pour façonner l'avenir. En intégrant les principes du Maqasid dans nos cadres éducatifs, nous pouvons doter nos jeunes des valeurs, des compétences et de l'éthique vitales pour relever les défis de notre époque.

Littératie Numérique : Adopter La Responsabilité Intellectuelle

Le principe intellectuel Maqasid (Aql) souligne l'importance de la connaissance et de la pensée critique. À notre ère numérique, cela se traduit par un impératif éducatif consistant à proposer des programmes complets d'alphabétisation numérique. Par exemple, des initiatives telles que le programme national finlandais, qui intègre la culture numérique et la pensée critique dès le plus jeune âge, servent de modèle pour la manière dont nous pouvons intégrer l'AQL dans l'éducation.

Les étudiants d'aujourd'hui doivent être plus que doués en technologie ; ils doivent également être des citoyens numériques avisés, capables de naviguer dans les complexités du monde en ligne avec sagesse et considération éthique. En alignant les pratiques éducatives sur l'Aql, nous pouvons préparer les étudiants à utiliser la technologie de manière à améliorer notre humanité commune.

Citoyenneté Éthique : Cultiver Des Dirigeants Mondiaux Compatissants

Les principes de communauté (Oumma) et de religion (Din) du Maqasid touchent au cœur de la responsabilité sociale et de la conduite éthique. Il est essentiel que l'éducation moderne couvre non seulement les matières académiques, mais encourage également la citoyenneté éthique. Cela se voit dans des programmes comme le Baccalauréat International (IB), qui mettent l'accent sur l'ouverture sur le monde et la compréhension éthique.

Imaginez une génération d'étudiants qui sont non seulement compétents sur le plan académique, mais également profondément à l'écoute des besoins de leurs communautés et du monde en général. En intégrant les principes de la Oumma et du Din dans nos systèmes éducatifs, nous pouvons former des dirigeants engagés en faveur du bien-être collectif et capables de combler les fossés culturels et sociétaux.

Relever Les Défis Du Monde Réel

La mise en œuvre de ces idéaux n'est pas sans défis. Les écoles situées dans des contextes aux ressources limitées pourraient avoir du mal à intégrer la culture numérique ou l'éthique mondiale dans leurs programmes. Les collaborations entre les gouvernements, les ONG et le secteur privé peuvent jouer un rôle crucial en fournissant les ressources et la formation nécessaires pour combler ces écarts.

Une Voie Concrète A Suivre

Pour faire de cette vision une réalité, les éducateurs et les décideurs politiques doivent collaborer pour développer des programmes qui reflètent ces valeurs. Le développement professionnel des enseignants, l'investissement dans les infrastructures technologiques et l'engagement communautaire sont des étapes clés dans cette direction.

L'avenir De L'éducation : La Rencontre Entre Les Connaissances Et Les Valeurs

L'éducation moderne, guidée par la sagesse intemporelle du Maqasid, peut devenir une puissante force bénéfique. Il ne s'agit pas seulement de transmettre des informations ; il s'agit de façonner des leaders éthiques, responsables et compatissants pour un monde interconnecté. En adoptant ces principes, nous ouvrons la voie à une génération qui non seulement excelle sur le plan académique, mais qui porte également le flambeau des valeurs éthiques, ouvrant ainsi la voie à un avenir meilleur et plus équitable pour tous.

Diplomatie Mondiale : Façonner Un Nouveau Paradigme Pour L'éthique Mondiale

Dans le monde interconnecté du XXIe siècle, la diplomatie transcende les négociations traditionnelles entre nations. Il devient une plateforme de défense de principes éthiques qui dépassent les frontières. En insufflant à la diplomatie mondiale les valeurs de Maqasid, nous pouvons promouvoir les droits de l'homme et œuvrer en faveur du développement durable, forgeant ainsi un monde plus juste et plus harmonieux.

Défense Des Droits De L'homme : Au-Delà De La Stratégie Diplomatique

Le principe Maqasid de préservation de la vie (Nafs) met l'accent sur le caractère sacré de la vie humaine. Cette éthique, lorsqu'elle est portée sur la scène internationale, transforme la défense des droits de l'homme d'une stratégie diplomatique en un impératif moral. Par exemple, la réponse internationale à la crise des réfugiés ces dernières années, où certains pays ont pris des mesures significatives pour fournir asile et soutien, reflète l'intégration de Nafs dans les actions diplomatiques.

Imaginez un monde dans lequel les nations s'unissent non seulement dans leur intérêt personnel mais aussi dans la défense des droits humains universels. En ancrant nos efforts diplomatiques dans la Nafs, nous luttons pour une communauté mondiale où le droit de chaque personne à la vie, à la liberté et à la sécurité est respecté et protégé, sans discrimination ni violence.

Défendre Les Objectifs De Développement Durable : Une Mission Éthique Unifiée

Les principes de bien-être communautaire (Oumma) et de protection du territoire (Watan) s'alignent étroitement sur les objectifs de développement durable (ODD). Ces objectifs, qui englobent la justice, l'équité et la durabilité, fournissent un modèle pour un avenir meilleur. Un exemple de cet alignement est fourni par les accords mondiaux sur le climat, où les nations se réunissent pour relever les défis environnementaux, reflétant à la fois les principes de la Oumma et du Watan.

Imaginez des collaborations internationales motivées non seulement par des intérêts stratégiques, mais aussi par un engagement envers les ODD. Grâce à des efforts diplomatiques fondés sur ces principes Maqasid, nous pouvons relever les défis mondiaux tels que la pauvreté, les inégalités et le changement climatique de manière plus éthique et plus efficace.

Naviguer Dans Les Complexités De L'éthique Diplomatique

La mise en œuvre de ces principes dans le monde complexe des relations internationales n'est pas sans difficultés. Les différences de contexte culturel, politique et économique peuvent constituer des obstacles importants. Les diplomates doivent composer avec ces réalités tout en s'efforçant de respecter les normes éthiques.

Vers Un Cadre Diplomatique Éthique

Pour remodeler la diplomatie mondiale, nous devons encourager les programmes de formation des diplomates qui mettent l'accent sur ces principes éthiques. Les forums et groupes de réflexion internationaux peuvent jouer un rôle crucial en favorisant les discussions et les stratégies alignées sur les valeurs du Maqasid.

L'avenir De La Diplomatie : Ancré Dans L'éthique

La diplomatie mondiale, guidée par Maqasid, peut transcender les intérêts nationaux pour défendre des valeurs qui profitent à l'humanité dans son ensemble. Avec une boussole morale ancrée dans la justice, la compassion et le bien commun, les efforts diplomatiques peuvent passer d'un simple savoir-faire politique à une force de changement positif à l'échelle mondiale. En adoptant ces principes, nous contribuons à construire un monde où la diplomatie défend le bien-être de tous et de la planète que nous partageons.

Adopter Une Sagesse Intemporelle Pour Un Avenir Meilleur

Dans notre monde en évolution rapide, rempli de défis et de changements complexes, les principes du Maqasid constituent un phare de sagesse durable. Notre mission va au-delà de la simple préservation de ces connaissances anciennes ; il s'agit de le revitaliser pour qu'il soit en résonance avec nos enjeux mondiaux actuels. Cet effort ne consiste pas seulement à honorer le passé, mais à forger un avenir meilleur – et il est urgent de le faire maintenant.

Revitaliser La Sagesse Ancienne Pour Une Pertinence Contemporaine

Maqasid n'est pas une relique statique mais une philosophie dynamique, vibrante et applicable à notre contexte moderne. En adaptant ses principes pour répondre aux enjeux du XXIe siècle, nous revigorons son essence. Il ne s'agit pas d'un rejet de notre patrimoine mais d'une célébration de sa pertinence actuelle. Par exemple, les principes du Maqasid sont appliqués dans la planification urbaine moderne dans des villes comme Kuala Lumpur, où le développement durable et le bien-être communautaire sont prioritaires, démontrant comment la sagesse ancienne peut relever les défis urbains contemporains.

Un Modèle Pour Une Gouvernance Éthique Dans Un Monde Complexe

Alors que nous sommes confrontés à des problèmes tels que le changement climatique, les perturbations technologiques et les inégalités sociales, Maqasid propose un cadre pour une gouvernance éthique. C'est un outil de navigation qui nous guide vers des solutions qui défendent la justice, la dignité humaine et le bien-être collectif. La gouvernance éthique, telle que décrite par Maqasid, devient un objectif tangible, et non seulement une vision idéaliste.

L'urgence Du Moment Présent : Agir

Les défis de notre époque sont immédiats et le besoin d'orientations éthiques est crucial. Adopter la sagesse de Maqasid nous pousse non seulement à réfléchir sur le passé, mais aussi à façonner activement l'avenir. Il s'agit de créer un monde où les décisions et les actions sont influencées par la justice, la compassion et des considérations éthiques. Par exemple, l'intégration des principes Maqasid dans les réformes éducatives ou les initiatives de responsabilité sociale des entreprises peut conduire à des changements positifs tangibles dans la société.

Construire Un Avenir Ancré Dans Des Principes Éthiques

Adapter Maqasid à notre époque fait de nous les architectes d'un avenir plein d'espoir. Nous jetons les bases d'un monde où la gouvernance éthique, la justice sociale et la durabilité environnementale ne sont pas des concepts ambitieux mais des expériences vécues. Cette transformation de la sagesse ancienne en une lumière directrice pour aujourd'hui ouvre la voie à un monde plus brillant et plus équitable.

Un Appel A L'action Universelle

L'avenir est façonné par nos actions présentes. L'applicabilité universelle des principes du Maqasid à travers différentes cultures et systèmes politiques souligne leur potentiel en tant que force de changement positif à l'échelle mondiale. Acceptons le caractère intemporel de ces principes et appliquons-les activement dans diverses sphères de nos vies. Le moment est venu d'agir et le potentiel d'un avenir meilleur est entre nos mains.

Libérer Le Potentiel De Transformation : Une Vision Pour L'avenir

Nous nous trouvons à un moment charnière où nous pouvons exploiter le potentiel de transformation pour façonner un monde meilleur. Imaginez un avenir où la gouvernance incarne des valeurs éthiques profondes, où la technologie améliore l'expérience humaine et où une communauté mondiale non seulement dialogue mais écoute et apprend activement. Cet avenir n'est pas un rêve lointain mais une nécessité urgente, surtout dans un XXIe siècle qui non seulement accueille mais exige l'adaptation des principes Maqasid.

Une Gouvernance Éthique Pour Une Société Meilleure

La gouvernance éthique peut passer du concept à la réalité, avec un impact profond sur la vie. L'intégration du Maqasid dans la gouvernance a donné des résultats prometteurs dans des pays comme la Norvège, où les politiques donnent la priorité au bien-être social et à la justice, incarnant l'équité et la compassion. En suivant ce modèle, la gouvernance éthique devient une voie pragmatique pour améliorer le bien-être sociétal.

La Technologie Comme Force Du Bien

Dans le domaine de la technologie, l'innovation doit aller de pair avec l'humanité. Considérez comment les initiatives éthiques en matière d'IA, comme celles entreprises au Japon, se concentrent sur l'alignement des progrès technologiques sur la dignité humaine et les considérations éthiques. Cette approche garantit que le progrès technologique profite à la société de manière globale, ce qui en fait non seulement une ambition mais une nécessité à notre époque axée sur la technologie.

Une Communauté Mondiale A L'écoute

Au milieu de la division mondiale, l'importance d'une communauté à l'écoute – des voix diverses, de la sagesse ancienne et des valeurs humaines partagées – est primordiale. Les principes du Maqasid peuvent guider les forums internationaux, tels que les Nations Unies, favorisant un véritable dialogue et une compréhension. Cette approche est cruciale pour construire un monde plus unifié et plus empathique.

Un Appel Urgent A S'adapter Et A Prospérer

Alors que nous naviguons dans les complexités du 21e siècle, il devient essentiel d'adapter nos valeurs aux défis contemporains. Maqasid offre une voie non seulement pour préserver le passé, mais aussi pour enrichir le présent et garantir un avenir durable. Par exemple, l'intégration de ces principes dans l'éducation peut donner aux générations futures les valeurs d'éthique, d'innovation et d'unité.

Le potentiel de création d'un monde où l'éthique, le progrès technologique et l'unité mondiale prospèrent ensemble est immense. Ce n'est pas seulement un modèle théorique ; des exemples pratiques à travers le monde montrent que c'est réalisable. Saisissons cette opportunité pour transformer notre société mondiale, en adoptant les principes du Maqasid comme pierre angulaire d'un changement positif. Le temps d'agir est maintenant; l'avenir que nous façonnons aujourd'hui est l'héritage que nous laissons pour demain.

Conclusion : Des Pages De L'histoire A La Gouvernance Moderne : Des Principes Intemporels Pour Un Avenir Opportun

Alors que nous entreprenons un voyage depuis les annales de l'histoire jusqu'à l'avant-garde de la gouvernance moderne, nous constatons que les principes du Maqasid ne sont pas de simples reliques du passé mais les pierres angulaires d'un avenir rempli de promesses. Ces principes, enracinés dans la préservation de la foi, de la vie, de l'intellect, du lignage et de la propriété, offrent un modèle de gouvernance éthique et d'épanouissement humain.

Rendre Les Principes Intemporels Opportuns

À une époque marquée par des défis sans précédent, du changement climatique au bouleversement technologique, appliquer les principes intemporels du Maqasid n'est pas seulement une option mais un impératif moral. Ces principes servent de boussole morale, nous guidant à travers les complexités de notre époque en mettant l'accent sur la justice, l'équité et la compassion.

Façonner Le 21e Siècle Avec Des Fondements Éthiques

Nous ne sommes pas de simples spectateurs du 21e siècle ; nous sommes ses façonneurs. En intégrant Maqasid dans nos modèles de gouvernance, nous pouvons construire des sociétés où la justice et la compassion ne sont pas des aspirations mais des réalités. Par exemple, l'incorporation de ces principes dans des politiques telles que le budget de bien-être de la Nouvelle-Zélande démontre comment la sagesse ancienne peut éclairer l'élaboration de politiques modernes au bénéfice de la société.

Définir L'avenir Avec Des Actions Conscientes

Nos actions d'aujourd'hui peignent la toile de demain. Alors que nous faisons face à l'avenir, définissons-le avec des principes qui soutiennent notre humanité commune. Cela signifie transcender les divisions et nous unir dans notre quête commune d'un monde meilleur. L'accent mis par Maqasid sur le bien-être communautaire et la dignité humaine fournit un cadre pour cette unification.

Il Est Temps D'agir

L'avenir est une tapisserie tissée à partir de nos choix et actions présents. Cela nous invite à le tisser avec des fils d'éthique, de compassion et de sagesse. Le moment d'agir n'est pas dans un avenir lointain ; c'est maintenant. Nous devons saisir cette occasion pour appliquer la sagesse du Maqasid, en élaborant des politiques et des structures sociétales qui reflètent ces valeurs. Par exemple, l'intégration de ces principes dans les programmes éducatifs peut préparer les générations futures à perpétuer cet héritage éthique.

Exploitons la sagesse intemporelle de Maqasid et, ensemble, façonnons un avenir qui dépasse nos plus grands rêves. L'avenir n'est pas seulement à nos portes ; nous le créons activement. Il est maintenant temps d'agir, d'incarner ces principes dans notre gouvernance, nos communautés et notre vie quotidienne.

Le Rôle De La Technologie, De La Mondialisation Et Des Échanges Culturels : La Confluence Du Maqasid Et Des Réalités Modernes

Naviguer A La Confluence De La Tradition Et De La Transformation : Le Pouvoir De L'adaptation Éthique

Alors que nous naviguons dans un monde où les progrès technologiques, l'interconnectivité mondiale et les interactions culturelles définissent notre époque, l'intégration de la sagesse intemporelle de Maqasid nous offre des conseils inestimables. Il ne s'agit pas simplement d'une tendance mais de la réalité déterminante de notre époque, où tradition et transformation convergent pour tracer la voie vers un monde juste et compatissant.

Adopter L'ère Numérique Avec Des Principes Éthiques

La portée de la technologie remodèle nos vies d'une manière sans précédent. Considérez l'initiative de la Corée du Sud visant à intégrer la culture numérique dans le système éducatif, en s'alignant sur le principe intellectuel Maqasid (Aql). Cette approche promeut non seulement la maîtrise technologique mais également une utilisation éthique, garantissant la confidentialité (Nafs) et le bien-être de la communauté (Oumma). Dans notre monde riche en informations, doter les individus et les communautés d'une culture numérique éthique est un moyen efficace d'exploiter le potentiel de la technologie.

Mondialisation : Une Plateforme De Valeurs Partagées

La mondialisation présente une opportunité unique d'appliquer le Maqasid à l'échelle mondiale. Les efforts internationaux tels que l'Accord de Paris sur le changement climatique illustrent la manière dont les pays peuvent s'unir autour de principes communs tels que la préservation de la vie (Nafs) et la promotion du bien-être communautaire (Oumma). En plaidant pour des politiques qui transcendent les intérêts nationaux, nous pouvons relever de manière collaborative les défis mondiaux, en considérant la mondialisation comme une force de changement positif.

415

Favoriser Les Échanges Culturels Pour L'harmonie Mondiale

Les échanges culturels, lorsqu'ils sont menés avec respect, enrichissent notre communauté mondiale. Des programmes tels que les initiatives d'échange d'étudiants, qui rassemblent des jeunes d'horizons divers, s'alignent sur l'accent mis par Maqasid sur le respect mutuel et l'harmonie sociale (Oumma). Ces interactions approfondissent la compréhension et l'empathie entre les cultures, nous faisant dépasser la peur et les préjugés vers un monde plus inclusif.

Adaptation Éthique Pour Un Avenir De Convergence

La fusion des principes Maqasid avec les réalités modernes n'a rien à voir avec un conflit mais avec la création d'un avenir harmonieux. L'adaptation éthique à l'ère numérique, à la mondialisation et aux échanges culturels nous permet de partager et d'amplifier les valeurs inhérentes au Maqasid. Qu'il s'agisse d'innovations technologiques guidées par l'éthique, d'initiatives mondiales collaboratives ou d'échanges culturels respectueux, ce sont des plateformes pour mettre en valeur nos valeurs humaines communes.

Saisissons cette opportunité, en abordant ces transformations avec une vision éthique, ancrée dans le Maqasid. L'ère numérique, la mondialisation et les échanges culturels offrent non seulement des défis, mais aussi l'occasion de démontrer comment la sagesse traditionnelle peut éclairer et améliorer notre monde moderne. Il s'agit d'un appel à l'action non seulement pour coexister avec ces changements, mais aussi pour les façonner activement de manière à favoriser un monde juste, compatissant et interconnecté.

La Technologie : Le Moteur Du Progrès Éthique

La Révolution Numérique : Équilibrer Progrès Et Éthique

Au XXIe siècle, la technologie est passée d'un simple outil à une pierre angulaire du progrès, influençant profondément les économies, les sociétés et les systèmes de gouvernance. Cependant, cette transformation apporte non seulement des opportunités mais aussi des défis éthiques importants. En intégrant les principes de Maqasid dans notre paysage numérique, nous pouvons surmonter ces complexités, en garantissant que la technologie non seulement favorise l'efficacité, mais respecte également des normes éthiques approfondies.

Gouvernance Numérique : Allier Efficacité Et Responsabilité Éthique

Imaginez une gouvernance transformée par l'innovation numérique où l'efficacité est étroitement liée à la gestion éthique. En alignant les objectifs du Maqasid tels que la préservation de l'intellect (Aql) et de la richesse (Mal) avec les modèles de gouvernance numérique, nous pouvons favoriser un système qui garantit la transparence, la responsabilité et la répartition équitable des ressources. Ici, chaque octet de données est utilisé de manière responsable, en donnant la priorité au bien public plutôt qu'au simple gain commercial. Cette approche nécessite toutefois d'être vigilant face à des problèmes tels que les violations de la confidentialité des données et la fracture numérique, afin de garantir que les avantages de la technologie profitent à tous les segments de la société.

Télémédecine Et Apprentissage A Distance : Une Technologie Éthique Comblant Les Écarts Sociétaux

L'accès universel aux soins de santé et à l'éducation est un droit fondamental. La télémédecine et l'apprentissage à distance sont d'excellents exemples du potentiel de la technologie pour réaliser ce droit, s'alignant sur les principes de Maqasid de préservation de la vie (Nafs) et de promotion de l'intellect (Aql). La portée de la télémédecine dans les zones reculées démocratise l'accès aux soins de santé, tandis que l'apprentissage à distance brise les barrières éducatives. Cependant, nous devons également nous méfier des inégalités potentielles en matière d'accès et nous efforcer de rendre ces technologies universellement accessibles.

La Révolution Éthique De La Technologie : Un Appel A L'innovation Responsable

La technologie reflète les valeurs qui y sont ancrées. L'intégration des principes de Maqasid dans le développement technologique garantit que le progrès profite à la communauté au sens large. Nous devons consciemment créer des écosystèmes numériques qui respectent la dignité humaine et l'équité. Cette révolution éthique dans la technologie ne concerne pas seulement le progrès, mais aussi le progrès dans un but précis, en utilisant la technologie pour améliorer l'expérience humaine et promouvoir le bien-être collectif (Oumma).

Forger Un Avenir Avec Une Technologie Éthique

La révolution numérique offre un immense potentiel de progrès sociétal. Cependant, ce voyage doit être parcouru avec un sens éthique, en équilibrant l'optimisme technologique avec une évaluation réaliste de ses risques et de ses défis. En adoptant un cadre comme Maqasid, nous pouvons aligner nos progrès technologiques sur des valeurs durables, garantissant que nos progrès améliorent la vie (Nafs) et l'intellect (Aql) pour les générations futures. Engageons-nous sur cette voie de progrès technologique éthique, en façonnant un avenir où la technologie n'est pas seulement un outil de progrès mais aussi un phare de transformation éthique.

Une Mondialisation Qui A Du Cœur : Une Vision Pour La Responsabilité Collective

Dans notre monde étroitement connecté, la mondialisation est plus qu'une tendance économique ; c'est la force déterminante qui façonne nos sociétés et nos économies. Mais cela nous amène à une question cruciale : à quel type de mondialisation aspirons-nous ? Une recherche incessante du profit ou une approche plus humaine fondée sur le progrès éthique et la responsabilité collective ? Les principes de Maqasid nous offrent non seulement une vision mais aussi une feuille de route pratique pour atteindre cette dernière.

Éthique Du Commerce Mondial : Profiter Avec Des Principes

La mondialisation ne doit pas nécessairement être synonyme d'exploitation et de mépris de l'environnement. L'intégration du principe de richesse (Mal) de Maqasid dans le commerce mondial peut révolutionner notre philosophie commerciale. Imaginez des accords commerciaux exigeant des salaires équitables, des pratiques durables et la responsabilité sociale des entreprises. Prenons l'exemple du mouvement du commerce équitable, qui défend ces valeurs et montre qu'il est possible d'équilibrer le profit avec des considérations éthiques. Cette approche redéfinit le succès dans le commerce mondial, en mettant l'accent sur la prospérité partagée et la gestion de l'environnement.

Leadership Humanitaire : Au-Delà Des Intérêts Nationaux

Dans le domaine des relations internationales, le principe Maqasid du bien-être communautaire (Oumma) exhorte les nations à regarder au-delà de leurs intérêts personnels étroits. Cette vision met les pays au défi de diriger des initiatives humanitaires, comme les secours en cas de catastrophe et le soutien aux réfugiés, reflétant le passage d'une politique de puissance à un leadership humanitaire. Nous en avons eu un aperçu dans les coalitions internationales répondant aux crises mondiales, suggérant un changement potentiel des priorités géopolitiques vers le bien-être et l'harmonie collectifs.

Relever Les Défis De La Mondialisation Éthique

La réalisation de cette vision d'une mondialisation éthique n'est pas sans défis. Les disparités économiques, les intérêts politiques et les différences culturelles peuvent entraver la voie vers un ordre mondial plus équitable. Aborder ces questions nécessite un dialogue ouvert, une élaboration de politiques innovantes et un engagement à trouver un terrain d'entente entre les diverses parties prenantes.

Étapes Pratiques Vers Une Mondialisation Éthique

Pour évoluer vers ce paradigme éthique, les entreprises peuvent adopter des pratiques plus transparentes et responsables, tandis que les consommateurs peuvent soutenir les biens produits de manière éthique. Les gouvernements peuvent renégocier les accords commerciaux pour inclure des normes éthiques et collaborer sur les questions mondiales dans un esprit de coopération plutôt que de compétition.

Un Appel A Transformer La Mondialisation

Les principes de Maqasid n'offrent pas seulement une vision idéaliste de la mondialisation ; ils fournissent des lignes directrices concrètes pour un monde plus éthique, plus compatissant et interconnecté. Cette vision de la mondialisation n'est pas un jeu à somme nulle mais un effort de collaboration qui profite à tous. Il s'agit d'un appel à la guérison et à l'unité mondiales, qui nous pousse à repenser la manière dont nous nous connectons, échangeons et interagissons sur la scène mondiale. Acceptons cet impératif, en tissant les fils de l'éthique, de l'équité et de la durabilité dans le tissu de notre communauté mondiale.

Échange Culturel : Une Tapisserie De Valeurs Partagées

Dans le paysage mondial actuel, où les cultures s'entrelacent plus étroitement que jamais, le rôle des échanges culturels est inestimable. C'est au sein de cette riche tapisserie que les principes du Maqasid peuvent contribuer de manière significative à favoriser la compréhension, le respect et l'unité entre les diverses nations et peuples.

Dialogues Interreligieux Et Interculturels : Surmonter Les Défis Pour Construire Des Ponts

En adoptant le principe religieux Maqasid (Din), les nations peuvent initier des dialogues interconfessionnels et interculturels significatifs. Même si de tels dialogues peuvent s'avérer difficiles en raison des différences de croyances et de pratiques culturelles, ils offrent une plateforme pour aborder ces questions, favorisant des conversations qui favorisent le respect mutuel et des objectifs éthiques partagés. Par exemple, des initiatives telles que le Parlement des religions du monde montrent comment diverses communautés religieuses peuvent se réunir dans un dialogue, mettant l'accent sur les valeurs communes et favorisant la compréhension mutuelle.

Imaginez un monde où les dirigeants religieux et culturels se réunissent régulièrement pour explorer des valeurs communes qui transcendent leurs différences. En outre, les programmes d'échange culturel, tels que les échanges d'étudiants ou les festivals d'art internationaux, peuvent contribuer à promouvoir la compréhension et à démanteler les préjugés, contribuant ainsi à une coexistence mondiale plus harmonieuse.

Le Langage Universel De L'art Et Des Médias : Au-Delà Du Divertissement

L'art et les médias, transcendant les barrières linguistiques, possèdent une capacité unique à éduquer et à rassembler. L'alignement de ces formes culturelles avec le principe intellectuel Maqasid (Aql) peut créer un contenu qui divertit, éclaire et unifie. Réfléchissez à la manière dont les festivals de films internationaux ou les projets artistiques collaboratifs mondiaux peuvent présenter divers récits culturels, promouvant la tolérance et une philosophie mondiale.

Imaginez un monde où les médias et l'art sont des outils d'éducation éthique, où les conteurs et les artistes sont des ambassadeurs de compassion, élaborant des récits qui résonnent avec des expériences humaines partagées à travers les cultures. Cette approche non seulement divertit, mais crée également des ponts de compréhension et d'empathie entre divers publics.

Réaliser Le Potentiel Des Échanges Culturels

L'échange culturel, à travers les dialogues, l'art et les médias, a le pouvoir de connecter et d'éclairer. Pourtant, réaliser ce potentiel nécessite des efforts intentionnels pour surmonter des défis tels que l'appropriation culturelle et garantir une représentation respectueuse. Les gouvernements, les communautés et les individus peuvent jouer un rôle en soutenant et en participant à des programmes d'échange et à des productions médiatiques culturellement sensibles.

422

Un Appel A Adopter La Diversité Et L'unité

L'échange culturel témoigne de l'adaptabilité et de la pertinence du Maqasid dans notre société mondiale en évolution. Il nous invite à adopter la diversité, à célébrer les valeurs partagées et à construire un monde plus solidaire. Participons activement et promouvons les échanges culturels, en tissant une tapisserie mondiale où chaque fil contribue à une image plus riche et plus harmonieuse de l'humanité.

Imaginez Un Monde Où L'éthique Stimule Le Progrès

Fermez les yeux un instant et imaginez un monde dans lequel la technologie améliore, plutôt que porte atteinte, la dignité humaine. Imaginez une société mondialisée donnant la priorité au bien-être collectif plutôt qu'au gain individuel et aux échanges culturels approfondissant notre humanité commune. Cette vision du 21e siècle est ambitieuse mais réalisable, en attendant notre effort collectif pour la concrétiser.

Dans ce monde, la technologie est une lueur d'espoir, guidée par des principes éthiques. Les innovations, de la confidentialité des données à l'IA, sont développées avec un profond engagement en faveur de la dignité humaine. Par exemple, des initiatives telles que le Règlement général sur la protection des données (RGPD) de l'UE démontrent comment la technologie peut être alignée sur les normes éthiques, protégeant ainsi les données personnelles et la vie privée. L'intelligence artificielle est conçue non seulement pour être efficace, mais aussi pour améliorer les capacités humaines et l'éthique.

Dans cette vision, la mondialisation est réinventée comme une force du bien. Les accords commerciaux, inspirés par Maqasid, équilibrent les objectifs économiques avec les impératifs éthiques de pratiques de travail équitables et de durabilité environnementale. Des nations dirigées par des valeurs humanitaires, illustrées par des efforts tels que les objectifs de développement durable (ODD) des Nations Unies, axés sur le bien-être mondial et les solutions coopératives aux défis communs.

Les échanges culturels dans ce monde transcendent les simples plaisanteries. Il favorise une véritable compréhension et appréciation de la diversité. Des programmes tels que les Dialogues interculturels de l'UNESCO illustrent comment différentes cultures peuvent collaborer, favorisant le respect mutuel et les objectifs partagés. L'art et les médias servent de langages universels, éduquant et unissant les gens au-delà des divisions culturelles.

Ce monde envisagé reconnaît les défis liés à l'alignement du progrès mondial sur les valeurs éthiques. Les disparités économiques, les intérêts politiques et les différences culturelles constituent des obstacles importants. Cependant, en adoptant une approche collaborative et en apprenant des modèles existants, nous pouvons relever ces défis.

Pour transformer cette vision en réalité, nous avons besoin d'actions concrètes : les entreprises doivent adopter des pratiques durables et éthiques ; les gouvernements devraient créer des politiques qui donnent la priorité aux considérations éthiques en matière de technologie et de mondialisation ; les individus peuvent plaider et participer à des échanges culturels qui favorisent la compréhension et le respect.

Cette vision n'est pas un rêve lointain mais un chemin à notre portée. En alignant les objectifs de Maqasid sur les forces transformatrices de la technologie, de la mondialisation et des échanges culturels, nous pouvons créer un modèle de gouvernance adapté non seulement à l'avenir, mais aussi à celui-ci. Nous pouvons faire du progrès éthique le moteur de notre époque.

Alors ouvrons les yeux sur ce potentiel. Engageons-nous sur cette voie, alimentée par le pouvoir transformateur du Maqasid. L'avenir n'est pas abstrait ; il est façonné par nos actions d'aujourd'hui. En adoptant ces principes, nous pouvons créer un avenir technologiquement avancé, éthiquement éclairé, mondialement interconnecté et culturellement harmonieux. Cette vision attend que nous lui donnions vie. Faisons en sorte que cela arrive.

Saisir L'opportunité : Forger Un Avenir De Gouvernance Éthique

Alors que nous évoluons dans un contexte de changement rapide, nous nous trouvons à un carrefour crucial. L'évolution de notre monde présente à la fois des défis sans précédent et de grandes opportunités. Au milieu de cette transformation, il existe un puissant potentiel pour orienter le cours de la modernité vers un avenir fondé sur une gouvernance éthique, la justice sociale et le bien-être humain.

L'ère Numérique : Exploiter La Technologie Avec Une Vigilance Éthique

L'ère numérique a marqué le début d'une nouvelle ère de connectivité, transformant la manière dont les informations sont partagées et dont nous interagissons. Cependant, cette révolution numérique entraîne également des défis tels que les problèmes de confidentialité des données et l'utilisation éthique de l'intelligence artificielle. Par exemple, des initiatives telles que l'élaboration de lignes directrices éthiques en matière d'IA par des organismes internationaux démontrent un engagement à garantir que la technologie sert les meilleurs intérêts de l'humanité. En appliquant les principes Maqasid, nous pouvons garantir que les progrès technologiques respectent la vie privée et la propriété intellectuelle, faisant de chaque innovation numérique une étape vers le progrès éthique.

Mondialisation : Équilibrer La Croissance Économique Avec Des Impératifs Éthiques

La portée de la mondialisation a été profonde, mais ses impacts sont inégaux, exacerbant souvent les inégalités. En intégrant le principe de richesse (Mal) dans les accords commerciaux mondiaux, nous pouvons favoriser une approche plus équitable. Cela implique l'élaboration de politiques qui exigent des pratiques commerciales équitables, une gestion responsable de l'environnement et des conditions de travail humaines. Par exemple, le mouvement du commerce équitable illustre comment le commerce mondial peut être à la fois rentable et socialement responsable. Les nations, motivées par le bien-être collectif (Oumma), ont la possibilité de diriger les efforts humanitaires, créant ainsi un précédent pour une approche plus éthique de la mondialisation.

Échange Culturel : Favoriser L'unité Dans La Diversité

Dans le domaine des échanges culturels, les opportunités de compréhension et de respect mutuels sont immenses. Des programmes tels que les initiatives de l'UNESCO en matière de patrimoine culturel montrent comment le dialogue interculturel peut promouvoir la paix et la compréhension. L'art et les médias, lorsqu'ils s'alignent sur le principe de l'intellect (Aql), deviennent plus qu'un divertissement ; ils sont des véhicules d'éducation et d'unité, comblant les divisions culturelles et célébrant notre humanité commune.

Un Appel A L'action : Adopter Une Gouvernance Éthique

Profitons de ce moment charnière pour façonner un monde où les principes éthiques guident nos progrès technologiques, notre approche de la mondialisation et nos interactions culturelles. Cela nécessite une volonté collective pour relever ces défis, des obstacles politiques et économiques aux différences culturelles. Les gouvernements, les entreprises et les particuliers ont tous un rôle à jouer, depuis la mise en œuvre de politiques éthiques jusqu'au soutien de pratiques durables et à la participation à des échanges culturels qui améliorent la compréhension.

L'avenir n'est pas un concept lointain ; c'est le résultat de nos actions aujourd'hui. En intégrant les principes du Maqasid dans le tissu de notre monde moderne, nous pouvons créer un avenir non seulement avancé en technologie mais éclairé en éthique, non seulement interconnecté mais responsable, et pas seulement culturellement diversifié mais harmonieux. Cette vision attend nos efforts collectifs pour lui donner vie. Saisissons cette opportunité et embarquons ensemble dans ce voyage, forgeant un monde où l'éthique et le progrès sont indissociables et où notre humanité commune est notre plus grande force.

Conclusion : L'intersection De L'ancien Et Du Nouveau : La Porte D'entrée Vers L'avenir

Alors que nous nous trouvons à la croisée des chemins historiques, où la sagesse ancienne rencontre l'innovation moderne, nous nous trouvons face à une opportunité unique. La technologie, la mondialisation et les échanges culturels ne sont pas seulement des phénomènes de notre époque ; ce sont des outils qui, lorsqu'ils sont utilisés avec une intention éthique, peuvent conduire à une transformation profonde. Les principes du Maqasid, dans ce contexte, deviennent cruciaux pour orienter ces forces modernes vers un avenir qui équilibre progrès et éthique.

Exploiter Les Outils Modernes Avec Une Sagesse Éthique

À une époque de connectivité sans précédent, le flux rapide d'informations, de biens et d'idées transcende les frontières traditionnelles. La technologie nous permet de combler les lacunes en matière de connaissances et d'améliorer la vie, mais elle pose également des défis tels que des problèmes de confidentialité des données et des fractures numériques.

De même, si la mondialisation nous rapproche, elle soulève également des questions d'inégalité économique et d'homogénéisation culturelle. L'échange culturel, bien qu'enrichissant, nécessite une navigation prudente pour éviter l'appropriation culturelle et garantir une représentation respectueuse.

Appliquer Le Maqasid Aux Défis Modernes

Les principes de Maqasid nous guident dans l'exploitation de la technologie pour le bien commun, dans la transformation de la mondialisation en une force de développement équitable et dans l'utilisation des échanges culturels comme moyen de compréhension et de respect mutuels. Par exemple, des initiatives telles que la campagne mondiale en faveur des objectifs de développement durable démontrent comment la mondialisation peut s'aligner sur les principes éthiques pour résoudre les problèmes environnementaux et sociaux. Dans le domaine de la technologie, l'accent croissant mis sur l'IA éthique reflète un engagement à aligner l'innovation sur les valeurs humaines.

Une Vision Pour L'avenir

Imaginez un monde où la technologie défend le progrès éthique, où le commerce mondial se caractérise par l'équité et la durabilité, et où les échanges culturels approfondissent notre compréhension collective. Cet avenir n'est pas seulement un rêve mais un chemin tangible. Cela appelle des efforts concertés de la part des gouvernements, des entreprises et des particuliers. Les gouvernements peuvent adopter des politiques qui donnent la priorité aux considérations éthiques en matière de technologie et de commerce ; les entreprises peuvent adopter des pratiques durables et équitables ; les individus peuvent plaider et participer à des échanges culturels qui favorisent la compréhension et le respect.

Parcourir Le Chemin Ensemble

Cette intersection de l'ancienne sagesse et des nouvelles réalités ouvre une porte vers un avenir où l'éthique et le progrès sont étroitement liés. Nos actions d'aujourd'hui façonnent cet avenir. En guidant ces actions avec les principes du Maqasid, nous avons le pouvoir de forger un monde non seulement technologiquement avancé mais aussi éthiquement éclairé, non seulement interconnecté mais responsable, et pas seulement culturellement diversifié mais harmonieux. Saisissons cette opportunité et parcourons ce chemin ensemble, en forgeant un monde où notre humanité commune est notre plus grande force.

14

La Feuille De Route À Venir

Un Plan Étape Par Étape Pour Que Les Gouvernements Entament Ce Voyage Transformateur : Le Guide Tactique Pour Une Gouvernance Éthique

La Ligne De Départ : L'urgence Du Moment Présent

En tant que dirigeants gouvernementaux, décideurs politiques et administrateurs, avez-vous déjà réfléchi au pouvoir transformateur de la gouvernance éthique ? L'appel en faveur d'un modèle de gouvernance ancré dans les principes Maqasid n'est pas seulement une suggestion ; c'est un impératif qui définit notre époque. Le cheminement vers cet objectif est non seulement possible mais nécessaire, et voici un plan clair et concis pour vous guider.

1. S'engager en faveur du changement : Une gouvernance éthique commence par un engagement ferme. Imaginez un avenir où nos décisions s'alignent sur les principes de Maqasid, au service du bien-être de la société. Cette vision doit guider nos actions.

2. Créer un groupe de travail : former un groupe d'experts, comprenant des universitaires et des décideurs politiques, pour intégrer Maqasid dans la gouvernance. Par exemple, l'approche adoptée par Singapour consistant à former des comités spécialisés pour l'intégration politique peut servir d'inspiration.

3. Évaluer et identifier : Examiner les lois et politiques existantes. Identifiez les domaines dans lesquels le Maqasid peut être appliqué immédiatement et ceux où des réformes plus larges sont nécessaires. Considérez cela comme la préparation du terrain pour la transformation.

4. Engager et éduquer le public : utilisez des ateliers, des séminaires et des campagnes pour expliquer les avantages de Maqasid. La compréhension et le soutien du public sont cruciaux. Considérez

comme modèle les stratégies norvégiennes d'engagement du public dans les politiques environnementales.

5. Réformes législatives : Collaborer avec les organes législatifs pour introduire les réformes nécessaires. Favoriser un dialogue ouvert pour parvenir à un consensus. Considérez l'approche législative allemande en matière de gouvernance éthique comme référence.

6. Programmes pilotes : mettre en œuvre des initiatives expérimentales dans des secteurs tels que l'éducation et la santé pour mettre en valeur l'impact de Maqasid. Ces projets pilotes peuvent constituer une preuve de concept, comme le montrent les réformes des soins de santé au Canada.

7. Surveiller et évaluer : mettre en place des systèmes pour suivre les progrès et effectuer des ajustements en fonction des commentaires. Cette étape garantit une amélioration et une adaptation continues.

8. Collaboration interministérielle : Travailler avec différents secteurs gouvernementaux pour une approche unifiée. Les principes Maqasid devraient imprégner tous les aspects de la gouvernance, à l'instar des politiques intégrées en Nouvelle-Zélande.

9. Partenariats internationaux : forger des partenariats avec des nations et des organisations engagées dans une gouvernance éthique. Le partage des meilleures pratiques à l'échelle mondiale peut améliorer nos stratégies.

10. Intégration éducative : Incorporer le Maqasid dans les programmes éducatifs à tous les niveaux, préparant ainsi les futurs dirigeants. Le système éducatif finlandais offre un modèle pour cette intégration.

11. Développement durable : Créer une stratégie de développement durable alignée sur Maqasid. Ce plan devrait couvrir la croissance économique, la protection de l'environnement et l'équité sociale.

12. Institutionnalisation : Faire du Maqasid un élément intrinsèque de la gouvernance. Il ne s'agit pas simplement d'un ajout mais du fondement de notre philosophie de gouvernance.

Ce guide fournit une feuille de route stratégique, engageante et visuellement enrichie pour initier le voyage transformateur vers une gouvernance éthique axée sur Maqasid. C'est l'occasion de jouer un rôle de premier plan dans la création d'un monde où la gouvernance est synonyme de justice, de compassion et d'intégrité. Le moment est venu d'agir : êtes-vous prêt à faire partie de ce changement crucial ?

Phase 1 : Préparatifs Préliminaires

Le voyage vers une gouvernance éthique ancrée dans les principes Maqasid commence par une première étape cruciale : les préparatifs préliminaires. Cette phase est fondamentale, car elle pose les bases des changements transformateurs à venir. Imaginez un modèle de gouvernance où la justice, la compassion et le bien-être social ne sont pas seulement des idéaux, mais des réalités. Voici comment nous commençons :

1. Directive exécutive : Le voyage commence par un geste audacieux : une directive exécutive. Ce n'est pas seulement une déclaration ; c'est un engagement. Considérez-le comme une déclaration à la nation et au-delà, démontrant notre détermination à allier éthique et gouvernance. Considérez comment le gouvernement néo-zélandais a émis des directives pour la préservation de l'environnement, établissant ainsi une référence mondiale en matière de gouvernance éthique.

2. Consultation avec des experts : Fusionner la sagesse ancienne avec les complexités de la gouvernance moderne n'est pas une mince affaire. Nous avons besoin des esprits les plus brillants à notre table – des universitaires, des professionnels qui connaissent bien le Maqasid. Leur rôle est crucial, garantissant que notre parcours ne soit pas seulement un clin d'œil symbolique à la tradition mais une intégration significative de valeurs dans notre gouvernance quotidienne. Leurs idées seront le phare qui nous guidera à travers des eaux inexplorées.

3. Annonce publique : soyons clairs et vocaux sur nos intentions. Annoncer publiquement ce plan est plus qu'une formalité ; c'est une invitation à nos citoyens à nous rejoindre dans ce voyage transformateur. En communiquant ouvertement les avantages d'une société ancrée dans la justice, la compassion et le bien-être, nous construisons la confiance. La transparence est ici un outil stratégique, tout comme elle l'était lorsque le Danemark a lancé ses initiatives publiques en matière de protection sociale, créant ainsi un modèle d'engagement et de confiance des citoyens.

Alors que nous entamons cette phase, nous ne nous contentons pas de donner le ton ; nous posons les briques mêmes d'une gouvernance éthique. Embrassez cette phase avec la conscience qu'elle constitue la base d'un avenir où la gouvernance est le reflet de nos aspirations éthiques les plus élevées.

Phase 2 : Recherche Et Évaluation

Alors que nous entamons la phase 2 de notre parcours vers une gouvernance éthique ancrée dans les principes Maqasid, notre attention se tourne vers une étape critique : la recherche et l'évaluation. Cette phase est cruciale, reliant notre compréhension fondamentale à l'application pratique. Examinons les étapes clés :

1. Audit des politiques : commencez par un audit complet des lois, politiques et programmes gouvernementaux existants. Il ne s'agit pas seulement d'identifier les domaines d'application immédiate des principes du Maqasid ; il s'agit de transformer l'ensemble de notre cadre juridique et politique. Considérez comment la Suède a procédé à un examen approfondi de ses politiques environnementales, conduisant à un développement durable significatif. De même, votre objectif devrait être de garantir que chaque politique soit conforme aux principes éthiques, en allant du symbolisme vers un changement

substantiel.

2. Analyse des parties prenantes : N'oubliez pas qu'une gouvernance efficace implique diverses parties prenantes. Identifiez les acteurs clés – des ministères gouvernementaux aux organismes communautaires et aux citoyens. Pour chacun, comprenez leurs rôles, leurs intérêts et leurs contributions potentielles. Engager un dialogue ouvert, tout comme le Canada l'a fait lors de la réforme de son système de santé, en impliquant les parties prenantes à tous les niveaux pour garantir que le système réponde aux besoins de chacun. Cette approche inclusive ne consiste pas seulement à rassembler des points de vue divers ; il s'agit de construire un modèle de gouvernance qui reflète véritablement les valeurs de Maqasid et répond aux besoins de la communauté.

3. Allocation des ressources : parlons maintenant des ressources. Pour transformer notre vision en réalité, nous devons garantir les ressources financières, humaines et technologiques nécessaires. Cela signifie allouer des budgets, former le personnel à la gouvernance éthique et fournir la technologie nécessaire à une administration transparente. Pensez à l'investissement de la Corée du Sud dans la gouvernance numérique, améliorant considérablement la transparence et la responsabilité. Votre allocation de ressources montre votre engagement dans ce voyage de transformation et vous prépare à relever de front les défis de mise en œuvre.

Dans la phase 2, la convergence de la recherche et de l'évaluation éclaire les étapes pratiques nécessaires pour intégrer les principes du Maqasid dans le tissu de la gouvernance. Il s'agit d'examiner les politiques de manière critique, de collaborer avec toutes les parties prenantes et d'engager des ressources pour garantir le succès. Grâce à un travail préparatoire méticuleux, vous naviguerez sur la voie d'une gouvernance éthique avec plus d'efficacité et de confiance. Êtes-vous prêt à franchir ces étapes cruciales ?

Phase 3 : Mise En Œuvre Initiale

Alors que vous entamez la phase 3 de votre parcours vers la mise en œuvre du Maqasid dans la gouvernance, il est temps de mettre ces principes en pratique. Cette phase est cruciale, celle du passage de la théorie à l'action. Voyons comment procéder efficacement :

1. Programmes pilotes : commencez par lancer des programmes pilotes à petite échelle dans divers secteurs tels que l'éducation, la santé et l'application de la loi. Considérez-les comme vos bancs d'essai pour les principes du Maqasid. Par exemple, regardez comment la réforme du système éducatif finlandais a commencé sous la forme d'initiatives à petite échelle et a ensuite révolutionné les politiques éducatives nationales. Vos programmes doivent incarner les valeurs Maqasid, agissant comme des exemples concrets de gouvernance éthique. En commençant à plus petite échelle, vous pouvez gérer, surveiller et évaluer leur impact plus efficacement, ouvrant ainsi la voie à une mise en œuvre plus large.

2. Mécanisme de retour d'information : il est crucial d'établir un système de retour d'information robuste. Impliquez à la fois des experts des principes Maqasid et des membres de la communauté. Vous pouvez recourir à des enquêtes, des groupes de discussion et des forums publics, un peu comme la manière dont Singapour recueille activement les commentaires du public sur les initiatives politiques. Cette double approche associant la contribution d'experts et du public fournira une vision globale, garantissant que les programmes non seulement adhèrent aux principes de Maqasid, mais répondent également aux besoins et aux attentes de la communauté. N'oubliez pas que la transparence dans ce processus est essentielle pour renforcer la confiance et la crédibilité.

3. Réviser et adapter : Après une période, disons de 6 à 12 mois, révisez minutieusement ces programmes pilotes. Évaluer leur alignement sur les principes Maqasid et leur efficacité en matière d'impact

sociétal. Inspirez-vous de la façon dont la Corée du Sud révise régulièrement ses initiatives de gouvernance numérique, en les adaptant en fonction des commentaires du public et des avancées technologiques. Cette phase de révision et d'adaptation est essentielle pour affiner votre approche. Soyez flexible et prêt à apporter les ajustements nécessaires, en veillant à ce que votre modèle de gouvernance soit à la fois dynamique et réactif.

La phase 3 est bien plus que le début de l'application pratique ; c'est là que vous commencez à voir les fruits de vos efforts en matière de gouvernance éthique. En concevant méticuleusement des programmes pilotes, en mettant en place des canaux de retour d'information efficaces et en vous engageant à une amélioration continue, vous ne faites pas que prouver la viabilité d'une gouvernance axée sur le Maqasid, mais vous favorisez également une culture de responsabilité et de réactivité. Cette phase est fondamentale, ouvrant la voie à une mise en œuvre plus large et plus efficace à l'avenir.

Phase 4 : Expansion Et Amélioration

Alors que vous progressez vers la phase 4 de votre parcours vers une gouvernance éthique basée sur le Maqasid, il est temps de tirer parti de vos premiers succès et d'élargir votre impact. Cette phase consiste à transformer les triomphes des pilotes en un changement généralisé. Voici une feuille de route pour une expansion et une amélioration efficaces :

1. Intensifier les initiatives : en vous appuyant sur le succès avéré de vos programmes pilotes, identifiez les plus efficaces et commencez à les étendre. Regardez comment ils peuvent être étendus à des zones plus vastes ou à des segments plus diversifiés de la population. Considérez l'approche du Danemark consistant à étendre ses programmes d'énergies renouvelables, qui ont commencé modestement et servent désormais de modèle national. À mesure que vous

évoluez, explorez également les moyens d'intégrer des principes Maqasid supplémentaires, en vous assurant que votre modèle de gouvernance évolue continuellement pour répondre aux besoins de la communauté.

2. Coordination interministérielle : établir un organisme de coordination central ou un groupe de travail pour garantir une approche cohérente dans tous les départements gouvernementaux. Cette étape est vitale pour éviter la fragmentation des efforts et pour garantir que les principes du Maqasid soient appliqués uniformément. Emprunter des stratégies à la manière dont Singapour gère ses efforts interministériels en matière de planification urbaine, en veillant à ce que les différents départements travaillent harmonieusement vers des objectifs communs.

3. Participez aux rapports et commentaires publics : Maintenez un engagement ferme en faveur de la transparence en informant régulièrement le public des progrès et des défis de vos initiatives. Utilisez des rapports, des réunions publiques et des plateformes numériques pour communiquer les mises à jour. De plus, recherchez activement et intégrez les commentaires du public dans de nouvelles améliorations de la gouvernance, à l'image de la façon dont la Nouvelle-Zélande engage ses citoyens dans l'élaboration des politiques. Cette communication ouverte renforce la confiance et favorise un esprit de collaboration entre le gouvernement et ses citoyens.

Dans cette phase, vous ne faites pas que développer des initiatives, mais vous créez également un précédent en matière de gouvernance éthique. En intensifiant méthodiquement les programmes réussis, en garantissant une collaboration interministérielle cohérente et en vous engageant à rendre des comptes publics transparents et participatifs, vous présentez les avantages tangibles des principes Maqasid en matière de gouvernance. Cette phase est essentielle pour consolider votre rôle de pionnier en matière de gouvernance éthique et jette les bases de son adoption durable.

Phase 5 : Institutionnalisation Et Leadership Mondial

En entrant dans la phase 5, vous atteignez le zénith de votre voyage vers une gouvernance éthique basée sur Maqasid, ouvrant la voie à votre gouvernement pour émerger comme un phare du leadership mondial. Voici comment consolider ces principes au sein de votre cadre de gouvernance et inspirer le monde :

1. Codification des politiques : commencez par intégrer les principes du Maqasid dans le tissu même de vos systèmes juridiques et réglementaires. Cela signifie codifier formellement ces principes dans des lois, des réglementations et des documents politiques, à l'instar de la façon dont la Norvège a intégré la durabilité environnementale dans sa législation nationale. Cette transformation garantit que les principes du Maqasid deviennent un élément durable de votre gouvernance, garantissant leur continuité au-delà des cycles de leadership et d'administration actuels.

2. Promotion internationale : entrez sur la scène mondiale en tant que défenseur du modèle Maqasid. Partagez votre parcours, vos défis et vos triomphes avec vos pairs internationaux. Imitez l'approche de pays comme la Suède, qui a efficacement promu ses politiques innovantes en matière de développement durable dans le monde entier. Engagez des dialogues, formez des partenariats pour des projets collaboratifs et participez à des forums internationaux pour démontrer l'efficacité de votre modèle de gouvernance pour relever les défis mondiaux. Votre promotion active peut inspirer d'autres nations et contribuer à un changement mondial vers des pratiques de gouvernance plus éthiques.

3. Développement d'une stratégie à long terme : Rédigez une stratégie complète et pluriannuelle détaillant votre vision, vos objectifs et vos plans d'action pour intégrer les principes Maqasid dans la gouvernance. Cette stratégie ne doit pas seulement être un modèle mais aussi un document évolutif, adaptable à l'évolution

du paysage de la gouvernance. Regardez comment le Japon révise périodiquement ses stratégies économiques en réponse à l'évolution des tendances mondiales. Cette approche démontre un engagement envers la durabilité et la pertinence des principes Maqasid à long terme.

La phase 5 est plus que la simple étape finale ; il s'agit d'une phase de construction d'héritage au cours de laquelle les principes du Maqasid sont profondément ancrés dans votre structure de gouvernance et où votre nation s'élève en tant que leader en matière de gouvernance éthique sur la scène mondiale. Votre engagement dans cette phase étend l'impact de vos efforts au-delà des frontières nationales, contribuant ainsi à un monde plus éthique, juste et durable. Il s'agit d'un héritage qui méritera l'admiration et le respect des générations à venir.

Conclusion : L'ascension Commence

Alors que nous terminons cette discussion, prenons un moment pour réfléchir à l'importance du voyage à venir. Il ne s'agit pas simplement d'un exercice de gouvernance théorique, mais d'un projet pragmatique et réalisable de transformation sociétale. En tant que leader, vous disposez d'un plan complet, de connaissances spécialisées et d'un impératif moral. Mais avez-vous pensé à l'impact durable que vos décisions auront ? Quel héritage aspirez-vous à créer dans le domaine de la gouvernance éthique ?

N'oubliez pas que votre rôle transcende celui de simple gardien du présent. Vous êtes un architecte du futur. Vos actions ont le pouvoir non seulement de remodeler les politiques, mais aussi de réorienter le cours de la civilisation elle-même. La responsabilité est immense, les enjeux incommensurables. Chaque moment d'inaction est une occasion manquée de favoriser une société plus équitable, plus compatissante et plus éthique.

Rappelez-vous les étapes que nous avons décrites : des préparatifs préliminaires à l'institutionnalisation et au leadership mondial. Chaque phase est un élément de base vers cet objectif monumental. Cependant, des défis surgiront. Vous pouvez faire face à de la résistance, à des contraintes de ressources ou à des moments de doute. En cette période, rappelez-vous l'importance de la fermeté et le pouvoir de l'effort collectif.

Que cette époque reste dans les mémoires comme un moment charnière où la gouvernance a retrouvé sa boussole morale, nous guidant vers un monde plus juste et plus éthique. L'avenir ne se contente pas d'appeler ; cela nous appelle à agir rapidement et de manière décisive. Le voyage commence maintenant. Ensemble, forgeons un avenir où le leadership éthique n'est pas une aspiration mais une réalité concrète et tangible. L'heure du changement est arrivée et vous êtes aux commandes, prêt à mener l'ascension.

V

Conclusion

« Le paradis est sous les pieds des gouvernements » plaide pour une gouvernance révolutionnaire, alignée sur les principes de Maqasid pour promouvoir justice, éthique et inclusion. Il appelle à vaincre l'inertie et la résistance, valorisant la dignité, l'autonomisation communautaire et le développement durable. Le livre incite à un leadership audacieux, embrassant le progrès technologique et social vers une gouvernance morale, visant à construire une société équitable et bienveillante.

15

La Genèse D'une Nouvelle Aube

Un Appel Clair Au Changement : L'invitation Finale Et Inflexible A Transformer La Gouvernance Pour Toujours

Le Son De L'urgence : Une Symphonie En Attente De Son Chef

Dans le vacarme incessant de notre monde moderne, un son distinct s'élève : un appel retentissant au changement qui traverse toutes les nations. Plus qu'un murmure d'espoir, il s'agit d'une exigence impérieuse d'une nouvelle ère de gouvernance. Une époque qui remodèle non seulement le destin des nations mais aussi la vie quotidienne de leurs citoyens.

Écouter. Dans les rues animées des villes, on l'entend. C'est dans la voix de ceux qui réclament la justice, l'équité. Cela fait écho dans les paysages sereins de la campagne, où les communautés recherchent l'harmonie. Cet appel transcende les frontières et les cultures et trouve un écho dans le cœur de millions de personnes. Ils rêvent d'un monde où la gouvernance profite à tous, et pas seulement à quelques privilégiés.

Mais qu'implique réellement cet appel ? À la base, il plaide en faveur d'un modèle de gouvernance inspiré des principes de Maqasid – une approche donnant la priorité à l'éthique, à la justice et à l'inclusivité. Pour ceux qui ne le connaissent pas, Maqasid est une philosophie qui met l'accent sur le bien-être de tous, garantissant que la gouvernance soutient les besoins et les droits fondamentaux de chaque individu.

Le moment du changement est venu. Cette symphonie urgente nous invite à diriger, à devenir les chefs d'orchestre de ce mouvement transformateur. Ensemble, nous pouvons forger un avenir plus brillant et plus juste pour tous. Cela commence par un pas, une voix, une décision. Le moment d'agir est là. Acceptons-le.

Les Enjeux : Rien De Moins Que Notre Humanité Commune

Nous nous trouvons à un moment charnière où nos actions transcendent les ajustements administratifs et les réformes législatives. Nous nous lançons dans un voyage visant à élever l'esprit humain lui-même. Notre objectif est ambitieux : revigorer l'âme de l'individu, responsabiliser des communautés entières et revigorer le noyau même de la société.

Répondre à cet appel au changement ne consiste pas seulement à adopter un nouveau modèle de gouvernance. Il s'agit de s'aligner sur les espoirs collectifs de notre peuple. En rejoignant cette cause, vous faites partie d'un mouvement mondial luttant pour l'équité, la compassion et la justice. Cette quête transcende les ambitions individuelles : c'est un effort collectif, témoignage de notre engagement durable en faveur du progrès humain.

Les effets d'entraînement de nos actions se répercuteront au-delà de notre vie, gravant un héritage dans le tissu historique. Ce voyage va au-delà de la gouvernance ; il s'agit de l'héritage que nous laissons – un héritage de leadership éthique, de compassion durable et de respect de la dignité de chaque individu. Les enjeux sont immenses, mais les récompenses potentielles le sont tout autant. Nous devons saisir ce moment, pour le bien de notre humanité commune et pour les générations qui hériteront de notre héritage.

La Résistance : L'inertie Que Nous Devons Vaincre

Le chemin vers la transformation n'est jamais sans obstacles. Nous rencontrerons des défis, des obstacles et des résistances. Le confort du statu quo, fortifié par l'intérêt personnel et la tradition, s'oppose souvent au changement. Cependant, rencontrer de la résistance ne devrait pas nous décourager ; il doit affirmer l'importance vitale de notre mission.

Notre quête du changement perturbera inévitablement les normes établies. Lorsque nous sommes confrontés à des refus, cela témoigne de la profondeur de la transformation que nous recherchons. La résistance que nous rencontrons n'est pas une barrière mais un indicateur de l'importance de notre voyage.

Face à ces défis, nous devons rester fermes. L'histoire regorge d'exemples où des changements monumentaux ont été réalisés malgré une opposition farouche. Pensez au mouvement environnemental, à la poussée en faveur de l'innovation technologique ou à la lutte pour les droits des peuples autochtones. Chacun d'entre eux, à l'instar des mouvements pour les droits civiques et le droit de vote des femmes, s'est heurté à une résistance importante mais a triomphé.

Il est essentiel de discerner quelle résistance est le signe d'un changement significatif et laquelle pourrait constituer une critique valable qui mérite d'être prise en compte. Ce discernement est crucial pour avancer sur notre chemin.

Ainsi, lorsque la résistance émerge, considérez-la comme une confirmation de votre chemin. C'est l'occasion de renforcer notre détermination et d'affiner nos stratégies. N'oubliez pas que le véritable changement naît souvent du creuset de l'opposition. Considérez la résistance non seulement comme un défi à surmonter, mais comme un élément crucial du chemin vers le progrès.

L'opportunité : Un Moment Sans Précédent

Nous sommes à un moment unique de l'histoire, plein de promesses pour ceux qui ont l'audace de l'accepter. Notre monde se transforme rapidement, avec des technologies telles que l'intelligence artificielle et les énergies renouvelables qui révolutionnent notre façon de vivre et de travailler. Les mouvements sociaux remodèlent notre compréhension de la justice et de l'égalité à un rythme extraordinaire.

Ce moment est riche en possibilités, douloureuses pour les dirigeants prêts à exploiter ces changements. L'opportunité qui s'offre à nous est immense et nous invite à tracer une voie ayant un impact transformateur.

Cependant, ces moments sont éphémères. L'histoire nous enseigne que les opportunités peuvent disparaître aussi rapidement qu'elles se présentent, laissant derrière elles une série d'hypothèses. Le temps n'attend personne, et les possibilités d'aujourd'hui pourraient bientôt devenir les occasions perdues de demain.

L'appel à l'action n'est pas un rêve lointain mais un impératif immédiat. Les conditions sont idéales, le besoin est urgent et vous, en tant que leader, êtes prêt à conduire ce changement. Avec les outils technologiques, les enseignements tirés du progrès social et un engagement en faveur d'un leadership éthique, vous pouvez lancer une nouvelle ère de gouvernance, une ère qui donne la priorité au bien-être de tous.

Le monde recherche des dirigeants capables de transformer de nobles aspirations en actions tangibles, capables de concrétiser les promesses de cette époque. Le genre de dirigeants qui reconnaissent le potentiel des villes intelligentes pour un mode de vie durable, qui comprennent le pouvoir des plateformes numériques pour une gouvernance inclusive, qui défendent l'équité sociale aux côtés de la croissance économique.

C'est votre heure. Le décor est planté pour que vous ayez un impact durable. Allez-vous intervenir pour façonner un avenir plus équitable, plus juste et plus durable ? Le moment est venu et le monde attend avec impatience votre leadership.

L'action : Des Paroles Aux Actes Qui Changent Le Monde

Le moment d'une action décisive est arrivé. Entendre le clairon ne suffit pas ; nous devons réagir avec un engagement sans faille. Nous avons exploré les principes et le potentiel de ces pages ; maintenant, nous devons leur donner vie à travers des actes transformateurs.

Nous disposons d'un plan détaillé pour une gouvernance éthique et compatissante – un guide vers un avenir plus équitable. Mais n'oubliez pas qu'un plan ne vaut que par son exécution. Il est temps de mobiliser vos équipes, de galvaniser vos communautés et de vous lancer dans ce voyage transformateur. Certes, il y aura des obstacles, mais le chemin vers un changement significatif est rarement facile.

Soyez l'initiateur du changement. Appliquez les principes de Maqasid dans tous les aspects de la gouvernance, de l'élaboration des politiques aux décisions quotidiennes. Efforcez-vous d'être un leader qui non seulement rêve d'un monde meilleur, mais qui le façonne activement.

N'oubliez pas que toute transformation significative a commencé par l'action d'un individu, une personne qui croyait au changement et qui s'est avancée. Vous avez le potentiel d'être cet acteur du changement dans votre communauté, votre organisation ou votre domaine.

Montrer l'exemple et favoriser la collaboration. Encouragez les autres à vous rejoindre dans cette mission. Si vous êtes dans l'éducation, intégrez des valeurs éthiques dans votre programme. En entreprise, privilégiez les pratiques durables et équitables. En matière de gouvernance, veillez à ce que les politiques reflètent les principes de justice et de compassion.

En nous unissant dans cet effort, nous pouvons faire de la vision d'une société juste et éthique une réalité tangible. Le monde a besoin de dirigeants qui remettent en question le statu quo et élaborent courageusement un avenir plus équitable et plus compatissant. Le moment est venu d'agir maintenant, avec le monde comme témoin.

L'appel Retentit : Allez-Vous Répondre ?

Un appel résonne à travers notre époque, un appel exigeant attention, engagement et dévouement. Il ne s'agit pas de n'importe quel appel, mais d'un appel à l'action : un appel à façonner notre avenir, à transformer la gouvernance et à élever l'humanité.

Nous nous trouvons à la croisée des chemins où l'avenir nous invite à honorer la vie, à chérir la richesse culturelle et à défendre les vertus qui nous définissent. Imaginez un avenir où la gouvernance transcende la bureaucratie et devient une mission morale, guidée par les principes de Maqasid, défendant la justice, la compassion et l'éthique.

Cet appel n'est pas un simple murmure mais un plaidoyer retentissant qui répond aux aspirations de nombreuses personnes, appelant à des politiques qui élèvent et reconnaissent la dignité de chaque individu. La question est maintenant : serez-vous l'intendant de cette vision transformatrice ? Serez-vous l'architecte d'un futur vénéré par les générations à venir ?

Le monde a besoin de dirigeants qui défient le statu quo, qui remettent en question les normes et reconnaissent l'immédiateté du changement. Votre réponse à cet appel peut façonner le destin des nations et d'innombrables vies.

Laissez votre réponse être un « oui » retentissant. Montrez votre engagement à travers des actions qui incarnent une gouvernance éthique. Imaginez un avenir où la gouvernance est synonyme de compassion, de justice et d'excellence éthique – un avenir où les politiques servent et élèvent.

L'appel est un ensemble, une invitation à rejoindre un chœur d'acteurs du changement. C'est l'occasion de s'aligner sur des personnes partageant les mêmes idées pour inaugurer une nouvelle ère de gouvernance, une ère qui donne la priorité au bien-être de chacun.

Il est maintenant temps d'ouvrir la porte à cet avenir. En répondant à cet appel, vous rejoignez une vague de transformation en matière de gouvernance. Redéfinissons son récit, en l'ancrant dans l'éthique et la justice. Le décor est planté, l'appel est clair : allez-vous répondre ?

Le Rêve Utopique : Non Pas Un Fantasme Mais Une Réalité Réalisable

Souvent, l'idée d'une utopie – une société où l'harmonie, l'équité et la prospérité sont universelles – a été rejetée comme une folie. Et si cette vision n'était pas aussi farfelue qu'elle le paraît ? Et si, au lieu d'un mirage lointain, c'était une réalité tangible que nous pouvons réellement réaliser ? Il est temps de se libérer du scepticisme qui limite notre imagination et d'exploiter le potentiel d'une société guidée par les principes durables du Maqasid.

Imaginez un monde où la gouvernance va au-delà de la bureaucratie et des réglementations. Imaginez une société où les politiques améliorent la vie, nourrissent les esprits et favorisent un objectif. Ce n'est pas un simple vœu pieux ; c'est une vision viable, fondée sur l'aspect pratique.

Les principes du Maqasid offrent une feuille de route pour une telle société – un modèle qui équilibre les aspects spirituels et matériels de l'existence humaine. Cette approche valorise la compassion, la justice et l'excellence éthique, fournissant ainsi une base solide pour une société juste et prospère.

Prenons par exemple les communautés où les modèles de gouvernance participative ont amélioré l'engagement civique et le bien-être. Ces exemples, bien que à plus petite échelle, font écho aux éléments de notre utopie envisagée, démontrant son caractère pratique.

Les utopies ne doivent pas nécessairement se limiter à la fantaisie. Ils peuvent être des réalités réalisables. Le chemin vers cette société presque mythique est intimement lié aux principes du Maqasid. En mettant de côté le doute, nous pouvons nous lancer dans un voyage vers une utopie qui n'est pas seulement un rêve mais une vision réalisable et réalisable.

Les Principes : Un Phare Pour Toute L'humanité

Arrêtons-nous pour apprécier l'éclat de Maqasid, un phare illuminant notre chemin vers un monde meilleur. Ses principes transcendent les frontières religieuses et culturelles et sont en résonance avec les besoins et aspirations fondamentaux de tous les êtres humains.

Prenons par exemple le principe de préservation de la vie. Cette vérité universelle considère chaque vie comme précieuse. Imaginez des modèles de gouvernance qui intègrent profondément ce principe dans les structures sociétales, donnant la priorité à la vie dans chaque politique et action.

Considérez également l'autonomisation de l'intellect. Une société où l'éducation est accessible à tous, non pas comme un privilège mais comme un droit fondamental, s'aligne sur ce principe. C'est une vision que Maqasid rend réalisable, et pas seulement idéaliste.

Les principes de nourrir les familles et de favoriser la communauté mettent en évidence notre interdépendance. Envisager une gouvernance qui renforce les structures familiales et construit des communautés inclusives. Cela va au-delà de la simple politique : c'est un modèle d'harmonie sociétale.

Et le principe de protection de la propriété, prônant des pratiques économiques équitables, transcende les différences culturelles. C'est un appel à une économie éthique, où les politiques sont motivées par la justice et non par la cupidité.

Ces principes sont inclusifs et édifiants et appartiennent à tous. Leur adoption dans la gouvernance n'est pas une option mais un impératif moral. Nous devons maintenant prendre des mesures pour intégrer ces vérités dans le tissu social de nos sociétés. Ce n'est pas seulement une vision noble ; c'est un appel pratique à l'action. Travaillons pour faire de ces principes une réalité vivante, pour le bien de tous.

L'harmonie De L'esprit Et De La Matière : Là Où Le Ciel Rencontre La Terre

Dans notre monde, où la recherche de la richesse matérielle éclipse souvent l'épanouissement spirituel, Maqasid brille comme un modèle d'équilibre et d'espoir. Il plaide pour une gouvernance qui transcende la simple croissance économique, les prouesses technologiques ou la force militaire, mettant plutôt l'accent sur l'âme d'une nation – ses valeurs, son éthique et sa santé spirituelle.

Maqasid suscite un changement de paradigme vers une société où le progrès technologique sert à la fois des objectifs économiques et éthiques. Imaginez des innovations visant le mieux-être social, avec leurs bénéfices équitablement partagés. Cette vision transcende la simple prospérité ; il défend la prospérité avec détermination.

Selon ce modèle, la prospérité économique est redéfinie. La richesse n'est pas accumulée par quelques-uns mais partagée plus équitablement, garantissant l'amélioration de la communauté. Les moteurs économiques sont réorientés du profit pur vers les principes de justice et de conduite éthique, favorisant une croissance partagée et durable.

La richesse culturelle est également réinventée. Cela devient un moyen d'accroître la richesse spirituelle, la diversité renforçant la compréhension et l'unité. Le patrimoine culturel est célébré non seulement pour lui-même, mais aussi pour sa capacité à enrichir l'esprit humain.

Essentiellement, Maqasid nous invite vers une utopie équilibrée où les activités matérielles et spirituelles sont harmonieusement intégrées. Il envisage un monde où le progrès va de pair avec la responsabilité et où nos valeurs déterminantes sont élevées. Même si cela peut sembler un objectif ambitieux, des mesures pratiques peuvent être prises pour concrétiser cette vision. Mettre en œuvre des politiques qui donnent la priorité au bien-être social parallèlement à la croissance économique, favoriser une éducation inclusive qui valorise la compréhension éthique et encourager les pratiques culturelles qui favorisent la cohésion communautaire sont des moyens concrets de commencer ce voyage.

Ce n'est pas simplement un rêve ; c'est une réalité pratique et réalisable qui attend que nous l'adoptions, étape par étape.

L'effet D'entraînement : Des Individus A La Communauté Mondiale

Le pouvoir transformateur du Maqasid s'étend bien au-delà de la vie individuelle, avec le potentiel de remodeler les communautés, les nations et, à terme, la communauté mondiale. Cet effet d'entraînement commence par un changement positif chez les individus et se répercute vers le haut, impactant profondément la gouvernance et la société.

Au cœur de Maqasid, la priorité est le bien-être individuel, sachant que les individus prospères soutiennent les familles, qui sont le fondement de communautés fortes. Ces communautés, à leur tour, sont les piliers des nations prospères. Mais ce modèle va au-delà de la croissance économique : il favorise des sociétés dans lesquelles les individus se sentent valorisés et autonomes.

L'impact du Maqasid ne s'arrête pas aux frontières nationales. Ses principes font écho à des valeurs universelles, trouvent un écho dans toutes les cultures et répondent aux besoins humains fondamentaux. Les nations qui adoptent ces principes peuvent devenir des exemples d'espoir et de progrès, en particulier dans notre monde interconnecté.

À une époque marquée par des divisions politiques et des défis mondiaux comme le changement climatique, Maqasid offre plus qu'une voie : il ouvre la voie à un avenir plus harmonieux. C'est une vision qui transcende les divisions culturelles et religieuses, unissant l'humanité dans la prospérité collective et le progrès éthique.

Imaginez un monde où les nations collaborent, et non se font concurrence, en se concentrant sur l'élévation de l'humanité. Imaginez une communauté mondiale engagée envers le bien-être de chaque individu, où la gouvernance éthique est la norme. Cette vision n'est pas simplement un rêve : c'est un objectif tangible.

Par exemple, considérons l'impact potentiel de l'adoption des principes

Maqasid dans les politiques environnementales, conduisant à des efforts de collaboration internationale dans la lutte contre le changement climatique. Ou imaginez son application dans les entreprises, en promouvant le commerce équitable et des pratiques de travail éthiques.

Pour contribuer à cet effet d'entraînement, les individus peuvent commencer dans leurs communautés, en plaidant pour des politiques et des pratiques alignées sur les principes Maqasid. Les organisations peuvent adopter des cadres éthiques dans leurs opérations, et les gouvernements peuvent donner la priorité à ces valeurs dans l'élaboration de leurs politiques.

Cette vision est une invitation à nous unir dans notre diversité, à célébrer la richesse humaine tout en luttant pour un avenir meilleur pour tous. Saisissons cette opportunité et participons activement à façonner cette nouvelle trajectoire pour notre monde.

Le Dernier Appel A L'action : Le Moment Est Venu D'adopter Une Vision Utopique

Il est désormais temps de transcender les doutes et d'accepter la possibilité d'un monde meilleur. Le projet d'une société utopique, guidée par les principes du Maqasid, n'est pas un rêve lointain mais une réalité réalisable. L'urgence d'une telle transformation est sans précédent, et l'appel à l'action s'étend à tout le monde, en particulier aux acteurs de la gouvernance et de l'influence.

Les défis de l'injustice sociale, des disparités économiques, des crises environnementales et des divisions politiques sont formidables mais pas insurmontables. Maqasid propose une voie à suivre, en envisageant une société où le bien-être de chaque individu est primordial et où la prospérité est équitablement partagée.

Cette vision n'est pas un fantasme mais une possibilité pratique. Il imagine la gouvernance comme une force du bien, des dirigeants qui donnent la priorité au bien-être et des communautés qui prospèrent en harmonie. Cela transcende les frontières et les croyances, nous unissant dans une mission pour le mieux-être de l'humanité.

Le moment est venu pour cette vision. Cela appelle à une action audacieuse, à un défi à la pensée conventionnelle et à un engagement en faveur d'un avenir où l'esprit humain atteint de nouveaux sommets. Nous devons défendre ces principes et les mettre en œuvre dans notre gouvernance, nos communautés et nos vies, devenant ainsi des catalyseurs du changement dont notre monde a besoin.

Considérez le potentiel de compassion, d'innovation et de coopération qui existe en chacun de nous. Nous pouvons imaginer un monde où la dignité est universelle, où les opportunités sont accessibles et où la justice prévaut. Cet avenir est réalisable grâce à nos efforts collectifs.

Pour donner vie à cette vision, nous devons remettre en question le statu quo, affronter les injustices et défendre des politiques qui donnent la priorité au bien-être des citoyens. Nous devons favoriser une culture d'empathie et d'inclusion, où la diversité est célébrée et où les liens communautaires sont renforcés.

Le voyage à venir est difficile mais enrichissant, transcendant les divisions politiques et culturelles et nous unissant dans un objectif. Ne rêvons pas simplement d'une société utopique ; construisons-le avec des mesures audacieuses pour transformer notre monde.

Ce moment est une toile vierge et nous sommes les artistes. L'histoire mettra en valeur notre chef-d'œuvre, témoignage de nos efforts et de notre quête d'un monde meilleur. L'avenir nous appelle et le pouvoir de le façonner est entre nos mains. Unissons-nous et dressons le portrait d'une société utopique qui se présente comme une lueur d'espoir. Notre héritage sera défini non pas par nos paroles mais par la profondeur de nos actions. Ensemble, nous pouvons et devons créer un chef-d'œuvre, symbole du potentiel humain et de notre quête constante d'un monde meilleur.

VI

Annexes

Ces annexes offrent des guides pratiques avec des outils, stratégies et ressources pour appliquer les principes du livre. Elles présentent des méthodes pas à pas pour leaders et individus, pour transformer la théorie de la gouvernance éthique en actions concrètes. Incluant des listes de contrôle, études de cas et modèles, elles facilitent le passage vers une gouvernance transformatrice et l'application de ces idéaux dans la réalité.

16

Annexe A : Glossaire Des Termes

Naviguer Dans Maqasid : Un Guide Complet De La Jurisprudence Islamique Pour Une Gouvernance Moderne

Comprendre le langage du Maqasid est crucial pour saisir son potentiel de transformation en matière de gouvernance. Ce glossaire fournit non seulement des définitions, mais aussi un aperçu des principes profonds de la jurisprudence islamique et de leurs implications pour la gouvernance moderne. En explorant ces termes, vous franchissez une étape essentielle vers la compréhension d'un modèle de gouvernance qui sert les objectifs supérieurs de l'humanité.

1. Maqasid (mah-kah-sid) : Les objectifs primordiaux de la loi islamique (charia), axés sur la préservation de la religion, de la vie, de l'intellect, de la progéniture et de la propriété. Par exemple, en matière de gouvernance environnementale, Maqasid met l'accent sur la protection de la vie et de la progéniture en prônant des pratiques durables.

2. Fiqh (feekh) : Il s'agit de la jurisprudence islamique, de la compréhension humaine et de l'interprétation de la charia. Les quatre

principales écoles sunnites – Hanafi, Maliki, Shafi'i et Hanbali – représentent chacune des méthodologies différentes du Fiqh.

3. Ijtihad (ij-tee-had) : Il s'agit d'un raisonnement juridique indépendant dans le droit islamique, en particulier pour les cas non explicitement couverts par le Coran ou le Hadith. Un exemple notable d'Ijtihad a été la réforme du droit de la famille dans certains pays musulmans modernes, reflétant l'évolution des normes sociétales.

4. Fatwa (fat-wah) : Un avis juridique ou un décret émis par un érudit islamique qualifié. Les fatwas jouent un rôle crucial dans la résolution des problèmes contemporains dans le cadre juridique islamique.

5. Coran (koo-rahn) : Le livre saint de l'Islam, considéré comme la parole littérale de Dieu révélée au prophète Mahomet. C'est la principale source de la charia.

6. Hadith (ha-deeth) : Ce sont des paroles et des actions enregistrées du prophète Mahomet, servant de source d'orientation dans la jurisprudence islamique aux côtés du Coran.

7. Charia : Le code moral et juridique de l'Islam, dérivé du Coran et des Hadiths, couvrant tous les aspects de la vie. La charia influence les systèmes juridiques de divers pays à majorité musulmane à des degrés divers.

8. Ijma (ij-mah) : Le consensus des érudits islamiques sur une question particulière, considéré comme une source de droit solide dans la jurisprudence islamique.

9. Qiyas (kee-yas) : Analogie ou raisonnement utilisé pour dériver des décisions pour des situations non explicitement abordées dans le Coran ou le Hadith. Le Qiyas est souvent appliqué dans les questions juridiques modernes où les textes religieux directs ne sont pas explicites.

10. Istislah (is-tis-lah) : Intérêt public ou bien-être, principe utilisé dans les décisions de justice qui servent le bien commun, même si elles n'ont pas de fondement direct dans le Coran ou le Hadith.

11. Istis'hab (is-tis-hab) : Ce principe implique la présomption de continuité des décisions antérieures en l'absence de preuve spécifique

du contraire. Il garantit la stabilité et la cohérence de la jurisprudence islamique.

12. Maslaha (mas-la-ha) : Ce principe se concentre sur la recherche du bien commun ou de l'intérêt public dans la prise de décision juridique et éthique. Il est souvent utilisé pour justifier des réformes juridiques contemporaines qui s'alignent sur les objectifs primordiaux de la charia.

13. Haram (ha-ram) : Signifie « interdit » ou « interdit » dans l'Islam. Ce terme est essentiel pour comprendre l'éthique et le droit islamiques, car il définit ce qui est moralement et légalement inacceptable.

14. Halal (ha-lal) : À l'opposé de Haram, ce terme signifie « permis » ou « licite » dans l'Islam. Cela englobe tout, des lois alimentaires aux pratiques commerciales.

15. Ijtihad al-Maslahah (ij-tee-had al-mas-la-ha) : Il s'agit de l'utilisation d'un raisonnement et d'un jugement indépendants pour atteindre le bien commun et atteindre les objectifs de la charia. Il reflète la nature dynamique de la jurisprudence islamique, s'adaptant à des contextes changeants.

16. Fiqh al-Maqasid (feekh al-mah-kah-sid) : jurisprudence qui se concentre sur les objectifs et les buts supérieurs de la charia, souvent utilisée dans des contextes réformateurs pour aligner les lois traditionnelles sur les besoins contemporains.

17. Fiqh al-Ijtihad (feekh al-ij-tee-had) : Ce terme fait référence à une jurisprudence fondée sur un raisonnement juridique indépendant, mettant l'accent sur la nature évolutive de la pensée juridique islamique.

18. Ruh al-Quds (rooh al-koods) : Le Saint-Esprit, considéré comme une source de direction divine dans l'Islam. Il est souvent mentionné dans des contextes spirituels et mystiques.

19. Tawhid (taw-heed) : Le concept islamique de l'unité de Dieu, formant le fondement de la croyance et de la pratique islamiques.

20. Islam sunnite : La plus grande branche de l'Islam, suivant la Sunna (traditions) du prophète Mahomet. Il comprend diverses écoles de

pensée et de jurisprudence, comme Hanafi et Shafi'i.

21. Islam chiite : branche de l'Islam qui met l'accent sur le leadership des imams en tant qu'autorités spirituelles et temporelles. Il a ses propres pratiques et interprétations de la loi islamique.

22. Soufisme : souvent décrit comme la dimension mystique et spirituelle de l'Islam, le soufisme se concentre sur l'expérience intérieure et personnelle de Dieu et englobe une variété de pratiques et de croyances.

23. Califat (ka-lif-ate) : système de gouvernance islamique, historiquement dirigé par un calife en tant que chef politique et spirituel de la communauté musulmane. Le concept joue un rôle important dans l'histoire et la pensée politique islamiques.

24. Oumma (um-mah) : La communauté musulmane mondiale, transcendant les frontières nationales et ethniques. Il représente le concept d'une identité islamique unie.

25. Ismaili (is-mai-li) : Une branche de l'islam chiite, connue pour sa tradition théologique et spirituelle distincte et l'accent mis sur l'interprétation ésotérique de l'Islam.

26. Madhhab (mad-hab) : Une école de jurisprudence islamique. Les quatre principales écoles sunnites – Hanafi, Maliki, Shafi'i et Hanbali – représentent différentes approches de la loi islamique.

27. Ibn Rushd (ibn rooshd) : Également connu sous le nom d'Averroès en Occident, cet éminent philosophe et juriste islamique a contribué de manière significative à la philosophie islamique et occidentale.

28. Ibn Sina (ibn see-na) : Connu sous le nom d'Avicenne en Occident, un mathématicien persan renommé dont les travaux en philosophie et en médecine ont eu une influence à la fois dans le monde islamique et en Europe.

29. Sulh al-Hudaybiyyah (sul al-hu-day-bee-yah) : Le Traité de Hudaybiyyah, un accord de paix crucial entre le prophète Mahomet et la tribu Quraysh. Il est souvent cité comme exemple de rétablissement stratégique de la paix dans l'histoire islamique.

30. Ahl al-Bayt (ahl al-bayt) : Faisant référence à la famille et aux

descendants du prophète Mahomet, ce groupe est particulièrement vénéré dans l'islam chiite et occupe une place importante dans la tradition islamique.

Comprendre ces termes n'est pas seulement un exercice académique ; c'est une étape essentielle pour adopter une vision nuancée des principes islamiques et de leur application dans la gouvernance contemporaine et la prise de décision éthique. Avec ce glossaire amélioré comme guide, vous êtes mieux équipé pour vous lancer dans un voyage transformateur vers un modèle de gouvernance qui s'aligne sur les valeurs profondes de l'humanité.

Grâce à ce glossaire élargi, vous acquérez une appréciation plus approfondie des subtilités de la jurisprudence islamique et de son application dans la gouvernance contemporaine. Chaque terme ouvre une fenêtre sur la riche mosaïque de la pensée juridique, éthique et spirituelle islamique, offrant une compréhension globale qui va au-delà de la surface.

17

Annexe B : Études De Cas

Maqasid En Mouvement : Études De Cas De Gouvernance Éthique Du Rashidun Au Monde Moderne

À La Poursuite D'une Gouvernance Transformatrice Guidée Par Les Principes De Maqasid

Ces études de cas sélectionnées, couvrant des contextes historiques et contemporains, offrent non seulement un aperçu de l'application des principes Maqasid, mais fournissent également une compréhension globale de leur impact et de leurs défis. Ils servent de phares d'espoir et d'illustrations pratiques, démontrant la polyvalence et le potentiel de transformation inhérents à ce modèle.

1. Les califes Rashidun (632-661 CE) : Cette époque représente un modèle historique de gouvernance exemplaire, où des dirigeants comme Abu Bakr et Umar ibn al-Khattab mettaient l'accent sur la justice, la compassion et le bien commun. Des politiques spécifiques,

telles que les systèmes innovants de protection sociale et de sécurité sociale d'Umar, mettent en évidence l'application du Maqasid dans la gouvernance, en se concentrant sur la préservation de la vie et des biens et sur la poursuite de la justice.

2. Califat andalou (711-1492 CE) : L'âge d'or de l'Espagne islamique, connue pour sa coexistence harmonieuse de diverses communautés religieuses, témoigne du principe Maqasid de diversité culturelle et d'épanouissement intellectuel. Les progrès scientifiques et philosophiques de cette période illustrent la compatibilité du Maqasid avec la promotion d'une société dynamique et multiculturelle.

3. Malaisie contemporaine : l'intégration par la Malaisie des principes du Maqasid dans son cadre de gouvernance offre un aperçu de leur application moderne. Des initiatives telles que l'indice de développement basé sur Maqasid et les réglementations financières éthiques mettent en évidence la manière dont ces principes anciens sont adaptés à l'élaboration des politiques contemporaines, visant la justice sociale et le développement équitable.

4. Industrie de la finance islamique : Cette industrie est un exemple vivant de la manière dont les principes du Maqasid peuvent remodeler les systèmes économiques. Des principes tels que le partage des risques et l'investissement éthique démontrent l'alignement de la finance islamique sur le Maqasid, visant à parvenir à la stabilité financière et à une répartition éthique des richesses. Cependant, des défis tels que garantir des normes réglementaires mondiales et une acceptation plus large mettent en évidence la complexité de la mise en œuvre de ces principes dans un contexte économique moderne.

5. Organisations de secours humanitaire : dans les pays à majorité musulmane, diverses organisations incarnent les principes du Maqasid dans leurs missions. Ils donnent la priorité à la préservation de la vie et à la justice sociale, mais leur efficacité dépend souvent de la nécessité de naviguer dans des paysages politiques et sociaux complexes, mettant en évidence à la fois l'impact et les défis de

l'application de ces principes dans les efforts humanitaires.

6. Initiatives de finance sociale islamique : des programmes comme Zakat et Waqf sont ancrés dans le Maqasid. Ils ont un impact significatif sur la réduction de la pauvreté et le développement communautaire, illustrant comment ces principes anciens peuvent répondre aux problèmes sociaux modernes. Le succès de ces programmes réside souvent dans leur adaptabilité locale et leur implication communautaire, démontrant une application pratique du Maqasid dans le domaine de la protection sociale.

Ces études de cas démontrent non seulement le caractère pratique des principes Maqasid, mais révèlent également les défis et les complexités impliqués dans leur application. Depuis les premiers modèles de gouvernance islamique jusqu'à l'élaboration des politiques contemporaines, ces exemples montrent un fil conducteur constant de lutte pour la justice, la compassion et le bien-être, malgré des contextes et des défis variés. Ils fournissent des preuves irréfutables de la faisabilité et du potentiel transformateur du Maqasid en matière de gouvernance. En étudiant ces cas, ils nous incitent à adopter ces principes dans notre quête d'une gouvernance éthique et à réaffirmer notre croyance dans la capacité de l'humanité à créer un monde plus juste et plus équitable.

18

Annexe C : Modèles De Politiques Et De Lois

Projets Pour La Justice : Les Principes De Maqasid Comme Piliers D'une Élaboration De Politiques Progressistes

Réaliser Une Gouvernance Transformatrice Grâce Aux Principes De Maqasid

Dans notre quête incessante d'une gouvernance éthique et efficace, l'Annexe C présente une série de modèles de politiques et de cadres législatifs qui incarnent les principes profonds du Maqasid. Ces modèles sont plus que des constructions théoriques ; ils représentent des projets concrets conçus pour donner aux décideurs politiques les moyens de façonner une société plus juste et plus équitable.

1. Loi sur la préservation de la vie : Cette loi consacre le principe fondamental de la sauvegarde de la vie humaine. Il intègre des soins de santé complets, des règles de sécurité strictes et des protocoles de

gestion des catastrophes. Par exemple, des politiques similaires dans des pays comme le Danemark ont connu des succès remarquables en termes de résultats en matière de santé publique, démontrant le caractère pratique d'un tel cadre.

2. Loi sur l'équité économique et le bien-être : Ancrée dans l'idéal Maqasid de justice économique, cette politique aborde la répartition équitable des richesses, la finance éthique et les filets de sécurité sociale. Son objectif est de garantir que la croissance économique profite à toutes les couches de la société. Cependant, le défi consiste à équilibrer la croissance économique avec une répartition équitable des richesses, un dilemme auquel sont confrontées et gérées de manière créative des économies comme la Suède.

3. Projet de loi sur l'autonomisation de la famille et de la communauté : cette législation se concentre sur le renforcement des familles et des communautés, composantes intégrantes d'une société cohésive. Il englobe l'éducation, le logement abordable et les initiatives communautaires. Le succès de programmes similaires au Canada montre comment ces politiques peuvent être adaptées à différents contextes culturels.

4. Réforme de la justice et de l'équité : ce modèle préconise un système judiciaire marqué par la transparence, la responsabilité et une aide juridique équitable. Tout en visant une justice impartiale, il reconnaît les défis, tels que la nécessité de l'indépendance judiciaire et la lutte contre les préjugés systémiques, tirant les leçons des réformes menées dans des pays comme l'Allemagne.

5. Loi sur la gouvernance éthique et la transparence : fixant des normes en matière de transparence gouvernementale et de lutte contre la corruption, cette loi est fondamentale pour la bonne gouvernance. La mise en œuvre de mesures similaires en Nouvelle-Zélande, connue pour sa transparence, offre des indications précieuses sur la faisabilité de telles réformes.

6. Loi sur la gestion de l'environnement : Cette politique souligne la nécessité du développement durable et de la conservation de

l'environnement. L'intégration des technologies vertes, comme en témoignent les politiques de pays comme l'Allemagne, constitue un modèle pratique de gestion de l'environnement.

7. Initiative d'épanouissement culturel et intellectuel : promouvant les arts, la culture et le développement intellectuel, cette politique soutient les établissements d'enseignement et l'innovation. L'investissement de la Corée du Sud dans les industries culturelles illustre la manière dont de telles politiques peuvent accroître la richesse intellectuelle et culturelle d'une nation.

8. Pacte d'aide humanitaire et de coopération internationale : Cette législation guide les efforts et la coopération humanitaires internationaux, reflétant la solidarité mondiale. L'efficacité de telles initiatives, comme en témoignent les organismes internationaux comme les Nations Unies, souligne l'importance d'une collaboration mondiale.

Ces modèles de politiques et de lois, bien qu'idéalistes, sont fondés sur des applications et des défis du monde réel. Ils s'inspirent des meilleures pratiques mondiales, démontrant que les principes de Maqasid sont non seulement ambitieux mais également réalisables. Lorsque les décideurs politiques et les dirigeants examinent ces modèles, ils sont encouragés à s'engager dans des dialogues actifs, à adapter ces politiques à leurs contextes uniques et à prendre des mesures décisives pour redéfinir la gouvernance comme une mission pour le bien commun. Grâce à ces efforts concertés, nous nous rapprochons de la réalisation d'une société où la justice, la compassion et le bien-être ne sont pas seulement des idéaux, mais des réalités vécues.

19

Annexe D : Outils De Participation Du Public

Cultiver Une Gouvernance Collaborative : Intégrer Les Principes De Maqasid A L'engagement Du Public

Favoriser Une Gouvernance Inclusive Grâce Aux Principes De Maqasid

Alors que nous nous engageons dans ce voyage transformateur vers une gouvernance alignée sur les principes Maqasid, l'engagement du public apparaît comme un élément essentiel. Cela va au-delà d'un simple choix ; c'est un impératif crucial pour construire une société fondée sur la justice, la compassion et le bien-être collectif. La participation active du public est essentielle pour rendre ce processus de changement inclusif et efficace.

Voici quelques outils raffinés et meilleures pratiques pour un engagement public efficace, ainsi que des exemples et des stratégies pour relever les défis potentiels :

1. Assemblées publiques : ces réunions offrent des opportunités de

participation directe. Parmi les exemples de réussite, citons les mairies de Norvège, qui ont utilisé la technologie pour élargir leur portée tout en maintenant des interactions en face-à-face pour ceux qui sont moins enclins au numérique. Veiller à ce que ces réunions soient accessibles et inclusives est essentiel pour une participation communautaire diversifiée.

2. Enquêtes et boucles de rétroaction : des enquêtes régulières, comme celles utilisées efficacement à Singapour, évaluent l'opinion publique et créent des boucles de rétroaction réactives. Démontrer comment les commentaires des citoyens conduisent à des changements politiques tangibles peut renforcer l'engagement et l'investissement dans le processus de gouvernance.

3. Ateliers et séminaires éducatifs : ces événements, tout comme les programmes d'éducation civique en Corée du Sud, sensibilisent le public aux principes Maqasid et à leur rôle dans la gouvernance. Ils contribuent à favoriser une compréhension plus profonde et à donner aux citoyens les moyens de participer activement à la gouvernance.

4. Programmes de sensibilisation communautaire : Adapter la sensibilisation aux besoins locaux, comme le montrent les initiatives centrées sur la communauté du Canada, aide à impliquer les gens dans des projets à fort impact. Cette approche renforce la confiance et illustre les avantages pratiques d'une gouvernance inclusive.

5. Médias sociaux et plateformes en ligne : les plateformes telles que celles utilisées dans le cadre de la gouvernance numérique de l'Estonie peuvent toucher une population plus large, en particulier les jeunes. La création de contenus diversifiés et l'hébergement de discussions interactives en ligne peuvent étendre la portée et favoriser une citoyenneté plus engagée.

6. Prise de décision collaborative : impliquer le public dans l'élaboration des politiques, à l'instar des assemblées citoyennes en Irlande, peut favoriser la responsabilité et l'appropriation collectives. Les conseils et comités consultatifs citoyens apportent une contribution précieuse

et améliorent la pertinence des politiques.

7. Transparence et responsabilité : Il est essentiel de suivre des modèles tels que les initiatives de gouvernement ouvert de la Nouvelle-Zélande, de partager des informations détaillées sur les processus d'élaboration des politiques et de mettre en place des mécanismes de responsabilisation solides pour maintenir la confiance et l'engagement du public.

8. Sensibilité culturelle et inclusion : Il est crucial de reconnaître la diversité au sein de la communauté. Les stratégies doivent être sensibles à la culture et inclusives, garantissant que toutes les voix sont entendues, en particulier celles des groupes marginalisés ou sous-représentés.

9. Autonomiser les dirigeants locaux : L'identification et le soutien des influenceurs locaux, à l'instar des programmes de leadership communautaire aux États-Unis, peuvent stimuler considérablement les efforts d'engagement du public. Leur approbation peut renforcer la crédibilité et la portée des initiatives de gouvernance.

10. Communication continue : une communication cohérente et ouverte, comme le démontrent les services d'information publique du Royaume-Uni, tient le public informé des progrès et des changements à venir. Des mises à jour régulières renforcent la confiance et maintiennent un engagement à long terme.

L'engagement du public est un processus continu et évolutif. Il s'agit d'entretenir une relation de collaboration entre le gouvernement et ses citoyens. En intégrant ces stratégies améliorées, nous veillons à ce que les politiques et les réformes trouvent un écho auprès de la communauté, favorisant ainsi un sentiment de responsabilité partagée. À mesure que nous intégrons ces outils avec empathie, compassion et un véritable désir d'honorer à la fois l'esprit et la matière de l'existence humaine, nous nous rapprochons de la réalisation d'un modèle de gouvernance qui profite à chaque membre de la société.

20

Annexe E : Lectures Et Ressources Recommandées

Naviguer Dans La Gouvernance Avec Maqasid : Un Guide De Ressources Pour L'élaboration De Politiques Éthiques

Améliorer Votre Parcours Avec Les Principes Maqasid En Matière De Gouvernance

Votre dévouement à la compréhension et à l'application des principes Maqasid en matière de gouvernance est admirable. Pour vous aider dans cet effort, nous avons compilé une liste organisée de ressources diverses et perspicaces. Ces sélections offrent une gamme de perspectives et se concentrent à la fois sur la compréhension théorique et l'application pratique des principes Maqasid.

Livres

1. « Maqasid Al-Shariah Made Simple » par Mohammad Hashim Kamali - Ce livre fournit une introduction concise et accessible aux principes du Maqasid, idéal pour les débutants.
2. « Maqasid Al-Shariah comme philosophie du droit islamique » par Jasser Auda - Auda se penche sur les fondements éthiques et les fondements philosophiques de la loi islamique, offrant un aperçu approfondi du Maqasid.
3. « Réformer la modernité : l'éthique et le nouvel humain dans la philosophie d'Abdurrahman Taha » par Wael Hallaq - Cette analyse critique examine les travaux d'Abdurrahman Taha, une figure clé de l'érudition Maqasid contemporaine.
4. « Droit islamique et droit international des droits de l'homme » par Anver M. Emon - Une exploration fascinante des intersections et des tensions entre la loi islamique, y compris le Maqasid, et les normes internationales des droits de l'homme.
5. « La fermeture de l'esprit musulman : comment le suicide intellectuel a créé la crise islamiste moderne » par Robert R. Reilly - Ce livre fournit des perspectives historiques et philosophiques sur l'évolution de la pensée et de la gouvernance islamiques.

Revues Académiques

1. Journal of Islamic Ethics - Se concentre sur les applications contemporaines de l'éthique islamique, y compris des articles et des documents sur Maqasid. Lien vers la revue
2. Journal of Maqasid Studies - Dédié à l'exploration des aspects théoriques et pratiques du Maqasid. Lien vers la revue

Ressources En Ligne

1. Maqasid Institute – Une plateforme complète proposant des articles, des cours et des séminaires sur Maqasid. Visitez le site Web
2. Encyclopédie de philosophie de Stanford - Éthique islamique - Propose des articles approfondis sur divers aspects de l'éthique islamique, y compris Maqasid. Lire des articles
3. Academia.edu - Une plateforme de documents et d'articles universitaires sur le Maqasid et la gouvernance islamique. Explorer la recherche
4. Conférences et discussions YouTube - Recherchez des conférences données par des universitaires réputés comme Jasser Auda et Tariq Ramadan pour connaître diverses perspectives sur Maqasid.

Ressources Interactives Et Communautaires

- Participez à des forums en ligne et à des groupes de discussion axés sur Maqasid.
- Inscrivez-vous à des cours en ligne et des webinaires qui offrent des informations pratiques sur la mise en œuvre du Maqasid dans la gouvernance.

Votre parcours dans la mise en œuvre des principes Maqasid est un processus d'apprentissage continu. Ces ressources constitueront une base solide et un soutien continu dans vos efforts pour créer une société juste et éthique. Restez dévoué, engagez-vous avec diverses perspectives et laissez vos actions refléter le pouvoir transformateur de Maqasid. Ensemble, nous pouvons construire un avenir guidé par ces valeurs profondes.

21

Annexe F : Paramètres D'évaluation Et KPI

Paramètres Maqasid : Évaluation De L'impact Des Principes Jurisprudentiels Islamiques Sur La Gouvernance

Évaluation Des Progrès Dans La Mise En Œuvre Des Principes Maqasid

Pour mettre en œuvre efficacement les principes du Maqasid en matière de gouvernance, il est crucial de disposer d'un cadre d'évaluation solide. Les mesures et indicateurs de performance clés (KPI) suivants sont conçus pour évaluer les progrès, le succès et les domaines à améliorer. Ils sont adaptables à divers contextes culturels et sociétaux et offrent une vision complète de l'impact de la gouvernance.

Dignité Humaine Et Bien-Être

- Indice de qualité de vie : évaluer les améliorations de la qualité de vie globale, avec des références définies selon les normes régionales et mondiales.
- Espérance de vie : surveiller l'augmentation de l'espérance de vie, reflétant les progrès en matière de soins de santé et de conditions de vie.

Égalité Sociale

- Indice d'inégalité des revenus : évaluer la réduction des disparités de revenus, en fixant des objectifs conformes aux objectifs nationaux et aux moyennes internationales.
- Accès à l'éducation : suivre l'augmentation de l'accès équitable à une éducation de qualité, en garantissant l'inclusion de tous les groupes socio-économiques.

Gouvernance Éthique

- Indice de transparence : évaluer l'ouverture et la responsabilité des institutions gouvernementales, avec des objectifs basés sur les meilleures pratiques mondiales.
- Indice de perception de la corruption : mesure la réduction de la corruption, en visant une amélioration continue par rapport aux références internationales.

Gérance De L'environnement

- Réduction de l'empreinte carbone : surveiller les réductions des émissions de gaz à effet de serre, en fixant des objectifs conformes aux accords internationaux sur le climat.
- Conservation des ressources naturelles : évaluer les efforts de gestion

durable et de conservation des ressources naturelles.

Cohésion Communautaire

- Indice de cohésion sociale : évaluer les améliorations en matière d'harmonie sociale et d'intégration, en tenant compte de la dynamique culturelle locale.
- Engagement communautaire : surveiller les taux de participation aux activités civiques et aux projets de développement communautaire.

Prospérité Économique

- Croissance du PIB : analyser la croissance économique, en veillant à ce qu'elle soit inclusive et équitablement répartie.
- Taux de chômage : évaluer les réductions du chômage et du sous-emploi, en visant des repères reflétant la santé économique.

Bien-Être Familial Et Individuel

- Indice de stabilité familiale : mesure la force et la stabilité des unités familiales, en tenant compte des définitions culturelles locales de la famille.
- Santé mentale et bien-être : évaluer les améliorations en matière de soutien et de résultats en matière de santé mentale.

Réformes Juridiques Et Judiciaires

- Indice d'accès à la justice : évaluer l'accessibilité, l'équité et l'efficacité du système juridique.
- État de droit : veiller au respect des principes juridiques, en veillant à ce que la justice soit appliquée de manière uniforme.

Préservation Culturelle Et Patrimoniale

- Indice du patrimoine culturel : évaluer les efforts de protection et de promotion du patrimoine culturel.
- Promotion des arts et de la culture : Mesurer l'investissement et l'engagement dans les activités artistiques et culturelles.

Confiance Et Satisfaction Du Public

- Enquêtes d'opinion publique : mener des enquêtes régulières pour évaluer la confiance et la satisfaction du public, en adaptant les questions pour qu'elles soient sensibles à la culture.
- Mécanismes de rétroaction des citoyens : surveiller l'efficacité des canaux de rétroaction pour influencer la politique et la gouvernance.

Implémentation Et Interprétation Des Métriques

- Les données doivent être collectées et analysées régulièrement, avec une fréquence dépendant de la mesure spécifique.
- Les défis tels que la disponibilité des données, les nuances culturelles dans l'interprétation et la garantie de normes de mesure cohérentes doivent être pris en compte.
- Des études de cas, telles que la mise en œuvre de mesures similaires dans des pays comme Singapour et le Danemark, peuvent fournir des informations pratiques et une source d'inspiration.

Ces métriques et KPI ne sont pas de simples indicateurs mais des outils d'amélioration continue de la gouvernance. En évaluant régulièrement ces domaines, les principes du Maqasid se transforment d'idéaux en stratégies réalisables, conduisant à des avantages tangibles pour la société. N'oubliez pas que le chemin vers une gouvernance éthique et juste est en cours, et ces mesures sont cruciales pour orienter et affiner cette voie.

22

Annexe G : Foire Aux Questions (FAQ)

Maqasid Dans La Modernité : Dévoiler Le Rôle Des Principes Jurisprudentiels Islamiques Dans La Gouvernance Contemporaine

Cette section vise à clarifier les questions courantes sur le Maqasid, en offrant un aperçu de sa pertinence et de son application dans la gouvernance moderne. Nous espérons que ces réponses permettront une compréhension plus profonde et encourageront une exploration plus approfondie des principes du Maqasid.

Q1 : Qu'est-ce que le Maqasid et pourquoi est-il pertinent pour la gouvernance moderne ?

R1 : Maqasid fait référence aux objectifs supérieurs de la loi islamique (charia), en se concentrant sur des principes tels que la justice, l'égalité, la dignité humaine et le bien-être social. Dans la gouvernance moderne, elle offre un cadre éthique holistique qui fait écho aux aspirations universelles d'une société juste et compatissante.

Q2 : Le Maqasid s'applique-t-il uniquement aux pays à majorité

musulmane ?

R2 : Non, les principes universels du Maqasid sont pertinents au-delà des contextes à majorité musulmane. Ils mettent l'accent sur des valeurs telles que la gouvernance éthique et la justice sociale, les rendant applicables et bénéfiques à diverses sociétés à l'échelle mondiale.

Q3 : La mise en œuvre du Maqasid signifie-t-elle imposer la loi islamique (charia) à une société ?

R3 : Mettre en œuvre le Maqasid ne signifie pas imposer la charia. Il s'agit d'adopter les principes éthiques et universels de Maqasid pour favoriser une société juste et équitable, respectant l'État de droit, les droits de l'homme et la diversité.

Q4 : Comment Maqasid aborde-t-il la séparation de la religion et de l'État ?

R4 : Maqasid soutient la gouvernance éthique et la justice, quelles que soient les formes de gouvernement. Il respecte la séparation de la religion et de l'État, en se concentrant sur des principes éthiques compatibles avec divers modèles de gouvernance.

Q5 : Quelles sont les étapes pratiques pour mettre en œuvre les principes Maqasid en matière de gouvernance ?

R5 : Pour mettre en œuvre Maqasid :

- Éduquer les décideurs politiques et le public sur ses principes.
- Rédiger des politiques alignées sur les valeurs Maqasid telles que la justice et la protection sociale.
- Assurer la transparence et la responsabilité dans la gouvernance.
- Donner la priorité aux initiatives en matière de bien-être social et de durabilité environnementale.
- Promouvoir la participation du public à la gouvernance.

Q6 : Existe-t-il des exemples concrets de pays mettant en œuvre

avec succès les principes du Maqasid ?

R6 : Oui, des pays comme la Malaisie et la Jordanie ont intégré des éléments Maqasid dans leurs systèmes de gouvernance. Ces exemples montrent comment Maqasid peut éclairer les politiques et les cadres juridiques, conduisant à des sociétés plus équitables.

Q7 : Maqasid est-il en conflit avec la démocratie et les libertés individuelles ?

R7 : Maqasid s'aligne sur les valeurs démocratiques et les libertés individuelles. Il met l'accent sur la justice et la dignité humaine, qui font partie intégrante des systèmes démocratiques. Il est essentiel de les équilibrer dans des cadres de gouvernance éthique.

Q8 : Comment puis-je contribuer à la mise en œuvre des principes du Maqasid dans ma communauté ?

R8 : Pour contribuer :

- Renseignez-vous, ainsi que les autres, sur Maqasid.
- S'engager dans des dialogues en faveur d'une gouvernance éthique.
- Participer à des initiatives communautaires défendant la justice et le bien-être social.
- Tenir les décideurs politiques responsables de leurs décisions éthiques.

Q9 : Quels défis pourraient survenir lors de la mise en œuvre du Maqasid, et comment peuvent-ils être surmontés ?

R9 : Les défis incluent les idées fausses culturelles et la résistance au changement. Pour y remédier, il faut un dialogue ouvert, une éducation et la démonstration des avantages universels des principes du Maqasid.

Q10 : Où puis-je trouver plus de ressources sur Maqasid ?

R10 : Explorez les revues universitaires, les livres sur la jurisprudence islamique et les plateformes en ligne axées sur le Maqasid. Participer à des forums et à des discussions avec des universitaires et des praticiens peut également être instructif.

Q11 : Existe-t-il différentes interprétations du Maqasid au sein de la pensée islamique ?

R11 : Oui, diverses écoles de pensée offrent des perspectives différentes sur le Maqasid. Ces interprétations enrichissent la compréhension et l'application des principes Maqasid dans divers contextes.

Comprendre Maqasid et son applicabilité à la gouvernance moderne est un voyage d'apprentissage continu. En explorant ces principes et leurs diverses interprétations, vous pouvez plaider et contribuer à une gouvernance éthique dans votre communauté et au-delà.

23

Annexe H : Coordonnées Et Réseaux

Synergie Maqasid : Créer Des Réseaux Pour Une Gouvernance Éthique Et La Justice Sociale

Adopter une gouvernance éthique à travers les principes du Maqasid nécessite un solide réseau d'individus, d'organisations et d'universitaires informés. Ce guide vous fournit des contacts et des ressources essentielles pour agrémenter votre voyage.

1. Organisations Internationales

- Organisation de la coopération islamique (OCI) : S'engager dans les initiatives de l'OCI en matière de gouvernance éthique. Contact : www.oic-oci.org
- Nations Unies (ONU) : connectez-vous aux programmes des Nations Unies sur l'éthique, les droits de l'homme et la durabilité. Explorer : https://unsdg.un.org/2030-agenda/universal-values/human-rights-based-approach

2. Groupes De Réflexion Et Instituts De Recherche

- Centre d'Etude de l'Islam et de la Démocratie (CSID) : Recherches sur l'Islam et la démocratie. Visitez : https://www.csid-online.org/
- Brookings Institution : Analyse d'experts sur la gouvernance. Explorez : https://www.brookings.edu/programs/governance-studies/

3. Universitaires

- Dr. Jasser Auda : érudit influent du Maqasid. Suivre : @JasserAuda sur Twitter
- Dr Tariq Ramadan : penseur islamique renommé. Explorez : https://tariqramadan.com/

4. Organisations Locales Et Nationales

- Rechercher des ONG axées sur la gouvernance éthique et la justice sociale. Consultez les annuaires locaux et les conseils communautaires pour les contacts.

5. Communautés En Ligne

- LinkedIn : rejoignez des groupes dédiés à la gouvernance éthique et au Maqasid. Rechercher : groupes « Gouvernance Maqasid »
- Twitter : restez informé avec des hashtags comme #Maqasid et #EthicalGovernance.

6. Revues Et Publications Académiques

- Journal américain des sciences sociales islamiques : accès : www.ajiss.org
- Revue internationale de la pensée islamique : visitez : https://www.u

485

km.my/ijit/

7. Séminaires Et Conférences

- Assister à des événements sur la gouvernance éthique. Les sites Web comme www.eventbrite.com répertorient souvent les séminaires et webinaires pertinents.

8. Initiatives Locales

- S'engager dans des projets communautaires promouvant une gouvernance éthique. Le bénévolat peut ouvrir les portes à des opportunités de collaboration.

9. Conseils De Réseautage

- Abordez les contacts avec respect et avec des intentions claires.
- Posez des questions spécifiques et recherchez des opportunités de collaboration.
- Participez à des événements de réseautage et participez à des discussions.

10. Inclusivité Et Accessibilité

- Vérifiez si les ressources sont disponibles dans plusieurs langues ou dans des formats accessibles.

11. Actions Post-Contact

- Proposer des projets collaboratifs ou des initiatives de recherche.
- Restez en contact grâce à des mises à jour régulières ou des activités conjointes.

Ces contacts et réseaux sont votre passerelle vers une compréhension plus approfondie et une application efficace des principes Maqasid en matière de gouvernance. Participez activement à ces ressources, établissez des relations significatives et tirez parti de ce réseau pour conduire un changement transformateur. Ensemble, nous pouvons favoriser une société juste, éthique et prospère.

24

Ressources Supplémentaires Pour Une Étude Plus Approfondie

Maqasid Et Gouvernance : Un Guide D'apprentissage Continu Pour L'élaboration De Politiques Éthiques

En conclusion de ce livre, rappelez-vous que votre voyage dans les profondeurs du Maqasid et de la gouvernance éthique ne fait que commencer. Il ne s'agit pas simplement du dernier chapitre mais d'une porte ouverte vers un vaste domaine de connaissances, riche d'opportunités pour une compréhension plus profonde et des perspectives élargies.

Pour étancher votre soif toujours croissante de sagesse, considérez ces ressources supplémentaires comme de précieux compagnons de voyage :

1. Divers supports de lecture : plongez dans des livres comme « Islam and Good Governance » de M. A. Muqtedar Khan et « The Spirit of Islamic Law » de Bernard G. Weiss pour des informations plus approfondies. Explorez des articles dans des revues universitaires telles que le « Journal of Islamic Studies » pour une analyse contemporaine.

2. S'engager avec des experts : connectez-vous avec des leaders d'opinion et des universitaires dans le domaine. Assistez à des conférences données par des personnalités comme le Dr Tariq Ramadan ou participez à des discussions et des ateliers animés par des experts en gouvernance islamique.

3. Plateformes d'apprentissage interactives : rejoignez des cours en ligne proposés par des universités ou des plateformes comme Coursera et EdX, qui proposent souvent des modules sur l'éthique et la gouvernance islamiques. Participez à des forums et des groupes de discussion pour échanger des idées et des points de vue.

4. Engagement critique : pendant que vous explorez ces ressources, pratiquez la pensée critique. Remettez en question les hypothèses, participez à des débats et apportez votre point de vue aux discussions en ligne.

5. Application pratique : recherchez des opportunités d'appliquer votre apprentissage dans des scénarios du monde réel. Cela pourrait impliquer de participer à des projets de gouvernance communautaire, de faire du bénévolat auprès d'ONG ou de créer un groupe d'étude pour discuter et mettre en œuvre des pratiques de gouvernance éthique dans votre communauté.

6. Podcasts et multimédia : pour diverses expériences d'apprentissage, écoutez des podcasts sur la gouvernance éthique et regardez des documentaires pertinents qui offrent des informations pratiques sur la mise en œuvre des principes Maqasid.

N'oubliez pas que ces ressources sont comme un puits de connaissances : profondes, rafraîchissantes et enrichissantes sans fin. Ils ne sont pas uniquement destinés à la lecture ou à la consommation passive ; ce sont des outils d'engagement actif et d'application pratique. En plongeant dans ces textes, en dialoguant avec des leaders d'opinion et en appliquant ce que vous apprenez, vous devenez un participant essentiel dans le discours en cours qui façonne l'avenir de la gouvernance.

Cette quête d'un modèle de gouvernance qui élève l'humanité est une entreprise collective. Vous disposez désormais d'un riche arsenal d'outils et de ressources pour naviguer dans ces eaux en toute confiance. Embrassez ce voyage avec un esprit ouvert et un engagement à l'action. Laissez ces ressources vous guider, vous inspirer et vous donner les moyens de contribuer de manière significative à un monde plus juste et plus éthique.

Votre voyage vers une nouvelle ère de gouvernance est éclairé par cette richesse de connaissances. Ces ressources sont votre phare, vous conduisant vers un avenir où les principes du Maqasid ne sont pas de simples concepts mais des réalités vivantes dans la gouvernance des sociétés. Le chemin est tracé et le voyage vous attend.

Livres

S'embarquant dans le voyage transformateur de la gouvernance à travers le prisme des principes Maqasid, ces livres ne sont pas de simples recueils de pages ; ce sont des passerelles vers la sagesse. Explorons chacun d'entre eux, avec des informations supplémentaires sur leur accessibilité et leur contexte :

1. « Philosophie générale du droit islamique (Maqāsid) et lois des priorités (Fiqh al-Awlawiyāt) » par le Dr Sulaiman Lebbe Rifai : Ce travail fondateur est essentiel pour comprendre les fondements éthiques du Maqasid. Le Dr Rifai, un spécialiste renommé de la jurisprudence islamique, propose un guide complet accessible aux lecteurs de différents niveaux d'expertise. Disponible en format numérique et imprimé, ce livre convient à ceux qui commencent leur exploration de la loi et de la gouvernance islamiques.

2. « Dieu et l'UE : la foi dans le projet européen (Routledge Studies in Religion and Politics) » par Jonathan Chaplin et Gary Wilton : Tout en se concentrant sur la gouvernance européenne et l'éthique de la vertu, ce livre offre des informations précieuses qui résonnent avec les principes Maqasid. Il discute de la manière dont les

valeurs morales influencent la gouvernance, un aspect crucial pour comprendre le Maqasid. Acclamé par la critique pour son approche interdisciplinaire, il convient aux lecteurs intéressés par les études comparatives sur la gouvernance.

3. « Les limites du sens et la formation du droit » par Sharron Gu : Au cœur de Maqasid se trouve la poursuite de la justice, que le livre de Gu explore en profondeur. Ce livre explore la mise en œuvre pratique de la justice dans la loi islamique, en s'alignant sur les principes Maqasid. Destiné aux lecteurs ayant une certaine formation en droit ou en études islamiques, il est disponible dans diverses bibliothèques et boutiques en ligne.

Matériel Complémentaire

- Explorez les articles du Journal of Islamic Studies pour des discussions académiques liées à ces sujets.
- Regardez la série documentaire « Le Calife » pour connaître le contexte historique de la gouvernance islamique.
- Assistez à des webinaires ou à des conférences de ces auteurs, souvent disponibles via des institutions universitaires ou des plateformes en ligne comme Coursera.

Perspectives Critiques

- S'engager dans des critiques de livres et des critiques académiques de ces ouvrages pour acquérir une compréhension complète.
- Participer à des forums de discussion ou à des groupes d'étude pour débattre et analyser les thèmes présentés dans ces livres.

Ces livres et ressources sont votre boussole dans le vaste océan de la gouvernance et des principes Maqasid. Chacun offre des perspectives uniques, vous dotant des connaissances nécessaires pour plaider en faveur d'un modèle de gouvernance ancré dans l'éthique, la justice et le bien-être social. Plongez dans ces textes avec un esprit ouvert, abordez leur contenu de manière critique et laissez la sagesse qu'ils offrent alimenter votre voyage vers une gouvernance transformatrice.

Revues Académiques

Dans votre quête pour approfondir votre compréhension du Maqasid et de la gouvernance éthique, ces revues universitaires ne sont pas de simples recueils d'articles scientifiques ; ce sont des réservoirs de connaissances approfondies et transformatrices. Examinons chacun d'entre eux, en mettant en évidence leur accessibilité et leurs articles clés :

1. Journal of Islamic Ethics (publié par Brill) : Ressource essentielle pour explorer l'éthique dans le monde islamique, cette revue couvre une gamme de sujets allant de la gouvernance à la politique. Notamment, ses articles en libre accès, comme « Dimensions éthiques de la gouvernance islamique », fournissent des informations cruciales sur les principes du Maqasid. Accès sur le site Web de Brill

2. Loi islamique et société : cette revue propose des articles scientifiques recoupant les principes du Maqasid. C'est un centre de recherche rigoureuse, comprenant des articles tels que « Applications contemporaines du Maqasid dans la gouvernance ». Notez que l'accès peut nécessiter un abonnement ou une adhésion à une bibliothèque universitaire.

3. Harvard Journal of Law and Public Policy : Élargissant votre perspective, cette revue examine l'intersection du droit, de l'éthique et de la gouvernance. Bien qu'ils ne soient pas exclusivement axés sur les principes islamiques, des articles tels que « Élaboration de politiques éthiques dans un contexte mondial » offrent des informations précieuses. Disponible dans la plupart des bibliothèques universitaires

Ressources Additionnelles

- Revues interdisciplinaires : élargissez vos lectures pour inclure des revues de sciences politiques et de relations internationales, qui discutent souvent de la gouvernance éthique dans un contexte plus large.
- Plateformes numériques : utilisez des plateformes telles que JSTOR ou Google Scholar pour accéder à un large éventail d'articles et de revues connexes.

S'engager Avec Le Matériel

- Lecture critique : abordez ces revues de manière critique, en comparant les méthodologies et les perspectives pour acquérir une compréhension complète.
- Articles remarquables : commencez par des articles marquants ou des numéros spéciaux qui ont été largement cités ou discutés au sein de la communauté universitaire.

Ces revues universitaires sont plus que des référentiels d'informations ; ce sont des espaces dynamiques qui remettent en question et affinent votre compréhension de la gouvernance et de l'éthique. En utilisant ces ressources, vous obtiendrez non seulement des connaissances académiques, mais également des connaissances pratiques qui pourront éclairer votre plaidoyer en faveur des principes du Maqasid. Chaque article lu et analysé de manière critique constitue un pas en avant dans votre démarche visant à transformer la gouvernance pour le mieux.

Cours En Ligne

Dans le monde d'aujourd'hui, où l'apprentissage est plus accessible que jamais, les cours en ligne s'imposent comme des outils essentiels au développement personnel et professionnel. Particulièrement pour ceux

493

qui explorent Maqasid et son impact sur la gouvernance, ces cours offrent des informations et une expertise inestimables.

« Philosophie Juridique Islamique »

- Proposé sur des plateformes comme Coursera et EdX, ce cours met en lumière les fondements éthiques de la loi islamique, avec un accent particulier sur Maqasid.
- Il est conçu pour fournir une compréhension globale des fondements moraux qui guident les décisions de gouvernance.
- Les fonctionnalités d'accessibilité incluent des sous-titres dans plusieurs langues, ce qui le rend adapté à un public mondial diversifié.
- Des éléments interactifs tels que des forums de discussion et des sessions de questions-réponses en direct enrichissent l'expérience d'apprentissage.

« Éthique Et Gouvernance »

- Disponible sur des plateformes telles que Udemy et FutureLearn, ce cours fournit un contexte général pour comprendre la gouvernance éthique, complétant les études axées sur le Maqasid.
- Il couvre les principes essentiels de l'éthique dans l'administration publique et l'élaboration des politiques.
- Le cours est structuré pour répondre aux apprenants de différents niveaux, du débutant au professionnel avancé.
- Présente des témoignages d'anciens étudiants qui ont appliqué avec succès ces principes dans leur carrière.

Élargir Votre Horizon D'apprentissage

- Envisagez des cours sur des sujets connexes tels que l'analyse des politiques publiques, les relations internationales et l'éthique du leadership disponibles sur ces plateformes.

- Recherchez des options d'apprentissage flexibles, notamment des modules à votre rythme et des horaires à temps partiel, pour s'adapter à différents modes de vie et engagements.

Pourquoi s'inscrire

- Ces cours ne sont pas uniquement destinés à l'enrichissement académique ; ce sont des tremplins vers une application pratique en matière de gouvernance.
- Chaque module vous fournit des connaissances et des outils pour être un défenseur efficace de la gouvernance éthique.
- Les cours incluent souvent des études de cas réels, fournissant un lien tangible entre les principes théoriques et leur application dans le monde réel.

Faites le pas : profitez de ces cours en ligne comme d'opportunités pour élargir votre compréhension et amplifier votre impact dans le domaine de la gouvernance. Ils représentent bien plus que des efforts éducatifs ; ce sont des voies pour devenir un catalyseur du changement. Inscrivez-vous à ces cours, participez à leurs enseignements et exploitez les connaissances pour défendre un modèle de gouvernance qui élève et sert l'humanité.

Votre voyage vers un monde juste, compatissant et éthique commence par cette décision d'apprendre. Êtes-vous prêt à franchir cette étape ?

Sites Web Et Blogs

Le monde numérique regorge de ressources qui peuvent enrichir votre compréhension du Maqasid et de la gouvernance éthique. Voici quelques sites Web et blogs remarquables qui offrent des informations précieuses :

Centre D'études Maqasid De l'Académie De Cordoue

- Visitez l'Académie de Cordoue pour une exploration complète de Maqasid.
- Cette plateforme propose des articles, des séminaires et des conférences, créant un environnement d'apprentissage riche.
- C'est une communauté dynamique où vous pouvez interagir avec des universitaires et des pairs via des forums de discussion et des webinaires en direct.
- Régulièrement mis à jour, le contenu offre ici de nouvelles perspectives et des applications pratiques des principes Maqasid.

Indices D'islamité

- Explorez les indices d'islamicité pour comprendre comment différents pays mettent en œuvre les principes islamiques, y compris la gouvernance et l'éthique.
- Le site propose une approche innovante de comparaison des modèles de gouvernance, complétée par des analyses et des classements détaillés.
- Cette ressource est mise à jour chaque année, garantissant des informations actuelles et pertinentes sur les tendances de la gouvernance mondiale.

Journal Maqasid En Ligne

- Le Maqasid Journal propose une gamme d'articles scientifiques et de billets de blog sur divers aspects du Maqasid et de la gouvernance.
- Il présente des points de vue divers, favorisant une compréhension globale du sujet.

Blog Sur L'éthique Et La Gouvernance

- Pour des discussions plus larges sur la gouvernance éthique, visitez le blog Éthique et gouvernance.
- Ce blog est fréquemment mis à jour avec des articles de divers contributeurs, offrant un regard multiforme sur les questions de gouvernance éthique.

Engagement Et Interaction

- Ces plateformes sont plus que simplement informatives ; ils encouragent la participation active. Participez aux sections de commentaires, contribuez aux discussions et envisagez même d'écrire des articles ou des articles invités.

Points De Départ

- Sur Cordoba Academy, commencez par leurs séminaires d'introduction au Maqasid.
- Sur les indices d'islamicité, commencez par leur dernier classement des pays et l'analyse qui l'accompagne.

Ces sites Web et blogs ouvrent les portes d'un monde dynamique et interactif d'apprentissage sur le Maqasid et la gouvernance éthique. Ce ne sont pas seulement des référentiels d'informations, mais aussi des communautés actives où les idées s'échangent et où les connaissances évoluent constamment. Plongez dans ces ressources, interagissez avec leur contenu et rejoignez la conversation mondiale sur la transformation de la gouvernance. Votre voyage de découverte et d'impact dans le royaume de Maqasid n'est qu'à un clic.

Documentaires Et Webinaires

Alors que vous plongez dans le domaine de la gouvernance éthique grâce à Maqasid, une variété de documentaires et de webinaires peuvent vous offrir des informations plus approfondies et plus immersives. Ces ressources combinent narration visuelle et discussions d'experts pour améliorer votre compréhension :

« Gouvernance Éthique : Une Perspective Islamique » (Série De Webinaires)

- Disponible sur la chaîne YouTube sur la gouvernance islamique, cette série de webinaires présente des discussions contemporaines menées par d'éminents universitaires dans le domaine.
- Les sujets vont de l'application du Maqasid dans la gouvernance moderne à l'élaboration de politiques éthiques.
- Ces sessions incluent souvent des segments de questions-réponses interactifs, permettant un engagement avec des experts.
- Les fonctionnalités d'accessibilité telles que les sous-titres en plusieurs langues le rendent accessible à un public mondial.

« L'âge D'or De l'Islam » (Documentaire)

- Produit par History Channel, ce documentaire propose une exploration historique de la gouvernance islamique à son âge d'or, mettant en lumière l'application du Maqasid.
- Il est accessible via des plateformes comme History Vault ou des bibliothèques pédagogiques.
- Le documentaire aide à établir des parallèles entre la gouvernance historique et contemporaine, fournissant des leçons précieuses pour le contexte actuel.

Élargissez Votre Apprentissage

- Explorez d'autres documentaires comme « L'art islamique : Miroir du monde invisible » pour le contexte culturel lié aux principes Maqasid.
- Participez à des séries de webinaires telles que « L'éthique dans la vie publique » proposées sur des plateformes comme Coursera.

Formats Supplémentaires

- Écoutez des podcasts comme « Pensée islamique et gouvernance » pour obtenir des informations lors de vos déplacements.
- Participez à des conférences en ligne et à des tables rondes organisées par des universités et des groupes de réflexion sur des sujets connexes.

S'engager De Manière Critique

- Pendant que vous regardez ces documentaires et assistez aux webinaires, exercez votre pensée critique en remettant en question les hypothèses et en considérant plusieurs perspectives.
- Participer à des discussions ou des forums en ligne pour débattre et analyser les concepts présentés.

Les documentaires et les webinaires ne sont pas de simples sources d'information passives ; ce sont des passerelles vers un monde d'apprentissage dynamique et interactif. Ils proposent une approche riche et multidimensionnelle pour comprendre le Maqasid et son application dans la gouvernance. Alors que vous vous lancez dans votre parcours de plaidoyer, ces ressources visuelles et auditives vous informeront non seulement mais vous inspireront également à contribuer à une société plus éthique et plus juste.

Conférences Et Séminaires

Améliorez votre compréhension de la gouvernance éthique et du Maqasid en participant à une variété de conférences et de séminaires. Ces plateformes offrent non seulement des opportunités d'apprentissage mais aussi la possibilité de se connecter avec une communauté d'experts et de passionnés. Voyons comment vous pouvez tirer le meilleur parti de ces événements :

Conférence Internationale Sur La Gouvernance Islamique

- Cet événement annuel, organisé dans des villes comme Doha ou Kuala Lumpur, rassemble des universitaires et des praticiens de premier plan.
- Recherchez sa prochaine itération sur des plateformes telles que Eventbrite ou ConferencesAlerts.com, où vous pourrez trouver des détails et des options d'inscription.
- Pour maximiser votre expérience, planifiez à l'avance les séances auxquelles vous assisterez et n'hésitez pas à participer à des discussions et à des opportunités de réseautage.

Ateliers Maqasid

- Organisés par diverses institutions et groupes de réflexion islamiques, ces ateliers approfondissent les principes et les applications du Maqasid.
- Les universités locales ou les centres d'études islamiques annoncent souvent de tels ateliers, alors gardez un œil sur leurs sites Web ou leurs bulletins d'information.
- Ces ateliers sont idéaux pour un apprentissage pratique et des idées pratiques, comportant souvent des études de cas et des discussions de groupe.

Élargissez Vos Horizons

- Recherchez des séminaires régionaux ou des webinaires en ligne s'il n'est pas possible de se rendre à des conférences internationales.
- Divers événements comme le « Forum sur la gouvernance éthique » ou la « Série de webinaires en ligne Maqasid » peuvent également être utiles.

Conseils Pour Une Participation Active

- Réseautez efficacement en préparant une brève introduction sur votre intérêt pour le Maqasid et la gouvernance éthique.
- Engagez les conférenciers et les participants avec des questions réfléchies et partagez vos points de vue.
- Recueillir des informations de contact pour de futures collaborations ou discussions.

Engagement Post-Événement

- Effectuez un suivi auprès des nouveaux contacts via LinkedIn ou par courrier électronique.
- Appliquez les concepts appris dans votre communauté ou votre lieu de travail et partagez vos expériences avec vos pairs ou via un blog.

Les conférences et séminaires sont des moyens dynamiques pour élargir vos connaissances et participer à une conversation plus large sur le Maqasid et la gouvernance éthique. Ils fournissent des plateformes pour un engagement profond, un apprentissage critique et une promotion des collaborations. Lorsque vous assistez à ces événements, n'oubliez pas qu'ils ne sont qu'un début. Le véritable impact réside dans la manière dont vous appliquez et partagez ces connaissances, contribuant ainsi à l'avancement de la gouvernance éthique. Saisissez ces opportunités et laissez-les vous guider dans votre cheminement pour devenir un participant informé et actif dans ce domaine transformateur.

25

Modèles Et Listes De Contrôle Pour Les Décideurs Politiques

Autonomiser Les Décideurs Politiques : Rationalisez Vos Initiatives De Transformation Avec Des Modèles Et Des Listes De Contrôle Pratiques

Alors que vous naviguez dans le monde complexe de l'élaboration des politiques dans le but d'intégrer les principes du Maqasid, il est crucial de disposer d'outils pratiques. Cette boîte à outils, comprenant des modèles détaillés et des listes de contrôle complètes, est conçue pour combler le fossé entre les idéaux visionnaires et les politiques tangibles. Explorons comment ces ressources peuvent renforcer votre processus d'élaboration de politiques :

Modèles Pour L'élaboration De Politiques

- Ces modèles fournissent des cadres structurés pour formuler des politiques dans divers secteurs tels que la justice sociale, l'équité économique et la gouvernance éthique.

- Par exemple, un modèle de politique de justice sociale pourrait inclure des sections sur la définition d'objectifs, l'analyse des parties prenantes et l'évaluation de l'impact.
- Disponibles en téléchargement à partir de plateformes telles que Ressources pour les décideurs publics, ces modèles peuvent être personnalisés pour s'adapter aux contextes locaux et aux objectifs politiques spécifiques.

Listes De Contrôle Pour L'évaluation

- Utilisez ces listes de contrôle comme guide pour évaluer l'efficacité et l'alignement éthique de vos politiques.
- Ils comprennent des éléments permettant de suivre les progrès, d'identifier les domaines d'amélioration et de garantir le respect des principes Maqasid.
- Ces listes de contrôle peuvent également servir d'outil pour interagir avec les parties prenantes, recueillir des commentaires et réitérer la conception des politiques.

Alignement Avec Les Principes Maqasid

- Chaque outil est fondé sur les valeurs fondamentales de justice, de compassion et de gouvernance éthique, garantissant que vos politiques reflètent ces principes.
- Ils encouragent la prise en compte de l'impact sociétal plus large et promeuvent des politiques inclusives et équitables.

Accessibilité Et Inclusivité

- Ces outils mettent l'accent sur les politiques qui s'adressent à tous les segments de la société, en se concentrant particulièrement sur les besoins des groupes vulnérables.
- Ils vous guident pour élaborer des politiques qui sont non seulement

efficaces mais également accessibles et inclusives.

Surveillance Éthique Et Défis De Mise En Œuvre

- La boîte à outils comprend des conseils sur le maintien de l'intégrité et de la surveillance éthique tout au long du processus d'élaboration des politiques.
- Il aborde également les défis courants de mise en œuvre, en proposant des stratégies pour surmonter les obstacles et garantir le succès du déploiement des politiques.

Cette boîte à outils est plus qu'une simple collection de modèles et de listes de contrôle ; il s'agit d'un guide complet pour mettre en œuvre des changements significatifs par le biais de politiques. Ces outils aident non seulement à élaborer des politiques alignées sur les principes du Maqasid, mais garantissent également que vos stratégies sont pratiques, efficaces et inclusives. Ils vous permettent de naviguer dans les subtilités de l'élaboration des politiques avec confiance et conviction, vous aidant ainsi à laisser un héritage durable de gouvernance éthique. Adoptez ces ressources et laissez-les vous guider vers la création de politiques qui correspondent à l'esprit de Maqasid, élèvent les sociétés et favorisent un monde régi par les principes de justice et de compassion.

Modèle De Politique : Projet De Politique Aligné Sur Maqasid

Titre de la politique : [Insérer le titre]
  Date : [Insérer la date]

Aperçu De La Politique

- Objectif : Élaborer des politiques alignées sur Maqasid pour respecter les normes éthiques les plus élevées, en donnant la priorité au bien-être des citoyens.
- Portée : impacte divers domaines de gouvernance, notamment la justice sociale, l'équité économique et la gouvernance éthique.
- Durée : mise en œuvre continue avec des évaluations périodiques de la pertinence et de l'efficacité.

Principes Maqasid Abordés

- Din : Promouvoir les valeurs morales et la tolérance religieuse.
- Nafs : Améliorer la sécurité et les soins de santé des citoyens.
- Aql : Stimuler l'éducation et l'innovation.
- Nasl : Renforcer les structures familiales et soutenir l'égalité des sexes.
- Mal : Assurer une croissance économique équitable.
- Watan : Maintenir la sécurité intérieure par la diplomatie.
- Oumma : Favoriser la cohésion communautaire.

Étapes De Mise En Œuvre

1. Examiner les politiques existantes pour l'alignement du Maqasid.
2. Collaborer avec les départements, les experts et les parties prenantes pour formuler des recommandations politiques.
3. Présenter le projet pour approbation législative.

Paramètres De Suivi Et D'évaluation

- KPI : établir des indicateurs de performance clés pour l'impact social, économique et éthique.
- Canaux de rétroaction : permettez la rétroaction des citoyens pour l'élaboration de politiques en cours.

- Processus de révision : évaluer régulièrement l'efficacité des politiques et apporter les ajustements nécessaires.

Parties Prenantes Impliquées

- Impliquer les ministères gouvernementaux, les ONG, les chefs religieux, les universitaires et les citoyens. Identifiez les parties prenantes spécifiques dans la phase d'élaboration de la politique.

Exemples Et Études De Cas

- Incluez des exemples tels que l'approche de [Pays/Région] dans [domaine politique spécifique] qui s'aligne sur les principes Maqasid.

Flexibilité Et Adaptabilité

- Ce modèle peut être adapté à divers domaines politiques en modifiant la portée et les principes spécifiques du Maqasid abordés.

Conseils Pour La Résolution Des Conflits

- Proposer des stratégies pour gérer les conflits entre les défis de la gouvernance moderne et les principes Maqasid.

Références Et Documents Justificatifs

- Joignez des ensembles de données pertinents, des documents politiques antérieurs ou des recherches universitaires.

Formatage Convivial Et Accessibilité

- Formatez-le sous forme de PDF téléchargeable ou d'outil Web interactif pour un accès et une utilisation faciles.
- Veiller à ce que la langue soit accessible et envisager de fournir des traductions si nécessaire.

Liste De Contrôle Des Décideurs Politiques : Garantir La Conformité Au Maqasid

Pour les décideurs politiques déterminés à aligner leurs initiatives sur les principes du Maqasid, cette liste de contrôle complète garantit que chaque politique est ancrée dans une gouvernance éthique et sert le bien-être collectif.

1. Identifiez le(s) principe(s) Maqasid : Déterminez les principes Maqasid sur lesquels votre politique s'aligne. Par exemple, une initiative de santé publique pourrait principalement porter sur la « Nafs » (préservation de la vie).
2. Analyse des parties prenantes : identifier et consulter toutes les parties prenantes concernées. Utilisez des enquêtes ou des groupes de discussion pour intégrer divers points de vue, garantissant ainsi que les politiques sont inclusives et complètes.
3. Allocation des ressources : évaluer les ressources nécessaires à la mise en œuvre de la politique. Par exemple, évaluez le budget et la main-d'œuvre nécessaires à une nouvelle réforme éducative.
4. Engagement du public : Élaborer un plan de participation du public, en utilisant des assemblées publiques ou des plateformes en ligne pour une participation et une transparence plus larges.
5. Audit éthique : Examinez la politique pour des considérations éthiques. Mener des évaluations d'impact pour garantir l'alignement avec les normes éthiques et les principes Maqasid.
6. Stratégie de mise en œuvre : présentez un plan de mise en œuvre

clair, détaillant les étapes d'action, les délais et les responsabilités. Référez-vous aux modèles réussis d'autres régions ou secteurs pour la structure.

7. Mécanismes de suivi : mettre en place des KPI pour mesurer l'impact. Par exemple, utilisez des indicateurs de santé communautaire pour évaluer l'efficacité d'une politique de santé.

8. Examen juridique : assurez-vous que la politique est conforme aux lois nationales et internationales. Consultez des experts juridiques pour résoudre tout conflit juridique potentiel.

9. Boucles de rétroaction : mettre en œuvre des systèmes de rétroaction continue, en utilisant des plateformes numériques pour faciliter l'accès et élargir la portée.

10. Révision et renouvellement : Établissez des périodes de révision régulières pour évaluer et mettre à jour la politique. Les politiques adaptatives restent pertinentes et efficaces au fil du temps.

11. Adaptabilité aux contextes : Tenir compte des facteurs culturels, économiques et géographiques dans l'élaboration des politiques. Adaptez vos stratégies aux contextes locaux pour une meilleure efficacité.

12. Relever les défis : Préparez-vous aux obstacles potentiels, tels que les limites des ressources ou la résistance des parties prenantes, en élaborant des plans d'urgence et en maintenant des canaux de communication ouverts.

13. Intégration numérique : utiliser des outils numériques pour une gestion efficace des politiques, un suivi et un engagement communautaire.

Cette liste de contrôle est un outil dynamique pour élaborer des politiques non seulement éthiquement saines, mais également pratiques et efficaces. En appliquant ces étapes avec diligence, les décideurs politiques peuvent créer des initiatives qui correspondent aux principes de Maqasid et favoriser un modèle de gouvernance qui élève et nourrit la société. N'oubliez pas qu'une élaboration de politiques efficaces est un processus évolutif qui repose sur l'adaptabilité, l'intégrité éthique et la participation communautaire.

Transformer La Gouvernance Avec Des Outils Pratiques : Un Guide Pour Les Décideurs Politiques

Alors que vous vous lancez dans le voyage difficile mais enrichissant de la gouvernance éthique, considérez ces modèles et listes de contrôle comme vos alliés pratiques. Ce sont plus que des aides administratives ; ce sont des instruments conçus pour traduire la noble vision de Maqasid en politiques efficaces et concrètes. En tant que décideur politique, vos décisions façonnent les sociétés. Il est impératif que ces décisions soient guidées par une boussole morale orientée vers la justice, le bien-être et la dignité humaine.

Application Pratique Des Outils

- Utilisez ces modèles non seulement pour rédiger des politiques, mais aussi pour imaginer et créer un avenir conforme aux idéaux les plus élevés de la civilisation humaine.
- Par exemple, un modèle axé sur la politique environnementale peut vous guider dans l'intégration des principes de durabilité conformément à Maqasid.
- Dans des domaines comme la santé publique, les listes de contrôle peuvent garantir que les considérations éthiques sont au cœur de votre approche.

Naviguer Dans Les Complexités Avec Réalisme

- Bien que ces outils rationalisent la formulation des politiques, soyez conscient des complexités et des défis de la gouvernance.
- Utiliser les listes de contrôle pour identifier les obstacles potentiels et utiliser les modèles pour élaborer des stratégies de solutions,

garantissant ainsi un processus d'élaboration de politiques réaliste et efficace.

Adaptation A Divers Domaines Politiques

- Ces ressources sont polyvalentes et peuvent être adaptées à divers domaines – de la réforme de l'éducation au développement économique – garantissant que les principes Maqasid sont intégrés dans toutes les facettes de la gouvernance.

Favoriser Les Efforts De Collaboration

- Une gouvernance efficace est un effort de collaboration. Collaborez avec des experts, des dirigeants communautaires et des parties prenantes pour enrichir vos politiques avec des perspectives diverses.
- Utiliser ces outils pour faciliter le dialogue et construire un consensus entre les différentes parties.

Mettre L'accent Sur L'amélioration Continue

- N'oubliez pas que l'élaboration de politiques est un processus évolutif. Revoyez et affinez régulièrement vos politiques à l'aide de ces outils pour répondre aux nouveaux défis et aux besoins sociétaux changeants.

Alors que vous tenez la plume pour élaborer des politiques, laissez ces modèles et listes de contrôle vous permettre de diriger avec intégrité et vision. Ils sont vos guides dans la construction d'un monde non seulement efficace mais profondément éthique. La transformation vers une société juste, équitable et compatissante commence par vos actions. Adoptez ces outils avec détermination et engagement à améliorer le monde.

Fort de ces ressources, votre rôle dans la gouvernance transcende les tâches administratives. Vous devenez un responsable de l'amélioration de la société, en élaborant des politiques qui protègent les personnes vulnérables et promeuvent le bien commun. La boîte à outils entre vos mains est une passerelle vers la création d'un avenir meilleur pour tous. Cheminons ensemble sur ce chemin de gouvernance éthique, pour le bénéfice de l'humanité et le bien-être de tous les citoyens.

Pourquoi Ce Livre Est Votre Appel A L'action : Une Invitation A Transformer La Gouvernance Et L'humanité

Ce livre est plus qu'une source de connaissances ; c'est un guide pratique pour inspirer un changement profond en matière de gouvernance et de bien-être sociétal. Nous ne réorganisons pas seulement les meubles ; nous réinventons toute la structure de gouvernance et de leadership éthique.

Une Approche Visionnaire Mais Accessible

- Ce livre fournit une feuille de route claire et pratique pour intégrer les principes du Maqasid dans la gouvernance moderne, adaptée aux novices et aux experts dans le domaine.
- Il décompose les concepts complexes dans un langage accessible, garantissant que la vision transformatrice qu'elle présente est compréhensible et applicable à un large éventail de lecteurs.

Application Pratique Dans Des Scénarios Du Monde Réel

- Chaque chapitre comprend des exemples concrets, des études de cas et des exercices pratiques qui vous guident dans l'application des principes à vos défis uniques en matière de gouvernance.
- De l'élaboration de politiques à l'engagement auprès des communautés, le livre propose des stratégies étape par étape pour apporter un changement éthique aux structures de gouvernance.

Naviguer Dans Le Scepticisme Et Les Défis

- Le livre reconnaît les obstacles potentiels et le scepticisme, proposant des stratégies pour répondre aux défis courants et aux idées fausses.
- Il fournit une section sur la manière de communiquer et de mettre en œuvre efficacement ces idées dans des environnements résistants au changement.

Adopter Des Perspectives Diverses

- Les lecteurs sont encouragés à apporter leurs propres expériences dans leur application des enseignements du livre, enrichissant le processus avec des perspectives diverses.
- Les éléments interactifs tels que les questions de réflexion et les invites à la discussion favorisent un engagement plus profond et personnalisé avec le contenu.

Favoriser Le Changement Communautaire Et Collaboratif

- Le livre met l'accent sur l'importance de la participation communautaire et des efforts de collaboration dans la transformation de la gouvernance.
- Il guide les lecteurs sur la manière de construire des coalitions, d'impliquer les parties prenantes et de créer des plateformes inclusives de dialogue et d'action.

Ce livre n'est pas seulement un appel à l'action ; il s'agit d'un guide complet destiné à toute personne prête à jouer un rôle dans l'élaboration d'une société plus éthique et plus juste. Il vous permet de prendre des mesures concrètes vers la transformation de la gouvernance, en offrant des outils et des informations qui comblent le fossé entre la théorie et la pratique.

En parcourant ces pages, vous vous lancez dans un voyage qui va au-delà de l'illumination personnelle. Vous rejoignez une communauté d'acteurs du changement déterminés à élever l'humanité grâce à une gouvernance éthique. Embrassez ce voyage avec ouverture d'esprit, sens pratique et engagement en faveur d'une action collaborative. Ensemble, nous pouvons repenser les fondements de la gouvernance et construire un avenir où les principes éthiques guident nos sociétés. La transformation commence avec vous.

Défiez Vos Points De Vue, Élargissez Vos Horizons

Le but de ce livre n'est pas simplement d'éclairer mais aussi de remettre en question et d'élargir fondamentalement votre vision de la gouvernance. Ce voyage ne concerne pas une réforme progressive ; il s'agit d'adopter un changement complet de paradigme dans la façon dont vous percevez le rôle et le potentiel de la gouvernance.

Relever Le Défi Avec Des Conseils

- Bien que remettre en question vos croyances de longue date puisse être intimidant, ce livre fournit un cadre de soutien pour vous guider tout au long de ce processus de transformation. Il vous encourage à remettre en question les hypothèses tout en offrant des informations pour naviguer dans les complexités de ces nouvelles perspectives.

Présentation De Nouvelles Idées Avec Des Exemples Pratiques

- Le livre présente des idées innovantes telles que l'intégration de considérations éthiques dans l'élaboration des politiques, illustrées par des exemples concrets et des études de cas. Ces informations pratiques démontrent comment un changement de perspective peut conduire à un changement significatif en matière de gouvernance.

Favoriser L'apprentissage Collaboratif

- S'engager avec une communauté de lecteurs et de penseurs. Rejoignez des forums en ligne ou des groupes de discussion locaux pour explorer ces concepts de manière collaborative, enrichissant votre voyage avec des idées diverses et des expériences partagées.

Respecter La Diversité Des Perspectives

- Ce livre valorise une multitude de points de vue, intégrant diverses perspectives sur la gouvernance. Il vous invite à considérer et à respecter différentes approches et idéologies, élargissant ainsi votre compréhension de ce que peut impliquer la gouvernance éthique.

Appliquer De Nouvelles Compréhensions Dans Le Monde Réel

- Au-delà des connaissances théoriques, le livre vous encourage à appliquer ces nouvelles perspectives dans des scénarios de gouvernance réels ou dans votre engagement civique, rendant les concepts tangibles et exploitables dans votre vie communautaire et professionnelle.

En parcourant ce livre, ouvrez votre cœur et votre esprit à la possibilité d'une approche radicalement différente de la gouvernance – une approche profondément éthique, moralement motivée et profondément impactante. Laissez ce livre vous guider pour explorer des territoires intellectuels inexplorés, remettre en question vos idées préconçues et imaginer un monde où la gouvernance transcende les tâches administratives pour devenir une entreprise noble et éthique.

C'est plus qu'une expérience de lecture ; c'est une invitation à faire partie d'un mouvement plus large vers une gouvernance éthique. En adoptant ces nouvelles idées et en participant à ce voyage, vous contribuez à une vision plus large de la gouvernance – une vision qui donne la priorité au bien-être et à la dignité de tous. Le chemin à parcourir est audacieux et demande du courage, mais la récompense est une compréhension transformatrice de la gouvernance qui aspire à l'extraordinaire.

Les Sept Piliers : Votre Modèle De Gouvernance Céleste

Les sept piliers du Maqasid – Din (religion), Nafs (vie), Aql (intellect), Nasl (lignée), Mal (richesse), Watan (patrie) et Oumma (communauté) – sont plus que des concepts philosophiques ; ce sont des piliers concrets qui fournissent un cadre solide pour construire une société juste et vertueuse. Ces piliers servent de principes directeurs, transformant la gouvernance des tâches administratives en une mission qui enrichit et élève l'humanité.

Équilibrer La Vision Avec Les Défis Du Monde Réel

- Bien que ces piliers décrivent une forme idéale de gouvernance, il est important de reconnaître les défis liés à leur application dans divers paysages politiques et culturels. Des stratégies pratiques doivent être développées pour faire face à ces complexités.

Intégrer Diverses Perspectives

- Comprendre que différentes cultures peuvent interpréter et appliquer ces principes de diverses manières est crucial. Cette diversité enrichit la mise en œuvre du Maqasid, lui permettant d'être adaptable et inclusif.

Applications Pratiques Et Études De Cas

1. Din (Religion) : Exemple - Une politique garantissant la liberté religieuse et les dialogues interreligieux, contribuant à l'harmonie sociétale.
2. Nafs (Vie) : Étude de cas – Les réformes des soins de santé se sont concentrées à la fois sur le bien-être physique et la santé mentale.

516

3. Aql (Intellect) : Exemple – Investissement dans des programmes d'éducation et de pensée critique.
4. Nasl (Lineage) : Étude de cas – Initiatives de soutien aux familles qui mettent l'accent sur le bien-être des enfants et l'égalité des sexes.
5. Mal (Richesse) : Exemple – Politiques économiques qui abordent la répartition des richesses et la réduction de la pauvreté.
6. Watan (Patrie) : Étude de cas – Équilibrer la sécurité nationale avec les droits de l'homme et la préservation culturelle.
7. Oumma (Communauté) : Exemple - Programmes de développement communautaire qui favorisent l'unité et la justice sociale.

Naviguer Dans Les Conflits Et L'interconnectivité

• Reconnaître les conflits potentiels entre les piliers, tels que la croissance économique et la protection de l'environnement, et proposer des stratégies pour équilibrer ces intérêts.
• Insister sur la manière dont ces piliers sont interconnectés et travaillent collectivement pour créer un modèle de gouvernance holistique.

Imaginez un monde où la gouvernance donne la priorité à ces sept piliers – un monde où l'élaboration de politiques est une entreprise morale et éthique profonde. Telle est la promesse de Maqasid : créer des systèmes de gouvernance qui non seulement fournissent des services, mais cultivent également des environnements dans lesquels les individus, les familles et les communautés peuvent s'épanouir. Ces piliers, lorsqu'ils sont mis en œuvre de manière réfléchie, peuvent transformer notre gouvernance terrestre en un modèle qui ressemble beaucoup à une société idéale et harmonieuse. Adoptez ces piliers dans le cadre de votre stratégie de gouvernance et participez à la construction d'un avenir qui aspire à l'extraordinaire.

Soyez L'acteur Du Changement : Inaugurez Une Nouvelle Ère De Gouvernance Compatissante Et Efficace

L'appel à l'action est clair et urgent. Que vous soyez un décideur politique, un universitaire, un étudiant ou un citoyen engagé, vous possédez le pouvoir unique d'être un catalyseur de changement transformateur. Ce livre n'est pas seulement une compilation d'idées ; c'est une boîte à outils d'action, conçue pour vous aider à construire un monde non seulement plus juste mais profondément éthique ; non seulement plus équitable mais profondément compatissant ; non seulement plus efficace mais profondément humain.

Pourquoi Répondre A Cet Appel A L'action ?

1. Pouvoir transformateur : vos actions individuelles ont le potentiel d'élever les communautés, de protéger les personnes vulnérables et de favoriser des opportunités pour tous.

2. Héritage de compassion : Adopter une gouvernance basée sur le Maqasid signifie créer un héritage de justice et de valeurs éthiques pour les générations futures.

3. Résilience dans la société : les politiques éthiques renforcent la cohésion et la résilience sociétales, préparant les communautés à faire face à divers défis.

4. Influence mondiale : votre engagement peut inspirer un changement au-delà des frontières, contribuant ainsi à la justice et à la compassion mondiales.

5. Épanouissement personnel : S'engager dans une gouvernance éthique peut apporter un profond sentiment de satisfaction et de détermination.

6. Redéfinir la gouvernance : Maqasid offre une perspective unique pour repenser la gouvernance, en donnant la priorité au bien-être holistique par rapport aux mesures conventionnelles.

Étapes Pratiques Pour Divers Rôles

- Décideurs politiques : intégrer les principes du Maqasid dans les projets de politiques et les processus de prise de décision. Utilisez les modèles et les listes de contrôle pour aligner les politiques sur les normes éthiques.
- Universitaires et chercheurs : mener des études et publier des résultats sur l'impact des principes Maqasid dans la gouvernance. Proposer des ateliers et des séminaires pour diffuser les connaissances.
- Étudiants : Participez à des cours et à des projets de recherche liés à la gouvernance éthique. Participez à des stages ou faites du bénévolat auprès d'organisations qui s'alignent sur les principes de Maqasid.
- Citoyens concernés : plaidez pour une gouvernance éthique dans votre communauté. Participer aux consultations publiques et aux discussions politiques.

Naviguer Dans Les Défis

- Reconnaître et se préparer aux défis tels que la résistance bureaucratique ou les ressources limitées. Développez des stratégies telles que la création de coalitions ou la mobilisation du soutien de la communauté pour surmonter ces obstacles.

Favoriser La Collaboration Et L'inclusion

- Collaborer entre les secteurs et les communautés pour mettre en œuvre une gouvernance éthique. Encourager la diversité des voix et des perspectives dans l'élaboration des politiques.

Engagement Envers L'apprentissage Continu

- Adopter l'éducation continue et l'adaptation. Restez informé des derniers développements en matière de gouvernance éthique et soyez ouvert à la révision des approches si nécessaire.

Ce livre est votre invitation à faire partie d'un voyage transformateur. Il s'agit d'un appel à construire des modèles de gouvernance qui soient non seulement compétents sur le plan administratif, mais aussi profonds sur le plan moral et éthique. La voie à suivre est celle d'actions audacieuses et de collaboration. Saisissez cette opportunité d'être un leader dans cette nouvelle ère de gouvernance – une ère qui honore la compassion, la justice et la dignité humaine.

Le voyage vers un monde plus compatissant, juste et humain commence avec chacun de nous. Assumez ce rôle d'acteur du changement et laissez vos actions résonner aujourd'hui et à l'avenir comme un témoignage de votre engagement en faveur d'un monde meilleur. Le moment est venu d'agir et l'avenir de la gouvernance éthique est entre vos mains. Engageons-nous ensemble sur ce chemin de transformation, pour le bénéfice de toute l'humanité.

Ouvrons La Voie A Une Nouvelle Ère De Gouvernance : Où Prédominent L'amour, La Libération Et L'inspiration

En matière de gouvernance, l'audace est de mise. Il est temps d'adopter une vision audacieuse, dans laquelle la gouvernance transcende les structures de pouvoir traditionnelles et devient une manifestation profonde de l'amour de l'humanité, de la justice et du bien-être individuel.

Intégrer L'amour A Une Gouvernance Pratique

- Imaginez des politiques conçues non seulement comme des réglementations, mais comme des expressions d'attention et d'empathie. Cependant, traduire cet amour en gouvernance pratique nécessite des mesures concrètes : des politiques qui s'attaquent directement aux problèmes sociaux, des programmes qui répondent véritablement aux besoins de la communauté et un style de leadership qui donne la priorité à l'empathie et à la compréhension dans la prise de décision.

Engagement Indéfectible Envers Une Gouvernance Éthique

- Notre attachement à des principes comme la justice et l'intégrité doit être inébranlable. Nous devons intégrer la transparence, la responsabilité et l'équité dans tous les aspects de la gouvernance. Cela pourrait impliquer d'établir des cadres anti-corruption solides ou de garantir une répartition équitable des ressources.

La Libération Comme Principe Directeur

- La gouvernance devrait être une voie vers la libération, permettant aux communautés de prospérer. Cela implique de créer des politiques qui renforcent les libertés individuelles et soutiennent la croissance communautaire, telles que des systèmes éducatifs inclusifs et des politiques économiques qui favorisent l'indépendance et la créativité.

Inspiration Grâce A La Gouvernance

- La gouvernance doit inspirer l'espoir et l'action positive. Présenter des histoires réussies de gouvernance éthique, impliquer les citoyens dans l'élaboration des politiques et célébrer les réalisations communautaires peuvent susciter un esprit de participation active et d'espoir.

Reconnaître Et Surmonter Les Défis

- La réalisation de cette vision comportera des défis, allant de l'inertie systémique aux barrières culturelles. Nous devons identifier ces obstacles, en discuter ouvertement et élaborer en collaboration des stratégies pour les surmonter.

Adopter Des Perspectives Diverses

- Il est crucial de reconnaître que la diversité des contextes culturels et sociétaux influencera l'application de ces principes. Les politiques doivent être adaptables aux différentes communautés, en respectant leurs valeurs et leurs besoins uniques.

Favoriser La Collaboration Pour L'action Collective

- La réalisation de cette vision nécessite des efforts de collaboration entre divers secteurs – gouvernement, société civile, secteur privé et citoyens. En travaillant ensemble, en mettant en commun nos ressources et nos idées, nous pouvons créer une gouvernance plus efficace.

Engagement Envers L'apprentissage Continu

- Ce voyage nécessite un apprentissage, une adaptation et une réflexion continus. Il est essentiel de rester informé des tendances mondiales en matière de gouvernance et d'être ouvert à la révision des stratégies à mesure que les situations évoluent.

Le voyage vers une nouvelle ère de gouvernance – motivé par l'amour, la libération et l'inspiration – est un défi mais profondément gratifiant. Soyons unis, animés par nos aspirations audacieuses et notre engagement fort en faveur d'une gouvernance éthique. Avec l'amour, la libération et l'inspiration comme principes directeurs, nous pouvons forger un monde plus juste, plus équitable et plus humain. L'avenir de la gouvernance est entre nos mains collectives, et il est temps d'agir avec courage et conviction.

Embarquez Pour Un Voyage Transformationnel : De L'ordinaire A L'extraordinaire, Des Politiques Aux Vies

Ce livre est plus qu'une simple lecture ; c'est une expédition vers une gouvernance transformatrice. Il vous invite à un voyage de l'ordinaire à l'extraordinaire, un chemin qui promet non seulement de changer les politiques mais aussi de transformer des vies.

Vision D'une Gouvernance Transformatrice Avec Des Étapes Pratiques

- Imaginer la gouvernance comme une force de transformation positive, où les politiques sont des instruments vivants ayant un impact profond. Ce livre propose des étapes pratiques pour réaliser cette vision, vous guidant dans la mise en œuvre de pratiques de gouvernance compatissantes et éthiques.
- Par exemple, il propose des cadres d'élaboration de politiques qui donnent la priorité à l'équité sociale et à la durabilité environnementale, vous invitant à les appliquer dans votre contexte.

Parcours Collectif Qui Relève Les Défis

- Vous n'êtes pas seul dans ce voyage. Il s'agit d'un effort collectif qui invite les décideurs politiques, les universitaires, les étudiants et les citoyens engagés à unir leur sagesse et leur passion.
- Le livre reconnaît les défis de ce processus de transformation, tels que la résistance institutionnelle ou les limites des ressources, et propose

des stratégies pour surmonter efficacement ces obstacles.

Intégrer Diverses Perspectives Pour Une Gouvernance Inclusive

- Soulignant la nécessité de perspectives diverses, le livre encourage une élaboration de politiques inclusives qui reflète une gamme de besoins culturels et sociétaux.
- Il vous guide dans votre engagement auprès des différentes communautés pour garantir que les politiques sont équitables et représentatives.

Apprentissage Continu Et Application Dans Le Monde Réel

- Ce voyage est une question d'apprentissage et d'adaptation continus. Restez informé de l'évolution des pratiques de gouvernance et soyez prêt à ajuster vos approches si nécessaire.
- Des études de cas réels présentées dans le livre illustrent comment les principes de gouvernance éthique ont été appliqués avec succès, servant à la fois d'inspiration et de guide pratique.

Plongez-vous dans ce livre et laissez-le devenir un catalyseur de votre rôle actif dans la gouvernance. Laissez ses idées alimenter votre détermination à faire une différence tangible. En tournant chaque page, imaginez-vous comme faisant partie d'un mouvement qui façonne un monde où la gouvernance élève et responsabilise.

Ensemble, nous pouvons transformer l'ordinaire en extraordinaire, en transformant les politiques en outils de changement positif. Nous avons la possibilité de façonner un monde dans lequel la gouvernance est non seulement efficace mais enrichit également la vie. Le voyage commence maintenant, et il commence par votre engagement et votre action. Répondrez-vous à l'appel pour faire partie de cette ère de transformation de la gouvernance ?

La Responsabilité D'une Vie : Soyez L'acteur Du Changement Pour Un Monde Transformé

Ce moment est plus qu'une opportunité ; c'est une responsabilité profonde qui nous appelle à agir de toute urgence. Nous nous trouvons à un moment charnière de l'histoire, où nos choix se répercuteront à travers les générations. Il ne s'agit pas simplement d'une proposition, mais d'un engagement solennel à créer un monde qui allie richesse spirituelle et bien-être matériel, où la gouvernance est un devoir sacré et où les politiques sont des instruments d'élévation et de bien commun.

Inclusivité Dans Notre Parcours Transformateur

- Nous accueillons diverses voix et perspectives dans cette quête. Il est crucial de reconnaître que la richesse de notre expérience collective renforce notre approche de la gouvernance éthique. Chaque individu, quels que soient son parcours ou son poste, contribue de manière unique à cette vision transformatrice.

Étapes Pratiques Vers Le Changement

- Commencez par engager des dialogues communautaires pour comprendre les besoins locaux.
- Plaidez en faveur de changements politiques qui reflètent les principes du Maqasid dans votre zone d'influence, que ce soit sur votre lieu de travail, dans votre communauté locale ou via les médias sociaux.
- Renseignez-vous, ainsi que les autres, sur les principes de gouvernance éthique et leurs applications dans le monde réel.

Surmonter Les Défis Avec Résilience

- Nous devons reconnaître et nous préparer à des défis tels que la résistance institutionnelle ou les contraintes de ressources. Développez des stratégies telles que former des alliances avec des individus et des organisations partageant les mêmes idées pour relever efficacement ces défis.

Collaboration Et Engagement Communautaire

- Ce voyage n'est pas solitaire. Il se nourrit de la collaboration et de l'implication communautaire. Participer ou organiser des forums, des ateliers et des projets collaboratifs visant à mettre en œuvre des pratiques de gouvernance éthique.

Engagement Envers L'apprentissage Continu

- Adoptez un état d'esprit d'apprentissage et d'adaptation continus. Restez informé des évolutions en matière de gouvernance et soyez prêt à faire évoluer vos approches à mesure que de nouveaux défis et opportunités se présentent.

Alors que nous nous engageons sur cette voie, ne soyons pas de simples spectateurs face aux défis de notre temps. Saisissons ce moment pour être les architectes d'un monde plus juste, plus compatissant et plus humain. Le plan est tracé et les outils sont entre nos mains. Le temps d'agir est maintenant. Allez-vous franchir cette étape de transformation ? Ensemble, nous avons le pouvoir d'avoir un impact durable, en créant un héritage de gouvernance éthique et efficace pour les générations futures. Faisons ce pas ensemble, pour un monde où nos aspirations collectives deviennent une réalité.

Épilogue

Naviguer Vers Une Gouvernance Éthique

Alors que nous tournons la dernière page de « Le paradis est sous les pieds des gouvernements », il devient évident que le cheminement visant à intégrer le modèle Maqasid dans le tissu de la gouvernance transcende l'ambition : il s'agit d'un effort essentiel pour la prospérité des communautés à travers le monde. Notre exploration a mis en évidence le pouvoir indéniable d'une gouvernance imprégnée de principes éthiques et de valeurs spirituelles pour faire face aux défis complexes de notre époque.

En réfléchissant aux idées et aux récits présentés, cet épilogue agit comme un catalyseur de changement. C'est un appel aux gouvernements, aux décideurs politiques et aux individus à reconceptualiser la gouvernance comme une responsabilité profonde pour élever l'humanité. En adoptant le cadre Maqasid, nous sommes guidés vers un modèle de gouvernance qui recherche non seulement l'efficacité administrative mais aussi le bien-être global de tous les citoyens.

Cette approche envisagée de la gouvernance échappe aux limites de la théorie et propose des stratégies pratiques et réalisables. À travers les principes Maqasid, nous envisageons un avenir marqué par la compassion, la justice et la durabilité, miroir de notre humanité collective et de notre confiance mutuelle.

À un moment charnière de l'histoire, nous sommes confrontés à une décision. Persistons-nous sur la voie familière de la gouvernance conventionnelle, ou acceptons-nous le potentiel de transformation offert par la sagesse Maqasid ? Le sort de nos sociétés, de notre planète et de l'essence de notre être est en jeu.

Puisse ce livre servir non seulement de témoignage de potentiel, mais aussi de cri de ralliement à ceux qui défendent un modèle de gouvernance qui place les valeurs les plus nobles de l'humanité en son cœur. Ensemble, nous pouvons annoncer l'arrivée d'une nouvelle ère, où la gouvernance transcende la gestion des ressources pour célébrer et cultiver l'esprit et les capacités de chaque personne.

En tenant compte de cet appel supérieur, nous rendons hommage aux pionniers qui ont jeté les bases et posé une base solide pour l'épanouisse-ment des générations futures. Malgré les obstacles qui nous attendent, le voyage est plein de potentiel. Avançons avec courage, honnêteté et un dévouement inébranlable à une gouvernance éthique. C'est là que réside le germe d'un monde qui incarne le summum de notre potentiel collectif.

Postface

Un Nouvel Horizon En Matière De Leadership Éthique

Alors que nous concluons notre voyage à travers « Le paradis est sous les pieds des gouvernements », nous atteignons le point culminant d'un récit engageant qui plaide pour l'intégration des principes du modèle Maqasid dans l'essence même de la gouvernance contemporaine. Cette exploration a transcendé la simple enquête académique, servant d'appel profond à reconnaître et à adopter les devoirs inhérents à la gouvernance.

Ce travail approfondit l'essence de la gouvernance éthique, en s'appuyant sur les riches enseignements spirituels et moraux de l'Islam pour présenter un modèle de sociétés s'efforçant d'atteindre un bien-être holistique. Il a clairement illustré que la véritable mesure du succès d'une société ne réside pas dans son accumulation de richesses ou de pouvoir, mais dans son engagement inébranlable en faveur de la justice, de la compassion et du bien collectif.

Alors que ce voyage d'illumination se termine, notre aspiration est que « Le paradis est sous les pieds des gouvernements » déclenche une étincelle de transformation. Nous espérons ardemment que ce livre inspirera à la fois les dirigeants et les citoyens à réimaginer la gouvernance comme une incarnation de nos objectifs les plus nobles, où les décisions sont prises non seulement dans l'intérêt du présent mais comme un héritage pour les générations futures.

Les principes défendus dans ces pages vont au-delà des idéaux théoriques ; ils représentent un appel à remodeler notre monde. C'est une invitation à remettre en question le statu quo, à oser envisager la gouvernance comme un vecteur de progrès moral et éthique.

Laissez les idées de ce livre alimenter les discussions en cours, stimuler de nouvelles recherches et inspirer des mesures concrètes vers la réalisation d'une gouvernance éthique dans le monde entier. La fin de ce livre marque le début d'un voyage collectif vers une nouvelle aube du leadership – un voyage qui invite chacun d'entre nous à contribuer à la création d'un monde qui reflète nos plus hautes aspirations en matière de justice, de paix et de dignité humaine.

À chaque pas franchi vers une gouvernance éthique, nous ouvrons la voie vers un avenir rayonnant de promesses d'équité, d'empathie et de prospérité partagée. Engageons-nous sur cette voie avec détermination, guidés par les principes du Maqasid, pour forger un héritage de leadership éthique qui éclairera la voie pour les générations à venir.

Mentions Légales

AVIS DE NON-RESPONSABILITÉ GÉNÉRALE

Ce livre est un travail de synthèse et d'analyse basé sur des recherches approfondies et sur les idées de l'auteur sur l'intégration du Maqasid (objectifs de la loi islamique) dans les pratiques de gouvernance. Les opinions exprimées ici sont celles de l'auteur et ne sont pas nécessairement destinées à refléter ou représenter les politiques ou les points de vue d'un gouvernement, d'une organisation ou d'un groupe religieux spécifique. Les lecteurs doivent évaluer de manière critique l'applicabilité de toute idée ou recommandation à leur propre contexte.

CONSULTER DES PROFESSIONNELS

Cette publication est destinée uniquement à des fins d'information. Bien qu'il aborde les principes de gouvernance et d'élaboration de politiques, les lecteurs sont encouragés à consulter des conseillers professionnels ou des experts en administration publique, en droit ou dans des domaines pertinents pour comprendre les implications de ces principes dans leurs contextes juridiques, institutionnels ou culturels spécifiques.

EXCLUSION DE RESPONSABILITÉ

L'auteur et l'éditeur déclinent toute responsabilité pour tout dommage ou perte direct, indirect, accidentel ou consécutif pouvant résulter de l'application des idées et des stratégies discutées dans ce livre. Les informations fournies sont « telles quelles » et l'auteur ne garantit pas l'exactitude, l'exhaustivité ou l'utilité des informations contenues dans ces pages ni que l'utilisation de ces informations répondra aux exigences des lecteurs.

AVIS DE NON-RESPONSABILITÉ SUR LES REVENUS

Ce livre ne promet ni ne garantit aucun résultat spécifique en termes de réussite politique, de développement économique, d'amélioration sociale ou autre, résultant de l'application des concepts et des modèles discutés. Les résultats concrets de la gouvernance et de l'élaboration des politiques dépendent d'un large éventail de facteurs allant au-delà des principes abordés dans cette publication.

AVIS DE NON-RESPONSABILITÉ PANDÉMIQUE

Compte tenu de la nature évolutive des défis mondiaux tels que les pandémies, les stratégies et recommandations présentées dans cet ouvrage doivent être considérées à la lumière des directives de santé publique les plus récentes et dans le cadre des réponses juridiques et politiques à de telles crises.

PAS UNE OPPORTUNITÉ D'AFFAIRES

Le livre aborde les principes de gouvernance et d'élaboration des politiques et n'offre pas d'opportunités commerciales. Toute référence à des modèles économiques ou financiers est uniquement à des fins d'illustration et ne doit pas être interprétée comme un conseil d'investissement ou des propositions commerciales.

PAS UNE FRANCHISE

Cette publication ne propose pas de franchise ou de modèle commercial pouvant être reproduit à des fins commerciales. Les principes du Maqasid discutés visent à améliorer la gouvernance et les politiques publiques.

AVIS DE NON-RESPONSABILITÉ AFFILIÉ

Ce livre peut faire référence à d'autres ouvrages, études ou publications. Ces références n'impliquent aucune affiliation ou approbation de la part des auteurs ou éditeurs de ces œuvres, sauf indication explicite. L'auteur et l'éditeur ne sont pas responsables du contenu des sites ou publications externes référencés dans ce livre.

À propos de l'auteur

Abdellatif Raji est un phare dans le paysage de la pensée et de la gouvernance islamiques, se distinguant par ses efforts pionniers visant à fusionner la sagesse des traditions anciennes avec les exigences de la société moderne. Sa perspective unique, fondée sur une compréhension globale du droit, de la sociologie et de la spiritualité, lui permet de concevoir des solutions innovantes aux problèmes sociétaux multiformes d'aujourd'hui. Les écrits de Raji établissent un équilibre entre la pro-fondeur scientifique et l'accessibilité, invitant un large public à une conversation réfléchie sur la réforme de la gouvernance fondée sur l'intégrité éthique et la compassion.

Dans son ouvrage fondateur « Le paradis est sous les pieds des gouvernements », Raji exprime une vision qui transcende les modèles de gouvernance traditionnels. Ce livre est plus qu'une simple compilation d'idées ; il constitue l'appel du clairon de Raji pour une société luttant pour la justice, l'excellence opérationnelle et le leadership moral. Sa prose ne se contente pas d'éclairer ; cela nous galvanise, nous encourage à poursuivre des réformes tangibles. À travers le récit de Raji, une vision d'une gouvernance qui élève la société se dévoile, en soulignant l'importance des valeurs spirituelles parallèlement au progrès matériel. Une analyse plus approfondie de l'approche interdisciplinaire de Raji révèle comment son intégration de divers domaines d'études jette les bases d'un système de gouvernance aussi éthiquement solide qu'efficace. Il remet en question l'idée dominante selon laquelle la compassion et la gouvernance éthique sont incompatibles avec l'efficacité et la praticité, en proposant un modèle où ces éléments coexistent harmonieusement. Son plaidoyer en faveur d'une approche aussi équilibrée encourage une rupture avec les points de vue conventionnels, appelant à une réévaluation du potentiel de la gouvernance pour favoriser une société qui chérit à la fois l'âme et ses réalisations civilisationnelles.

L'influence de Raji s'étend au-delà des cercles universitaires, offrant de l'espoir à ceux qui recherchent un monde plus harmonieux. Son travail n'est pas seulement une entreprise académique mais un appel passionné à l'action, nous invitant tous à participer à un mouvement mondial vers une gouvernance éthique. En s'intéressant aux idées visionnaires de Raji sur www.abdellatifraji.com, les lecteurs peuvent découvrir des stratégies spécifiques pour contribuer à ce changement, notamment des forums de discussion, des ressources pour un apprentissage plus approfondi et des plateformes d'action collaborative.

You can connect with me on:

- https://heavenisunderthefeetofgovernments.com
- https://twitter.com/i/communities/1760086099014160422
- https://www.facebook.com/HeavenUnderGovernmentsFeet
- https://www.linkedin.com/groups/12993934

Subscribe to my newsletter:

- https://www.abdellatifraji.com

Index